Rita Casale
Heideggers Nietzsche.
Geschichte einer Obsession

Rita Casale ist Professorin für Allgemeine Erziehungswissenschaft/Theorie der Bildung an der Bergischen Universität Wuppertal. Ihre Forschungsschwerpunkte sind Bildungsphilosophie, Feministische Theorie und Europäische Bildungsgeschichte.

Rita Casale
Heideggers Nietzsche
Geschichte einer Obsession

(aus dem Italienischen übersetzt von Catrin Dingler)

[transcript]

Die Übersetzung dieses Buches wurde mit Unterstützung des SEGRETARIATO EUROPEO PER LE PUBBLICAZIONI SCIENTIFICHE erstellt.

Via Val d'Aposa 7 – 40123 Bologna – Italien
seps@seps.it – www.seps.it

Bibliografische Information der Deutschen Nationalbibliothek
Die Deutsche Nationalbibliothek verzeichnet diese Publikation in der Deutschen Nationalbibliografie; detaillierte bibliografische Daten sind im Internet über http://dnb.d-nb.de abrufbar.

© 2010 transcript Verlag, Bielefeld
© 2005 by Bibliopolis, ediizioni di filosofia e scienza, Neapel
Titel der Originalausgabe: L'esperienza Nietzsche di Heidegger.
Tra nichilismo e Seinsfrage

Die Verwertung der Texte und Bilder ist ohne Zustimmung des Verlages urheberrechtswidrig und strafbar. Das gilt auch für Vervielfältigungen, Übersetzungen, Mikroverfilmungen und für die Verarbeitung mit elektronischen Systemen.

Umschlagkonzept: Kordula Röckenhaus, Bielefeld
Satz: Mark-Sebastian Schneider, Bielefeld
Druck: Majuskel Medienproduktion GmbH, Wetzlar
ISBN 978-3-8376-1165-6

Gedruckt auf alterungsbeständigem Papier mit chlorfrei gebleichtem Zellstoff.

Besuchen Sie uns im Internet: *http://www.transcript-verlag.de*

Bitte fordern Sie unser Gesamtverzeichnis und andere Broschüren an unter: *info@transcript-verlag.de*

Sie fragen mich, was Alles Idiosynkrasie bei den Philosophen ist?
Zum Beispiel ihr Mangel an historischem Sinn.

Friedrich Nietzsche

Reine philosophische Begabung
und eine wirklich fruchtbringende Fähigkeit historischen Denkens
finden sich nur in den allerseltensten Fällen
in einer Persönlichkeit zusammen.

Martin Heidegger

Inhalt

Vorwort zur deutschen Ausgabe
Heideggers Nietzsche: die metaphysische Krise der Politik | 9

Einleitung | 17

ERSTER TEIL
DIE BEGEGNUNG MIT NIETZSCHE

1. Nietzsche als Holzwurm | 25
1.1 1910: Der trunkene Nietzsche | 25
1.2 Die »Urkatholische Kraft« | 31
1.3 Die Realität *denken* und *erfahren* | 46
1.4 Schopenhauers Kantianismus: die Vernichtung der Zeit | 50
1.5 Die Geltungsphilosophie als Antwort auf den Nihilismus | 58
1.6 Der metaphysische Drang | 74

**2. Philosophie und Universität:
Nietzsches einsame Meditation
und Heideggers Universitätsphilosophie** | 87

**3. Die hermeneutische Phänomenologie
als »Fröhliche Wissenschaft«** | 121
3.1 Der Sprung in die Welt: das *Erlebnis* als *Ereignis* | 121
3.2 »Jede echte Philosophie ist aus der Not
von der Fülle des Lebens geboren« | 127
3.3 Die Zeit als Sorge | 155
    3.3.1 Die Verführung | 157
    3.3.2 Die Welt | 174
    3.3.3 Die Existenz | 181

ZWEITER TEIL
DIE VERKLÄRUNG VON NIETZSCHE

4. Die Auseinandersetzung mit Nietzsche | 225
4.1 Die Auseinandersetzung | 225
4.2 Nietzsche als Erfahrung | 228
4.3 Nietzsche als Fest des Denkens | 231

5. Die Verklärung des Willens zur Macht | 241
5.1 Wille zur Entschlossenheit | 241
    5.1.1 Befindlichkeit | 242
    5.1.2 Erschlossenheit | 243
    5.1.3 Entschlossenheit | 244
5.2 Wille zum Wesen | 249
5.3 Wille zur Macht | 252

6. Die ewige Wiederkehr als Denken der Krisis | 277
6.1 Wiederholung und Augenblick als Entschlossenheit | 277
6.2 Der »schweigende Nebel« der Langeweile und der Augenblick der Entscheidung | 285
    6.2.1 Die Langeweile als geschichtlicher Riss | 287
    6.2.2 Die Langeweile als Ersticken im Leeren | 305
6.3 Der Gedanke der ewigen Wiederkehr ist »eine geschichtliche Entscheidung – eine Krisis« | 314

Literatur | 331

Register | 363

Vorwort zur deutschen Ausgabe
Heideggers Nietzsche: die metaphysische Krise der Politik[1]

Gegenstand dieses Vorworts zur deutschen Ausgabe des 2005 in Italien mit dem Titel *L'esperienza Nietzsche di Heidegger* erschienenen Buchs sind nicht dessen Grundlinien. Sie werden in der folgenden Einleitung skizziert. Hier wird der Kontext, in dem ich die sogenannte Auseinandersetzung Heideggers mit Nietzsche in meinen Analysen verortet habe, erörtert werden. Es handelt sich um einen Kontext, der angesichts seiner Implikationen und Folgen durch den engen Zusammenhang zwischen Philosophie und Politik charakterisiert ist.

Dass Heidegger seiner langjährigen Beschäftigung mit Nietzsches Werk politische Relevanz zuschrieb – eine politische Relevanz, die vielschichtig ist –, ist allgemein bekannt. Er hat dies selbst bei verschiedenen Anlässen betont. Heidegger positioniert sich in seiner Interpretation der Philosophie Nietzsches. Sie beinhaltet seine Distanzierung vom Nationalsozialismus in unterschiedlicher Hinsicht: die Widerlegung der biologistischen Voraussetzungen des Nationalsozialismus, die Kritik der damaligen Mythologisierung und Politisierung Nietzsches und seine Selbstkritik an jenem heidnischen und atheistischen Nietzscheanismus, zu dem er sich *ex cathedra* in den zwanziger und dreißiger Jahren des 20. Jahrhunderts bekannt hatte. Das Verhältnis von Nietzsche und dem Nationalsozialismus bildet die unmittelbare politische Ebene der Problematik, darüber ist

---

[1] | Die revidierte Fassung meiner 1997 abgeschlossenen Dissertation wurde nach ihrem Erscheinen von Antonio Negri und Mario Tronti im Mai 2005 in Rom im Rahmen einer Veranstaltung des Centro per la Riforma dello Stato (CRS) präsentiert. Dieses Vorwort ist der überarbeitete Text eines Beitrags, den ich anlässlich der Präsentation der italienischen Ausgabe des Buchs gehalten habe.

schon viel gesprochen und geschrieben worden.[2] Dabei steht die Art und Weise der Wahrnehmung dieser politischen Bedeutung in einem engen Zusammenhang zu den nationalen Kontexten der Heidegger- und Nietzsche-Forschung. Die Komplizenschaft der Philosophie Heideggers mit der politischen Geschichte des letzten Jahrhunderts findet in Deutschland – nicht ohne Ausnahmen – besondere Beachtung. Sie spielt aber in der amerikanischen und französischen Forschung eine geringere Rolle. Ich beziehe mich hierbei auf jene Rezeption Nietzsches und Heideggers, die vor allem durch Jacques Derridas und Michel Foucaults Auslegungen vermittelt worden ist.

Anders der spezifische Fall Italiens: Die italienische Besonderheit zeigt sich darin, dass die politische Rezeption Heideggers und Nietzsches als Kritiker der kapitalistischen Rationalität in der Phase ihrer höchsten Entwicklung im Zentrum stand, während dagegen die Verwicklung Heideggers in den Nationalsozialismus bis heute kaum ins Gewicht fällt. Bezüglich der »Entnazifizierung« Nietzsches und Heideggers haben ihre Übersetzter keine geringe Rolle gespielt. Heideggers Hauptwerk *Sein und Zeit* (1927) wurde 1953 von dem antifaschistischen Partisanen Pietro Chiodi ins Italienische übersetzt. Dessen existenzialistisch geprägte Übersetzung trug zu der spezifischen Rezeption Heideggers in Italien wesentlich bei. Die kritische Gesamtausgabe der Werke Nietzsches wurde von dem Antifaschisten Giorgio Colli und dem Mitglied der damaligen Kommunistischen Partei Mazzino Montinari herausgegeben, deren *editio critica* ab Ende der fünfziger Jahre Nietzsches Werk dezidiert aus der Vereinnahmung durch die Nationalsozialisten lösen sollte. Die bahnbrechenden Interpretationen der Philosophie Nietzsches in Frankreich von Gilles Deleuze, Pierre Klossowski, später von Michel Foucault und Jacques Derrida wären ohne das Werk von Colli und Montinari nicht vorstellbar. Diese »Entnazifizierung« galt in den sechziger und siebziger Jahren nicht nur in Frankreich als Ausgangspunkt für eine Reihe von Nietzsche-Lektüren, die vor allem die antidialektischen und genealogischen Elemente seiner Philosophie betonten. Sie ermöglichte auch, dass Nietzsche und Heidegger in Italien zu theoretischen Bezugspunkten einer ganzen Generation linker Intellektueller – den Vertretern des so genannten *pensiero negativo* – wurden, die dem

---

[2] Diesbezüglich verweise ich u.a. auf die jüngste Debatte um das letzte Buch von Emmanuel Faye: Heidegger. Die Einführung des Nationalsozialismus in die Philosophie, Berlin: Matthes & Seitz 2009.

optimistischen Glauben an die Fortschrittslogik der aufklärerischen Moderne skeptisch gegenüberstanden. Ihre Polemik war vor allem gegen den hegelianischen Marxismus gerichtet, der von den Mitgliedern der italienischen Kommunistischen Partei und der ihr nahestehenden *Intelligenzija* vertreten wurde. In den Analysen von Nicola Massimo De Feo, Massimo Cacciari und in den frühen Schriften von Gianni Vattimo wurde Georg Lukács' Verdikt vom Irrationalismus Nietzsches in Frage gestellt und der zeitdiagnostische Charakter des Denkens von Nietzsche und Heidegger hervorgehoben[3]. Von Nietzsches und Heideggers Analysen des Nihilismus versprachen sich Cacciari und De Feo Einsichten in die immanente Logik der zerstörerischen Komponenten der kapitalistischen Rationalität. Obwohl der *pensiero negativo* von Cacciari und De Feo nicht der Exegese der beiden Philosophen entsprach, wie sie innerhalb der *accademia* gepflegt wurde[4], prägte er wesentlich den Rezeptions-Kontext der beiden Autoren.

Das Verhältnis von Heideggers Philosophie zum Nationalsozialismus und deren unterschiedliche Problematisierung in Bezug auf seine Auseinandersetzung mit Nietzsche in den historisch und politisch verschiedenen nationalen Traditionen stellt eine erste Ebene dar – auf ihr ist der Zusammenhang von Philosophie und Politik bezüglich des Falls Heidegger-Nietzsche unmittelbar greifbar. Darüberhinaus gibt es eine zweite Ebene der Problematik, die den Zusammenhang zwischen Philosophie und Politik aus einer zeitdiagnostischen Perspektive betrifft. Ein Zusammenhang, der wie angedeutet schon Gegenstand der Analyse der Vertreter des *pensiero negativo* in Italien in den siebziger Jahren des letzten Jahrhunderts war. Es handelt sich um die Dekonstruktion der Geschichte des abendländischen Denkens als Geschichte der Metaphysik, die in Nietzsche als Denker des

---

3 | Vgl. Nicola Massimo De Feo: Analitica e dialettica in Nietzsche, Bari: Adriatica 1965; Gianni Vattimo: Il soggetto e la maschera. Nietzsche ed il problema della liberazione, Mailand: Bompiani 1974; Massimo Cacciari: Krisis. Saggio sulla crisi del pensiero negativo da Nietzsche a Wittgenstein, Mailand: Feltrinelli 1976.

4 | Für die Rekonstruktion der Rezeption der heideggerschen Auslegung Nietzsches innerhalb der unterschiedlichen sprachlichen akademischen Traditionen vgl. die Forschungsberichte, die für Deutschland, die englischsprachige Forschung, Frankreich, Italien und Spanien im Heidegger-Jahrbuch 2 (2005) enthalten sind.

Nihilismus ihre Vollendung gefunden zu haben schien. Der Nihilismus steht hier zugleich für das Ergebnis und die Krise der modernen Rationalität. Aus dieser Sicht bezeichnet der Begriff Nihilismus die epistemologischen Voraussetzungen der unterschiedlichen Wissensformen, die technische Gestaltung und die ökonomische Organisation der Welt sowie die Voraussetzungen jeder politischen Handlung. Kurz, der Nihilismus bildet den historischen Horizont, das historische *a priori* jeder Möglichkeit des Denkens und des Handelns. Heidegger dekonstruiert diesen Horizont und bleibt ihm zugleich verhaftet. Sein Beitrag besteht darin, den Krisencharakter des Nihilismus und dessen epochale Bedeutung begriffen zu haben.[5] Sein Verdienst ist es, auf die Unumgänglichkeit der epochalen Krise hingewiesen zu haben, in die die westliche Zivilisation mündete. Das Begreifen dieser Krise als Nihilismus beinhaltet allerdings ohne Zweifel eine Neutralisierung der historischen Situation. Das Verständnis dieser *Krisis* als Nihilismus ist ausschließlich einem hermeneutischen Zugang zu historischen Prozessen geschuldet, der Geschichte nur als Sinntradierung fasst. Heideggers Auseinandersetzung mit Nietzsches Philosophie, die ich in den zwei Teilen dieses Buchs in ihren unterschiedlichen Phasen analysiere, ist ausschließlich eine hermeneutische Phänomenologie dieser Krise. Sie entwickelt eine Begrifflichkeit, die die historischen Prozesse in ihrer Abstraktion nennt. Sie bleibt allerdings ein Präludium ohne Nachspiel, sie entwirft die Bedingungen für ein historisches Philosophieren, das Heidegger aufgrund der immanenten Grenzen seines hermeneutisch-phänomenologischen Zugangs nicht hat realisieren können. Trotzdem machen seine Analysen die historische *impasse* sichtbar, in der das 21. Jahrhundert noch steckt. Bei dieser *impasse* geht es um eine ethische, vor allem aber politische Krise.

Im Interview, das Heidegger 1966 der Zeitschrift »Der Spiegel« gegeben hat, erklärt er sich außerstande, einen Ausweg aus dieser historisch-politischen *impasse* zu nennen: »Inzwischen dürfte in den vergangenen dreißig Jahren deutlicher geworden sein, daß die planetarische Bewegung der neuzeitlichen Technik eine Macht ist, deren Geschichte-bestimmende

---

5 | Vgl. dazu Wolfgang Müller-Lauter: Nietzsche und Heidegger als nihilistische Denker. Zu Gianni Vattimos ›postmodernistischer Deutung‹, in: Heidegger und Nietzsche, Berlin: de Gruyter 2000, S. 301-348. Müller-Lauter zeigt genau, inwiefern die Analysen von Nietzsche und Heidegger über den Nihilismus mit der postmodernen Diagnose vom Ende der Geschichte nicht verwechselt werden dürfen.

Größe kaum überschätzt werden kann. Es ist für mich heute eine entscheidende Frage, wie dem heutigen technischen Zeitalter überhaupt ein – und welches – politisches System zugeordnet werden kann. Auf diese Frage weiß ich keine Antwort. Ich bin nicht überzeugt, daß es die Demokratie ist«.[6]

Im Vergleich zu den ersten Vorlesungen über Nietzsche geht das Interview von 1966 einen Schritt zurück. In der Vorlesung, die Heidegger 1937 der ewigen Wiederkehr als Denken der Krisis gewidmet hatte und die im Schlusskapitel des vorliegenden Buches erörtert wird, hat Heidegger – in der Gegenwart seiner Studenten und von Mitgliedern des nationalsozialistischen Regimes überwacht – noch auf eine Möglichkeit verwiesen, die Krise zu überwinden: »Der Nihilismus läßt sich nicht von außen überwinden, dadurch, daß man ihn wegzureißen und wegzuschieben versucht, indem man nur an die Stelle des christlichen Gottes ein anderes Ideal, die Vernunft, den Fortschritt, den wirtschaftlich-gesellschaftlichen ›Sozialismus‹, die bloße Demokratie setzt. Bei einem solchen Beseitigenwollen der schwarzen Schlange beißt sie sich nur fester.«[7] Die schwarze Schlange, Nietzsches Symbol für den Nihilismus, droht sich die Menschen vollständig einzuverleiben, allerdings kann sie nur von demjenigen, der selbst in Gefahr, der selbst involviert ist, getötet und außer Gefecht gesetzt werden: »Alles Gezerre und Gemache von außen, alle zeitweiligen Abhilfen, alles bloße Wegschieben und Verschieben und Aufschieben ist umsonst. Alles ist hier umsonst, wenn der Mensch nicht selbst in die Gefahr hineinbeißt, und zwar nicht irgendwo und blindlings: der *Kopf* muß der schwarzen Schlange abgebissen werden, das eigentlich Maßgebende und Leitende, das, was vorne und oben ist. Der Nihilismus wird nur überwunden, wenn er von Grund aus überwunden, wenn er an seinem Kopf gefaßt wird, wenn die Ideale, die er setzt und aus denen er herkommt, der ›Kritik‹, d.h. der Abgrenzung und Überwindung verfallen.«[8]

Die Überwindung der Krise ist möglich, wenn derjenige, der betroffen ist, die Schlange beißt. Das Denken, die Philosophie, ist dieser Biss. Wer nicht beißt, kann für Heidegger das sich Ereignen der Geschichte nicht fassen, keine Entscheidung treffen. Heideggers »Spiegel«-Interview ist ein

---

[6] | Spiegel-Gespräch mit Martin Heidegger, in: Martin Heidegger: Reden und andere Zeugnisse eines Lebensweges, GA, Abt. I, Bd. 16, S. 652-683, hier: S. 668.
[7] | Martin Heidegger: Nietzsche, Bd. 1, Pfullingen: Neske 1961, S. 443.
[8] | Ebd.

Verzicht auf die Philosophie, verstanden als das antizipierende Denken der Möglichkeit, für die es sich zu entscheiden gilt. Diesen Schritt zurück lese ich als die theoretische Konsequenz einer Philosophie, die sich in ihrer ganzen Entwicklung zwischen zwei Polen bewegt hat: zwischen Dezisionismus und Nihilismus. Das sind aber zwei Seiten ein und derselben Medaille. Die Zusammengehörigkeit von Dezisionismus und Nihilismus ist die Falle, in die nicht nur Heidegger getappt ist. In seiner Gesellschaft befinden sich auch diejenigen, die bei aller unterschiedlicher politischer Couleur, mit Bezug auf Max Weber und Carl Schmitt im Zeitalter des Untergangs der Politik die Autonomie des Politischen (oder die Politik als Entscheidung) als das Rettende beanspruchen.[9] Heidegger verabschiedet sich 1966 vom Dezisionismus der dreißiger Jahre. Er denkt aber noch in dessen Logik, indem er den Ausgang aus der Krise noch als Rettung fasst – wenngleich nicht mehr als Rettung mittels der Philosophie: »Die Philosophie wird keine unmittelbare Veränderung des jetzigen Weltzustandes bewirken können. Dies gilt nicht nur von der Philosophie, sondern von allem bloß menschlichen Sinnen und Trachten. Nur noch ein Gott kann uns retten. Die einzige Möglichkeit einer Rettung sehe ich darin, im Denken und Dichten eine Bereitschaft vorzubereiten für die Erscheinung des Gottes oder für die Abwesenheit des Gottes im Untergang; daß wir nicht, grob gesagt, ›verrecken‹, sondern wenn wir untergehen, im Angesicht des abwesenden Gottes untergehen«.[10] Heideggers Sehnsucht nach Rettung bekräftigt seine Zeitdiagnose. Auch die Philosophie hat ihre metaphysische Funktion verloren, sie ist, wenn nicht zynisch, so doch nihilistisch geworden: sie kann weder die Grundlagen des Denkens noch des Handelns liefern.

Reiner Schürmann hat die Folgerungen aus der hier geschilderten Konstellation gezogen, in dem er in *Que faire à la fin de la métaphysique?* das Verhältnis von metaphysischer Begründung und politischer Handlung reflektiert[11]. Er stellt die alte Frage, die Lenin 1902 formuliert hat, »Was tun?«, nach dem Ende der Metaphysik. Was tun, nachdem sich die politische Handlung nicht mehr prinzipiell legitimieren lässt? Wenn Schürmann vom Ende der Metaphysik spricht, bezieht er sich auf die Dekonstruktion der Geschichte der Metaphysik als Seinsgeschichte, die Heidegger

---

9 | Vgl. Mario Tronti: La politica al tramonto, Turin: Einaudi 1998.
10 | Spiegel-Gespräch mit Martin Heidegger, S. 671.
11 | Reiner Schürmann: »Que faire à la fin de la métaphysique?«, in: Cahier de l'Herme 45 (1983), S. 477-496.

in seiner Auseinandersetzung mit Nietzsche vollzogen hat. Die Geschichte der Metaphysik ist im heideggerschen Sinn die Geschichte der Vergegenwärtigung, der Substantialisierung des Seins, der Reduktion des Seins auf das Seiende. Heideggers Versuch, das Sein als Zeit, als Ereignis zu denken, wird von Schürmann in der Perspektive einer Entsubstantialisierung des Seins gelesen, die die Prämisse für ein an-archisches Denken setzt. Unter an-archischem Denken versteht Schürmann eine Genealogie der Ökonomie der Präsenz, die das Sein in seinem mannigfaltigen Geschehen fasst[12]. Schürmanns Analysen heben den epistemologischen Charakter des Zusammenhangs von Politik und Philosophie hervor. Die nihilistische Entwertung der Prinzipien der abendländischen Rationalität erschließt für ihn die Möglichkeit einer anderen Form des Denkens, die vom Ereignishaften und vom Mannigfaltigen des Geschehens ausgeht.

Die Perspektive Schürmanns birgt die Gefahr, dass die Philosophie sich in eine Ontologie der Mannigfaltigkeit verwandelt, die sich mit der Feststellung von Differenzen zufrieden gibt. Ein Schritt darüber hinaus wäre, Heideggers Verzeitlichung des Seins als Prämisse für ein historisches Philosophieren zu betrachten, das die Geschichte nicht als Sinntradierung, sondern in ihren Widersprüchen und in ihren ausgebliebenen Möglichkeiten zum eigenen Gegenstand macht. Es würde nicht nur darum gehen, das Mannigfaltige zu registrieren, sondern dessen Strukturierung und Gestaltung geschichtlich zu fassen.

In meiner Studie über Heideggers Nietzsche habe ich nichts anderes versucht, als durch die Rekonstruktion einer bestimmten Episode der Geschichte der Philosophie das sich Erschöpfen der metaphysischen Erfahrung des Denkens und das sich Ermöglichen einer anderen Form der philosophischen Reflexion, die es zu entwickeln gilt, zu bezeichnen. Sie ist nicht mehr als metaphysische Grundlage politischer Handlung zu verstehen, aber doch im Sinne Nietzsches als Biss in die schwarze Schlange.

Für die Realisierung der deutschen Übersetzung dieser Arbeit möchte ich mich bei Emilia del Franco vom Verlag Bibliopolis ganz herzlich bedanken. Sie hat mit ihrem Antrag bei dem SEPS die Finanzierung der Übersetzung ermöglicht. Danken möchte ich Nora Welbers für ihre bibliographischen Recherchen und Selma Haupt für die Verfassung der Bibliographie. Mein

---

12 | Reiner Schürmann: Le principe d'anarchie. Heidegger et la question de l'agir, Paris: Seuil 1982.

besonderer Dank gilt Catrin Dingler, die diese Arbeit mit außerordentlicher Akribie und Sorgfalt in eine Sprache übersetzt hat, die nicht die meine ist und trotzdem mir inzwischen sehr vertraut geworden ist.

Einleitung

Im ersten Teil, *Die Begegnung mit Nietzsche*, werden die wichtigsten Koordinaten, innerhalb derer Heideggers Begegnung mit Nietzsche stattfindet, nachgezeichnet; darüber hinaus wird der Nietzsche-Effekt in Heideggers Begriff der *Seinsfrage* als Alternative zum Nihilismus herausgearbeitet. Diese Rekonstruktion wird zeigen, dass (1) die philosophische Figur Nietzsche für die philosophische Entwicklung Heideggers in den zwanziger Jahren von entscheidender Bedeutung war; (2) der Moment, ab dem Heideggers Begegnung mit Nietzsche zu einer regelrechten *Auseinandersetzung* wurde, sich nicht genau festlegen lässt und (3) die Interpretation der Auseinandersetzung Heideggers mit Nietzsche als ein Dialog über die Frage der Zeit, die den Horizont des Seins definiert, vorgestellt werden kann. In Bezug auf Punkt (2) werden drei Phasen analysiert: die »Begegnung« (1910-1928), die »unthematische Auseinandersetzung« (1929-1935) und die »thematische Auseinandersetzung« (1936-1946). Es handelt sich nur um eine ungefähre Datierung, insofern es bereits zum Ende der zwanziger Jahre, also in der Periode der Begegnung, nicht an schriftlichen Zeugnissen mangelt, die eine intensive Beschäftigung mit Nietzsche erkennen lassen. Daher wird versucht, die Entwicklungslinien der Auseinandersetzung zusammen zu betrachten, d.h. parallel zur Intensivierung von Heideggers Dialog mit Nietzsche sollen auch die sich herauskristallisierenden Probleme aufgezeigt werden. Aus dieser Perspektive werden im zweiten Teil Werke Heideggers in Betracht gezogen, die in gewisser Weise bereits untersucht wurden, deren erneute Betrachtung jedoch bestimmte Themenkomplexe schärfer in den Blick rückt, die von Heidegger erst in der Phase der thematischen Auseinandersetzung weiter ausgearbeitet werden. Bezüglich Punkt (3) wird aufgezeigt, dass Heideggers Nietzsche-Auslegung, in einer Epoche der größtmöglichen Entfaltung des abendländische Nihilismus, im Wesentlichen der Klärung der Frage nach dem Willen zur Macht (oder zum Sein) und der ewigen Wiederkehr (oder der Zeit) gilt. Heideggers Klärungsabsicht erweist sich untrennbar verbunden mit dem Versuch der »Selbstinterpretation«, die letztendlich eine regelrechte Verklärung jenes Philosophen darstellt, den er sich, quasi als eine Art *Alter Ego*, ausgewählt hatte.

Im ersten Kapitel, *Nietzsche als Holzwurm*, wird versucht, Heideggers Datierung seiner ersten Begegnung mit Nietzsche (1910) Rechnung zu tragen, entsprechende Anhaltspunkte dafür in seiner Studienzeit zu überprüfen; die begriffliche Bedeutung zu verstehen und herauszuarbeiten, wie einige Interpretationsansätze, die besonders in der Phase der thematischen Auseinandersetzung mit Nietzsches Denken wiederkehren werden, bereits in dieser frühen Phase Gestalt annehmen. Die Aufmerksamkeit richtet sich dabei auf die katholische, schulisch-universitäre und kulturelle Ausbildung Heideggers, auf die wagnerianische Figur von Kralik und auf die Bedeutung der Epochenkrise. Die Auseinandersetzung mit dem kritischen Realismus Oswald Külpes erweist sich als eine mögliche Quelle sowohl für das vitalistische Vorurteil in Heideggers Nietzsche-Auslegung als auch für seine Erkenntnis der Distanz zwischen Schopenhauers »Berkeleyschem Sensualismus« und der nietzscheschen »Metaphysik«. Heideggers antipsychologistischer Begriff der *Geltung* erscheint in diesem Zusammenhang als erster Versuch einer begrifflichen Alternative zum Nihilismus, verstanden als historischer Prozess der Entwertung der höchsten Werte, und als erste Auseinandersetzung mit dem Vitalismus Nietzsches, seiner *Lebensphilosophie*. Schließlich wird sich am Ende des ersten Kapitels der Kontext abzeichnen, innerhalb dessen Heidegger 1915 öffentlich seine Begeisterung für die »lebendige Persönlichkeit« des Denkers Nietzsche zum Ausdruck bringt.

Im zweiten Kapitel, *Philosophie und Universität*, geht es zunächst um das Verhältnis von Philosophie und Universität, wie es sich in Heideggers Universitätsvorlesungen von 1919 und in Nietzsches fünf Vorträgen *Zur Zukunft unserer Schulen* aus dem Jahre 1872 abzeichnet und, in einem zweiten Schritt, um die begrifflichen Voraussetzungen der politischen Begründung der Philosophie, die Heidegger 1933, ungeachtet der nietzscheschen Unterscheidung zwischen Philosophie und Universität bzw. zwischen Philosophie und Staat, zu verwirklichen suchte.

Im dritten Kapitel, *Die hermeneutische Phänomenologie als »Fröhliche Wissenschaft«*, werden für den Zeitraum, der die frühen Freiburger (1919-1923) und die nachfolgenden Marburger (1923-1928) Vorlesungen umfasst, die begrifflichen Schwerpunkte bestimmt, auf denen Heideggers Argumentation für eine hermeneutische Phänomenologie als fröhliche Wissenschaft beruht. Die begrifflichen Ziele, die Heidegger in diesen Jahren anstrebt, werden bewusst aus dem nietzscheanischen Blickwinkel betrachtet, in der Absicht den Nietzsche-Effekt in seiner vollen Reichweite sichtbar zu machen. Ausgehend von der Hypothese, dass Nietzsche als Holzwurm oder als »abgründlicher Gedanke« in Heideggers »Erbauungen« aktiv ist, wird hier die Bedeutung einer Begegnung aufgezeigt, die sich zunehmend zu einer unumgänglichen, eindringlichen Auseinandersetzung entwickelt und für Heidegger zur permanenten Aufforderung wird, »zu graben und nicht mehr zu zittern«. Das Kapitel wird den Verlauf und die Nuancen dieses Übergangs von der Begegnung zur Auseinandersetzung skizzieren und die verschiedenen »Begriffspersonen«, die sich von Mal zu Mal in den »Dialog« zwischen Heidegger und Nietzsche einmischen, beschreiben.

Gegenstand des zweiten Teils, *Die Verklärung von Nietzsche*, ist die von Heidegger von 1936 bis 1946 ununterbrochen vorgenommene Problematisierung der Figur Nietzsches, an deren Ende Heideggers Interpretation der Erfahrung von Nietzsches Denken als »philosophischer« Erfahrung steht, die eine innere strukturelle Einheit aufweist. Nietzsches fünf Grundbegriffe (Wille zur Macht, ewige Wiederkehr, Nihilismus, Entwertung aller Werte und Übermensch) bringen, so Heidegger, eindeutig eine bestimmte »Position« zum Ausdruck, deren angemessene Verortung innerhalb der Geschichte des abendländischen Denkens zu suchen sei. Nietzsches Platz in dieser Geschichte sei in einem präzisen Moment anzusiedeln: im Moment der »Vollendung« ihrer metaphysischen Parabel.

Diese bestimmte Verortung Nietzsches stellt, aus Heideggers Sicht, eine Art spiegelbildliches Verhältnis zwischen Nietzsche und dem metaphysischen Abendland dar. Nietzsche, als Vollendung, d.h. als Ausdruck der Ausschöpfung der Möglichkeiten des metaphysischen Abendlands, lässt rückblickend die Geschichte des Seins bis zu ihrem platonischen Moment sichtbar werden.

Heideggers Auslegung tritt mit der Anmaßung eines Urteilsspruchs auf, dessen Wirkung historiographisch aus zwei unterschiedlichen Perspektiven bewertet werden kann: Einerseits setzt sich Heidegger am Anfang der thematischen Auseinandersetzung 1936 als vorläufiges Ziel seines Dialogs mit Nietzsche, dessen »Eigentliches« von den philosophischen und politischen Halbierungen, den Mythologisierungen und Psychologisierungen zu befreien; andererseits hinterlässt er, nach 1946 und trotz der Neuauflage der »Frage Nietzsche« als konkretes Erbe eine schwere Hypothek in Bezug auf die metaphysische Stellung dieses Denkens.

Was die Befreiung von Nietzsches »Spezifikum« betrifft, so geht es für Heidegger ausdrücklich darum, jene für ihn zeitgenössischen philosophischen, politischen und psychologischen Interpretationen aus dem Feld zu räumen, die verhindern, dass die innere Einheit der nietzscheschen Philosophie verstanden wird. Implizit will er aber auch die etwas weniger aktuellen Interpretationen aus dem Weg räumen, die das Problem der Wahrheit auf die Dimension des Werts reduzierten. Was dagegen die metaphysische Verortung Nietzsches betrifft, so steht diese für Heideggers ostentativen Versuch, sich von der philosophischen Erfahrung Nietzsches zu distanzieren.

In den zehn Jahren von 1936 bis 1946 ist Heideggers Haltung schwankend: er verteidigt Nietzsche und er verteidigt sich gegenüber Nietzsche; er befreit Nietzsche aus den interpretativen Missverständnissen, um sich selbst besser von der Einzigartigkeit der Erfahrung dieses Denkens zu befreien. Eine Interpretation, die die »thematische Auseinandersetzung« von 1936-1946 im Rückblick betrachtet, also von der »unthematischen Auseinandersetzung« (1929-1935) ausgehend auf das Moment der »Begegnung« (1909-1928) zwischen Heidegger und Nietzsche zurückblickt, macht deutlich, dass es unmöglich ist, einerseits von einem Nietzsche Heideggers zu sprechen, und andererseits die Ebene der Interpretation von derjenigen der Aneignung zu unterscheiden. Innerhalb des heideggerschen Denkwegs erscheint Nietzsche als Figur, die häufig die Gestalt einer »Maske« annimmt. Die Autonomie der begrifflichen Figur Nietzsche verschwindet im Versuch ihrer »Einverleibung«. Tatsächlich hat Heideggers Nietzsche-Rezeption 1936 eine Stufe erreicht, die ihm die Gelegenheit gibt, zu einer Denkerfahrung Stellung zu nehmen, die er *nolens volens* mit einer bestimmten intellektuellen Erfahrung im Deutschland zwischen den beiden Kriegen geteilt hat. Zu Nietzsche Stellung zu nehmen, gibt Heidegger 1936 die Möglichkeit, sich loszumachen, den eigenen Ort gegen den des anderen abzugrenzen.

Heidegger selbst gibt die Namen an, mit denen sich seine thematische Auseinandersetzung mit Nietzsche beschreiben lässt: »Aus-einander-setzung«, »Erfahrung« und »Fest des Denkens«.

Das vierte Kapitel, *Die Auseinandersetzung mit Nietzsche*, bildet den Übergang vom ersten zum zweiten Teil der Studie. In ihm werden die zu

Heideggers thematischer Auseinandersetzung mit Nietzsche gehörenden Fragen eingeführt und die Schwierigkeit einer präzisen Periodisierung der verschiedenen Phasen der Auseinandersetzung hervorgehoben.

Mit der Analyse des Zusammenhangs »Entschlossenheit – Wille zum Wesen – Wille zur Macht« soll im fünften Kapitel, *Die Verklärung des Willens zur Macht*, die Ebene sowie die Art und Weise von Heideggers Aneignung bestimmter nietzschescher Begriffe in den verschiedenen Momenten seines philosophischen Denkwegs geklärt werden. Es handelt sich dabei um die Verbindung von drei Themenkomplexen, die sich in Heideggers Schriften nachweisen lassen und jeweils auf die Jahre 1927 (*Sein und Zeit*), 1933 (*Die Selbstbehauptung der deutschen Universität*) und auf das Wintersemester 1936/37 (*Der Wille zur Macht als Kunst*), d.h. auf die Phase der Begegnung (1910-1928), der unthematischen Auseinandersetzung (1929-1935) und der thematischen Auseinandersetzung (1936-1946) zurückzuführen sind. Die Analyse der drei Schriften ermöglicht es, Heideggers »verklärende Aufnahme« des Begriffs des Willens zur Macht zu veranschaulichen. Dabei wird sich zeigen, dass der Begriff des Willens zur Macht innerhalb Heideggers analytischem Kontext auffallend verdreht wird, der Bezug auf Nietzsche zunehmend deutlicher wird und Aspekte, die zuvor in einem Entwurf umrissen wurden, in der »Wiederholung« wieder aufgegriffen und gleichzeitig neu positioniert werden.

Im Anschluss an die Analyse der Verklärung des Willens zur Macht werden im sechsten und letzten Kapitel, *Die ewige Wiederkehr als Denken der Krisis*, die begrifflichen Knotenpunkte aufgezeigt, über die sich Heideggers Aneignung der nietzscheanischen Thematik des Augenblicks als Denken der ewigen Wiederkehr verwirklicht. Die Untersuchung nimmt ihren Ausgang von *Sein und Zeit*, dort wird Heideggers Übernahme der ewigen Wiederkehr als Wiederholung in der Verbindung Augenblick-Entschlossenheit thematisiert. In einem zweiten Schritt wird sich die Analyse vor allem auf das Wintersemester 1929/30 konzentrieren, die historische Zeitdiagnose überschneidet sich dabei mit der hermeneutisch-phänomenologischen Untersuchung und den anthropologischen Voraussetzungen, aufgrund derer Heidegger der nietzscheschen Figur des Übermenschen eine neue Bedeutung zukommen lässt.

Erster Teil

Die Begegnung mit Nietzsche

1. Nietzsche als Holzwurm

1.1 1910: Der trunkene Nietzsche

In der 1957 anlässlich seiner Aufnahme in die Akademie der Wissenschaften in Heidelberg gehaltenen Antrittsvorlesung betont Heidegger in Erinnerung an seine ersten Studienjahre: »Was die erregenden Jahre zwischen 1910 und 1914 brachten, läßt sich gebührend nicht sagen, sondern nur durch eine Weniges auswählende Aufzählung andeuten: Die zweite um das Doppelte vermehrte Ausgabe von Nietzsches ›Willen zur Macht‹, die Übersetzung der Werke Kierkegaards und Dostojewskis, das erwachende Interesse für Hegel und Schelling, Rilkes Dichtungen und Trakls Gedichte, Diltheys ›Gesammelte Werke‹.«[1]

In der 1957 vorgelegten Rekonstruktion seines Werdeganges verknüpft Heidegger die Fäden, die vom Sprachstudium der Gymnasialzeit (1903-1905), in seinem Fall also Griechisch, Latein und Deutsch, bis zur Entdeckung von Adalbert Stifter führen, dessen *Nachsommer* Nietzsche mehrmals gerühmt hatte.[2] Auch die wichtige Lektüre von Franz Brentanos *Von*

---

1 | Martin Heidegger: »Antrittsrede«, in: Jahrbuch der Heidelberger Akademie der Wissenschaften 1957/58, Heidelberg 1959, S. 20f.; jetzt in: Ders.: Vorwort zur ersten Ausgabe der »Frühen Schriften« (1972), GA, Abt. I, Bd. 1, S. 56.

2 | Das Buch wurde Nietzsche von Paul Rée als schönste Liebesgeschichte, die er je gelesen hätte, empfohlen. Später wird Nietzsche den innovativen Charakter des Stils hervorheben (vgl. Friedrich Nietzsche: Der Wanderer und sein Schatten, KGW, Bd. IV/3, Aph. 109; Ders.: Sämtliche Briefe. Kritische Studienausgabe, hg. von G. Colli und M. Montinari, München: de Gruyter 1986, Bd. 5, S. 462: Brief vom 5. November 1879 an Ida Overbeck; Bd. 6, S. 16: Brief an Franz Overbeck vom 11. April 1880, S. 33: Brief vom 2. August 1880 an Heinrich Köselitz, S. 17: Brief vom 30. März 1881 an H. Köselitz, S. 528: Brief vom 2. September 1884

der mannigfachen Bedeutung des Seienden nach Aristoteles, einem Geschenk seines Landsmanns Prof. Conrad Gröber, und die gleichzeitige Entdeckung Aristoteles'[3] und der Poesie Hölderlins wird in die Gymnasialzeit (1907) verlegt. Dagegen verortet Heidegger den Beginn seiner mehrjährigen Beschäftigung mit Husserls *Logischen Untersuchungen* im ersten Universitätssemester (1909), auf das unmittelbar die »begrifflichen Begegnungen« der Jahre 1910-1914 folgen.

Während sich für einige der von Heidegger 1957 skizzierten Abfolgen sowohl in seiner akademischen Ausbildung als auch in mehreren von ihm selbst verfassten Dokumenten sichere Anhaltspunkte finden, trifft man im spezifischen Fall der Rolle der Begegnung mit Nietzsche zwischen 1910 und 1914 auf eine Ambiguität.

Zunächst lässt sich feststellen, dass in späteren Rekonstruktionen seines Denkens, beispielsweise in den Andeutungen, die in der Schrift *Aus einem Gespräch zur Sprache* enthalten sind, die im Wintersemester 1953/54 anlässlich des Besuchs von Tomio Tezuka von der königlichen Universität Tokyo entstand, und in dem für die Festschrift zum achtzigsten Geburtstag des Verlegers Hermann Niemeyer (16. April 1963) skizzierten Porträt, einige Konstanten der Heidelberger Antrittsvorlesung wiederkehren. Den Hinweisen auf Brentanos Arbeit, auf Husserls *Logische Untersuchungen* und auf die Entdeckung von Hölderlin, Trakl und Dilthey folgen nun weitere Verweise: die Ontologie von Carl Braig (1908); die Verweise Braigs auf Aristoteles, Thomas von Aquin, Suarez, Schelling und Hegel; das aufkommende Interesse für die Hermeneutik, zunächst im theologischen Bereich und später in Bezug auf Dilthey; die Lehren Rickerts, vor allem aber Lasks Versuch, Husserl mit der griechischen Philosophie zu verbinden. Bei all diesen Anlässen scheint Heidegger jedoch den 1957 erwähnten Bezug auf die zweite Auflage (1906) von Nietzsches *Der Wille zur Macht* zu vergessen. Das hat eine größere Bedeutung, wenn man die Rekonstruktion seiner Ausbildungszeit (1900-1915), die Heidegger selbst in einem 1915, als An-

---

an Resa von Schirnhofer; Bd. 8, S. 61: Brief vom 19. April 1887 an H. Köselitz). Vgl. außerdem Horst Althaus: Friedrich Nietzsche. Eine bürgerliche Tragödie, München: Nymphenburger 1985, S. 323, 336, 467 und Curt Paul Janz: Friedrich Nietzsche. Biographie, München-Wien: Hanser 1993, Bd. 2: Die zehn Jahre des freien Philosophen, S. 35ff., 54, 73.

3 | Martin Heidegger: Vorwort zur ersten Ausgabe der »Frühen Schriften« (1972), S. 56.

hang zu seinem Habilitationsantrag verfassten *Lebenslauf* gewissenhaft skizziert, in Betracht zieht. Die Datierung von Heideggers Begegnung mit Nietzsche in den Jahren 1910-1914 scheint demnach, im Vergleich zu den häufigeren und genaueren Selbstdarstellungen Heideggers, das Resultat eines rhapsodischen und insgesamt nebensächlichen Hinweises zu sein. Andererseits hat man den Eindruck, auf einen von Heidegger erzwungenen, wenngleich isolierten Versuch zu stoßen, eine Figur einzuführen, die ein Element starker Diskontinuität innerhalb seiner Ausbildung ausmachte und auf der exegetischen Ebene beträchtliche Probleme stellte, beispielsweise im Zusammentreffen von Nietzsche (gemeinsam mit Hölderlin, Trakl, Kierkegaard, Dostojevskij) und der husserlschen Phänomenologie. Gegebenenfalls sollten wenigstens die Spuren dieses Zusammentreffens auf die Periode nach der *Habilitationsschrift* und der »Probevorlesung« (*Der Zeitbegriff in der Geschichtswissenschaft*), die Heidegger am 27. Juli 1915 zur Erlangung der *venia legendi* gehalten hat, datiert werden. Mit großer Wahrscheinlichkeit aber wird man bezüglich der heideggerschen Entdeckung Nietzsches von einem jener Ereignisse sprechen dürfen, die sich »außerhalb der Schule« ereignen, die, wie Heidegger selbst in einem anderen Kontext anmerkte, zum »Bleibenden« gehören sollten.[4]

Heideggers Rezension des Buches von Jørgensen, *Lebenslüge und Lebenswahrheit*, die im März 1910[5] in der Zeitschrift »Der Akademiker« erschien, scheint die zweite Vermutung zu bestätigen, wonach es mindestens seit 1910 eine Begegnung Heideggers mit Nietzsche gegeben hat, allerdings in einem Kontext, der nicht zu seiner unmittelbaren schulischen und akademischen Ausbildung gehört. In der Rezension »Per mortem ad vitam« erscheint ein Bild Nietzsches, das einerseits mit dem nietzscheschen Verweis in der Habilitationsschrift von 1915 kontrastiert, andererseits hebt es auf fast paradoxe Weise, *ex negativo*, die Umrisse hervor, innerhalb derer

---

4 | Ebd., S. 55f.
5 | Martin Heidegger: »Per mortem ad vitam. Gedanken über Jørgensens ›Lebenslüge und Lebenswahrheit‹«, in: Der Akademiker 5 (1910), S. 72ff.; jetzt in: GA, Abt. I, Bd. 16, S. 3-6. Vgl. zu Heideggers Rezeption Axel Beelmann: Heimat als Daseinsmetapher. Weltanschauliche Elemente im Denken des Theologiestudenten Martin Heidegger, Wien: Passagen 1994, insbesondere Kapitel 3: »Notizen zu einem Konvertitenschicksal«, S. 23-32. Verweise auf diese Rezension finden sich auch bei Rüdiger Safranski: Ein Meister aus Deutschland. Heidegger und seine Zeit, München-Wien: Hanser 1994, S. 36-38.

die Figur Nietzsches, seit Heideggers frühester Nietzsche-Erfahrung, Gestalt annimmt. Die Rezension zu Jørgensens Schrift rückt einleitend die zentrale Stellung, die in der zeitgenössischen philosophisch-literarischen Debatte dem Begriff der »Persönlichkeit« zukam, in den Mittelpunkt der Betrachtung: »In unseren Tagen spricht man viel von ›Persönlichkeit‹. Und die Philosophen finden neue Wertbegriffe. Neben kritischer, moralischer, ästhetischer operieren sie auch mit ›Persönlichkeitswertung‹, zumal in der Literatur. Die Person des Künstlers rückt in den Vordergrund. So hört man denn viel von interessanten Menschen. O. Wilde, der Dandy, P. Verlaine, der ›geniale Säufer‹, M. Gorky, der große Vagabund, der *Uebermensch Nietzsche* […].«[6] Der Name Nietzsches erscheint von Anfang an untrennbar mit der Erfahrung einer großen Persönlichkeit verbunden, deren Künstlertum sich aus ihrem eigenen Ausnahmestatus ableiten lässt. Man hat den Eindruck, die künstlerische Persönlichkeit Nietzsches sei nur ein anderer Name für den *Übermenschen*.

Im weiteren Verlauf der Rezension unterstreicht Heidegger wie ›entzückt‹ der achtzehnjährige Atheist Jørgensen von diesen großen Persönlichkeiten gewesen sei, von den »Strömungen der Freidenker«, die Georg Brandes[7] nach Dänemark eingeführt hatte, indem er vom europäischen

---

6 | Martin Heidegger: »Per mortem ad vitam«, S. 3, kursiv R.C.

7 | 1888 hielt der dänische Literaturhistoriker Georg Morris Cohen Brandes (1842-1927) an der Universität Kopenhagen eine Reihe von Vorträgen über Nietzsches Philosophie, die für das Verständnis des nietzscheschen Denkens von entscheidender Bedeutung waren. Die Vorträge wurden im darauffolgenden Jahr gesammelt, in einer erweiterten Ausgabe 1899 und 1909 neu herausgegeben, früh ins Deutsche und 1914 ins Englische und Französische übersetzt. Brandes Vortragssammlung *En Afhandling em aristokratisk radikalisme* (København 1899) richtet die Aufmerksamkeit besonders auf Nietzsches späte Schriften (*Jenseits von Gut und Böse, Zur Genealogie der Moral*), deren Leitgedanken auf das Schlagwort vom *Wille[n] zur Macht* zurückgeführt wird. Für Brandes besteht Nietzsches radikaler Aristokratismus der späten Schriften in der Verbindung von Vergnügen und Schmerz und in einem radikalen Antichristentum, das weiter reiche als Kierkegaards »theologische Suspension des Ethischen«. In Brandes Profil sind außerdem alle nietzscheschen Motive enthalten, die Heidegger hervorhebt, insbesondere die Vorliebe für die italienische Renaissance. Da diese Themen in der Rezension zu Jørgensens Text ausführlich angesprochen werden, darf man annehmen, dass Heidegger Brandes Aufsatz »Aristokratischer Radikalismus« ge-

Kontinent vor allem den Deutschen Nietzsche und den Franzosen Zola bekannt machte. Der Nietzsche, der *via* Brandes zu Jørgensen gelangt, ist derjenige, der sich für die italienische Renaissance begeistert, wie sie in der Person Cesare Borgias[8] zum Ausdruck kommt; derjenige, für den das Leben, sogar als »Verzweiflung« und in der Spannung zum Tode noch wesentlich »Trunkenheit« bedeutet. Unter dem Einfluss dieser Freidenker habe der junge Jørgensen, nach Meinung Heideggers, im Zeichen der »geistigen und sittlichen Souveränität des Ichs« das »Glück der Wahrheit« geopfert, das nicht diejenigen träfe, für die das Leben auch Tod und Verzweiflung bedeute. Diese Art Bekehrungstagebuch eines atheistischen Geistes stellte für den einundzwanzigjährigen Heidegger einen »interessanten Beitrag zur Psychologie des Freidenkers« dar. Jørgensens »strenge Komposition« beschrieb dem jungen Heidegger die Seelenqualen im Übergang von der trunkenen Verschwendung zur »ruhigen« Einkehr, »willensstark«, im »Schatten des Kreuzes«. Der »philosophische Poet« erschien ihm wie ein »moderner Augustinus«, der von den »Freidenkern« zu den »Mystikern des Mittelalters« übergegangen war.

Die Figur Nietzsches, von der sich Heidegger 1910 so ausdrücklich zu distanzieren suchte, zeichnet sich noch klarer ab. Heideggers Nietzsche von 1910 ist demnach eine Figur mit einer ausgeprägten künstlerischen Persönlichkeit, die den Atheismus zur obersten Bedingung für das freie Denken, für eine trunkene *fruitio vitae*, erklärt hat. An dieser ersten Typisierung Nietzsches ist von besonderer Bedeutung, dass Heidegger Motiven Nachdruck verleiht, die, wenngleich mit unterschiedlichen Akzentuierungen, in den reiferen Phasen seiner Begegnung mit Nietzsche wiederkehren werden. In Bezug auf diese erste Phase von Heideggers philosophischem Werdegang lässt sich beobachten, wie sich seine Interpretation des Begriffs Willen zur Macht innerhalb von nur fünf Jahren (1915) im Vergleich zu der in der Rezension zu Jørgensens Schrift vorgelegten Auslegung radikal verändern wird. Die nietzscheanische Wendung wird für Heidegger zum Ausdruck für die Erweckung eines metaphysischen Triebs, der als fruchtbarster Moment des Philosophierens gilt. Innerhalb von zehn Jahren (1925) wird, im Zeichen Nietzsches, der Atheismus selbst zur Be-

---

kannt hat, vgl. Georg Brandes: »Aristokratischer Radikalismus. Eine Abhandlung über Friedrich Nietzsche«, in: Deutsche Rundschau LXIII (1890), S. 67-81.
8 | Vgl. Nietzsches Brief vom 20. Oktober an Malvida von Meysenburg, in: Friedrich Nietzsche: Sämtliche Briefe, 1886, Bd. 8, S. 458.

dingung des Philosophierens[9]; 1936 wird mit der Thematisierung des Willens zur Macht als Kunst die thematische Begegnung mit Nietzsche ihren Anfang nehmen und die Kunst wird, als bevorzugtes Untersuchungsphänomen, vom Zustand der Trunkenheit[10] her behandelt werden, schließlich wird der nietzscheanische Übermensch ab 1939 bis zum Wintersemester 1951/52 von der Tradition der modernen Subjektivität immer weniger zu unterscheiden sein.

Wie lässt sich diese entscheidende Bedeutungsverschiebung zwischen 1910 und 1925 erklären?

Wie kommt es, dass in der Vorlesung zur *venia legendi* ein mittelalterlicher Mystiker (Meister Eckhart) neben einem Freidenker (Nietzsche) stehen kann? Welche Wirkung kommt der in diesen fünf Jahren unausgesprochen gebliebenen Präsenz Nietzsches zu? Welche Prämissen können seine Neubestimmung und die weitreichende Verklärung erklären, die diese bereits in Heideggers philosophischen Anfangsjahren bewirkt?

Ich bin versucht, die Rolle, die Nietzsche in der Ausbildung und in der Entwicklung von Heideggers philosophischem Denken spielt, mit der Arbeit eines Holzwurms zu vergleichen. Der Holzwurm ist ein ausschließliches Nachttier, das sowohl in altem als auch in jungem Holz lebt und dort Gänge gräbt, die Holzschnitzereien und Möbel schwer beschädigen können. Diesen Grabungen des Holzwurms kann abgeholfen werden, indem man die Holzoberfläche imprägniert.

Der Begriff des Holzwurms wird metaphorisch verwendet, um eine Last, einen geheimen und beständigen Schmerz anzudeuten. Die Auftritte Nietzsches in Heideggers Vorträgen und Texten ähneln den Gängen eines Holzwurms. Sie zerreißen den Gedanken, drängen ihn ständig in eine andere Richtung. Heidegger wird unentwegt versuchen, diese dekonstruktive Kraft einzudämmen, aber er wird sie nie endgültig zurückdrängen können.

---

9 | Martin Heidegger: Prolegomena zur Geschichte des Zeitbegriffs, GA, Abt. II, Bd. 20, S. 100-101.
10 | Vgl. Martin Heidegger: Nietzsche: Der Wille zur Macht als Kunst, GA, Abt. II, Bd. 43, S. 108-124 (im folgenden: Heidegger: Nietzsche: Der Wille zur Macht als Kunst, Seitenangabe); Ders.: Nietzsche, Bd. 1, Pfullingen: Neske 1961, S. 109-126 (im Folgenden: Heidegger: Nietzsche, Bd. 1, Seitenangabe).

1.2 Die »Urkatholische Kraft«

Zur Rekonstruktion des »begrifflichen Orts«, an dem die erste Begegnung mit Nietzsche stattfindet, und der insbesondere in den Jahren 1910-1915 durch die zwischen Distanzierung und Enthusiasmus schwankende Haltung bezüglich des nietzscheanischen Denkens charakterisiert ist, sollen nun zunächst die verschiedenen Koordinaten der heideggerschen Schul- und Studienjahre abgesteckt werden.

Aus dem 1915 von Heidegger verfassten *Lebenslauf*[11] geht hervor, dass er bis 1903 die *Volks-* und *Bürgerschule* in Meßkirch besucht hat, allerdings bereits seit 1900 private Lateinstunden nahm, die es ihm ermöglicht haben, 1903 direkt in die *Untertertia* des Gymnasiums in Konstanz aufgenommen zu werden.[12] Nach Sheehan ist es wahrscheinlich, dass der katholische Priester Camillus Brandhuber[13] zwischen 1899 und 1902 einen gewissen Einfluss auf Heideggers geistige Entwicklung ausgeübt hat; ihm scheint Heidegger auch den Übergang von der Schule in Meßkirch auf das Konstanzer Gymnasium und das Konvikt St. Konrad zu verdanken.[14]

---

11 | Vgl. Hauptstaatsarchiv Stuttgart, Kultusministerium Baden-Württemberg EA III/1 Universität Freiburg, Heidegger Martin. Eigenhändiger Lebenslauf; vollständig abgedruckt in: GA, I. Abt., Bd. 16, S. 37-39 und in Hugo Ott: »Der junge Martin Heidegger. Gymnasial-Konviktszeit und Studium«, in: Freiburger Diözesan-Archiv 104 (1984), S. 323-325, aber auch in Thomas Sheehan: »Heidegger's Lehrjahre«, in: John Salis u.a. (Hg.), The Collegium Phaenomenologicum«, Dordrecht-Bosten-London: Kluwer 1988, S. 77-137.
12 | Vgl. Hugo Ott: »Der junge Martin Heidegger...«, S. 324.
13 | Vgl. Thomas Sheehan: »Heidegger's Lehrjahre«, S. 178.
14 | Vgl. Hugo Ott: »Der junge Martin Heidegger...«, S. 317; Victor Farías: Heidegger und der Nationalsozialismus, Frankfurt a.M.: S. Fischer 1989, S. 53. Den Angaben von Ott und Farías folgend, war Brandhuber ein bedeutender Politiker: Mitglied der katholischen Zentrumspartei, einer der es verstand, die Massen mitzureißen, von 1908-1918 Abgeordneter für die Hohenzollern im preußischen Parlament, ab 1918 bis 1932 Präsident des Kommunalparlaments der Hohenzollern. Es sei an dieser Stelle angemerkt, dass die Verweise auf die Arbeit von Farías sich ausschließlich auf das in ihr enthaltene wertvolle Informationsmaterial beziehen und die zahlreichen begrifflichen Vereinfachungen unberücksichtigt lassen, mit denen diese Informationen ausgearbeitet werden. Sowohl in den Arbeiten von Ott als auch in denen von Farías, aber auch in der Biographie von

Für die Zeit im *Konradihaus* spricht Heidegger selbst dem Rektor des Internats Conrad Gröber eine bedeutende Rolle zu.¹⁵ Nach Absolvierung der *Untersekunda* (1906) zieht Heidegger nach Freiburg i.Br., wo er bis zum Abschluss der Reifeprüfung (1909) das von Direktor Leonhard Schanzenbach¹⁶ geleitete *Bertholdgymnasium* besucht.

Ernst Nolte (Martin Heidegger: Politik und Geschichte im Leben und Denken, Frankfurt a.M.: Propyläen 1992) findet man interessante Informationen zur sozialen Herkunft Heideggers und zum Zusammenhang zwischen der Notwendigkeit der Studienförderung und der Beziehung zur katholischen Kirche, vgl. Hugo Ott: »Der Habilitand Martin Heidegger und das von Schaetzler'sche Stipendium. Ein Beitrag zur Wissenschaftsförderung der katholischen Kirche«, in: Freiburger Diözesanarchiv 108 (1986), S. 141-160.

15 | Vgl. Hugo Ott: »Der junge Martin Heidegger...«, S. 324. Conrad Gröber, Heideggers Landsmann und späterer Erzbischof von Freiburg, ist der Autor der einzigen Untersuchung, die dem Kampf zwischen den Katholiken und Altkatholiken in Meßkirch gewidmet ist (vgl. Conrad Gröber: »Der Altkatholizismus in Meßkirch. Die Geschichte seiner Entwicklung und Bekämpfung«, in: Freiburger Diözesan Archiv XIII (1912)). Gröber sah in der Auseinandersetzung zwischen dem traditionellen Katholizismus und dem religiösen Modernismus den Versuch, regionale Traditionen, die eng mit dem Katholizismus verbunden waren, zu zerstören. Mit Unterstützung Bismarks und Preußens sei diese Auseinandersetzung zum Instrument einer gegen die Provinz und die Zentralgewalt der römisch-katholischen Kirche gerichteten Politik geworden. Deshalb verurteilte Gröber den Altkatholizismus und wurde später zu einem der Architekten des Reichskonkordats zwischen dem nationalsozialistischen Deutschland und dem Heiligen Stuhl. Mehr zur Person Gröbers ist nachzulesen bei Erwin Keller: Conrad Gröber. 1872-1948: Erzbischof in schwerer Zeit, Freiburg: Herder 1981; in dem Beitrag von Hugo Ott: »Gröber, Conrad«, in: Bernd Ottnad (Hg.), Badische Biographien, Bd. 1, Kohlhammer: Stuttgart 1982, S. 144-148 und bei Victor Farías: Heidegger und der Nationalsozialismus, S. 51f. und S. 59.

16 | Leonard Schanzenbach (1852-1938) war nicht nur der Beichtvater des Priesterseminars in der Zähringerstraße, wo Heidegger lebte, er war auch der Religions- und Hebräischlehrer am Bertholdgymnasium (vgl. Thomas Sheehan: »Heidegger's Lehrjahre«, S. 86 und »Necrologium Friburgense, 1936-40«, in: Freiburger Diözesanarchiv 68 (1941), S. 27-28). In Bezug auf die religiöse Ausbildung Heideggers verweist Sheehan für die Freiburger Gymnasialzeit außerdem auf Theodor Dreher (1836-1916), der für die Einweisung in die katholische Apolo-

In Bezug auf die Freiburger Gymnasialzeit erwähnt Heidegger im *Lebenslauf* das erste theoretische Interesse für die mathematischen Fächer, insbesondere für die Physik (Mühlhäusser); das Studium der biologischen Evolutionstheorie, vor allem aber die Platon gewidmeten Vorlesungen von Widder[17], dem Heidegger auch das Verdienst zuspricht, ihn mit der Größe Goethes, Lessings und Schillers vertraut gemacht zu haben.[18] Wahrscheinlich reift im jungen Heidegger im Verlauf der Widderschen Vorlesungen diese besondere Neigung zur deutschen Literatur, auf die der Rektor des *Bertholdgymnasiums* verweist.[19]

Heidegger konzentriert sich in seinem detaillierten *Lebenslauf* nicht auf jene Elemente, die er an anderer Stelle, in der Heidelberger Antrittsvorlesung und der Beschreibung seines Verhältnisses zur Phänomenologie, als entscheidend angeben wird. In diesem Zusammenhang ist darauf hingewiesen worden, dass der Verfasser des *Lebenslaufs* die Absicht gehabt hätte, ausschließlich seine katholische und mathematische Ausbildung hervorzuheben.[20] Tatsächlich verweist Heidegger bezüglich der Gymnasialzeit weder auf die Entdeckung Stifters 1905[21] und die Lektüre des Buches von Brentano im Jahr 1907 noch auf die erste Auseinandersetzung mit Braigs Ontologie.

Auf die Bedeutung von Brentanos Dissertation *Von der mannigfachen Bedeutung des Seienden nach Aristoteles* wird Heidegger zu verschiedensten Anlässen immer wieder ausdrücklich hinweisen. Nachdem er Brentano

---

getik und die moderne Kirchengeschichte verantwortlich war; vgl. hierzu den Artikel »Dreher, Theodor«, in: Lexikon für Theologie und Kirche, Bd. III, 1959, S. 543.
17 | Vgl. Hugo Ott: »Der junge Martin Heidegger...«, S. 324. Neben Platons *Eutiphron* liest Heidegger mit Widder die Bücher VI und VII von Thukydides' *Der Peloponnesische Krieg*, Homers *Ilias* (Bücher XIII-XXIV), Sophokles' *König Ödipus* und Euripides' *Iphigenie*, mit Verweisen auf Goethes Drama.
18 | Hugo Ott: »Der junge Martin Heidegger...«, S. 322.
19 | Vgl. den ersten Anhang in Hugo Ott: »Der junge Martin Heidegger...«, S. 323.
20 | Hugo Ott, »Der junge Martin Heidegger...«, S. 322.
21 | Vgl. Dörte Gunderson: Denken wie der Wald – von Stifter zu Heidegger, Frankfurt a.M.: Peter Lang 1995. Die Arbeit bemüht sich, Spuren dieser frühen Auseinandersetzung mit Stifter in Heideggers Denken nachzuweisen. Hinweise auf Stifter finden sich auch in der Arbeit von Axel Beelmann: Heimat als Daseinsmetapher, S. 33ff.

1954 als denjenigen vorgestellt hat, der ihn während der Gymnasialjahre[22] durch die griechische Philosophie geführt habe, betont Heidegger 1962: »Dessen Dissertation ›Von der mannigfachen Bedeutung des Seins bei Aristoteles‹ (1862) war jedoch seit 1907 Stab und Stecken meiner ersten unbeholfenen Versuche in die Philosophie einzudringen. Unbestimmt genug bewegte mich die Überlegung: Wenn das Seiende in mannigfacher Bedeutung gesagt wird, welches ist dann die leitende Grundbedeutung? Was heißt Sein?«[23]

Wenn man Heidegger beim Wort nimmt, so wäre dank Brentanos Aristoteles-Interpretation jene Seinsfrage herangereift, die zur Konstanten seines Denkens werden sollte. In der scholastischen Auslegung des Aristoteles' hätten sich die Umrisse einer Frage abgezeichnet, die als Konflikt zwischen einer möglichen ein- oder mehrdeutigen Interpretation des Seins hervortrat. Brentanos Überlegungen zur Vielfalt kennzeichneten die kategoriale Verschiedenheit nicht als »reelle«, sondern als »rationelle Distinction«: »Die Verschiedenheit der Kategorien ist nicht nothwendig eine reele Verschiedenheit.«[24]

Die Seinsfrage, die 1907 als Frage nach der »leitenden Grundbedeutung« der Vielfalt des Seins beschrieben wird, scheint den Boden für die nachfolgenden philosophischen Fragen Heideggers zu bereiten, so dass der gesamte heideggersche Werdegang als eine »Wiederholung« dieser Frage gelesen werden kann. Die Frage nach der Möglichkeit eines einheitlichen Sinnes von allem, was ist, hat in der Lektüre Brentanos seinen begrifflichen Ursprung und erfährt wohl in diesem Zusammenhang ihre

---

22 | Martin Heidegger: Aus einem Gespräch zur Sprache, in: Ders.: Unterwegs zur Sprache, Pfullingen-Stuttgart: Neske 1959, S. 92; jetzt in: GA, Abt. I, Bd. 12, S. 88.

23 | Martin Heidegger: Mein Weg in die Phänomenologie, in: Ders.: Zur Sache des Denkens, Tübingen: M. Niemeyer 1969, S. 81-90, hier S. 81; jetzt in: GA, Abt. 1, Bd. 14, S. 91-102, hier S. 93.

24 | Franz Brentano: Von der mannigfachen Bedeutung des Seienden nach Aristoteles, Freiburg i.Br. 1862, fotomechanischer Nachdruck, Darmstadt: Wissenschaftliche Buchgesellschaft 1960, S. 131f. Heidegger versäumt jedoch nicht, zu präzisieren, dass Aristoteles mit der Kennzeichnung der Kategorien keine rein rationale Unterscheidung postuliert habe (vgl. Aristoteles: Metaphysik, Bücher IV, VI – 1026 a 33-b2, VII – 1028 b ff.).

erste wichtige Bestimmung.[25] Heidegger selbst bringt es auf den Punkt: »Die damals nur dunkel und schwankend und hilflos sich regende Frage nach dem Einfachen des Mannigfachen im Sein *blieb* durch viele Umkippungen, Irrgänge und Ratlosigkeiten hindurch *der* unablässige An-

---

25 | Zur Bedeutung der Auseinandersetzung mit Brentano vgl. Franco Volpi: Heidegger e Brentano. L'aristotelismo e il problema dell'univocità dell'essere nella formazione filosofica del giovane Martin Heidegger, Padova: CEDAM 1976. Volpi deutet in Bezug auf Heideggers Studienjahre auf eine Kontinuität hin, die von der unzweideutigen Bestimmung des Seins in Brentanos neoplatonisch-scholastischer Interpretation von Aristoteles' mannigfacher Metaphysik bis zum Sein als Selbstdarstellung der Phänomene in der Phänomenologie Husserls reicht (vgl. zu dieser Frage auch Walter Del Negro: »Von Brentano über Husserl zu Heidegger«, in: Zeitschrift für philosophische Forschung VII (1953), S. 571-585).
Im Vergleich zu Volpi liest Giovanni Reale das Verhältnis Aristoteles-Brentano und in der Konsequenz das Verhältnis Aristoteles-Brentano-Heidegger aus einer spiegelbildlichen Perspekitve: »Vielleicht hat auch Heidegger, der gerade durch dieses Buch Zugang zur Philosophie fand, die Metaphysik des Abendlandes in dieser, hier untersuchten, horizontalen Dimension der Vorstellung vom Wesen interpretiert, und die vertikale übergangen, oder wenn nicht übergangen, so doch auf unterschiedliche Weise in dieser Sichtweise verdichtet, womit er an das anfängliche Paradigma Brentanos gebunden blieb.« (Vgl. Giovanni Reale: »Il significato e l'importanza teorica e storico-ermeneutica del libro di Franz Brentano. Sui molteplici significati dell'essere secondo Aristotele e alcune osservazioni critiche di complemento«, in: Franz Brentano: Sui molteplici significati dell'essere secondo Aristotele, S. XIII-LXVI, hier LVI-LVII). Zum Einfluss Brentanos auf die *Fundamentalontologie* Heideggers sei auf die wertvolle Arbeit von Claudius Strube: Zur Vorgeschichte der hermeneutischen Phänomenologie, Würzburg: Königshausen & Neumann 1993, verwiesen. In der Rekonstruktion der Vorgeschichte von Heideggers hermeneutischer Phänomenologie erkennt Strube im aristotelischen Prinzip der Kategorieneinteilung, also der Unterscheidung der verschiedenen Bedeutungen des Seins, die Anfangsproblematik. Brentanos Aristoteles-Interpretation sei, so Strube, die Voraussetzung gewesen für die Ausformulierung der ontologischen Differenz, das Problem der Grundartikulation des Seins, das Problem der Veränderung des Seins in seinen Seinsweisen und das Problem des Wahrheitscharakters des Seins. Hinsichtlich der Kategorienproblematik könnte Heideggers Fundamentalontologie als »Grundlegung einer modernen Kategorienlehre« interpretiert werden (S. 18).

laß für die zwei Jahrzehnte später erschienene Abhandlung ›Sein und Zeit‹.«[26]

Im *Lebenslauf* wird die Gymnasialzeit mit der Lektüre des *Compendium Theologiae* von Thomas von Aquin und des *Itinerarium mentis in Deum* von Bonaventura abgeschlossen. Es handelt sich dabei vorwiegend um eine Auswahl der Werke von Aquin und Bonaventura, die Heidegger 1908 im Handbuch zur Ontologie *Vom Sein. Abriß der Ontologie* des Theologen Carl Braig gelesen hatte: »Im letzten Jahr meiner Gymnasialzeit stieß ich auf die Schrift des damaligen Professors für Dogmatik an der Freiburger Universität Carl Braig: ›Vom Sein. Abriß der Ontologie‹ [...]. Die größeren Abschnitte der Schrift bringen jeweils am Schluß längere Textstellen aus Aristoteles, Thomas v. A. und Suarez, außerdem die Etymologie der Wörter für die ontologischen Grundbegriffe.«[27]

---

26 | Martin Heidegger: Vorwort zur ersten Ausgabe der »Frühen Schriften« (1972), S. 56. Eine erste Loslösung von der Brentanophase ist nachweisbar sowohl im dritten Abschnitt der 1913 entstandenen Arbeit *Die Lehre vom Urteil im Psychologismus. Ein kritisch-positiver Beitrag zur Logik*, jetzt in: Martin Heidegger: Frühe Schriften, S. 59-188; als auch in Heideggers Rezension zu Franz Brentano: Von der Klassifikation der psychischen Phänomene. Neue durch Nachträge stark vermehrte Ausgabe der betreffenden Kapitel der Psychologie vom empirischen Standpunkt, Leipzig: Duncker & Humblot 1911; die 1914 in der Zeitschrift »Literarische Rundschau für das katholische Deutschland« erschienen ist, jetzt in: Martin Heidegger: Frühe Schriften, S. 47-48. In »Die Lehre vom Urteil im Psychologismus...« setzt sich Heidegger mit Brentano (und Marty) im Zusammenhang der Absage an den Psychologismus bezüglich einer Definition der Logik auseinander, er bezieht sich dabei auf die Kennzeichnung des Urteils als eine wichtige Klasse der psychischen Phänomene. Indem Brentano das Urteil an ein psychisches Phänomen binde und konsequenterweise der Kopula innerhalb des Urteils eine rein logisch-grammatikalische Funktion zuweise, habe er, so Heidegger, die Existenzurteile zu Kategorialurteilen reduziert. In der Rezension von 1914 unterstreicht Heidegger, in immer größerer philosophischer Nähe zu Lask, Rickert und Husserl, noch einmal, dass sich bei Brentano die Logik noch vollständig im Bereich des Sinns bewege.

27 | Martin Heidegger: Mein Weg in die Phänomenologie, S. 81. Das erwähnte Kompendium gehörte zur Trilogie *Grundzüge der Philosophie*, das sich aus folgenden Bänden zusammensetzt: 1. Vom Denken. Abriß der Logik (Freiburg 1896); 2. Vom Sein. Abriß der Ontologie (Freiburg 1896); 3. Vom Erkennen. Abriß der

Zu Beginn des 20. Jahrhunderts war in Süddeutschland zwischen dem Modernismus und dem religiösem Antimodernismus ein heftiger Streit entflammt, der beträchtliche politische Nachwirkungen hatte. Vor dem Hintergrund dieses Streits war am 6. September 1909 in der Gemeinde Hausen im Tal, in der Nähe von Meßkirch, eine Feier zu Ehren von Abraham a Sancta Clara organisiert worden. Aus dem Bericht im »Heuberger Volksblatt« vom 10. September 1909 geht hervor, dass der junge Theologiestudent Heidegger an dieser Feier nicht nur teilnahm, sondern ihre Leitung übernommen hatte. Nach dem Absingen der Hymnen sprach Heidegger über die inhaltliche Auseinandersetzung zwischen den Zeitschriften »Hochland« und »Der Gral«; dabei ging es ihm vor allem um die Gefahr, dass »Hochland« infolge seiner modernistischen Positionen das Projekt seines Gründers Karl Muth in den Ruin treiben könnte. Zum Abschluss der Rede, in der Heidegger die Teilnehmer dazu aufforderte »Der Gral« zu abonnieren, wird deutlich, dass sich der junge Theologiestudent im *Literaturstreit* zwischen den deutschen Katholiken, deren Ideologe der Wiener Richard von Kralik (»Der Gral«) war, und den Modernisten, die sich auf Karl Muth (»Hochland«) bezogen, auf die Seite des Wagnerianers von Kralik schlug.[28]

Von Kralik ist eine interessante Figur, insofern er ein anderes, nicht unbedeutendes Moment für die Beschreibung des Umfelds einführt, in dem, dieses Mal *via* Wagner[29], Heideggers Begegnung mit Nietzsche statt-

---

Noetik (Freiburg 1897). Hinsichtlich Heideggers erstem Kontakt mit der Philosophie zitiert Farías das auf dem Gymnasium in Konstanz als Einführung in eine vom Kantianismus geprägte Logik und Psychologie gebrauchte Handbuch von Richard Jonas: Grundzüge der philosophischen Propädeutik, Berlin 1891, vgl. Victor Farías: Heidegger und der Nationalsozialismus, S. 57.

28 | Victor Farías: Heidegger und der Nationalsozialismus, S. 77ff.

29 | Wie wichtig dieser jugendliche Wagnerismus für die Deutung der Geschichte von Heideggers Nietzsche-Erfahrung ist, wird deutlich, wenn man diese frühe Unterstützung des wagnerianisch-romantischen Programms mit dem vergleicht, was Heidegger 1938 behaupten wird: »Erst wenn es gelingt, Nietzsches Denken unabhängig von der Wertvorstellung zu begreifen, kommen wir auf einen Standort, von dem aus das Werk des letzten Denkers der Metaphysik eine Aufgabe des Fragens und Nietzsches *Gegnerschaft gegen Wagner als die Notwendigkeit unserer Geschichte* begreifbar wird.« (Vgl. Martin Heidegger: Die Zeit des Weltbildes, in: Ders.: Holzwege, GA, Abt. I, Bd. 5, S. 102, kursiv R.C.) Bezüglich der Argumentation, die Heidegger in der ersten Vorlesung zu Nietzsche im Wintersemester

fand. Der Direktor des »Gral« behauptete, dass die karolingischen Könige, vor allem Karl der Große, in enger Zusammenarbeit mit Rom und dem Papsttum die germanische Größe geschaffen hätten. Die Idee des *Reichs* war in Form des Germanentums, wie sie der deutsche Romantizismus vertrat, wieder aufgeworfen worden. Diese Verbindung von deutschem Romantizismus und Deutschtum war 1871 von Richard Wagner als Gegensatz zum Bismarcktum vornehmlich mit der Gründung von Bayreuth und den Opern *Die Nibelungen* und *Parsifal* eingeführt worden.[30] Aus dieser Vereinigung hätten eine neue Poesie, eine neue Kunst und vor allem eine neue katholische Wissenschaft ihren Anfang nehmen sollen.[31]

Genau diese neue katholische Wissenschaft, verstanden als »Urkatholische Kraft«, wird Heidegger ein Jahr später, am 15. August 1920 in

---

1936/37 insbesondere bezüglich dessen »großem Stil« entwickelt, beschränke ich mich in diesem Zusammenhang auf den Hinweis, dass Heidegger Nietzsches Bruch mit Wagner ausgehend von der Alternative zwischen dem »Romanischen« und dem »Klassischen« thematisiert und sich just in jenen Jahren aus der so gewonnenen Bestimmung der Klassik Heideggers Auseinandersetzung mit Nietzsche und Hölderlin entwickelt (vgl. Martin Heidegger: Nietzsche: Der Wille zur Macht als Kunst, S. 145ff.; Ders.: Nietzsche, Bd. 1, S. 146ff.).
Mit diesem Thema hat sich Philippe Lacoue-Labarthe auseinandergesetzt, vgl. Ders.: Dichtung als Erfahrung. Die Fiktion des Politischen. Musica ficta (Figuren Wagners), Basel-Weil am Rhein: Urs Engeler 2009. Die Vermischung von Nationalem und Sozialem, die sich in Deutschland schon in den letzten dreißig Jahren des 19. Jahrhundert abgezeichnet habe, betrachtet Lacoue-Labarthe als eine der Auswirkungen des Wagnerismus. Das Soziale und das Nationale hätten sich zu einer völlig neuartigen politischen *Konfiguration* vereint, in der das Verhältnis von Kunst und Politik eine außerordentlich wichtige Rolle spielte. Aus diesem Verhältnis sei eine romantische »Figur« der Politik entstanden.
30 | Vgl. Der Gral II (1908), S. 4. Vgl. dazu auch die Schriften von Richard Wagner: »Die deutsche Oper« (1934); »Die Revolution« (1849) und »Vorwort zum Poem des Bühnenfestspiels ›Der Ring der Nibelungen‹« (1862). Zur spezifischen Bestimmung des »Volkes« als Subjekt der »Revolution« und als eigentliche Instanz des Christentums, die in absolutem Kontrast steht zur künftigen Bestimmung des Volkes bei Nietzsche vgl. »Der Beruf des Künstlers in der Zukunft. Über das Prinzip des Kommunismus« (1849), in: Richard Wagner: Ausgewählte Schriften, Frankfurt a.M.: Suhrkamp 1965, S. 109-121.
31 | Vgl. Der Gral VI (1911), S. 242.

Kreenheinstetten anlässlich der Einweihung eines wiederum Abraham a Sancta Clara gewidmeten Denkmals, beschwören.[32] Die ursprüngliche katholische Kraft gilt als Reaktion auf die Dekadenz einer Epoche, die Heidegger bereits in jenen Jahren durch ein elendes Geschrei, eine zunehmende »Schnellebigkeit« und eine destabilisierende »Erneuerungswut« gekennzeichnet sah. Die heldenhafte Figur und die »fein gewählte und prägnante« Sprache von Abraham a Sancta Clara dienten Heidegger als eine Art Spiegel, aus dem ihm die Krise des 16. Jahrhunderts, in dem der Augustinermönch[33] gelebt hatte, als »die nahende Not«[34] seiner Zeit entgegenschlug.

Im Jahre 1911 wird Heidegger die Aufgabe des Christentums angesichts der Dekadenz einer Epoche von »sterbender Pracht« erneut hervorheben.

Bereits ein Jahr später wurde die ursprüngliche Kraft des Katholizismus vom religiösen in den philosophischen Bereich überführt. Im Vergleich zur akademischen Ausrichtung der Philosophie, die von einem Subjektivierungsprozess der Diskurse beherrscht war, von einer bedauerlichen aber zunehmenden Identifikation der »Wahrheit« mit »subjektiven Meinungen«, »persönlichen Stimmungen und Wünschen«, von der Absetzung des »Systems« mittels »Weltanschauungen«, repräsentierte »der zauberische Wahrheitsdrang« des Christentums für Heidegger das einzige Potenzial, um den Enthusiasmus neu zu wecken, den Menschen in sein eigentliches Sein zurückzuführen.[35]

---

32 | Martin Heidegger: Abraham a Sancta Clara. Zur Einführung seines Denkmals in Kreenheinstetten am 15. August 1910, GA, Abt. I, Bd. 13, S. 1-3.

33 | Zur Figur des Augustinermönchs Johannes Ulrich Megerle (1633-1709, Abraham a Sancta Clara) in seinem historischen Kontext vgl. Ladislao Mittner: Storia della letteratura tedesca I/2, Turin: Einaudi 1977, S. 891-894.

34 | Martin Heidegger: Sterbende Pracht, GA, Abt. I, Bd. 13, S. 5.

35 | Martin Heidegger: »Zur philosophischen Orientierung für Akademiker« in: Der Akademiker 5 (1911), S. 66ff. Über die Wahrheit, der Eindrücke und Meinungen radikal fremd sind und über persönliche Seelenzustände hatte sich Heidegger bereits in einer anderen Rezension geäußert, vgl. »Friedrich Wilhelm Foerster: Autorität und Freiheit«, ebenfalls in: Der Akademiker 7 (1910), S. 109. Auf die Stimmung der eigenen Zeit, die nur in der Lage wäre, »oberflächliche Effekte« zu sammeln und von einer Art »philosophischem Eklektizismus« gekennzeichnet sei, wird Heidegger in den Rezensionen von 1913 und 1914 zurückkommen, vgl. Fritz Ohmann (Hg.): Kants Briefe in Auswahl, Leipzig: Insel 1911, erschienen in:

Heidegger nahm die Krise mit einem intensiven religiösen Gefühl auf persönlicher und zugleich auf epochaler Ebene wahr. Der Drang zum Göttlichen erschien ihm in jenen Jahren untrennbar vom Drang zur Wahrheit, zum Sein, verstanden als radikale Alternative zur allgemeinen Gleichgültigkeit der Zeit. Die »sterbende Pracht« des Herbstes, die Heidegger 1910 in Versen versucht hatte, auszudrücken, lässt im »Fall« des »raschelnden Laubs«, das angesichts der bevorstehenden Verwesung zum »Tode« zittert, das Herannahen einer Situation handgreiflich werden, die, im Gegensatz zur möglichen Identifikation mit einer Heimat, keine Begrenzung kennt, keine Verwurzelung. In diesen herbstlichen Tagen ohne Sonne erfleht Heideggers »nostalgisches Träumen« in einer Erwartung, die auch Zögern zum Ausdruck bringt, die engelsgleiche Gnade des Göttlichen[36]: »Ölbergstunden meines Lebens:/im düstern Schein/mutlosen Zagens/habt ihr mich oft geschaut.//Weinend rief ich: nie vergebens./Mein junges Sein/ hat müd des Klagens/dem Engel »Gnade« nur vertraut.«[37]

Seit diesen Jahren deutet sich bei Heidegger eine komplexe religiöse Dimension an. Mit der Frage nach dem Göttlichen versuchte er die Bedeutung einer Erfahrung geltend zu machen, die die sich durchsetzende kulturelle und soziale Moderne, gemessen an der religiösen Empfindsamkeit des jungen Heidegger, vollständig zu neutralisieren schien.

Literarische Rundschau für das katholische Deutschland XXXIX/74 (1913) und »Kant-Laienbrevier. Eine Darstellung der kantischen Welt- und Lebensfassung für den ungelehrten Gebildeten aus Kants Schriften, Briefen und mündlichen Äußerungen.« Zusammengestellt von Felix Gross, München 1912², erschienen in Literarische Rundschau für das katholische Deutschland XL/367-77 (1914), jetzt in: Martin Heidegger: Frühe Schriften, S. 45 und S. 54.

36 | »Wir wollen warten« ist der Titel eines anderen Gedichts Heideggers aus dem Jahre 1911: »Vorm Tor zum Frühlingsgarten/wollen wir horchend warten,/bis die Lerchen steigen,/bis Lieder und Geigen,/das Murmeln und der Quellen,/die silberhellen/Glocken der Herden/zum Weltchoral der Freude werden.« (Vgl. Martin Heidegger: GA, Abt. I, Bd. 13, S. 6)

37 | Martin Heidegger: Ölbergstunden, GA, Abt. I, Bd. 13, S. 6. Zu einem möglichen Zusammenhang zwischen diesem Gedicht und einem persönlichen Erlebnis des jungen Heidegger vgl. Rüdiger Safranski: Ein Meister aus Deutschland, S. 58ff.

Sogar die Lektüre des Häretikers Hermann Schell[38] während der ersten Semester an der Universität, die in einer gänzlich anti-modernistischen Atmosphäre[39] stattfand, lässt sich in diesem problematischen Umfeld theoretisch verorten.[40]

Der Kulturkampf war für das Umfeld, in dem Heidegger seine Kindheit erlebte, eines der prägendsten Momente. Der heftige Konflikt zwischen Modernisten und traditionalistischen Katholiken überschnitt sich mit jenem zwischen Kirche und Staat. Das 1870 vom Römischen Konzil verkündete Dogma der Unfehlbarkeit des Papstes hatte im deutschen Katholizismus einen erbitterten Streit ausgelöst. Die Mehrheit des Episko-

---

38 | Heidegger verweist in seinem Lebenslauf von 1915 auf die Lektüre Schells.
39 | Vgl. Carl Braig: Der Modernismus und die Freiheit der Wissenschaft, Freiburg: Herder 1911; Emile Poulat: Histoire, dogme et critique dans la crise moderniste, Paris: Tournai 1962.
40 | Hermann Schell (1850-1906) war wenige Monate, bevor Heidegger von Konstanz nach Freiburg zog, verstorben. Er hatte bei Brentano mit einer philosophischen Doktorarbeit an der Universität Würzburg promoviert (vgl. Hermann Schell: Die Einheit des Seelenlebens aus den Prinzipien der Aristotelischen Philosophie entwickelt, 1873, Neuauflage Frankfurt a.M.: Minerva 1967), an der er von 1884 bis zu seinem Tod den Lehrstuhl für katholische Apologetik innehatte. Der Name Schells verband sich in den Schul-und Studienjahren Heideggers mit dem erbitterten Streit zwischen dem *Reformkatholizismus* des ausgehenden 19. Jahrhunderts und dem *Modernismus* in den ersten zwanzig Jahren des 20. Jahrhunderts. Am 15. Dezember 1898 wurden alle theologischen Werke Schells und seine Schriften zur Reform auf den römischen Index der verbotenen Bücher gesetzt, vor allem aufgrund seiner Interpretation der göttlichen Dreieinigkeit (vgl. Herman Schell: Das Wirken des Dreieinigen Gottes, Mainz 1885, unveränd. Nachdr. Frankfurt a.M.: Minerva 1968). Im Streit gegen die von Papst Pius X. ausgesprochene Verurteilung des Fortschritts, des Liberalismus und der Zivilisation warf Schell der Kirche Provinzialismus vor und erhoffte sich eine gewisse Öffnung gegenüber den Modernisierungsprozessen (vgl. Ders.: Der Katholizismus als Prinzip des Fortschritts, Würzburg: Andreas Göbel 1897; Ders.: Die neue Zeit und der alte Glaube, Würzburg: Andreas Göbel 1998). Zu Schell und Heidegger vgl. Thomas Sheehan: Heidegger's Lehrjahre, S. 92ff. Laut Sheehan hatte Heidegger, als Reaktion auf den Antimodernismus der Freiburger theologischen Fakultät, mit Interesse im Werk Schells gelesen, insbesondere die mit der kirchlichen Zensur belegten Texte (vgl. vor allem Hermann Schell: Apologie des Christentums).

pats sowie der katholischen Zentrumspartei im Reichstag akzeptierten es schließlich; eine Minderheit bildete dagegen 1871 in München eine eigene Vereinigung und rief die altkatholische Kirche ins Leben. Auf ihrem ersten Kongress verwarfen die Dissidenten das neue Dogma als eine ultramontane, von den Jesuiten geschürte Konspiration. Die Alt-Katholiken fanden breite Unterstützung seitens der tendenziell »aufgeklärten« und antikatholischen Reichsregierung, die darum bemüht war, die deutsche Einheit unter der Führung Preußens zu stabilisieren. Im deutschen Südwesten gab es dagegen einen katholischen Populismus, der sehr fromm war, und insbesondere auf die preußischen Versuche, einen hierarchischen und zentralisierten Staat durchzusetzen, gereizt reagierte. Hier verspürte man die Atmosphäre eines antikapitalistischen, bäuerlichen, antisemitischen, heimatverbundenen Regionalismus. Andererseits entwickelte sich ab 1900 unter den Theologen eine breite Diskussion, an der vor allem die Freiburger Fakultät der Theologie beteiligt war. Die Modernisten sprachen sich zugunsten der natürlichen Erfahrung der Gottheit aus, wiesen also den übernatürlichen Charakter des Dogmas und der Kirche zurück. 1907 verurteilte Pius X. in der Enzyklika *Pascendi dominici grecis* den Modernismus und 1910 ordnete er an, dass alle Mitglieder des Klerus einschließlich der Theologieprofessoren an den Universitäten, um zum Apostolat oder zur Lehre zugelassen werden zu können, einen Antimodernisteneid abzulegen hätten.

Ins erste Semester an der theologischen Fakultät fällt auch die wichtige Lektüre von Husserls *Logischen Untersuchungen*: »Mein akademisches Studium begann im Winter 1909/10 in der Theologischen Fakultät der Universität Freiburg. Die Hauptarbeit für die Theologie ließ aber noch Raum genug für die ohnehin zum Studienplan gehörende Philosophie. So standen denn seit dem ersten Semester auf meinem Studierpult im Theologischen Konvikt die beiden Bände von Husserls ›Logischen Untersuchungen‹ [...]. Wie kam es [das Werk] in die ihm fremde Umgebung meines Studierpultes? Aus manchen Hinweisen in philosophischen Zeitschriften hatte ich erfahren, daß Husserls Denkweise durch Franz Brentano bestimmt sei.«[41]

---

41 | Martin Heidegger: Mein Weg in die Phänomenologie, S. 81. Zur Entstehung der husserlschen Phänomenologie, insbesondere in Folge der so wichtigen Wiener Begegnung Husserls mit Brentano, vgl. Ferruccio De Natale: »Alle origini della

Von Husserls *Logischen Untersuchungen* versprach sich Heidegger entscheidende Hilfe bezüglich der in Brentanos Dissertation aufgeworfenen Fragen.[42]

Der Einfluss, den die *Logischen Untersuchungen* in jenen Jahren auf den jungen Heidegger ausübten, kann jedoch nur richtig eingeschätzt werden, wenn man der Rolle, die die spekulative Theologie Braigs spielte, Rechnung trägt.[43] 1962 wird Heidegger daran erinnern, dass er auf Spaziergängen mit

---

fenomenologia husserliana«, in: Ferruccio De Natale/Giuseppe Semerari: Skepsis. Studi husserliani, Bari: Dedalo 1989, S. 17-44.

42 | In jenen Jahren las Heidegger auch Husserls *Philosophie der Arithmetik*, der er das Verdienst zuerkannte, ihm »die Mathematik in ein ganz neues Licht« gesetzt zu haben (Martin Heidegger: »Eigenständiger Lebenslauf«, zitiert nach Hugo Ott: »Der junge Martin Heidegger...«, S. 324). Wahrscheinlich ist es dem starken Einfluss Husserls zu verdanken, dass sich Heidegger im Wintersemester 1911-1912 an der mathematisch-naturwissenschaftlichen Fakultät einschreibt. In Bezug auf die ersten Semester an der theologischen Fakultät scheint es mir dagegen von Bedeutung, einige Vorlesungen zu erwähnen, die Heidegger besuchte und deren Einfluss noch jahrelang nachwirken sollte. Ich denke dabei an die von Simon Weber im Wintersemester 1909/10 gehaltenen Vorlesungen zur Exegese von Paulus' Römerbriefen (vgl. Helmut Riedlinger: »Weber, Simon«, in: Lexikon für Theologie und Kirche X (1965), S. 973) und an die Vorlesungen zur Hermeneutik, die von Gottfried Hoberg im Sommersemester 1910 gehalten wurden (vgl. Thoma Sheehan: Heidegger's Lehrjahre, S. 78ff. und Bernhard Casper: »Martin Heidegger und die Theologische Fakultät Freiburg 1909-1923«, in: Freiburger Diözesan Archiv 100 (1980), S. 534-541). 1954 wird Heidegger sagen: »Der Titel ›Hermeneutik‹ war mir aus meinem Theologiestudium her geläufig. Damals wurde ich besonders von der Frage des Verhältnisses zwischen dem Wort der Heiligen Schrift und dem theologisch-spekulativen Denken umgetrieben. Es war, wenn Sie wollen, dasselbe Verhältnis, nämlich zwischen Sprache und Sein, nur verhüllt und mir unzugänglich, so daß ich auf vielen Um- und Abwegen vergeblich nach einem Leitfaden suchte.« Vgl. Martin Heidegger: Aus einem Gespräch zur Sprache, S. 91.

43 | Bei Braig hörte Heidegger im Wintersemester 1910/11 die Vorlesung »Einleitung in die katholische Dogmatik. Gotteslehre« und im darauffolgenden Sommersemester 1911 »Theologische Kosmologie: Erschaffung, Erhaltung, Regierung der Welt«. Wir verdanken Richard Schaeffler die Darstellung der Bedeutung Braigs für die gesamte Entwicklung Heideggers. Ihm zufolge hat Heidegger aus Bonavenuras *Itinerarium mentis in Deum*, aus dessen V. Kapitel das Motto

Braig, die sich manchmal an die Vorlesungen anschlossen, die Bedeutung von Schelling und Hegel für die spekulative Theologie verstanden hätte. Mit der schellingschen und hegelschen spekulativen Theologie zeichnete sich am heideggerschen Horizont zum ersten Mal in aller Deutlichkeit die Spannung zwischen Ontologie und Theologie ab.[44] Die theologisch-ontologische Entdeckung von Hegel und Schelling musste, wohl ebenso wie die Anregungen aus der mittelalterlichen Mystik[45], den aristotelisch-scholastischen Aufbau, auf den Heidegger im *Lebenslauf* seine fundamentalen philosophischen Überzeugungen gestützt hatte[46], erschüttern.

stammt, das Braig seiner Schrift *Abriß der Ontologie* voranstellt, die Anregungen für die Formulierung der »ontologischen Differenz« und des »Nichts« erhalten; vgl. Richard Schaeffler: Frömmigkeit des Denkens. Martin Heidegger und die katholische Theologie, Darmstadt: Wissenschaftliche Buchgesellschaft 1978; Bonaventura: Itinerarium mentis in Deum – Der Pilgerweg des Menschen zu Gott, lat./dt., Übers. von Marianne Schlosser, München: Lit 2004. In der Rekonstruktion des katholischen Kontextes, in dem Heideggers Philosophie heranreifte, betont Ott, dass Braigs Denken nicht eindeutig auf die Tübinger katholische Schule oder die Neuscholastik zurückgeführt werden kann und dass er, obwohl ein Vorläufer des Antimodernismus, von der philosophischen und theologischen Orthodoxie der katholischen Universität mit Misstrauen betrachtet wurde, vgl. Hugo Ott: »Zu den katholischen Wurzeln im Denken Martin Heideggers. Der Theologische Philosoph«, in: Christoph Jamme/Karsten Arries (Hg.), Martin Heidegger. Kunst-Politik-Technik, München: Fink 1992, S. 225-239, hier: S. 230. Ein Verzeichnis der Werke Braigs findet sich bei Friedrich Stegmüller: »Karl Braig 1853-1923«, in: Oberrheinisches Pastoralblatt 54 (1953), S. 120-128. Zu Braig vgl. ferner den Beitrag »Carl Braig« von Karl Leidlmair in: Emerich Coreth (Hg.), Christliche Philosophie im katholischen Denken des 19. und 20. Jahrhunderts, Bd. 1, Graz-Wien-Köln: Styria 1987, S. 409-419.

44 | Martin Heidegger: Mein Weg in die Phänomenologie, S. 82.
45 | Im Wintersemester 1911 hatte Heidegger Joseph Sauers Vorlesung zur »Geschichte der mittelalterlichen Mystik« gehört, in der die Figur Meister Eckharts im Vordergrund stand.
46 | Diese Aussagen sind wahrscheinlich der Treue zum Thomismus und zur katholischen Tradition geschuldet, zu der er durch den Erhalt eines Stipendiums der »Stiftung Schaezler« verpflichtet war. Seit 1913 kam Heidegger in den Genuss dieses Stipendiums, um das Staatsexamen vorzubereiten, vgl. dazu Thomas Sheehan: »Heidegger's Lehrjahre«, S. 109.

Der (von Heidegger verschwiegene) Beginn des langjährigen Dialogs mit Engelbert Krebs, dem Philosophen, Kirchendogmatiker und Autor wichtiger Studien zu rheinländischen Mystikern fällt in das Jahr 1912.[47] Einige Jahre später wird Heidegger zum Abschluss[48] seiner Habilitationsschrift sein Verhältnis zur Scholastik und zur mittelalterlichen Mystik hervorheben. Ausgehend vom Verständnis der Besonderheit der historischen mittelalterlichen Welt schien es Heidegger möglich, die Scholastik und die mittelalterliche Mystik zusammenzudenken: »Besinnt man sich auf das tiefere, weltanschauliche Wesen der Philosophie, dann muß auch die Auffassung der christlichen Philosophie des Mittelalters als im Gegensatz zur gleichzeitigen *Mystik* stehender Scholastik als prinzipiell verfehlt herausgestellt werden. Scholastik und Mystik gehören für die mittelalterliche Weltanschauung wesentlich zusammen. Die beiden ›Gegensatz‹-paare: Rationalismus – Irrationalismus und Scholastik – Mystik *decken sich nicht*. Und wo ihre Gleichsetzung versucht wird, beruht sie auf einer extremen Rationalisierung der Philosophie. Philosophie als vom Leben abgelöstes, rationalistisches Gebilde ist *machtlos*, Mystik als irrationalistisches Erleben ist *ziellos*.«[49]

Die mathematischen Studien der folgenden Jahre schwächten seine philosophischen Interessen nicht. Tatsächlich fallen in diese Zeit die Seminarübungen mit Arthur Schneider[50] und Geheimrat Rickert, die Heideg-

---

47 | Vgl. Engelbert Krebs: Grundfragen der kirchlichen Mystik, Freiburg: Herder 1921. Ott betont die Bedeutung von Krebs' Schrift *Der Logos als Heiland im ersten Jahrhundert*, in: Freiburger Theologische Studien 2 (1910) für Heideggers Vorlesung von 1935 *Einführung in die Metaphysik* (vgl. Hugo Ott: »Zu den katholischen Wurzeln im Denken Martin Heideggers«). Zu Engelbert Krebs vgl. die Doktorarbeit von Albert Junghanns: Der Freiburger Dogmatiker Engelbert Krebs (1881-1950): Ein Beitrag zur Theologiegeschichte, Freiburg i.Br.: Albert-Ludwigs-Universität 1979.
48 | Der Schluss wurde von Heidegger anlässlich der Veröffentlichung seiner Habilitation geschrieben (vgl. »Bibliographischer Nachweis«, in: Martin Heidegger: Frühen Schriften, S. 436).
49 | Martin Heidegger: Die Kategorien- und Bedeutungslehre des Duns Scotus, in: Ders.: Frühe Schriften, S. 410.
50 | Im Wintersemester 1911/12 besuchte Heidegger das Seminar zur *Ethik* Spinozas und im nachfolgenden Wintersemester die beiden Vorlesungen »Allgemeine Geschichte der Philosophie« und »Epistemologische Übungen«, die von Arthur Schneider abgehalten wurden. Aus dem Lebenslauf, den Schneider seiner

ger die Gelegenheit gaben, »die philosophischen Probleme als Probleme« zu formulieren und sich dem »Wesen der Logik«[51] anzunähern.

1.3 DIE REALITÄT *DENKEN* UND *ERFAHREN*

Der Einfluss von Braigs Realismus der aristotelisch-scholastischen Ontologie ist in dem Text »Das Realitätsproblem in der modernen Philosophie«, der dank Clemens Baeumker 1912 im »Philosophischen Jahrbuch der Görres-Gesellschaft« erschien, eindeutig nachweisbar.[52] Nachdem er seinen Beitritt zum Programm der aristotelisch-scholastischen Philosophie, »die seit jeher realistisch war«, hervorgehoben hat, erhofft sich Heidegger einen Austausch zwischen dem scholastischen und dem kritischen oder induktiven Realismus der »neue[n] erkenntnistheoretische[n] Bewegung«.[53] Heideggers Bemühen gilt seit den ersten kleinen Rezensionen in »Der Akademiker« einer Definition der Wahrheit, die von jeglichem Subjektivismus psychologischer Natur frei wäre. Diese Definition wird durch Oswald Külpes Kritik am induktiven Realismus des Phänomenalismus[54] und Konszientialismus[55] um ein wichtiges Moment erweitert. Heidegger interessiert am induktiven Realismus die Anerkennung der »Möglichkeit« und »Zulässigkeit« der »Setzung« von transsubjektiven Ob-

---

Doktorarbeit *Beiträge zur Psychologie Albert des Grossen* (Aschendorff-Münster 1900) beifügte, geht hervor, dass er für eine gewisse Zeit unter Husserls Anleitung studiert hatte. Wie Karl Schuhmann bemerkt, war es wahrscheinlich Schneider selbst, der Heideggers Aufmerksamkeit auf Husserl lenkte.

51 | Martin Heidegger: »Eigenständiger Lebenslauf«, zitiert nach Hugo Ott: »Der junge Martin Heidegger...«, S. 324f. Im sechsten Semester (Sommer 1912) besuchte Heidegger Rickerts Vorlesung »Einführung in die Erkenntnistheorie und Metaphysik« und das Seminar »Erkenntnistheoretische Übungen zur Urteilslehre«.
52 | Rüdiger Safranski: Ein Meister aus Deutschland, S. 60.
53 | Martin Heidegger: Das Realitätsproblem in der modernen Philosophie, in: Ders.: Frühe Schriften, GA, Abt. 1, Bd. 1, S. 15.
54 | Ebd., S. 2ff. Külpe erörtert die philosophischen Standpunkte von Hume und Berkeley.
55 | Ebd., S. 5ff. Külpe verweist auf den Solipsismus von Richard von Schuber-Soldern, die Immanenzphilosophie von Wilhelm Schuppe, den Empirio-Kritizismus von Avenarius und den sensualistischen Monismus von Ernst Mach.

jekten durch das Subjekt. Im induktiven Realismus wird diese Möglichkeit mittels einer neuen Definition des Verhältnisses von Gedanke und Erfahrung thematisiert. Weder dem Konszientialismus noch dem Phänomenalismus gelingt es, in der Bestimmung der Realität die Verbindung zwischen diesen beiden Momenten zu erfassen. Der Konszientialismus verkennt das Reale in dem Maße, in dem er an ein bestimmtes »Immanenzprinzip« gebunden bleibt, demzufolge es kein Sein jenseits des Denkens gibt. Das Reale ist nichts anderes als die wirkliche Realität des Bewusstseins. Dieser Argumentation entgeht, dass »das gedachte Seiende nun aber keineswegs identisch [ist] mit dem Sein im Denken; [...]. Die psychische Existenz eines Begriffes und das ideale Sein des Begriffsinhaltes sind total verschiedene Dinge. [...] Die logischen Grundsätze sind nicht induktiv begründete und dementsprechend geltende Kausalgesetze des subjektiven psychischen Geschehens; vielmehr sehen wir in ihnen unmittelbar evidente, objektive, ideale Prinzipien [...].«[56] Die Absolutheit und universale Geltung der Voraussetzungen der Konszientialisten gründet in der Identifikation des Bewusstseinsinhalts mit der Tatsache.

Die Kritik am Phänomenalismus konzentriert sich dagegen auf die Analyse der transzendentalen Elementarlehre Kants[57], gemäß derer die transzendentalen Bedingungen des intuitiven und intelligiblen Bewusstseins einen genetisch-apriorischen subjektiven Charakter aufweisen. Für Heidegger reduziert sich das Denken dagegen nicht auf die kategoriale Intuition. Das Denken ist vielmehr die »analysierende und integrierende Tätigkeit« der empirischen Gegebenheit. Die Gesetzmäßigkeit des Denkens beeinflusst die Bestimmung des Objekts nicht im Sinne Kants, im Gegenteil, sie wird vom betreffenden Objekt im Erkenntnisprozess bestimmt.

Durch die Übernahme von Külpes Begriff der »Realisierung«[58] versucht Heidegger zwischen der Erfahrung und dem Denken, zwischen

---

56 | Ebd., S. 7ff.
57 | Vgl. Immanuel Kant: Die Kritik der reinen Vernunft, Hamburg: Meiner 1956, S. 61-650.
58 | Die vollständige Bestimmung des Begriffs der Realisierung gab Külpe in einer Arbeit, die erst nach Heideggers Habilitationsschrift veröffentlicht wurde: Die Realisierung. Ein Beitrag zur Grundlegung der Realwissenschaften (4 Bde., Leipzig: S. Hirzel 1912-23). In diesem Werk geht Külpe zunächst auf Distanz zu den zeitgenössischen Erkenntnistheorien, ehe er in einem zweiten Schritt das Programm des kritischen Realismus umreißt, indem er sich mit der Beschreibung

»einem ungeordneten und chaotischen aus Gefühlen zusammengesetzten Material« und der Gesetzmäßigkeit des Denkens, ein neues begriffliches Verhältnis zu bestimmen: »Ziel der Realisierung ist, das Gegebene, Vorgefundene mit Eliminierung der modifizierenden Auffassungsweisen und Zutaten des erkennenden Subjekts in seinem Ansich zu bestimmen. Das raumzeitliche Verhalten der Erfahrungsgegenstände, ihre Koexistenz und Sukzession, die Wahrnehmungspausen, die von unserem Wollen nicht bestimmbaren, sich uns aufdrängenden Beziehungen der Bewußtseinsinhalte offenbaren unstreitig eine von dem erfahrenden Subjekt unabhängige ›Gesetzlichkeit‹.«[59]

Die Lektüre Külpes spielt nicht nur im Hinblick auf die Definition eines ontologischen Realismus, der auf der Zentralität des Erfahrungsbegriffs basiert, eine wichtige Rolle, sondern auch in Bezug auf die Interpretation Schopenhauers und Nietzsches. In *Erkenntnistheorie und Naturwissenschaft* (1910) vertritt Külpe die Auffassung, dass Schopenhauer innerhalb der Geschichte des philosophischen Denkens eine entscheidende Rolle gespielt habe bezüglich der Affirmation einer Bewusstseinstheorie, die dem wissenschaftlichen Realismus jedwede Gültigkeit aberkennt und ihre Schluss-

---

der Setzung und Bestimmung der Realität beschäftigt. Seine Polemik betrifft den Konszientialismus (Bd. 1, S. 48-50) und den objektiven Idealismus (Bd. 1, S. 220-250), die die Auffassung vertreten, alle Bedürfnisse der empirischen Erkenntnis ließen sich durch Bewusstseinsinhalte und Idealtypen befriedigen; und den Phänomenalismus von Lipps (Bd. 3, S. 12ff.), Simmel (Bd. 3, S. 92ff.) und Litze (Bd. 3, pp, 149ff.). Mit dem Begriff der *Realisierung* beabsichtigt Külpe die »Positionierung« des Objekts unabhängig vom Subjekt anzuzeigen (vgl. Oswald Külpe: Erkenntnistheorie und Naturwissenschaft, Leipzig: S. Hirzel 1910, S. 19), dessen Kategorien so zu verstehen sind wie die allgemeinsten Bestimmungen aller Objekte (Ders.: Zur Kategorienlehre, München: Königlich-Bayerische Akademie der Wissenschaften 1915). Ausgehend von diesen Prämissen beschuldigte Külpe auch den Marburger Neokantianismus des Subjektivismus. Dieser hatte zwar den kantischen Transzendentalismus radikalisiert und erhob nicht länger die Intuition zur Erkenntnisquelle, aber er blieb doch schwach im Verhältnis zur Setzung und Bestimmung der realen Objekte.
59 | Martin Heidegger: Das Realitätsproblem in der modernen Philosophie, S. 12.

folgerungen aus den subjektiven Wirkungen auf die Struktur der objektiven Ursachen bezieht.[60]

Ein Echo dieser von Külpe vorgelegten Interpretation Nietzsches findet sich sogar noch in der letzten Phase der heideggerschen Auseinandersetzung mit Nietzsche. Sie trägt dazu bei, dass sich eine Art Vorurteil entwickelt, das im Verlauf von Heideggers Denkweg auf mehreren Ebenen zum Vorschein kommt. Das Vorurteil behauptet, dass Nietzsches Philosophie einerseits an vitalistische Voraussetzungen gebunden geblieben sei, die es ihm unmöglich gemacht hätten, die Bestimmung der Wahrheit vom Phänomen des Lebens zu trennen, die Wahrheit demnach die »Konsolidierung« des Lebens wäre; dass sie andererseits aber den Begriff der Wahrheit konsequenterweise mit dem des Werts identifiziert habe. In *Die Philosophie der Gegenwart in Deutschland*, einem für die Vorstellung des kritischen Realismus propädeutischen Text, hatte sich Külpe mit der deutschen zeitgenössischen Philosophie, insbesondere mit dem Positivismus (E. Mach, E. Dühring)[61], dem Materialismus (E. Haeckel)[62], dem Idealismus (G.T. Fechner, H. Lotze, E. v. Hartmann, W. Wundt)[63] und dem Naturalismus auseinandergesetzt. Nietzsche stehe bedeutsamer Weise, so Külpe, innerhalb der deutschen Gegenwartsphilosophie für den Naturalismus.[64] Es sei ein »moralischer Naturalismus«, der sich ohne Zögern als Antrieb zu »einer neuen Weltordnung« verstanden habe und Nietzsche selbst sei deren Agitator.[65]

---

60 | Oswald Külpe: Erkenntnistheorie und Naturwissenschaft, S. 24.
61 | Oswald Külpe: Die Philosophie der Gegenwart in Deutschland, Leipzig: Teubner 1902, S. 14-32.
62 | Ebd., S. 36-46.
63 | Ebd., S. 58-106.
64 | Ebd., S. 47-57.
65 | Ebd., S. 53.

1.4 Schopenhauers Kantianismus: die Vernichtung der Zeit

Im Jahre 1912 erschien in der Zeitschrift »Literarische Rundschau für das katholische Deutschland« ein weiterer Artikel Heideggers. In »Neuere Forschungen über Logik«[66] werden die verschiedenen zeitgenössischen Versuche, eine nicht psychologische Logik zu begründen, diskutiert.[67] Ausgangspunkt der Analyse Heideggers sind hier der Entstehungskontext der husserlschen *Logischen Untersuchungen* und die größtenteils in jenen Jahren erfolgte ›logische‹ Lektüre Kants.[68] Die Möglichkeit, das Objekt der Logik zu bestimmen, blieb für Heidegger 1912 abhängig von »einer

---

66 | Jetzt in: Martin Heidegger: Frühe Schriften, S. 17-43.

67 | Auf begrifflicher Ebene geht es für Heidegger im Wesentlichen darum, den »psychischen Akt« vom »logischen Inhalt«, das »in der Zeit verlaufende Denkgeschehen« vom »idealen außerzeitlichen identischen Sinn« zu unterscheiden, d.h. zu unterscheiden zwischen dem was »ist« und dem was »gilt« (vgl. Martin Heidegger: Neuere Forschungen über Logik, S. 22).

68 | Mit den allgemeinen Tendenzen der Diskussion innerhalb der deutschen Philosophie zwischen 1831 und 1933 beschäftigt sich Herbert Schnädelbach: Philosophie in Deutschland 1831-1933, Frankfurt a.M.: Suhrkamp 1983. In Bezug auf die logische Interpretation Kants ist besonders Lasks Einfluss auf Heidegger zu beachten. Strube betont (vgl. Claudius Strube: Zur Vorgeschichte der hermeneutischen Phänomenologie, S. 15ff.), dass Heidegger wahrscheinlich durch das im selben Jahr besuchte Seminar »Erkenntnistheoretische Übungen zur Urteilslehre« die Gelegenheit hatte, sich Lask anzunähern, da in ihm die Bücher des Rickert-Schülers behandelt wurden (vgl. Emil Lask: Die Logik der Philosophie und die Kategorienlehre. Eine Studie über den Herrschaftsbereich der logischen Form, Tübingen: Mohr 1911; Ders.: Die Lehre vom Urteil, Tübingen: Mohr 1912). Lask hatte Kants transzendentale Logik in Funktion einer »das All des Denkbaren mit seinen beiden Hemisphären Seiendes und Geltendes umspannende[n] Kategorienlehre« (vgl. Martin Heidegger: Neuere Forschungen über Logik, S. 24) überarbeitet. Für Lasks Transzendentalphilosophie bedeutet Erkennen, das materiale Element mit der Kategorie umschließen. Kategorien können nur durch die Einbeziehung anderer Kategorien erkannt werden, hinsichtlich derer die philosophische Kategorie als »Form der Form« gilt. Lasks kategorialer Logik ist sowohl die Psychologie, als auch die Grammatik fremd (vgl. Emil Lask: Die Lehre vom Urteil, Tübingen: Mohr 1912, S. 44-79). Heidegger zufolge hat Lask in seiner kategorialen Prädikations-

energischen Loslösung vom Psychologismus«, die vor allem von Husserl vertreten wurde[69]; von der durch den »kritischen Idealismus«[70] bewirkten Entgegensetzung von transzendentaler und psychologischer Methode und der konsequenten Befreiung Kants aus der »psychologischen Deutung«, die außer von Herbart und Fries auch von Schopenhauer begründet wurde und lange Zeit vorherrschend blieb.

Die Distanzierung von dieser Art Kant-Auslegung ist in jener ersten Zeit (1912-1915) in verschiedenen Schriften Heideggers präsent: in *Realitätsproblem in der modernen Philosophie*; in *Neure Forschungen über Logik*; in der *Einleitung* des 1913 entstandenen Textes *Die Lehre vom Urteil im Psychologismus*[71], in der ebenfalls 1913 erschienenen Rezension zu Bubnoffs

---

theorie Kant in die Nähe von Aristoteles gerückt (vgl. Martin Heidegger: Neuere Forschungen über Logik, S. 34).

69 | Trotz der Relativierung der Bedeutung Husserls durch Natorp (vgl. Martin Heidegger: Neuere Forschungen über Logik, S. 19) betont Heidegger noch deutlicher als in einer früheren Arbeit aus demselben Jahr, dass den »tiefbohrenden und äußerst glücklich formulierten« husserlschen Untersuchungen das Verdienst zukomme, den »psychologischen Bann« gebrochen zu haben. Schon die logisch-mathematischen Untersuchungen von Frege, deren Wert noch nicht angemessen erkannt worden sei, hätten auf dem Gebiet der Logik den Psychologismus überwunden, doch sei es Husserl gewesen, der in den Prolegomena zur reinen Logik »das Wesen, die relativistischen Konsequenzen und den theoretischen Unwert des Psychologismus systematisch und umfassend« erkannt habe (ebd., S. 20). Husserls Kritik richtete sich vor allem gegen die psychologische Interpretation des Widerspruchprinzips von John Stuart Mill (vgl. Edmund Husserl: Prolegomena, insb. §§ 25-26) und Christoph Sigwart (ebd., insb. § 29); gegen den Anthropologismus der Logik von Benno Erdmann (ebd., insb. § 40) und gegen Theodor Lipps Arbeiten aus der Zeit vor 1902 (ebd., insb. §§ 38, 40, 57). In diesem Zusammenhang erscheint auch Heideggers psychologistische Charakterisierung der *Gegenstandstheorie* von Alexius Meinong von Bedeutung (vgl. Martin Heidegger: Neuere Forschungen über Logik, S. 26).

70 | Heidegger bezieht sich auf Hermann Cohen, Wilhelm Windelband und Heinrich Rickert, für die in Kants Kritik eine Untersuchung durchgeführt worden war, die nicht den psychologischen Ursprung der Erkenntnis betraf, sondern den logischen Wert ihrer Geltung (vgl. Martin Heidegger: Neuere Forschungen über Logik, S. 19).

71 | Martin Heidegger: Die Lehre vom Urteil im Psychologismus, S. 63.

Buch *Zeitlichkeit und Zeitlosigkeit*[72] und in der 1914 verfassten Rezension zu Charles Sentrouls Arbeit über den Begriff der Erkenntnis bei Kant und Aristoteles.[73] In der Rezension zum Werk Sentrouls bemerkt Heidegger, dass im Literaturverzeichnis die Kantstudien des Marburger und Badener Neokantianismus fehlen, also die Arbeiten von Cohen, Stadler, Natorp, Windelband und Rickert. Sentroul habe den »philosophischen Kritizismus« von Riehl berücksichtigt[74], jedoch ohne von dessen Einfluss zu profitieren. Der Akzent der Arbeit sei von Sentroul dagegen fast ausschließlich auf die subjektivistisch-psychologische Interpretation Kants gelegt worden und erinnere an vielen Stellen an Schopenhauers Kant-Interpretation.[75]

In diesem Kontext kann ich die thematischen Zusammenhänge von Schopenhauers Hauptwerk, die seine vermeintlich psychologische Kant-Interpretation bezeugen könnten, nur in groben Zügen herausarbeiten.

---

72 | Vgl. Nicolai von Bubnoff: Zeitlichkeit und Zeitlosigkeit. Ein grundlegender theoretisch-philosophischer Gegensatz in seinen typischen Ausgestaltungen und in seiner Bedeutung für die modernen philosophischen Theorien, Heidelberg: Carl Winter 1911.

73 | Vgl. Charles Sentroul: Kant und Aristoteles, ins Deutsche übertragen von L. Heinrichs, Kempten-München: Kosel 1911. Heideggers Rezension erscheint in Literarische Rundschau für das katholische Deutschland XL/376-77 (1914), jetzt in: Martin Heidegger: Frühe Schriften, S. 49-53.

74 | Ich möchte an dieser Stelle darauf hinweisen, dass sich auch der Neo-Kritizist Rhiel mit dem Verhältnis Nietzsche-Schopenhauer beschäftigt hat, vgl. Alois Rhiel: »Schopenhauer und Nietzsche – Zur Frage des Pessimismus«, in: Ders.: Zur Einführung in die Philosophie der Gegenwart. Acht Vorträge, Leipzig: Teubner 1908³, S. 234-250. Ein Auszug dieses Textes wurde abgedruckt in Alfredo Guzzoni (Hg.): 100 Jahre philosophische Nietzsche-Rezeption, Frankfurt a.M.: Athenäum 1991, S. 16-24, das nachfolgende Zitat entstammt diesem Textauszug. In Bezug auf Rhiels Auslegung der nietzscheschen Philosophie möchte ich folgende Aspekte betonen: die Herausarbeitung des eindeutigen Gegensatzes (mit Anklängen an Simmels Interpretation) zwischen dem schopenhauerschen Pessimismus und dem nietzscheschen Vitalismus, die prekopernikanische Konnotation von Nietzsches Anthropozentrismus und das einzigartige Verhältnis, das zwischen Nietzsche und der Modernität ausgemacht wird: »Nietzsche ›resümiert die Modernität‹, er hat sie zugleich vollendet und überwunden.« (S. 24)

75 | Martin Heidegger: Frühe Schriften, S. 51; Charles Sentroul: Kant und Aristoteles, S. 9, 11ff., 32ff., 110ff., 123ff. und insb. S. 317ff.

Diese Interpretation besteht in der Bestimmung des Willens als Fundament und der konsequenten Deontologisierung der Welt[76] aufgrund der Subjektivierung der kantischen theoretischen Voraussetzungen.[77] Nachdem Schopenhauer die Behauptung »die Welt ist meine Vorstellung« (§ 1) in eine Tradition, die er auf die indischen Weisen[78], auf die Skeptiker, auf Descartes, Berkeley und Kant zurückführt, eingeordnet hat, bestimmt er im ersten Buch (§§ 1-16) von *Die Welt als Wille und Vorstellung* zwei »wesent-

---

76 | Vgl. Arthur Schopenhauer: Die Welt als Wille und Vorstellung, Buch I und II, Sämtliche Werke, Hg. W. F. von Löhneysen, Bd. 1, Darmstadt: Wissenschaftliche Buchgesellschaft 1968.

77 | Im Anhang zu »Kritik der kantischen Philosophie«, der in der 1859 erschienenen Ausgabe von *Die Welt als Wille und Vorstellung* enthalten ist, betont Schopenhauer sowohl zu welchem Dank er der kantischen Philosophie gegenüber verpflichtet ist, als auch die Begriffe seines Kantianismus, dessen Nähe zum Platonismus er bereits anlässlich der ersten Ausgabe seines Werks *Die Welt als Wille und Vorstellung* dargelegt hatte. Schopenhauer äußert sich kritisch zum Verhältnis zwischen Verstand und Intuition, zur Trennung zwischen Vorstellung, Gegenstand der Vorstellung und Ding an sich, zur Unerkennbarkeit des Dinges an sich und zur Kategorientafel, mit Ausnahme der Kausalität (ebd., Bd. 2, S. 495ff.). Zur »kopernikanischen Revolution« und dem »vollendeten Kritizismus« Schopenhauers vgl. Giuseppe Riconda: »Il ›criticismo compiuto‹ di Arthur Schopenhauer« und Volker Spierling: »La rivoluzione copernicana di Schopenhauer«, in: Alfredo Marini (Hg.), Schopenhauer ieri e oggi, Genova: il melangolo 1991, S. 301-316 und S. 317-330.
Zum historischen Kontext von Schopenhauers Kantianismus aus antihegelianischer Perspektive vgl. die »Einführung« von Cesare Vasoli in: Arthur Schopenhauer: Il mondo come volontà e rappresentatzione, S. VII-LXXIII. Cacciari deutet die schopenhauersche Rückkehr zu Kant als Kritik an der hegelschen Dialektik im Zusammenhang mit der endgültigen Auflösung der romantischen Philosophie (vgl. Massimo Cacciari: »Sulla genesi del pensiero negativo«, in: Contropiano 1 (1969), S. 131-200, insb. S. 143-158).

78 | Zum Einfluss der indischen Philosophie auf Schopenhauer vgl. Icilio Vecchiotti: A. Schopenhauer. Storia di una filosofia e della sua »fortuna«, Firenze: La Nuova Italia 1976 (mit einem ausführlichen Literaturverzeichnis zum Thema); Ders.: La dottrina di Schopenhauer, Roma: Astrolabio 1969, insb. das dritte Kapitel der »Einführung« und Ders.: Introduzione a Schopenhauer, Roma-Bari: Laterza 1993⁶.

liche, nothwendige und untrennbare« Dimensionen (§ 2): auf der einen Seite das Objekt, dessen Form durch Raum und Zeit gegeben ist, die die Vielfalt bedingen; auf der anderen Seite das Subjekt, das nicht in Raum und Zeit liegt und zugleich eine ganze und ungeteilte Instanz in jedem vorstellenden Wesen bildet. Jedes Objekt ist seinerseits ausgehend von den universellen Formen der Zeit, des Raumes und der Kausalität, die den apriorischen »Satz vom Grund«[79] vorstellen, wahrnehmbar. Nachdem er die Welt auf eine Vorstellung zurückgeführt hat, bemüht sich Schopenhauer, diese genauer zu charakterisieren (§ 3). Neben der für den Menschen typischen abstrakten Vorstellung gibt es eine intuitive Vorstellung, die sich auf die gesamte sichtbare oder von Erfahrungen erfüllte Welt und eigens auf die Bedingungen der Möglichkeit von Erfahrung (Raum und Zeit) bezieht. Raum und Zeit werden als Position bestimmt und als Aufeinanderfolge der Teile der intuitiven Vorstellung. Von den beiden Bedingungen der Möglichkeit der Erfahrung ist die Zeit die einfachere und fungiert deshalb als Modell. Die Einfachheit der Zeit besteht darin, eine »Nichtigkeit« zu sein. Das vermeintliche kantische Privileg der Zeit[80],

---

[79] | Eine erste Thematisierung des Satzes vom Grunde hatte Schopenhauer in seiner Doktorarbeit des Jahres 1813 vorgelegt: Arthur Schopenhauer: Über die vierfache Wurzel des Satzes vom zureichenden Grunde, in: Hübscher (Hg.): Werke, Bd. 1, Wiesbaden: Brockhaus 1949. Zur hier verhandelten Problematik vgl. insb. §§ 19, 21, 41, 43 und 46.

[80] | Vgl. z.B. die Aussagen Kants in § 6 der »Transzendentalen Ästhetik«: »Die Zeit ist die formale Bedingung a priori aller Erscheinungen überhaupt. Der Raum, als die reine Form aller äußeren Anschauung ist als Bedingung a priori bloß auf äußere Erscheinungen eingeschränkt. Dagegen, weil alle Vorstellungen, sie mögen nun äußere Dinge zum Gegenstande haben, oder nicht, doch an sich selbst, als Bestimmungen des Gemüts, zum inneren Zustande gehören, dieser innere Zustand aber, unter der formalen Bedingung der inneren Anschauung, mithin der Zeit gehört, so ist die Zeit eine Bedingung a priori von aller Erscheinung überhaupt, und zwar die unmittelbare Bedingung der inneren (unserer Seelen) und eben dadurch mittelbar auch der äußeren Erscheinungen. Wenn ich a priori sagen kann: alle äußeren Erscheinungen sind im Raume, und nach den Verhältnissen des Raumes a priori bestimmt, so kann ich aus dem Prinzip des inneren Sinnes ganz allgemein sagen: alle Erscheinungen überhaupt, d. i. alle Gegenstände der Sinne, sind in der Zeit, und stehen notwendigerweise in Verhältnissen der Zeit.« (Immanuel Kant: Kritik der reinen Vernunft, S. 81)

das zum Dreh- und Angelpunkt sowohl der Fundamentalontologie von *Sein und Zeit* als auch von Heideggers ontologischer Kantlektüre werden sollte, erweist sich innerhalb der Beschreibung der schopenhauerschen Welt als erster entscheidender Schritt der Subjektivierung des Willens. Besonderes Interesse weckt die Tatsache, dass Schopenhauers Charakterisierung der Zeit als »Nichtigkeit« scheinbar zur selben Bestimmung führt, zu der Heidegger in *Sein und Zeit* mittels der Analytik des Daseins als Sein zum Tode gelangt, die sich wiederum mit Nietzsches Überlegungen zur Verbindung von Zeit und Geschichte der *Zweiten Unzeitgemäßen Betrachtung* treffen.[81] Bereits 1912 beginnen durch die Gegenüberstellung Schopenhauer-Kant die besonderen Bestimmungen der Frage nach der Beziehung zwischen dem Sein und dem Nichts, Gestalt anzunehmen. Diese problematische Verbindung wird im Laufe der Jahre immer mehr in den Mittelpunkt der philosophischen Reflexion Heideggers rücken und mit Beginn der dreißiger Jahre wird Nietzsche auf immer entscheidendere Weise zu einem privilegierten theoretischen Bezugspunkt werden. Heideggers ontologische Auslegung des nietzscheschen Denkens basiert tatsächlich auf Nietzsches Distanzierung von Schopenhauer und auf der umstrittenen Abgrenzung von einer Kontinuitätslinie, die von Kant zum deutschen Idealismus (vor allem in der Version Schellings und Hegels) bis zu Nietzsche reicht.

In § 3 von *Die Welt als Wille und Vorstellung* charakterisiert Schopenhauer die Zeit ausgehend vom Augenblick, der als zeitliche Einheit betrachtet wird, als Nichtigkeit. In der Zeit existiert jeder Augenblick nur insofern er den vorausgegangenen Augenblick ausgelöscht hat. Dieser jähe Wechsel von Sein und Nichts bestimme die zeitliche Auslöschung des Seins. Im unaufhörlichen Wechsel des Augenblicks komme das Sein in der Zeit zu Tode. Die Zeit als Nichtigkeit erweise sich paradoxerweise als einzige Dimension des Seins und die Welt sei letztendlich eine Vorstellung, einzig dem Gesetz der Kausalität unterworfen, das mit dem Satz vom Grund

---

81 | Vgl. Martin Heidegger: Sein und Zeit, Tübingen: M. Niemeyer 1993[17], S. 396ff. Die Anregung, Schopenhauers Thematisierung der Zeit nicht nur als Wegbereiterin für die Fassung des Begriffs der Zeit bei Nietzsche und Heidegger, sondern auch bei Husserl, Dilthey und generell für die methodologischen Voraussetzungen der sogenannten »Geisteswissenschaften« zu interpretieren, stammt von Alfredo Marini: Essere, soggettività e tempo in Schopenhauer, in: Schopenhauer ieri e oggi, S. 17-107.

gleichgesetzt wird (§ 5). Die weitere Verbindung der Vorstellung mit dem Willen, die im zweiten Buch entwickelt und durch das *Medium* des Leibes (Buch I, § 6) zustande kommt, sanktioniert endgültig das, was Heidegger 1912 die »Psychologisierung Kants« nennt. »Der Wille ist die Erkenntniß *a priori* des Leibes, und der Leib die Erkenntniß *a posteriori* des Willens.«[82] Mittels der Analyse (§ 18) der Affektionen des Leibes, dem Schmerz (Akt des Leibes, der dem Willen zuwider ist) und dem Wohlbehagen (Akt des Leibes, der dem Willen gemäß ist)[83] wird der Leib als Bedingung der Erkenntnis meines Willens definiert. Der durch die Erscheinungen des Leibes gefühlte Wille wird zum Ding an sich: »Ding an sich aber ist allein der Wille.«[84] Als Ding an sich unterscheidet sich der Wille vollkommen von den Erscheinungen, in denen er sich letztlich zeigt. Im Unterschied zu seinen Erscheinungen ist der Wille ohne Grund, er ist prinzipiell grundlos[85], wenngleich jede Bestimmung dem Satz vom Grunde unterworfen ist.

In diesem Zusammenhang lasse ich das Verhältnis zwischen Wille und Vielfalt[86] außen vor, es wird später zu einem der wichtigsten Momente für die Beschreibung der Unterschiede zwischen Schopenhauers Wille

---

82 | Vgl. Arthur Schopenhauer: Die Welt als Wille und Vorstellung, S. 158. Bezüglich einer Gesamtdarstellung der Rolle des Leibs insbesondere in *Die Welt als Wille und Vorstellung* vgl. Leonardo Casini: »Affermazione e negazione del corpo in Schopenhauer«, in: Ders.: La riscoperta del corpo. Schopenhauer/Feuerbach/Nietzsche, Roma: Studium 1990, S. 25-101. Die spezifische Verbindung zwischen Ich und Leib, Wille und Leib, sowie den »physiologistischen« Charakter der schopenhauerschen Metaphysik betont auch Ernst Cassirer: Das Erkenntnisproblem in der Philosophie und Wissenschaft der neueren Zeit, Hamburg: Meiner 2000, Bd. 3, S. 423ff.; Icilio Vecchiotti: A. Schopenhauer. Storia di una filosofia e della sua »fortuna«, S. 321; Alexis Philonenko: Schopenhauer. Une philosophie de la tragédie, Paris: Puf 1980, S. 75ff.
83 | Arthur Schopenhauer: Die Welt als Wille und Vorstellung, S. 158.
84 | Ebd., S. 170.
85 | Ebd. Zur *Grundlosigkeit* des Willens vgl. § 23 (S. 173-182) und § 26 (S. 196-207). Interessant ist in diesem Zusammenhang auch Schopenhauers Erläuterung zur häufig auftretenden Verbindung zwischen der Grundlosigkeit des Willens als Ding an sich und der Grundlosigkeit des menschlichen Willens. Diese Wechselbeziehung gründe im Vergessen, dass die Person nicht Wille an sich sei, sondern Erscheinung, Phänomen des Willens (S. 174).
86 | Ebd., §§ 23-28.

und Nietzsches Wille zur Macht sowie Schopenhauers letztendlicher Verneinung des Willens. Ich beschäftige mich mit einer anderen, innerhalb des Verhältnisses Schopenhauer-Nietzsche-Heidegger maßgebenden Verbindung, nämlich mit der Verbindung Wille-Leben (Buch IV). Für Schopenhauer will der Wille immer das Leben. Leben und Wille zum Leben sind dieselbe Sache. Aber so gewiss zum Leben der Wille gehört, so gewiss gehört zum Leben die Gegenwart. Der Wille als Wille zum Leben findet in der Gegenwart statt, als *nunc stans:* »daher ist die Gegenwart die wesentliche Form der Erscheinung des Willens und von dieser unzertrennlich. Die Gegenwart allein ist das, was immer da ist und unverrückbar feststeht.«[87] Auf parallel verlaufenden begrifflichen Bahnen, die Schopenhauer im ersten und vierten Buch seines Hauptwerks verfolgt, kommt er durch die Thematisierung der Zeit als *nunc stans* von der Zeit zum Nichts, vom Willen zum Leben zum Tod. Das Leben unseres Leibes sei nichts anderes als unterdrücktes Sterben, »ein immer aufgeschobener Tod.« Auch im Falle des Willens zum Leben, verstanden als Wunsch, den Tod aufzuschieben, würde der Tod, dem wir allein aufgrund der Tatsache, dass wir geboren wurden, angehören, vorherrschen.[88] Das beständige Streben, als eigentliche Dimension des Lebens, zeige die Sorge um die Selbsterhaltung im Schwanken zwischen dem Schmerz und der Langeweile: »Das Leben der Allermeisten ist auch nur ein steter Kampf um diese Existenz selbst, mit der Gewissheit ihn zuletzt zu verlieren.«[89] Was sie in diesem Kampf ausdauern lässt, sei weniger die Liebe zum Leben, als vielmehr die »Furcht vor dem Tode«: »Das Leben selbst ist ein Meer voller Klippen und Strudel, die der Mensch mit der größten Behutsamkeit und Sorgfalt vermeidet, obwohl er weiß, daß, wenn es ihm auch gelingt, mit aller Anstrengung und Kunst sich durchzuwinden, er eben dadurch mit jedem Schritt dem größten, dem totalen, dem unvermeidlichen und unheilbaren Schiffbruch näher kommt, ja gerade auf ihn zusteuert, – dem Tode: dieser ist das endliche Ziel der mühsäligen Fahrt und für ihn schlimmer als alle Klippen, denen er auswich.«[90] Schopenhauer beschreibt wie ein und dieselbe Person die Koexistenz der unmäßigen Freude und den lebendigsten Schmerz im negativen Charakter jeder Befriedigung erfährt; er macht deutlich, wie

---

87 | Ebd., S. 365.
88 | Ebd., S. 405.
89 | Ebd., S. 407.
90 | Ebd., § 54.

die Liebe als Mitleid in der Lage ist, das *principium individuationis* zu überschreiten und gelangt schließlich zur Darstellung der Verzweiflung und der wahren Ruhe als Stadium der Aufhebung des Willens im Übergang von der Tugend zur Askese.

Mit diesem Übergang gelangt Schopenhauer zur vollständigen Identifikation des Nichts mit dem Willen zum Leben. Vor uns bleibe nur das Nichts und das, was gegen diese Auflösung im Nichts rebelliere, sei nichts anderes als der Wille zum Leben. Unser Erschrecken vor dem Nichts sei nur ein anderer Ausdruck für die Gier, mit der wir das Leben wollten, wir würden nichts anderes sein und kennen, als diesen Willen: »was nach gänzlicher Aufhebung des Willens übrig bleibt, ist für alle Die, welche noch des Willens voll sind, allerdings Nichts. Aber auch umgekehrt ist Denen, in welchen der Wille sich gewendet und verneint hat, diese unsere so sehr reale Welt mit allen ihren Sonnen und Milchstraßen – Nichts.«[91]

1.5 Die Geltungsphilosophie als Antwort auf den Nihilismus

Die erste wichtige Definition der Verbindung von »Wertphilosophie«[92] und Nihilismus findet sich in Nietzsches nachgelassenen Fragmenten aus den Jahren 1887-1888; in denen sowohl die Ursachen als auch die Symptome der Krankheit des »platonisch-christlichen Abendlandes« diagnostiziert werden.[93] Mittels dieser Fragmente wird Heidegger 1940 den Nihilismus als »Vorgang der »Entwertung der obersten Werte«[94] kennzeichnen. Diesem Entwertungsprozess entspricht der Verlust des »Ziels«, der Antwort auf das »Warum?«: »Nihilism: es fehlt das Ziel; es fehlt die Antwort

---

91 | Ebd., S. 530.
92 | Für eine detaillierte Darstellung der Wertphilosophie vgl. Herbert Schnädelbach: Philosophie in Deutschland 1831-1933, S. 197-231. Schnädelbach verknüpft die Diskussion innerhalb der Wertphilosophie mit weberschen Reflexionen und nietzscheschen Formulierungen zum Nihilismus.
93 | Friedrich Nietzsche: Nachgelassene Fragmente 1887-1888, Frag. 11[99] (351)/1 »Kritik des Nihilismus«.
94 | Martin Heidegger: Der europäische Nihilismus, in: Ders.: Nietzsche, Bd.2, S. 44f.

auf das ›Warum‹? Was bedeutet Nihilism: – daß die obersten Werthe sich entwerthen.«[95]

Die Frage des Werts wird von Nietzsche, wie Heidegger scharfsinnig feststellt, mit der Frage nach dem Grund verbunden.[96] Was ist der Wert? Der Wert, wird Heidegger 1940 antworten, ist »das Geltende«, »nur was gilt, ist ein Wert.«[97] Der Grund ist von der Entwertung dessen, was wert hat, betroffen, insofern die Entwertung auch die logischen Voraussetzungen betrifft, von denen aus die Frage nach dem Sein nicht nur gedacht, sondern überhaupt erst gestellt werden kann. In der nietzscheanischen Version des Nihilismus als epochalem Prozess ging es denn auch tatsächlich um die Auflösung der Begriffe »Zweck«, »Einheit« und »Wahrheit«.[98] Heidegger wird 1940 noch einmal das Unverständnis für die Verbindung Wert-Nihilismus seitens der neukantianischen »Wertphilosophie« hervorheben. »Als ›Wertphilosophie‹ im engeren und schulmäßigen Sinne, bezeichnet sich um die Jahrhundertwende eine Richtung des Neukantianismus, die sich an die Namen Windelband und Rickert knüpft. Das bleibende Verdienst dieser Richtung ist nicht die ›Wertphilosophie‹, sondern jene zu ihrer Zeit beachtliche Haltung, die gegenüber dem Vordringen der naturwissenschaftlichen ›Psychologie‹ und ›Biologie‹ als der vermeintlich eigentlichen und einzigen ›Philosophie‹ noch eine Spur echten Wissens vom Wesen der Philosophie und des philosophischen Fragens bewahrte und überlieferte. Allein diese in einem guten Sinne ›traditionelle‹ Haltung verwehrte doch auch wieder der ›Wertphilosophie‹, den Wertgedanken in seinem metaphysischen Wesen zu durchdenken, d.h. den Nihilismus wirklich ernst zu nehmen. Man glaubte dem Nihilismus durch einen Rückgang auf die kantische Philosophie entgehen zu können; dies war jedoch nur ein Ausweichen vor dem Nihilismus und der Verzicht, in den Abgrund zu sehen, den er überdeckt.«[99]

Laut den Interpretationen, mit denen sich Heidegger in seiner Schaffensperiode zwischen 1912-1915 auseinandersetzte, hatte Nietzsche auf die

---

95 | Friedrich Nietzsche: Nachgelassene Fragmente 1887-1888, Frag. 9[35] (27)/1 »Der Nihilismus ein normaler Zustand.«
96 | Vgl. Martin Heidegger: Der europäische Nihilismus, S. 46.
97 | Ebd., S. 47.
98 | Friedrich Nietzsche: Nachgelassene Fragmente 1887-1888, Frag. 11[99] (351)/1 »Kritik des Nihilismus«.
99 | Martin Heidegger: Der europäische Nihilismus, S. 99.

Auflösung der logisch-ontologischen Ordnung mit einer »Umwertung der Werte« geantwortet, die das Leben als absoluten Grund bestimmte. Diese Nietzsche-Auslegung setzte die spekulativen und praktischen Erfolge der Umwertung der Werte der theoretischen Struktur des »historischen Relativismus« gleich, der das Leben als erste bestimmende Kategorie der geschichtlichen Welt betrachtete. In diesem Zusammenhang darf nicht vergessen werden, dass sich auch der Neukantianismus das Problem der Geschichtswissenschaft stellte, er ging dabei jedoch nicht vom vitalistischen Modell nietzscheanischen Ursprungs aus, sondern von jenem der Naturwissenschaften. Ein Werk Rickerts trägt den signifikanten Titel *Grenzen der naturwissenschaftlichen Begriffsbildung*.[100] In dieser Schrift unterscheidet Rickert zunächst die Geschichte, verstanden als Wissenschaft zur Erkenntnis des Individuellen, von den Naturwissenschaften, die die Individuation allgemeiner Gesetze anstreben. Trotz dieser Unterscheidung hält Rickert eine epistemologische Begründung der Geschichte, die vom Modell der Naturwissenschaften ausgeht, für notwendig.[101]

Aus Sicht der oben genannten Verflechtungen zwischen dem Nihilismus, der Frage nach dem Grund und dem Wert, werde ich zunächst die Bedeutung des Nihilismus als historischen und kulturellen Prozess, in einem zweiten Schritt Nietzsches vermeintliche Verabsolutierung des Lebens und schließlich das von der Geltungsphilosophie vorgeschlagene Gegenmittel herausarbeiten.

In *Die Philosophie im deutschen Geistesleben des XIX. Jahrhunderts* (1909) bemerkte Windelband[102], dass das Leben selbst zum höchsten Wert gewor-

---

100 | Im *Lebenslauf* des Jahres 1915 erwähnt Heidegger diese Arbeit Rickerts zusammen mit den Untersuchungen Diltheys und betont, wie wichtig beide für seine Ausbildung waren (vgl. Hugo Ott, »Der junge Martin Heidegger...«, S. 325).
101 | Vgl. Hans-Georg Gadamer: Das Problem der Geschichte in der neueren deutschen Philosophie (1943), in: Ders.: Kleine Schriften, Bd. 1, Tübingen: Mohr 1967, S. 1-10.
102 | Wilhelm Windelband (1848-1915) war der wichtigste Schüler von Hermann Lotze, dem Begründer der *Wertphilosophie*. Er verwandelte den lotzeschen Ansatz in eine transzendentalphilosophische Wertphilosophie. Bei Lotze entstand die Wertphilosophie nicht ausschließlich im Bereich ethischer Überlegungen oder unter entschieden geisteswissenschaftlicher Prägung, sondern als Antwort auf das leibnizsche Dilemma in Bezug auf die Möglichkeit unendlich vieler Welten und der Wirklichkeit einer von ihnen. In Lotzes *Logik* (1874) wird die leibnizsche

den sei.¹⁰³ Diese Zentralität muss als Reaktion auf den Aufstieg der Massen interpretiert werden, die die geistige Situation der Zeit charakterisierte: »So erleben wir eine Nivellierung der historischen Unterschiede und eine Uniformität des Daseins, wie sie kein früheres Zeitalter der menschlichen Geschichte auch nur geahnt hat.«¹⁰⁴ Der Kampf des Individuums gegen den Druck des Massenlebens verkörperte sich in der Figur des »Dichters« Nietzsche. Darin lag für Windelband die große Wirkung, die Nietzsche in den vergangenen Jahrzehnten auf das geistige Leben ausgeübt hatte.¹⁰⁵ In der begrifflichen Figur Nietzsches hatte eine ganze Epoche die elementare

---

Unterscheidung zwischen Tatsachenwahrheiten und Vernunftwahrheiten auf die Ebene der Unterscheidung zwischen dem Akt des Denkens und dem Inhalt des Denkens übertragen. Der Akt des Denkens unterscheidet sich von dessen Inhalt – als zeitliches Phänomen – durch die *Geltung*. Die Bedeutung der logischen Propositionen hängt ausschließlich von ihrer Geltung ab. In Bezug auf die Unterscheidung zwischen dem Sein des Werts und der Wirklichkeit der Welt sei man versucht, so Schnädelbach, Lotzes philosophische Operation als »Wert-Platonismus« (S. 216) zu bezeichnen. Die Werte sind objektiv-ideal, genauer gesagt, sie gelten, aber sie »existieren« nicht wie Wirkliches »existiert«. Diese Bestimmung des Werts wird Husserl nicht daran hindern, in der siebten Anmerkung zu seiner zweiten *Logischen Untersuchung* festzustellen: »Es ist sehr merkwürdig, daß selbst Lotze, dessen Interpretation wir zu größtem Danke verpflichtet sind, in den Fehler der psychologischen Hypostasierung des Allgemeinen verfallen ist.« (Vgl. Edmund Husserl: Logische Untersuchungen, Husserliana, Gesammelte Werke, Bd. XIX/1, Den Haag: M. Nijhoff, S. 138) Mit Windelband wird die Bestimmung der Geltung entschieden in den Bezugsrahmen des kantischen Transzendentalmodells gestellt, womit die Philosophie zu einer »kritischen Wissenschaft der Universalwerte« wird. Der Rückgriff auf die kantische Transzendentalphilosophie zur Bestimmung der Geltung als dem Kriterium logischer Gesetzmäßigkeit führt bei Rickert und Lask noch weiter in Richtung eines »transzendentalen Idealismus«, genauer gesagt zur *Geltungsphilosophie* Laskscher Ausprägung (vgl. Karl Lehmann: »Metaphysik, Transzendentalphilosophie und Phänomenologie in den ersten Schriften Martin Heideggers 1912-1916«, in: Görresgesellschaft LXXXI (1963-64), S. 331-357).
103 | Wilhelm Windelband: Die Philosophie im deutschen Geistesleben des XIX. Jahrhunderts (1909), Tübingen: Mohr 1909, S. 108.
104 | Ebd., S. 114.
105 | Ebd., S. 116.

Kraft des Einzelnen gesehen, der mit »heisser Leidenschaft« das Leben als Reich der Verwirklichung des schöpferischen Individualwillens bejaht. Die Auflösung des Konflikts zwischen »Person« und »Masse« stellte für Windelband ein drängendes Problem dar, dass es zu lösen galt, jenseits allen Irrationalismus, dem er die nietzschesche Lösung zuordnete.

Aus dieser Perspektive gewann das Problem der allgemeinen und notwendigen Geltung philosophische und kulturelle Bedeutung; für die deutsche Philosophie ging es dabei um die Möglichkeit, die Aufgabe, die ihr die historische Situation der eigenen Zeit im transzendentalen Horizont des kantischen Grundgedankens stellte, zu erfüllen.[106]

Windelband betrachtet den nietzscheschen Vitalismus als historisches Phänomen, in seiner Interpretation distanziert er sich einerseits von Nietzsches Lösung, während er andererseits die Unumgänglichkeit der in ihr aufgeworfenen Probleme anerkennt. Das Aufkommen dieser Problemstellungen konnte nicht einfach ignoriert werden, sondern schuf eine Dringlichkeit, der sich die Philosophie, wollte sie sich ihrer Aufgabe gewachsen zeigen, nicht entziehen durfte.

In diesem Ton scheint auch die Abhandlung über die damaligen aktuellen Tendenzen der *Lebensphilosophie* gehalten, die Rickert elf Jahre nach dem zuvor erwähnten Werk Windelbands verfasste.[107] Von einer geradezu sarkastisch akzentuierten Beschreibung geht Rickert zu Betrachtungen über, die die Notwendigkeit betreffen, die Lebensphilosophie vom Begriff des Lebens her in eine Wertphilosophie zu verwandeln[108], indem »Seinsprobleme« wie »Wertprobleme« behandelt werden.[109] Was Rickerts Meinung nach überwunden werden musste, war die Entgegensetzung von Chaos und Leben, von Form und Inhalt. Das Leben, von seiner »Geltung« und »immanenten Transzendenz« aus betrachtet[110], musste Form und Inhalt, Chaos und Ordnung[111] enthalten. Der Übergang, der vollzogen werden musste, war jener vom »Erleben« zu einer »Philosophie des Lebens«,

---

106 | Wilhelm Windelband: Über die gegenwärtige Lage und Aufgabe der Philosophie, in: Ders., Präludien, 2 Bde., Tübingen: Mohr 1919, S. 1-23.
107 | Heinrich Rickert: Die Philosophie des Lebens. Darstellung und Kritik der philosophischen Modeströmungen unserer Zeit, Tübingen: Mohr 1920.
108 | Ebd., S. 162.
109 | Ebd., S. 13.
110 | Ebd., S. 65.
111 | Ebd., S. 16.

die die Werte des Lebens selbst bestimmen würde. Das Leben an sich ist Rickert zufolge »verschwenderisch«, es gelingt ihm nicht, sich zu erhalten, sondern es zerstreut sich in seiner höchsten Steigerung.«[112] Rickert hebt, wie zuvor bereits Windelband, Nietzsches zentrale Stellung innerhalb des europäischen Phänomens der Rehabilitierung des vitalen Moments hervor.[113] Einerseits werden die sogenannten Lebensphilosophen als Folge von ›Nietzsches Effekt‹ beschrieben.[114] Andererseits würden sich Goethe, Schopenhauer und Wagner auf der zeitgenössischen Bühne als Vorgänger Nietzsches aufdrängen. In diesem Zusammenhang behauptet Rickert, im Gegensatz zu den Analysen, die beispielsweise von Alois Riehl oder Georg Simmel vorgelegt wurden, dass Schopenhauer und Wagner einen großen Einfluss auf Nietzsche gehabt hätten. Das Nichts und der Tod seien – so Rickerts Interpretation – sowohl bei Schopenhauer als auch bei Nietzsche

---

112 | Ebd., S. 94.

113 | Ebd., S. 179.

114 | Er verweist insbesondere auf Oswald Spengler, Henri Bergson, Friedrich Paulsen, Georg Simmel, Friedrich Steppuhn, Rudolf Eucken, Hans Vaihinger, Wilhelm Dilthey, Edmund Husserl und Max Scheler. Nach Rickerts Analyse hatte Spengler innerhalb eines morphologischen Horizonts das Faustische und das Dionysische miteinander verbunden und Bergsons Definition des *élan vital* in Amerika beachtliche Wirkung erzielt (William James). In Bezug auf Diltheys Historismus verweist Rickert auf die begriffliche Nähe zum deutschen Romantizismus, während er bezüglich Husserls Untersuchungen der Schwierigkeit zugleich aber auch der Notwendigkeit gewahr wird, sie in den Kontext der Lebensphilosophie einzuordnen. Vaihinger hatte, unter dem Einfluss von F. A. Lange (der Kantianer ist Autor der *Geschichte des Materialismus und Kritik seiner Bedeutung in der Gegenwart (1865)*, Frankfurt a.M.: Suhrkamp 1974), Nietzsche aus einer erkenntnistheoretischen Perspektive betrachtet und gezeigt, dass die vom Verstand vorgeschriebenen Naturgesetze weniger als reale Beschreibungen, sondern vielmehr als »regulative Fiktionen« zu betrachten sind. Die Wahrheit war für Vaihinger im kantisch-nietzscheanischen Sinne »Wille zum Schein«, vgl. Hans Vaihinger: Nietzsche als Philosoph (1902), Langensalza: Beyer 1930^5, insb. S. 89-95. Für einen allgemeinen Überblick über die deutsche philosophische Nietzsche-Rezeption vgl. Alfredo Guzzoni (Hg.): 100 Jahre philosophische Nietzsche-Rezeption; Gianni Vattimo: Introduzione a Nietzsche, Bari-Roma: Laterza 1990^4, S. 125-146; Maurizio Ferraris: Nietzsche e la filosofia del Novecento, Milano: Bompiani 1989, S. 63ff.

dem Leben untergeordnet. Tatsächlich würde der Lebendige sterben und der neue kategorische Imperativ des schopenhauerschen Pessimismus würde lauten: »Lebe!«[115]

Heideggers begriffliche Arbeit bezüglich dieser von Rickert verfochtenen vitalistischen Auslegung des Verhältnisses Nietzsche-Schopenhauer wird in den verschiedenen Phasen der darauffolgenden Jahrzehnte eine doppelte Stoßrichtung haben. Einerseits befreit er Nietzsche aus der schopenhauerschen Sichtweise, andererseits macht er die Wirkungen des vermeintlichen Schopenhauerismus in der Nietzsche-Interpretation sichtbar. Heidegger akzeptierte also die Deutung Rickerts, entledigte sich jedoch ihrer Voraussetzungen.

Ich möchte hier vorab die Vermutung anstellen, dass diese generationenspezifische Interpretation des nietzscheschen absoluten Vitalismus eine außerordentlich wichtige Rolle spielen wird für den Ausgang der seit den dreißiger Jahren begonnenen thematischen Auseinandersetzung Heideggers mit Nietzsche. Diese Generation, die zwischen der Anerkennung des vitalistischen Triebs und der Notwendigkeit, die universale Geltung auszusprechen hin- und hergerissen war, fand in Nietzsches *Also sprach Zarathustra*[116] die eigene *Stimmung*[117] ausgedrückt, den überschwänglichen Zauber des Lebens[118]. Die ewige Wiederkehr, die Windelband als *Urgefühl*[119] bezeichnet hatte, von dem her die eigene Zugehörigkeit zur Welt erfahrbar sei, wird bei Rickert zum Ausdruck höchster Lebensbejahung.

---

115 | Heinrich Rickert: Die Philosophie des Lebens, S. 6.

116 | Heidegger wird dazu 1940 anmerken: »Mit unter dem Einfluß Nietzsches wird die Gelehrtenphilosophie des ausgehenden 19. und beginnenden 20. Jahrhunderts zu einer ›Wertphilosophie‹ und ›Wertphänomenologie‹. Die Werte selbst erscheinen wie Dinge an sich, die man in ›Systemen‹ anordnet. Man hat dabei trotz stillschweigender Ablehnung der Philosophie Nietzsches dessen Schriften, zumal den ›Zarathustra‹, nach solchen Werten an sich durchsucht und diese dann, ›wissenschaftlicher‹ als der ›unwissenschaftliche Dichterphilosoph‹ Nietzsche, zu einer ›Wertethik‹ zusammengebaut.« (Martin Heidegger: Der europäische Nihilismus, S. 98f.)

117 | Heinrich Rickert: Die Philosophie des Lebens, S. 20.

118 | Ebd. Zur Thematisierung des Lebens als Selbstüberwindung bei Rickert vgl. S. 68.

119 | Wilhelm Windelband: Die Philosophie im deutschen Geistesleben des XIX. Jahrhunderts, S. 118.

Es wird nun darauf ankommen, deutlich zu machen, inwiefern Heidegger an der Definition der *Geltungsphilosophie* – die sich in einem Zusammenhang entwickelt, dem Nietzsches Anregungen keinesfalls gleichgültig sind – teil hat, oder allgemeiner ausgedrückt, inwiefern Heideggers Überlegungen einer historisch-kulturellen Lage zuzurechnen sind, die von der Dringlichkeit des Prozesses der »Entwertung der höchsten Werte« überzeugt war.

In seiner Doktorarbeit *Die Lehre vom Urteil im Psychologismus* bezieht sich Heidegger ausdrücklich nicht nur auf Schneider und Finke[120], sondern auf Rickert, dem er das Verständnis der Probleme der modernen Logik verdankt[121] und dem seine Habilitationsschrift von 1915 gewidmet sein wird. Schon der Titel der Promotion ahmt nahezu vollständig die 1912 publizierte Arbeit *Die Lehre vom Urteil* von Emil Lask nach, der ein Assistent Rickerts war und dem, nachdem er als Soldat im Ersten Weltkrieg gefallen war, Heidegger 1916 im Vorwort seiner Habilitationsschrift »ein Wort dankbar treuen Gedenkens« widmet.[122] Mit seiner Dissertation wollte Heidegger innerhalb des *Psychologismusstreits* Position beziehen und zu einer Definition der »reinen Logik« beitragen. In der Einleitung

---

120 | Zu Arthur Schneider vgl. Fußnote 50. Die Rolle, die Heidegger Heinrich Finke zuschreibt, ist äußerst wichtig, sie enthüllt eine neue Anregung, die er während seiner Ausbildungszeit erfuhr. Finke habe, so Heidegger, in ihm, dem ahistorischen Mathematiker, Liebe und Verständnis für die Geschichte geweckt. Finke war ein Vertreter der Zentrumspartei und Inhaber eines Lehrstuhls für Zeitgeschichte. Seine Stellungnahme charakterisierte, untermauert durch umfangreiche Archivrecherchen zur Geschichte der Kirche im Mittelalter, eine bedingungslose Unterstützung des Nationalstaats. Finke betrachtete den modernen Staat als Erbe des mittelalterlichen Imperiums. Der »Weltimperialismus« galt ihm als höchstes Werk der »germanischen Völker«. Vgl. Victor Farías: Heidegger und der Nationalsozialismus, S. 62.
121 | Martin Heidegger: Die Lehre vom Urteil im Psychologismus, S. 61. In Bezug auf diese Schrift betont Campo, dass sich in ihr der Wechsel von einem psychologischen zu einem phänomenologischen Ton ausmachen lässt, wie er für die deutsche Kultur zu jener Zeit typisch war. Vgl. Mariano Campo: »Psicologia, logica e ontologia nel primo Heidegger«, in: Rivista di filosofia neoscolastica 31 (1939), S. 474-491, insb. S. 486.
122 | Martin Heidegger: Die Kategorien- und Bedeutungslehre des Duns Scotus, S. 191.

werden die Bemühungen und die Erfolge, die diesbezüglich von den neukantianischen Schulen in Marburg und, mit Verweis auf Windelband und Rickert in Baden, aber auch in Husserls Schrift *Logische Untersuchungen*[123] unternommen wurden, anerkannt. Trotz dieser Versuche, den Horizont zu bestimmen, innerhalb dessen die Fragen der »Geltung« oder der puren Logik gestellt werden müssen, hält Heidegger es jedoch für notwendig, weitere psychologische Verwicklungen, die in der Diskussion um die »speziellen Probleme« der Logik noch gegenwärtig blieben, aus dem Feld zu räumen. Die Definition der reinen Logik, präzisiert Heidegger in der Schlussbetrachtung[124], ist die Aufgabe der Philosophie. Es handelt sich dabei, so kann man es im Kapitel zur kritischen Betrachtung der Forschungsergebnisse von Franz Brentano und Anton Marty nachlesen, um eine Philosophie, die, damit sie diese Aufgabe erfüllen kann, mit Sicherheit »ein von Stimmungen und Werturteilen freies Forschen«[125] sein muss.

In diesem philosophischen Versuch nimmt sich Heidegger insbesondere die Definition des Urteils vor, das er als »Zelle«, als Urelement der Logik betrachtet. Das Urteil ist das Element, das überdauert. Bezüglich der von Maier in die Diskussion eingebrachten Behauptung, wonach das Urteil »es regnet nicht« einen unterschiedlichen Sinn haben konnte, je nachdem, ob es vor einem dunklen, wolkenverhangenen oder einem heiteren Himmel ausgesprochen wurde, erhebt Heidegger den Einwand: »Ich meine, der Sinn bleibt in beiden Urteilen derselbe, indem doch gesagt ist, Regen sei nicht vorhanden; es regnet eben nicht in beiden Fällen, das erkenne ich als den objektiven Sinn. Daß in den urteilenden Subjekten bei den verschiedenen Situationen verschiedene Vorstellungsgruppen der Urteils*bildung* vorangehen und in ihrem Bewußtsein während des Verneinungsaktes verschiedene Vorstellungsdaten gegenwärtig sind, kann als unbezweifelbar gelten. Allein, ebenso gewiß ist auch, daß der Urteils*sinn* als solcher von diesen Bewußtseinsmodifikationen unberührt bleibt. [...]

---

123 | Zu der von Heidegger postulierten Kontinuität zwischen Rickerts transzendentalem Idealismus und Husserls Untersuchungen vgl. Karl Lehmann: Metaphysik, Transzendentalphilosophie und Phänomenologie in den ersten Schriften Martin Heideggers (1912-1916), S. 48.
124 | Martin Heidegger: Die Lehre vom Urteil im Psychologismus, S. 187.
125 | Ebd., S. 122.

[D]ie Logik kennt keine Erlebnisse als solche, die immer psychische Realitäten sind.«[126]

In diesem Zusammenhang werden die vier Definitionen des negativen, unpersönlichen, hypothetischen und wesentlichen Urteils besprochen. Der erste Teil von Heideggers Arbeit ist der Darstellung und Widerlegung der Thesen von Wilhelm Wundt gewidmet, bei dem das Urteil, verstanden als Grundeigenschaft der apperzeptiven Geistestätigkeit, im Mittelpunkt steht.[127] Insofern es an die Apperzeption gebunden bleibt, verortet Wundt das Urteil im psychischen Bereich.[128] Im zweiten Abschnitt wird Heinrich Maiers Argumentation, die die Struktur des Urteils in seiner Zusammensetzung aus Teilakten in den Mittelpunkt rückt, genauer analysiert. Heidegger wirft ihm, ebenso wie zuvor Wundt, vor, der Logik durch »emotionale Akte« Zügel anzulegen.[129] Analog dazu werden im dritten Abschnitt[130] Franz Brentanos und Anton Martys Analysen zum Urteil als eine fundamentale Klasse von psychischen Erscheinungen betrachtet. Auch Theodor Lipps, dessen Überlegungen im vierten Abschnitt untersucht werden[131], bleibt für Heidegger im Wesentlichen im Bereich der

---

126 | Ebd., S. 111f.

127 | Ebd., S. 66-90.

128 | Ebd., S. 84: »Die Apperzeption ist wesentlich ein Willensakt, passive und aktive Apperzeptionen sind ›Formen innerer *Willenstätigkeit*‹ – ›*Vorgänge* gleicher Art‹. Eine noch so tief eindringende und umfassend angelegte psychologische Analyse *kann nie ein für die Logik verwendbares Resultat zeitigen, weil sie sich von Anfang an um einen Gegenstand bemüht, der außerhalb der Logik liegt.* Der bestechende Einwand, das logische Denken sei doch ein Bestandteil unserer psychischen Erlebnisse, ist eben deshalb ganz und gar hinfällig, weil die Logik nie ›psychische Erlebnisse‹ als *psychische* Realitäten zum Gegenstand ihrer Untersuchung machen kann. Die Logik hat es weder mit ›Vorgängen‹ zu tun, noch gibt es für ihre Phänomene einen ›psychologischen Ursprung‹.«

129 | Martin Heidegger: Die Lehre vom Urteil im Psychologismus, S. 91-114.

130 | Ebd., S. 115-124.

131 | Ebd., S. 125-154. Husserl hatte 1913 im zweiten Vorwort zu seinen *Logischen Untersuchungen* hervorgehoben, dass sich Lipps Argumentation seit Beginn des Jahres 1902 durch die Thematisierung der Geltung verändert hätte. Zu den Strömungen des Psychologismus vgl. Friedrich Ueberweg: Grundriß der Geschichte der Philosophie, Bde. III und IV, Basel: Schwabe 1951-1961; zur Diskussion und Widerlegung der psychologistischen Strömungen bleiben dagegen,

psychologischen Definition der Logik. Lipps hatte die »Geltung« dem Akt der Anerkennung der Objekte untergeordnet.[132] Heidegger kritisiert diese Unterordnung und unterstützt den von Lask unternommenen Versuch: »Wäre das Urteil rein in die Transzendentalphilosophie hineingearbeitet, wie es mit großem Scharfblick neuestens Lask versucht hat, dann käme Lipps' Urteilstheorie nicht mehr als eine psychologistische in Frage«[133] und die Möglichkeit der Betrachtung eines so hybriden Gebildes wie das »logische Gefühl« käme der eines »hölzernen Eisens« gleich[134]. Aus dieser Perspektive heraus umreißt Heidegger die Möglichkeit einer »rein logischen Theorie der Logik«, die die Unterscheidung von »aufweisen« und »beweisen« voraussetzt: »Ein Beweis im Sinne einer Deduktion ist nicht möglich, da der Obersatz das zu Beweisende schon enthalten müßte. Man könnte allenfalls zeigen, daß die Forderung eines Beweises widersinnig ist, wenn das Logische als solches nicht vorausgesetzt und in der Forderung implicite mitgedacht wird. Grundsätzlich ist aber zu bemerken, daß das *Wirkliche (worunter hier alles zu verstehen ist, was Gegenstand wird und in der Möglichkeit zur Gegenständlichkeit steht, also auch das »Unwirkliche«)* als solches nicht bewiesen, sondern allenfalls nur aufgewiesen werden kann. Der Empirismus – auch der Psychologismus ist solcher – tut sich ja soviel auf den Grundsatz zugute, das und nur das anzunehmen, was *wahrnehm-*

---

darauf hat bereits Volpi hingewiesen, Husserls *Logische Untersuchungen* von größter Relevanz.

132 | Martin Heidegger: Die Lehre vom Urteil im Psychologismus, S. 151. Interessant sind im Zusammenhang mit Heideggers Thematisierung der Urteilsformen die Betrachtungen von Manfred Thiel: Martin Heidegger: Sein Werk – Aufbau und Durchblick, Heidelberg: Elpsis 1977, S. 15-50 und Dieter Thomä: Die Zeit des Selbst und die Zeit danach: zur Kritik der Textgeschichte Martin Heideggers 1910-1976, Frankfurt a.M.: Suhrkamp 1990, S. 1-78.

133 | Martin Heidegger: Die Lehre vom Urteil im Psychologismus, S. 149.

134 | Ebd., S. 150. Zu Lasks begrifflichem Einfluss auf Heidegger vgl. Konrad Hobe: »Zwischen Rickert und Heidegger. Versuch über eine Perspektive des Denkens von Emil Lask«, in: Philosophisches Jahrbuch 78 (1971), S. 360-376; Konrad Hobe/Orlando Pugliese: »La logica de E. Lask como transición entre la teoria del juicio en H. Rickert y el concepto de verdad en Martin Heidegger«, in: Cuadernos de Filosofia 11/15-16 (1971), S. 105-136 und Christoph Demmerling: »Logica trascendentale e ontologica fondamentale: Emil Lask e Martin Heidegger«, in: Rivista di filosofia LXXXIII/2 (1992), S. 241-261.

bar ist. Der »reine Logiker« stellt im Grunde dieselbe Forderung: was sich evident darbietet, darf weder um- noch weggedeutet werden, *sondern ist einfach hinzunehmen.*«[135]

Diese begriffliche Unterscheidung wird zu einer konstanten Bedingung sowohl für Heideggers »Fundamentalontologie« als auch für seine »Hermeneutik der Sprache«.

Die Unterscheidung zwischen »aufweisen« und »beweisen« führt Heidegger dazu anhand eines Beispiels die Identität von Urteil und Geltung zu bestimmen. Wenn ich ein Buch anschaue, schreibt Heidegger, das vor mir liegt und ich unbewusst das Urteil ausspreche »Der Einband ist gelb«, so wird sich dieses Urteil durch meine Verfassung nicht verändern: »in den besagten Urteilen wurde ›das Gelbsein des Einbandes‹ in seiner unverrückbaren Dasselbigkeit und Veränderungsfremdheit angetroffen.«[136] Was bestimmt wurde, ist »ein *Nichtpsychisches*«. Dieses identische Moment »in den existierenden psychischen Urteilsvermögen existiert also nicht, und doch ist es da und macht sich sogar mit einer Wucht und Unumstößlichkeit geltend, dagegen die psychische Wirklichkeit nur eine fließende, un-

---

135 | Martin Heidegger: Die Lehre vom Urteil im Psychologismus, S. 165. Nach Garulli zeigt sich in Heideggers methodologischer Ausbeutung der ostensiblen Ebene des Seins der Beginn seiner Distanzierung von der klassischen metaphysischen Fragestellung und seine Hinwendung zum faktischen Leben, vgl. Enrico Garulli: Problemi dell'Ur-Heidegger, Urbino: Argalìa 1969, S. 152. Zum ontologischen Ansatz der logischen Fragestellungen vgl. Otto Pöggeler: »Sein als Ereignis. Martin Heidegger zum 26.9.1959«, in: Zeitschrift für philosophische Forschung XIII (1959), S. 597-632; Karl Lehmann: Vom Ursprung und Sinn der Seinsfrage im Denken Martin Heideggers. Versuch einer Ortsbestimmung, Rom: Pont. Univ. Gregoriana 1962; Ders.: »Christliche Geschichtserfahrung und ontologische Frage beim jungen Heidegger«, in: Philosophisches Jahrbuch 74 (1966), S. 126-153; Ders.: »Metaphysik, Transzendentalphilosophie und Phänomenologie in den ersten Schriften Martin Heideggers (1912-1916)«, in: Philosophisches Jahrbuch 71 (1963/64), S. 331-357; Alberto Rosales: Transzendenz und Differenz. Ein Beitrag zum Problem der ontologischen Differenz beim frühen Heidegger, Den Haag: M. Nijhoff 1967 und Albino Babolin: La ricerca filosofica del giovane Martin Heidegger nella critica d'oggi. Introduzione a Martin Heidegger: Scritti filosofici 1912-1917, Padova: La Garangola 1972, S. 7-127.
136 | Martin Heidegger: Die Lehre vom Urteil im Psychologismus, S. 168.

beständige genannt werden kann.«[137] Es geht dabei um eine »Form des Seins«, die von der physischen, psychischen und auch von der metaphysischen unterschieden ist. »*Die Wirklichkeitsform des im Urteilsvorgang aufgedeckten identischen Faktors kann nur das Gelten sein.*«[138] Im Zusammenhang mit dieser Bestimmung des Urteils findet schließlich auch die Frage nach dem »Sinn des Sinnes« eine Antwort: es ist das »zeitlich bestimmbare Existieren« in der Wirklichkeitsform des Geltens.[139]

---

137 | Ebd., S. 170.
138 | Ebd., S. 170. In der Definition dieses Elements verweist Heidegger auf die *Logik* von Hermann Lotze (hg. v. G. Misch, Leipzig 1912, S. 505ff. und 513ff.), in der die Bezeichnung des Geltens angemessen formuliert sei.
139 | Ebd., S. 172. Von den Beiträgen, die der Bedeutung des Werts im heideggerschen Denken gewidmet sind, möchte ich folgende hervorheben: Reiner Wiehl: »Problemi della fenomenologia dei valori«, in: Paradigmi 34 (1994), S. 5-22; Armando Rigobello: »Heideggers Kritik des Begriffs ›Wert‹ und die praktische Bedeutung von ›Eigentlichkeit‹«, in: Dietrich Papenfuss/Otto Pöggeler (Hg.), Zur philosophischen Aktualität Heideggers, Bd. 1, S. 197-206 sowie die Monographien von Felice Battaglia: Heidegger e la filosofia dei valori, Bologna: il Mulino 1967 und Henri Mongis: Heidegger et la critique de la notion de valeur. La destruction de la fondation metaphysique, avec Lettre-préface de Martin Heidegger, Den Haag: M. Nijhoff 1976. Mongis Monographie ist hinsichtlich der von Heidegger in den folgenden Jahren vertretenen Positionen zum Wertproblem von besonderem Interesse. Er macht deutlich, dass Heideggers Denken seit der Arbeit an *Sein und Zeit* durch die Kritik an der Geschichte der abendländischen Philosophie, als einer auf das Wertproblem konzentrierten Metaphysik, gekennzeichnet ist. Pöggeler betont dagegen, dass allein durch eine Rekonstruktion der Entstehungsphase der *Seinsfrage* gezeigt werden kann, inwiefern die Entwicklung des heideggerschen Denkens untrennbar mit den mühsamen Befreiungsversuchen aus den metaphysischen Voraussetzungen dieses Anfangs verbunden ist (vgl. Otto Pöggeler: Sein als Ereignis, S. 63). Diese Versuche lassen sich meiner Meinung nach in Heideggers langer Auseinandersetzung mit Nietzsche deutlich erkennen. Im Zusammenhang mit dieser Problematik müssen schließlich noch die Untersuchungen von Ann Kuhn erwähnt werden, die das Wertproblem in den frühen Schriften auf der Grundlage der ontologischen Bestimmung des *ethos* interpretiert, die erst in den späten Arbeiten Heideggers zu finden ist. Für Kuhn deutet die ontologische Radikalisierung des Werts, die in der Philosophie des 19. Jahrhunderts eine entscheidende Rolle gespielt hat, auf eine Kontinuität in der heideggerschen Ent-

Das Verhältnis von Zeitlichkeit und Wert bildet 1913 auch den Leitfaden für Heideggers Rezension von Bubnoffs philosophischer Rekonstruktion der Geschichte der abendländischen Philosophie. Bubnoff beginnt seine Geschichte mit Parmenides und Heraklit, die er als emblematische Bezugsmodele betrachtet.[140] In der Einleitung zu *Zeitlichkeit und Zeitlosigkeit* unterscheidet Bubnoff den Begriff der Identität von dem der Gleichheit. Die Identität ist eine logische Dimension, die zur Zeitlichkeit eine gegenständliche Beziehung hat, aufgrund derer sie die andauernde Realität der Veränderung definiert. Diese konstitutive Realität repräsentiert für Heidegger eine Instanz, die es erlaubt, »die Kluft zwischen der zeitlosen Wirklichkeit des abstrakten Gedankens und der zeitlichen Wirklichkeit der sinnlichen Wahrnehmung zu überbrücken.«[141] Strube hat darauf hingewiesen, dass die ideelle Brücke, die Heidegger durch die Verbindung

---

wicklung hin. Aus diesem Blickwinkel betrachtet, erscheint Nietzsches Denken nicht nur als Teil von Heideggers historisch-geistigem Erbe, vielmehr verkörpert es die Auseinandersetzung mit diesem, d.h. mit der Krise der historischen und metaphysischen Grundlagen der Wertphilosophie. Durch die Rekonstruktion der weitreichenden semantischen Bestimmung, die Wert und Schicksal miteinander verknüpft, schließt Kuhn die Konnotation der »Geltung« aus, die für das kalkulierende Denken charakteristisch sei. Als eine Variante des kalkulierenden Denkens deutet Kuhn die naturalistische Weltdeutung, die das 19. Jahrhundert dominierte und im Neukantianismus der Marburger und südwestdeutschen Schule zum Ausdruck kam. Der Neukantianismus sei im Widerstand zum vorherrschenden Materialismus und Positivismus entstanden und habe den spekulativen Idealismus aus erkenntnistheoretischer Perspektive fortführen wollen. Heideggers Denken sei in diesem geistigen Kontext herangereift, doch schon im Entwurf der Fundamentalontologie in *Sein und Zeit* sei die Frage nach der »wahren Wirklichkeit« durch die Frage nach der »wirklichen Wahrheit« verdrängt worden. Trotz ihrer Gewissenhaftigkeit in der begrifflichen Analyse unterschätzt Ann Kuhn meiner Meinung nach, in welchem Maße Heidegger mit dem geistigen Umfeld, in dem seine frühen Schriften entstanden, begrifflich verflochten blieb. Diese Unterschätzung verwehrt ihr, die begrifflichen Verdrehungen, die sich in Heideggers Schriften finden, zu erkennen (vgl. Ann Kuhn: Das Wertproblem in den Frühwerken M. Heideggers und Sein und Zeit, Dissertation an der Philosophischen Fakultät der Universität München, 1969).
140 | Martin Heidegger: Frühe Schriften, S. 46.
141 | Ebd., S. 46.

von Külpes kritischem Realismus mit Rickerts transzendentalem Idealismus zu konstruieren versucht hatte, das »Entwicklungsgesetz« der ersten Schriften Heideggers darstellt.[142] Die Anstrengung, zwischen diesen beiden Gründungsprogrammen einer Kategorienlehre eine »hermeneutische Kongruenz«[143] zu finden, bildet den Einschnitt, in den sich die quasi absichtlich verschwiegene Notwendigkeit einer zeitlichen Faktizität und mit ihr die Möglichkeit der begrifflichen Begegnung mit Nietzsche einfügt.

Für den Augenblick beschränke ich mich auf den Hinweis, dass in der Rezension mindestens zwei wichtige *Topoi* Gestalt annehmen, die den Inhalt der späteren Auseinandersetzung mit der philosophischen Nietzsche-Erfahrung andeuten. Erstens wird der Vergleich zwischen parmenideischem und heraklitischem Modell mit Bezug auf die Bestimmung diskutiert, die ihnen innerhalb der abendländischen Philosophie von Empedokles und Anaxagoras bis zu Bergson und Croce zugesprochen wird. Dieses Geflecht von theoretischer Begriffsbestimmung und historischer Erinnerung wird in den Jahren der Nietzsche-Seminare unauflöslich. Es steht nicht einfach für eine ursprüngliche Option, sondern für die äußerste Anstrengung einer phänomenologischen Begriffsbestimmung, die von historischen Bestimmungen auszugehen hat. Andererseits wird Heidegger selbst 1915 in der »Einleitung« zu seiner Habilitationsschrift anmerken, dass sich »reine philosophische Begabung und eine wirklich fruchtbringende Fähigkeit historischen Denkens [...] nur in den allerseltensten Fällen in einer Persönlichkeit zusammenfinden.«[144]

Zweitens wird die Gegenüberstellung von Heraklitismus und Parmenideismus bzw. von Sein und Werden weniger auf Parmenides und Heraklit zurückgeführt, als auf die Rezeption der beiden Modelle innerhalb der Geschichte der Philosophie. Ein exemplarischer Fall ist der übertriebene Heraklitismus Bergsons, der nach Bubnoff sogar jenen, als Rhythmus und Intelligibilität des Werdens verstandenen *logos* verneint hätte, der für den Griechen Heraklit das Sein des Werdens repräsentierte. Heidegger unterstreicht seinerseits in der Rezension: »Auch in der Ablehnung des radikalen Heraklitismus Bergsons wird man von Bubnoff zustimmen

---

142 | Claudius Strube: Zur Vorgeschichte der hermeneutischen Phänomenologie, S. 77.
143 | Ebd., S. 78.
144 | Martin Heidegger: Die Kategorien- und Bedeutungslehre des Duns Scotus, S. 194.

müssen.«[145] Bestens bekannt sind in diesem Zusammenhang die Textauszüge, in denen sich Heidegger mit Heraklit beschäftigt und dabei mit der nietzscheschen Heraklit-Interpretation scharf ins Gericht geht.[146] Nietzsches Herabsetzung des Seins bei Heraklit deutet Heidegger, wie zuvor Bubnoff im Fall Bergson, als krampfhafte Entgegensetzung des heraklitischen Werdens zum parmenideischen Sein. Es ist hier nicht der Moment, das vielschichtige Erbe, das Heidegger gerade von Nietzsche bezüglich der Deutung der griechischen Philosophie erhalten hat[147], genauer zu betrachten und aufzuzeigen, inwiefern dieser Deutung die geradezu existentielle »Notwendigkeit«, die Entwicklung des nietzscheschen Denkens zu verstehen, nicht fremd ist.[148] Im Augenblick geht es jedoch vielmehr darum, einen anderen Faden dieser Erfahrung aufzugreifen.

---

145 | Martin Heidegger: Frühe Schriften, S. 46.

146 | Vgl. beispielsweise Martin Heidegger: Einführung in die Metaphysik, GA, Abt. II, Bd. 40, S. 135f.; Ders.: Nietzsche, Bd. 1, S. 349ff.; Ders.: Heraklit. 1. Der Anfang des abendländischen Denkens. 2. Logik. Heraklits Lehre vom Logos, GA, Abt. II, Bd. 55, S. 18, 66, 84, 91, 218.

147 | Zu Nietzsches Interpretation von Heraklit vgl. Friedrich Nietzsche: Die vorplatonischen Philosophen, in: KGW, Bd. II/4, S. 261f.; Ders.: Die Philosophie im tragischen Zeitalter der Griechen, KGW, Bd. III/2, S. 293-366; Ders.: Ecce home, Bd. VI/3, S. 310f.

148 | Heideggers intensivere Beschäftigung mit der griechischen Philosophie in der Zeit der thematischen Auseinandersetzung mit Nietzsche haben Eckhard Heftrich und Parvis Emad hervorgehoben, vgl. Parvis Emad: »Nietzsche in Heideggers Beiträge zur Philosophie«, in: Hans-Helmuth Gander (Hg.), »Verwechselt mich vor Allem nicht!« Heidegger und Nietzsche, Frankfurt a.M.: Klostermann 1994, S. 178-196; Eckhard Heftrich: »Nietzsche im Denken Heideggers«, in: Vittorio Klostermann (Hg.), Druchblicke, Frankfurt a.M.: Klostermann 1970, S. 331-349.

1.6 Der metaphysische Drang

Der Text, in dem Heidegger 1915 Nietzsches philosophische Figur in Erinnerung ruft, ist von außerordentlicher begrifflicher Intensität. Im Vergleich zu der auf Nietzsche bezugnehmenden Rezension, die 1910 in der Zeitschrift »Der Akademiker« erschienen war, lässt er eine deutliche axiologische Verschiebung erkennen. Es handelt sich um die Einleitung seiner Habilitationsschrift über die Kategorien- und Bedeutungslehre des Duns Scotus. Im Versuch, einerseits das Verhältnis der Philosophie zur Geschichte der Philosophie zu beschreiben, und andererseits die Typenlehre des mittelalterlichen Menschen in Bezug auf die philosophische Haltung zu definieren, wird die philosophische Persönlichkeit Nietzsches erkennbar.[149] Diese beiden Bahnen bleiben nicht zweigleisig, sondern erhalten ihre jeweilige begriffliche Definition erst durch ihre Überschneidung. Der Definitionsbereich der Philosophie verändert sich auf nicht unbedeutsame Weise im Vergleich zur Dissertation von 1913. Schon in der im Vorwort zur Habilitationsschrift enthaltenen Erinnerung an Lask hebt Heidegger die Tendenz der Wertphilosophie zur *Weltanschauung*[150] hervor und in Fußnote 10 der Einleitung präzisiert er, dass die in der Dissertation von 1913 erkannte Bedeutung Husserls für eine Bestimmung der reinen Logik an einer *weltanschaulichen*[151] Philosophie orientiert werden sollte. Gleichzeitig bringt das der Einleitung vorangestellte hegelsche Epigraph hinsichtlich der Irrelevanz der Vor- und Nachfahren für die Definition des inneren Wesens der Philosophie[152] in noch entschiedenerer Weise einen Hang zur logischen Definition der Philosophie zum Ausdruck, der Heideggers philosophisches Denken offensichtlich durchgängig begleitete.[153] Nach Heidegger verlangt die logische Semantisierung vor allem eine angemessene Betrachtung des Verhältnisses zur Geschichte der Philosophie. In seinem Versuch, den Bereich der Philosophie einzukreisen,

---

149 | Martin Heidegger: Die Kategorien- und Bedeutungslehre des Duns Scotus, S. 193-206.
150 | Ebd., S. 190.
151 | Ebd., S. 205.
152 | Ebd., S. 193.
153 | Vgl. Otto Pöggeler: »Heideggers logische Untersuchungen«, in: Forum für Philosophie (Hg.), Martin Heidegger: Innen- und Außenansichten, Frankfurt a.M.: Suhrkamp 1989, S. 75-100.

verbinden sich einmal mehr Reflexionen Windelbands[154], Husserls[155]

---

154 | Die Bestimmung des Verhältnisses zwischen der Philosophie und der Geschichte der Philosophie findet im Verweis auf Windelbands *Vom System der Kategorien* (1900) den adäquatesten Entwurf für den Abriss zu einer »Kategorienlehre«.

155 | Gadamer und Semerari weißen darauf hin, dass Husserl durch seine Herangehensweise, die Philosophie als Erkenntniskritik in Bezug auf die Natur- und Geisteswissenschaft zu verstehen, in die Nähe der kantischen und neokantianischen transzendentalen Tradition der Vernunftkritik geriet (vgl. Hans-Georg Gadamer: »Phänomenologie, Hermeneutik, Metaphysik (1983)«, in: Ders.: Gesammelte Werke, Bd. 10, Tübingen: Mohr 1993, S. 100-109; Giuseppe Semerari: »Prefazione«, in: Edmund Husserl: La filosofia come scienza rigorosa, tr. it. di Corrado Sinigaglia, Roma-Bari: Laterza 1994, S. VII-XXV).
Ferner geht es mir darum, den Anklang an einige husserlsche Momente in der Problematisierung des Verhältnisses zwischen der Philosophie und der Geschichte der Philosophie deutlich zu machen. Von Interesse ist in diesem Zusammenhang der Text *Philosophie als strenge Wissenschaft* aus dem Jahre 1911, den Husserl in der Zeitschrift »Logos« auf Einladung Rickerts veröffentlichte (vgl. Giuseppe Semerari: »Prefazione«, S. XIII); der Autor betont darin nachdrücklich jene Unterordnung der Geschichte der Philosophie unter die Philosophie, die Heidegger in seiner Habilitation skizziert (vgl. Edmund Husserl: Philosophie als strenge Wissenschaft, hg. v. Rudolpf Berlinger, Frankfurt a.M.: Klostermann 1965, S. 10). In *Die Kategorien- und Bedeutungslehre des Duns Scotus* beschäftigt sich Heidegger mit dem Problem, den besonderen Bereich zu bestimmen, den der Sinn im Verhältnis zum Ganzen des Seienden einnimmt. Tatsächlich gehören Aussagesätze und Wörter einerseits, Sinn und Bedeutung andererseits, obwohl sie wechselseitig aufeinander verweisen, zwei unterschiedlichen Sphären der Wirklichkeit an (S. 108). Die Verbindung der beiden Bereiche erhält man durch das »Bedeutungszeichen«, das somit Ausdruck ist (S. 114, 118). Die Wechselbeziehung zwischen Zeichen-Bedeutung-Ausdruck zeigt die mögliche Identifikation von Sinn und Sprache und ihre Bestimmung als husserlsche »reine Grammatik«. Indem ihm das Sein als Objektivität gilt, dessen *modi significandi* Formen sind, setzt Heidegger die *modi essendi* (»als das Bestimmende des Objkts«) und die *modi intelligendi* (»als das Bestimmende des erkannten Seins«) voraus. Durch die Verbindung der drei Momente gelangt der Autor zur Bestimmung der »Grammatik a priori«, hebt dabei aber die *modi significandi* (die Bedeutungslehre als reine Grammatik) hervor. In der Bestimmung der *modi significandi* ist in der Unterscheidung zwischen

und Lasks[156] mit Elementen der hegelschen Logik[157] und der philosophischen Poetik von Novalis[158]. Der Bereich, der dadurch abgegrenzt wird, beschreibt keine »*Geschichte* der Philosophie«, sondern eine »Geschichte

modus significandi activus und *passivus* als noetischer und noematischer Akt, der Anklang an Husserls *Ideen I* wiederzuerkennen. Die Ambiguität von Heideggers Wiederaufnahme besteht in dem Versuch, jenen Husserl, der Diltheys Naturalismus und Historismus kritisch gegenüber stand (vgl. z.B. in *Philosophie als strenge Wissenschaft* die beiden Kapitel »Naturalistische Philosophie« und »Historismus und Philosophie der Weltanschauung«), für einen Bereich zurückzugewinnen, den man als »*strenge Weltanschauung*« definieren könnte.
156 | Martin Heidegger: Die Kategorien- und Bedeutungslehre des Duns Scotus, S. 205, 335 und 406. Im Zusammenhang mit der heideggerschen Bezeichnung »spekulative Grammatik« betont Rickert in seinem »Gutachten über die Habilitationsschrift des Herrn Dr. Heidegger« den Hinweis auf Lasks »Prädikatstheorie des grammatikalischen Subjekts« (vgl. »Anhang« IV in Thomas Sheehan: »Heidegger's Lehrjahre«, S. 117f.).
157 | Martin Heidegger: Die Kategorien- und Bedeutungslehre des Duns Scotus, S. 193, 217f., 380f.
158 | Novalis, dessen Epigraph Heidegger an den Schluss seiner Habilitation setzt, hatte in seinen *Fragmenten* auf einer anderen Ebene den Versuch einer *mathesis universalis* unternommen, in dem er durch die Verbindung von persönlichen, philosophischen, psychologischen, anthropologischen, religiösen, historischen und ästhetischen Momenten mit Elementen der Naturphilosophie, der Physik, der Medizin, der Mathematik und der Magie schließlich bei einer Art »Mystizismus des Wissens« anlangte. Die Realisierung der *mathesis universalis* obliegt Novalis zufolge der Philosophie, die ihm in ihrer reinsten vernünftigen Form eine Methodenlehre ist (vgl. z.B. Frag. 46).
Die Assonanz zu Heideggers Lösung in Frag. 56, in dem die Geschichte der Philosophie als »Problemgeschichte« beschrieben wird, ist offensichtlich. Zur Verbindung von Grammatik und Philosophie vgl. Frag. 1174, zur Teilhabe des Augenblicks am Universalen Frag. 1706.
Givone markiert beispielsweise ausgehend vom »ältesten Systemprogramm«, das Solger in den *Vorlesungen über Ästhetik* (1829) beschrieb, eine Kontinuitätslinie zwischen der poetischen Mythologie des ersten und zweiten Romantizismus und den heideggerschen Reflexionen zur Kunst, insb. zu den Schriften aus der zweiten Hälfte der dreißiger Jahre (vgl. Sergio Givone: La questione romantica, Roma-Bari: Laterza 1992, S. 71ff.).

der *Philosophie*«[159], in der es nicht darum geht, »eine Entwicklung in dem Sinne festzustellen, daß stetig zu neuen Fragen unter Zugrundelegung vorangegangener Lösungen fortgeschritten wird, man findet vielmehr in der Hauptsache eine immer fruchtbarere *Auswicklung* und *Ausschöpfung* eines begrenzten Problembezirks.«[160]

Heidegger findet solche Überlegungen zur Philosophie im mittelalterlichen Denken exemplarisch vorgeführt. Er gesteht, dass diese Art der methodologischen Betrachtung des hermeneutischen Reichtums des Mittelalters[161] mit Sicherheit sehr verschieden sei von der üblichen Einschätzung, die scholastische mittelalterliche Philosophie sei ohne Methode, insofern unter Methode ausschließlich eine ganz bestimmte moderne Form der Problemstellung verstanden würde. Dem mittelalterlichen Menschen fehle die für den modernen Menschen typische Befreiung aus den Beziehungen zu seiner Umwelt und die eigene individuelle Existenzbehauptung.[162] »Der mittelalterliche Mensch ist nicht im *modernen* Sinne bei sich selbst – er sieht sich immer in die metaphysische Spannung hineingestellt; die Transzendenz hält ihn von einer rein menschlichen Attitüde gegenüber der Gesamtwirklichkeit ab. Die Wirklichkeit als Wirklichkeit, als reale Umwelt, ist ihm ein gebundenes Phänomen, gebunden insofern, als sie sofort und ständig als *abhängig*, gemessen an transzendenten Prinzipien, erscheint. [...] Gebundenheit besagt hier nicht Unfreiheit, Magdstellung, sondern einseitige Blickrichtung des Geisteslebens.«[163]

Die mittelalterliche Spiritualität scheint Heidegger ein Weg zum Verständnis der Philosophie als »Lebenswert«. Durch die Rückgewinnung

---

159 | Martin Heidegger: Die Kategorien- und Bedeutungslehre des Duns Scotus, S. 195.
160 | Ebd., S. 196.
161 | Finkes Einfluss ist in diesem Zusammenhang nicht zu unterschätzen.
162 | Ein Beispiel für diesen mittelalterlichen »Wesenszug« lässt sich im »mittelalterlichen Surrealismus« der Malerei von Hieronymus Bosch ausmachen, dessen Gemälde (vgl. insb. »Das jüngste Gericht« [Wien, Gemäldesammlung der Akademie der bildenden Künste] und »Der Garten der Lüste« [Madrid, Prado-Museum]) eine Welt »ab- und aufbauen« durch eine Myriade von Figuren, die eine vollständige Beherrschung des dargestellten Raumes verhindern, indem sie den Blick auf die Singularität der verschiedenen Körper und der umliegenden Szenerie lenken.
163 | Martin Heidegger: Die Kategorien- und Bedeutungslehre des Duns Scotus, S. 199.

der mittelalterlichen Erfahrung[164] wird die Reduktion der Philosophie auf einen einfachen »Kulturwert« verhindert und – noch wichtiger – die Einzigartigkeit der lebendigen philosophischen Persönlichkeit zurückgewonnen. Interessant ist, wie diese komplexe Spannung zwischen philosophisch-historischer Wiederbewertung der mystisch-scholastischen Öffnung gegenüber dem Philosophischen als Lebenswert und die Bestimmung des authentischen Sinnes des Philosophierens in Nietzsche ihren argumentativen Schwerpunkt findet, nachdem Heidegger ihn 1910 der mittelalterlichen Mystik noch entschieden entgegengestellt hat. »Philosophisches Gedankengut ist mehr als eine wissenschaftliche Materie, mit der man sich beschäftigt aus persönlicher Vorliebe und dem Willen zur Förderung und Mitgestaltung der Kultur. Die Philosophie lebt zugleich in einer Spannung mit der lebendigen Persönlichkeit, schöpft aus deren Tiefe und Lebensfülle Gehalt und Wertanspruch. Zumeist liegt daher jeder philosophischen Konzeption eine persönliche Stellungnahme des betreffenden Philosophen zugrunde. Dieses Bestimmtsein aller Philosophie vom Subjekt her hat Nietzsche in seiner unerbittlich herben Denkart und plastischen Darstellungsfähigkeit auf die bekannte Formel gebracht vom »Trieb, der philosophiert«.[165]

Die Wiederaufnahme Nietzsches durch Heidegger lehnt sich zweifellos an die Aufwertung des Lebens durch die *Geltungsphilosophie* an. Da die untersuchte Schrift von Rickert nach Heideggers Arbeit entstand, ist es andererseits schwierig zu bestimmen, inwieweit die Entwicklungen des heideggerschen Denkens, sein gerade in dieser Zeit entwickeltes Interesse für die diltheysche Philosophie als Weltanschauung, nicht auf einen Richtungswechsel selbst innerhalb der neukantianischen Diskussion, insbesondere der Badener Schule, hinweist.

---

164 | Heidegger hebt hervor, dass Rickert (vgl. Heinrich Rickert: »Das Eine, die Einheit und die Eins. Bemerkungen zur Logik des Zahlbegriffes«, in: Logos II (1911-12), S. 26ff.) seiner Untersuchung zur Definition des *unum* einen Satz von Meister Eckhart vorausgestellt habe. In Wirklichkeit eröffnet ihm der Hinweis auf Meister Eckhart jene Perspektiven, die er später, in der Abgrenzung zum transzendentalen Idealismus, entwickeln wird.
165 | Martin Heidegger: Die Kategorien- und Bedeutungslehre des Duns Scotus, S. 195f.

In Bezug auf den Beginn der Behandlung der vermeintlichen Logik von Duns Scotus[166] scheint die Figur Nietzsches die Präsentation des Franziskaners, den Dilthey als den »scharfsinnigsten aller Scholastiker«[167] definiert hatte, vorzubereiten. Wenn man die Voraussetzungen der ersten nietzscheanischen Spur (1910) in Heideggers schriftlichen Arbeiten berücksichtigt, eröffnet die Korrespondenz zwischen der Persönlichkeit Nietzsches und jener von Scotus[168] den Weg zum Verständnis der Bedeu-

---

166 | Bekanntlich bezieht sich Heidegger auf die Abhandlung *De modis significandi*, die in jener Zeit noch Duns Scotus zugeschrieben wurde. Später hat Martin Grabmann nachgewiesen, dass Thomas von Erfurt der Autor der Abhandlung ist (vgl. Otto Pöggeler: Der Denkweg Martin Heideggers, 3. u. erw. Auflage, Pfullingen: Neske 1990; Albino Babolin: La ricerca filosofica del giovane Martin Heidegger nella critica d'oggi, S. 54f.; Franco Volpi: Heidegger e Brentano, S. 110, 115).

167 | Martin Heidegger: Die Kategorien- und Bedeutungslehre des Duns Scotus, S. 203.

168 | Ausgehend von der Thematisierung der Einzigartigkeit des Seins hat Gilles Deleuze 1968 in *Differenz und Wiederholung* einen Leitfaden zwischen der Philosophie von Scotus und derjenigen Nietzsches aufgezeigt. Duns Scotus und Nietzsche, Kritiker der Vorstellung, gelangen im Rahmen einer eindeutigen Konzeption des Seins in den Bereich der Vielheit. Dabei überschreiten sie den thomistischen Bereich der Unvereinbarkeit zwischen der Einfachheit des göttlichen Wesens und der Vielheit der Attribute. Dieser Vergleich entwickelt sich bei Deleuze im Rahmen eines sehr dichten, mal offen, mal stillschweigend geführten Gesprächs mit Heidegger über die »eindeutige« oder »analogische« Natur der ontologischen Differenz. Es handelt sich dabei um ein Gespräch, das sich, mit jeweils unterschiedlichen Resultaten, bis in Deleuze' letzte Schriften hinzieht (Vgl. Gilles Deleuze: Differenz und Wiederholung, Fink: München 1992; Ders.: »Faille et feux locaux. Kostas Axelos«, in: Critique XXVI/275 (1970), S. 348; Ders.: Die Falte. Leibniz und der Barock, Frankfurt a.M.: Suhrkamp 1995, S. 24; Ders.: Foucault, Frankfurt a.M.: Suhrkamp 1987, S. 152-184 ; Ders./Felix Guattari: Was ist Philosophie, Frankfurt a.M.: Suhrkamp 1996, S. 108-109; Ders.: »Ein verkannter Vorläufer Heideggers: Alfred Jarry«, in: Kritik und Klinik, Frankfurt a.M.: Suhrkamp 2000, S. 124-135; der bis zu seinem Tod unveröffentlichte Text: »L'immanence: une vie...«, in: Philosophie 47 (1995), S. 3-7; Giovambattista Vaccaro: »Ontologia della differenza e pensiero della molteplicità. Note su Deleuze e Heidegger«, in: Fenomenologia e società 2 (1993), S. 9-26).

tung der Kopräsenz von Meister Eckhart und Nietzsche in der Probevorlesung für die *venia legenda*.

Nietzsche und Duns Scotus stehen als Verwandte nebeneinander, als einzigartige Denkerpersönlichkeiten in der Spannung zwischen der Vielfältigkeit des wirklichen Lebens und einer reinen Denkkraft.»Bestimmend ist seine ganze Denkerindividualität überhaupt mit ihren unverkennbar modernen Zügen. Er hat eine größere und feinere Nähe (haecceitas) zum realen Leben, seiner Mannigfaltigkeit und Spannungsmöglichkeit gefunden als die Scholastiker vor ihm. Zugleich weiß er sich aber auch mit derselben Leichtigkeit aus der Fülle des Lebens weg in die abstrakte Welt der Mathematik zu wenden. Ihm sind die »Gestalten des Lebens« ebenso vertraut (soweit das im Mittelalter überhaupt der Fall ist) wie das »Grau in Grau« der Philosophie.«[169]

Im Zuge der Wiederaufnahme dieser Denker in der Habilitationsschrift taucht die Notwendigkeit auf, die Philosophie als »reine Grammatik« zu begründen, als Kategorienlehre, die, wie bei Novalis, nach dem »Unbedingten« sucht, aber gezwungen ist, sich den Misserfolg einzugestehen, »immer nur Dinge« zu finden.[170]

Nachdem Heidegger diesen Misserfolg anerkannt hat, sucht er die Lösung in einer vitalistischen und historistischen Formulierung des Kategorialen. Die Bezugskategorie, die Heidegger für diese Operation in Betracht zieht, ist die hegelsche Kategorie des »lebendigen Geistes«.

Aus der Perspektive des »lebendigen Geistes« betrachtet, kann Nietzsches Rehabilitierung des Lebens nicht als eine rein biologische Tatsache interpretiert werden, sondern wird als »Wert« gesetzt: »*Die Philosophie kann ihre eigentliche Optik, die Metaphysik, auf die Dauer nicht entbehren.* Für die Wahrheitstheorie bedeutet das die Aufgabe einer letzten metaphysisch-teleologischen Deutung des Bewußtseins. In diesem lebt ureigentlich schon das Werthafte, insofern es sinnvolle und sinnverwirklichende leben-

---

169 | Martin Heidegger: Die Kategorien- und Bedeutungslehre des Duns Scotus, S. 203.

170 | Vgl. Novalis: Fragmente, Dresden: Wolfgang Jess Verlag 1929, Sektion Kosmologie Frag. 438, S. 185. Für eine phänomenologische und mystische Interpretation der spekulativen Grammatik vgl. John D. Caputo: »Phenomenology, Mysticism and the ›Grammatica speculativa‹: A Study of Heidegger's Habilitationsschrift«, in: Journal of the British Society for Phenomenology 5 (1974), S. 101-117.

dige Tat ist, die man nicht im entferntesten verstanden hat, wenn sie in den Begriff einer biologischen blinden Tatsächlichkeit neutralisiert wird.«[171] Hierauf zielt der lebendige Geist als historischer Geist im weitesten Sinne, oder anders ausgedrückt, der lebendige Geist, der aus den verschiedenen Weisen seines historisch Seins verständlich wird.[172] In diesem Sinne wird die Geschichte für Heidegger zum zeitlichen Ort, an dem die »Strukturierung des Werts« bestimmt wird, dessen »Geltung« die Philosophie ausdrücken muss.[173] Nur auf diese Weise ergibt sich die Möglichkeit zum Einblick in die metaphysische Struktur des lebendigen Geistes, »in der Einzigkeit, Individualität der *Akte* mit der Allgemeingültigkeit, dem Ansichbestehen des *Sinnes* zur lebendigen Einheit zusammengeschlossen ist.«[174]

Die hegelsche Philosophie des lebendigen Geistes repräsentiert für Heidegger das »stärkste« System, aufgrund seiner »Fülle« und »Tiefe«, seiner Fähigkeit, den Reichtum des Erlebten mit der Begrifflichkeit zu versöhnen, als Kategorienlehre und historische »*Weltanschauung*«.[175]

---

171 | Martin Heidegger: Die Kategorien- und Bedeutungslehre des Duns Scotus, S. 406. Zur Bestimmung der heideggerschen Philosophie im Zusammenhang mit seiner frühen Hegelrezeption vgl. Maurizio Ferraris: La filosofia e lo spirito vivente, Roma-Bari: Laterza 1991.

172 | Diese besondere Verbindung von Hegel und Nietzsche im Bereich der Geschichtlichkeit stellt im Rahmen von Heideggers Entwicklung von *Sein und Zeit* bis zu *Beiträge zur Philosophie* (die auch im Hinblick auf einen nietzscheschen Versuch, sich mit dem hegelschen Erbe auseinanderzusetzen, gelesen werden könnten) keine Seltenheit dar. In diesem Zusammenhang behauptet der Herausgeber der amerikanischen Übersetzung von Heideggers *Nietzsche*, dass die Auseinandersetzung mit Nietzsche Heidegger daran gehindert habe, mit der hegelschen »Liebe zur Weisheit« verstrickt zu bleiben. Der »Flug des hegelschen Geistes« und die »Reise des heideggerschen Seins« führten dank Nietzsche in jene tödliche Region hinab, in der der Gedanke um das Tragische und um das Satirische kreist (vgl. David Farrell Krell: »Heidegger, Nietzsche, Hegel«, in: Nietzsche-Studien 5 (1976), S. 255-262).

173 | Martin Heidegger: Die Kategorien- und Bedeutungslehre des Duns Scotus, S. 410.

174 | Ebd.

175 | Vgl. hierzu Otto Pöggeler: Sein als Ereignis und Eugenio Mazzarella: »Volontà di fondazione e filosofia della storia. Heidegger e la politica«, in: Risposta a colloquio con Martin Heidegger, übers. v. C. Tatasciore, Neapel: Guida 1992,

Heideggers gleichzeitiger Austausch mit Husserl, mit den Neukantianern[176], Dilthey, Novalis[177], Meister Eckhart, Nietzsche[178] und dem Hegel der spekulativen Theologie[179] steht einerseits für die Unmöglichkeit, Heideggers Denken in dieser Phase auf eine dieser Auseinandersetzungen zu reduzieren und andererseits für eine originelle neue Betrachtung der in der deutschen Kulturwelt damals gegenwärtigen Entwürfe der Philo-

---

S. 5-36. Pöggeler zufolge tendiert Heidegger in dieser Phase seines Denkens zu einer *Weltanschauung* ohne sie vollständig zu verwirklichen. Er würde Begriffe verwenden wie Wert, Kulturwert, Lebenswert, Weltanschauung, Erlebnis, die später sorgfältig vermieden worden seien.

176 | Zur Rezeption des Neukantianismus und Diltheys während Heideggers Studienjahren und zum Verbleib einer neukantianischen Prägung in der Sprachhermeneutik des späten Heideggers vgl. Ernst Wolfgang Orth: »Heidegger e il neokantismo«, in: Franco Bianco (Hg.), Heidegger in discussione, Milano: Angeli 1992, S. 275-294.

177 | Es ist wahrscheinlich, dass Heidegger über Dilthey auf Novalis stieß. In Heideggers Rekonstruktion der Jahre 1910-1914, die er in der Heidelberger Antrittsrede vornahm, werden beispielsweise die Entdeckung Hölderlins und die Veröffentlichung der *Gesammelten Schriften* Diltheys miteinander in Verbindung gebracht. Ohne die Verweise überstrapazieren zu wollen, doch im Versuch, eine Mappe der Beziehungen zu skizzieren, möchte ich daran erinnern, dass in der berühmten diltheyschen Sammlung *Das Erlebnis und die Dichtung* (1906) Aufsätze zu Lessing, Goethe, Novalis und Hölderlin enthalten sind. In der romantischen Verbindung zwischen Dichtung und Philosophie erkannte Dilthey das langsame Auftauchen einer neuen Weltanschauung, die sich vom Rationalismus des 18. Jahrhundert gelöst hatte.

178 | Zur gleichzeitigen Gegenwart Nietzsches und der religiösen Mystik bei Heidegger vgl. Johannes B. Lotz: Vom Sein zum Heiligen: metaphysisches Denken nach Heidegger, München: Knecht 1990, insb. das Kapitel »Heidegger und Nietzsche«, S. 91-115.

179 | Die Wiederaufnahme Hegels ist untrennbar mit einem ersten diltheyschen Einfluss verbunden. In diesem Sinne erscheint es mir nicht uninteressant, vor allem im Hinblick auf wichtige spätere Entwicklungen, die von Dilthey vollzogene Abkehr von der Metaphysik und die produktive Erneuerung des hegelschen Historismus hervorzuheben (vgl. Karl Löwith: Von Hegel zu Nietzsche, Hamburg: Meiner 1950, S. 137-140; Franco Bosio: »Scienza dello spirito e filosofia dello storicismo di Dilthey«, in: aut-aut 91 (1966), S. 23, Fußnote 4).

sophie. Diesbezüglich scheint mir besonders bedeutsam, dass die Schlussfolgerung der Arbeit von 1915, die definitiv auf eine hegelsche Synthese der verschiedenen Instanzen abzuzielen schien, bereits in der für die *venia legendi* gehaltenen Vorlesung vom 27. Juli 1915 nicht wieder aufgegriffen wird.

Die »Probevorlesung« zur Erlangung der Lehrbefugnis thematisiert die Diskussion des Begriffs der Zeit in der Geschichtswissenschaft. Den Ausführungen ist ein Motto Meister Eckharts vorausgestellt: »Zeit ist das, was sich *wandelt* und *mannigfaltigt*, Ewigkeit hält sich einfach.«[180] Auf den ersten Blick scheint dieser Aphorismus die theologisch-hegelianischen Momente der Habilitationsschrift aufzunehmen, erst ein erweiterter Blickwinkel lässt die Prämissen der Reflexionen über die Zeit erkennen, die Heidegger in den unmittelbar darauf folgenden Jahren, ausgehend von den Analysen Husserls, Diltheys, Hegels, Kierkegaards und Nietzsches entwickeln wird.[181] Die zeitliche Dimension des Epigraphs bezieht sich auf den Augenblick, den Heidegger in erster Linie auf seine mystische Beschaffenheit überprüft, sowohl auf begrifflicher Ebene als auch auf der Ebene der Erfahrung. Beispielsweise lässt sich im Gedicht »Abendgang auf der Reichenau« von 1916 die erste Ausformung der Spannung zwischen Ewigkeit und Augenblick als ein zeitliches Ablagern und Reifwerden interpretieren, das in den von Heidegger im Sommer 1937 abgehaltenen Vorlesungen über die

---

180 | Es handelt sich um Verse, die der eckhartschen Predigt (N. 30 der *Deutschen Predigten und Traktate*) über die Gedichte Salomons entnommen sind. Vgl. für einen ausführlichen Kommentar Otto Pöggeler: »Mystische Elemente im Denken Heideggers und Dichten Celans«, in: Ders.: Neue Wege mit Heidegger, Freiburg-München: Alber 1992, insb. S. 427-429. Für eine historisch-begriffliche Rekonstruktion von Meister Eckharts Mystizismus im Rahmen einer Geschichte der Philosophie des Nichts mit Verweisen auf Heideggers Ausführungen vgl. Sergio Givone: Storia del nulla, Roma-Bari: Laterza 1995, das Kapitel »La svolta mistica«, S. 37-66.

181 | Marini hat die theoretische Gemeinsamkeit von Nietzsche, Dilthey, Husserl und Heidegger in Bezug auf die Reflexionen über den Begriff der Zeit präzise herausgearbeitet (vgl. Alfredo Marini: »Il problema del tempo. Critica del presente ed esercizio ontologico in Nietzsche, Dilthey, Husserl e Heidegger«, in: Aldo Monti (Hg.), Nietzsche: verità-interpretazioni, Genua: Tilgher 1983, S. 101-144).

ewige Wiederkehr[182] seine höchste begriffliche Ausarbeitung erfahren wird: »Seewärts fließt ein silbern Leuchten/zu fernen dunklen Ufern fort,/und in die sommermüden, abendfeuchten/sinkt wie ein verhalten Liebeswort/ die Nacht./Und zwischen mondenweißen Giebeln/verfängt sich noch ein letzter Vogelruf/vom alten Turmdach her –/und was der lichte Sommertag mir schuf/ruht früchteschwer –/aus Ewigkeiten/eine sinnentrückte Fracht –/mir in der grauen Wüste/einer großen Einfalt.«[183]

Auf Eckhards Epigraph folgt Heideggers Begründung der Legitimität eines metaphysischen Verständnisses der Erkenntnistheorie. Die Notwendigkeit dieses Perspektivwechsels, die Heidegger als Erwachen eines »metaphysischen Drangs« innerhalb der wissenschaftlichen Philosophie wahrnimmt, ist offensichtlich von einer Nietzscheanischen Bestimmung des Philosophierens nicht zu trennen: »Seit einigen Jahren ist in der wissenschaftlichen Philosophie ein gewisser ›metaphysischer Drang‹ erwacht. Das Stehenbleiben bei bloßer Erkenntnistheorie will nicht mehr genügen. Die aus einem berechtigten, energischen Bewußtsein von Notwendigkeit und Wert der Kritik herausgeborene Beharrung in erkenntnistheoretischen Problemen läßt die Ziel- und Endfragen der Philosophie nicht zu ihrer immanenten Bedeutung kommen. Daher die bald verdeckte, bald offen zutage tretende Tendenz zur Metaphysik. Man wird das als ein tieferes Erfassen der Philosophie und ihrer Probleme deuten müssen und darin den Willen der Philosophie zur Macht sehen, gewiß nicht zur Macht im Sinne der intellektuellen Gewaltsamkeiten der sogenannten ›naturwissenschaftlichen *Weltanschauung*‹.«[184]

Die Struktur dieser Vorlesung ist noch dem Neukantianismus verpflichtet[185], sie zeigt sich der diltheyschen Perspektive gegenüber aufgeschlossen[186]. Ihr Hauptproblem besteht darin, die Kategorien zu charak-

---

182 | Martin Heidegger: Nietzsches metaphysische Grundstellung im abendländischen Denken: Die ewige Wiederkehr des Gleichen, hg. v. M. Heinz, GA, Abt. II, Bd. 44.

183 | Martin Heidegger: Abendgang auf der Reichenau, GA, Abt. I, Bd. 13, S. 7.

184 | Martin Heidegger: Der Zeitbegriff in der Geschichtswissenschaft, in: Ders.: Frühe Schriften, S. 415.

185 | Die Vorlesung endet mit einem Verweis auf Rickert bezüglich des Verhältnisses von Zeit und Wert (vgl. Heinrich Rickert: Die Grenzen der naturwissenschaftlichen Begriffsbildung, S. 333ff.).

186 | Hierbei ist bemerkenswert, dass sich Heidegger bezüglich des Zeitbegriffs in der Geschichte auf Ernst Troeltschs Arbeit *Augustin. Die christliche Antike und*

terisieren, auf die eine Wissenschaft hinsichtlich der strengen Definition der Fachbereiche Bezug nimmt. Als Unterscheidungsmerkmal dient die Zeit in ihrer physikalischen und historischen Konzeption. In der Physik gilt: »*Die Funktion der Zeit ist es, Messung zu ermöglichen.*«[187] Die Zeit sollte die Bewegung messen: »Die Bewegung ist allererst in dieser notwendigen Verknüpfung mit der Zeit mathematisch-physikalisch begreifbar.«[188] Bedingung der Möglichkeit für die Physik, die Zeit zu messen, ist die zeitliche Gleichmäßigkeit. Die Zeit ist also das, was »*ohne Sprünge* von einem Punkt zum anderen gleichförmig fortfließt.«[189] Mit der Maßeinheit des »Soviel« werden die Augenblicke gesammelt, die bis zu einem bestimmten Moment vergangen sind. Durch die Kristallisation des Zeitflusses, wird die Zeit zu einer Oberfläche: »Die Zeit ist zu einer homogenen Stellenordnung geworden, zur Skala, zum Parameter.«[190]

Der Zeitbegriff, der im historischen Bereich benutzt wird, unterscheidet sich radikal von jenem, auf den das physikalische Umfeld Bezug nimmt. Diese Verschiedenheit betrifft vor allem die Besonderheit des historischen gegenüber dem physikalischen Gegenstand. Der historische Gegenstand als solcher ist vergangen, er existiert nicht mehr: »Vergangenheit hat immer nur Sinn von einer Gegenwart aus gesehen.«[191] Doch von der Gegenwart aus betrachtet wird die Vergangenheit ein Anderes, im Vergleich zu dem, was sie war. Der historische Sinn ist das Bewusstsein der »*qualitativen Andersheit*« der vergangenen Zeiten. Das ist das Wesentliche des historischen Zeitbegriffs. »*Die Zeiten der Geschichte unterscheiden sich qualitativ* [...] Der Zeitbegriff in der Geschichtswissenschaft hat somit gar nichts von dem homogenen Charakter des naturwissenschaftlichen Zeitbegriffs. Die historische Zeit kann deshalb auch nicht mathematisch durch eine Reihe ausgedrückt werden, *da es kein Gesetz gibt*, das bestimmt, wie die *Zeiten* aufeinanderfolgen.«[192] Aus dieser Charakterisierung des Zeitbegriffs ergibt sich, dass das quantitati-

---

das Mittelalter im Anschluß an die Schrift »Civitate Dei« (1915) bezieht (vgl. Martin Heidegger: Der Zeitbegriff in der Geschichtswissenschaft, S. 430).
187 | Martin Heidegger: Der Zeitbegriff in der Geschichtswissenschaft, S. 423.
188 | Ebd.
189 | Ebd., S. 423, kursiv R. C.
190 | Ebd., S. 424.
191 | Ebd., S. 427.
192 | Ebd., S. 431, zweites kursiv R.C.

ve Kriterium der Geschichtswissenschaft fremd ist, im Unterschied zum qualitativen, das einen Wertmaßstab einführt.

Die erste Begegnung mit Nietzsche kommt in dieser Phase des Übergangs, der metaphysisch-ontologischen Entfaltung der erkenntnistheoretischen Frage mittels einer Thematisierung des Zeitbegriffs in der Geschichtswissenschaft zum Abschluss. Die Bestimmung der Zeit als Feld der ontologischen Betrachtung der Geschichte wird (entsprechend einer Variablen, die bis 1937 konstant bleiben wird) als das Innerste einer Philosophie angezeigt, die ihre eigentliche metaphysische Dimension wiedergewinnt, die als »Wille zur Macht« den reinen erkenntnistheoretischen Horizont übersteigt.

Die ersten Freiburger Vorlesungen werden diese erste Bestimmung des Dialogs Heidegger-Nietzsche[193] auf der Grundlage der Verbindung Zeit-Ontologie-Philosophie einer fortgesetzten Überarbeitung unterziehen.

---

193 | Zur Selbstbestimmung der Philosophie (in der Verbindung Zeit-Ontologie-Philosophie) und zur konsequenten Absage an die Möglichkeit jeder christlichen Philosophie (die später in Heideggers Wiederaufnahme des nietzscheschen Aphorismus zum »Fest des Denkens« in der Vorlesung von 1936/37 emblematisch zum Ausdruck kommen wird) vgl. die kritischen Reflexionen von Peter Küster: »Das Fest des Denkens. Ein polemisches Motto Heideggers und seine ursprüngliche Bedeutung in Nietzsches Philosophie«, in: Nietzsche-Studien 4 (1975), S. 227-262. Zu Heideggers Lektüre von *Der Wille zur Macht* zwischen 1910-1914 und Nietzsches Präsenz in der *Habilitationsschrift* und der Probevorlesung zur *venia legendi* vgl. dagegen die Beiträge von Pöggeler, Penzo, Krell, Kapferer, Haar, Gander und Volpi (Otto Pöggeler: Der Denkweg Martin Heideggers, S. 104f.; Giorgio Penzo: F. Nietzsche nell'interpretazione heideggeriana, Bologna: Patron 1976, insb. S. 53-163; David Farrell Krell: »Heidegger/Nietzsche«, in: Cahier de l'Herne 45 (1983), S. 161-180; Norbert Kapferer: »Entschlossener Wille zur Gegen-Macht. Heideggers frühe Nietzsche-Rezeption 1916-1936«, in: Gabriele Althaus/Irmingard Staeuble: Streitbare Philosophie. Margherita von Brentano zum 65. Geburtstag, Berlin: Metropol 1988, S. 193-213; Michel Haar: »Heidegger: une lecture ambivalente«, in: magazine littéraire 298 (1992), S. 94ff.; Ders.: La fracture de l'Histoire, Grenoble: Millon 1994, insb. Kapitel 8 »L'adversaire de plus intime«, S. 190ff.; Hans-Helmuth Gander: »Einleitung: Heidegger und Nietzsche – Wege der Auseinandersetzung«, in: Ders. (Hg.), »Verwechselt mich vor Allem nicht!«, S. 9-16; Ders.: Selbstverständnis und Lebenswelt. Grundzüge einer phänomenologischen Hermeneutik im Ausgang von Husserl und Heidegger, Frankfurt a.M.: Klostermann 2001; Franco Volpi: »Postfazione«, in: Martin Heidegger: Nietzsche, S. 946-947).

2. Philosophie und Universität: Nietzsches einsame Meditation und Heideggers Universitätsphilosophie

Wie? Sie fürchten, daß der Philosoph Sie am Philosophieren hindern werde?
So etwas mag schon vorkommen:
Und sie haben es noch nicht erlebt?
Haben Sie auf Ihrer Universität keine Erfahrungen gemacht?
Und Sie hören doch die philosophischen Vorlesungen?
Friedrich Nietzsche

Drei Gefahren drohen dem Denken
Die gute und darum heilsame Gefahr ist die
Nachbarschaft des singenden Dichters.
Die böse und darum schärfste Gefahr ist das
Denken selber. Es muß gegen sich selbst denken,
was es nur selten vermag.
Die schlechte und darum wirre Gefahr ist das Philosophieren.
Martin Heidegger

In einem Brief vom 15. Juni 1918 an Elisabeth Blochmann[1] wirft Heidegger noch einmal die Frage nach der Verbindung von Philosophie und lebendigem Geist auf, mit der er seine Habilitationsschrift beendet hatte. Dabei wird die Verbindung jedoch um eine zusätzliche Bestimmung bereichert: die als wesentlich aufgefasste Bindung zwischen dem Geistes-

---

1 | Vgl. Martin Heidegger/Elisabeth Blochmann: Briefwechsel 1918-69, hg. v. Joachim W. Stork, Marbach am Neckar: Deutsche Schillergesellschaft 1989, S. 7f.

leben und der Universität. Diese Bindung sei, stellt Heidegger fest, in der historischen Lage, in der sich die Universität befände, verloren gegangen. Er sah die Universität durch die »innere Hilflosigkeit der akademischen Jugend« gekennzeichnet. Selbst die Reformvorschläge[2] und die Theorien über das »Wesen der Universität« brächten den Zustand der allgemeinen Verwirrung der Zeit zum Ausdruck. Das einzige Heilmittel für die Universität schien darin zu bestehen, sich ein Beispiel zu nehmen an denjenigen, in denen »der Glaube an den Selbstwert der eigenen Bestimmung« wirkt: »Geistiges Leben kann nur vorgelebt u. gestaltet werden, so daß, die daran teilhaben sollen, unmittelbar, in ihrer eigensten Existenz davon ergriffen sind. Die Wertung geistiger Wirklichkeiten, Pflichteinsicht u. Erfüllungswille lösen sich als Früchte so genährten inneren Wachstums ohne theoretische u. didaktische Hilfsmittel u. Brücken stark u. nachhaltig aus.«[3]

---

2 | Sigbert Gebert verweist vor allem auf den Reformvorschlag von Oskar Becker, Universität und Arbeit fest miteinander zu verbinden. Gegen diesen Vorschlag steht, so Gebert weiter, die Schrift von Max Scheler *Universität und Volksschule* (1921), in der die Funktion der Universität in Frage gestellt wird. (Vgl. Sigbert Gebert: Negative Politik. Zur Grundlegung der politischen Philosophie aus der Daseinsanalytik und ihrer Bewährung in den politischen Schriften Martin Heideggers von 1933-34, Berlin: Duncker & Humblot 1992, S. 122ff.)

3 | Martin Heidegger/Elisabeth Blochmann: Briefwechsel 1918-69, S. 7. Es ist schwierig, aus diesem Brief nicht Anklänge an den Vortrag herauszuhören, den Max Weber einige Monate später zum Thema *Wissenschaft als Beruf* an der Universität München halten wird (vgl. Max Weber: »Wissenschaft als Beruf«, in: Gesammelte Aufsätze zur Wissenschaftslehre, Mohr: Tübingen 1988[7], S. 582-613). In ihm kommt die Überzeugung zum Ausdruck, dass die Lehre, die »nach der Tradition der deutschen Universitäten« ausgeübt werden muss, eine Kunst sei, eine »persönliche Gabe«. Diese Gabe zeigt sich als »Beruf«, sie »fällt mit den wissenschaftlichen Qualitäten eines Gelehrten ganz und gar nicht zusammen« (S. 587). Der Beruf konnte und sollte durch die Prozesse der Amerikanisierung und Spezialisierung, von denen inzwischen auch die deutschen Universitäten betroffen waren, nicht ganz aufgehoben werden. Die strenge Spezialisierung stehe nicht im Gegensatz zu dem, »was man das ›Erlebnis‹ der Wissenschaft nennen kann.« (S. 589): Große »Persönlichkeiten« seien diejenigen, die Kraft einer Gabe die Wissenschaft als Beruf ausübten. Zur Assonanz zwischen der von Heidegger beschworenen »universitären Berufung« und jenem von Weber skizzierten »Be-

In den darauf folgenden, an der Front[4] geschriebenen Briefen an Blochmann betont der Soldat Heidegger seine Begeisterung für die »Universitätsjugend« und wünscht, dass sich bei seiner Briefpartnerin das Bewusstsein festigen möge, in einer »geistigen Lebensbewegung mitten inne zu stehen.«[5]. Obwohl diese erst leise und im Anfangsstadium sei, habe er den »festen Glauben an den Geist u. seine Macht.«[6]

In den Briefen wird sowohl der Titel der einstündigen Vorlesung angekündigt, die Heidegger im Sommersemester 1919 einmal pro Woche abhalten wird (Brief vom 7. November 1918) als auch der Titel seiner Veranstaltung im Kriegsnotsemester des Winters 1919 (Brief vom 14. Januar 1918). In Bezug auf die Vorlesung dieses Kriegsnotsemesters – »Die Idee der Philosophie und das Weltanschauungsproblem« – präzisiert Heidegger, dass er ursprünglich ein Seminar zu Kant angekündigt[7], dann aber von dieser Absicht Abstand genommen habe, weil er befürchtete die philosophische Lehre werde auf Philosophiegeschichte reduziert[8]. Diese Überlegung scheint auch die Themenwahl für das Sommersemester »Über das

---

ruf« vgl. Reinhard Mehring: Heideggers Überlieferungsgeschick: eine dionysische Selbstinszenierung, Würzburg: Königshausen & Neumann 1992. Mehring macht ferner darauf aufmerksam, dass Heidegger im Zusammenhang mit Webers Vortrag *Wissenschaft als Beruf* u.a. das Thema von der »Flucht der Götter« aufgreift, die Unterscheidung zwischen *Lehrer* und *Führer* einführt und Begriffe wie »Persönlichkeit« und »Erleben« verwendet, die er vor allem Karl Jaspers *Psychologie der Weltanschauungen* entnahm und die er später als Ausdruck der modernen Metaphysik des Subjekts kritisieren wird. Zum Einfluss von Webers Vortrag auf das kulturelle Klima seiner Zeit vgl. Hans-Georg Gadamer: »Selbstdarstellung«, in: Ders.: Gesammelte Werke, Bd. 2, S. 479-508.

4 | Martin Heidegger/Elisabeth Blochmann: Briefwechsel 1918-69, insb. die Briefe vom 2. Oktober 1918, vom 6. November 1918, vom 7. November 1918 und vom 14. Januar 1919, S. 8-13.
5 | Ebd., S. 8f.
6 | Ebd., S. 10.
7 | Bernd Heimbüchel: »Nachwort des Herausgebers«, in: Martin Heidegger: Zur Bestimmung der Philosophie, S. 215.
8 | Martin Heidegger/Elisabeth Blochmann: Briefwechsel 1918-69, S. 12.

Wesen der Universität und des Akademischen Studiums« motiviert zu haben[9].
Um den Entstehungskontext von Heideggers Begegnung mit Nietzsche zu bestimmen, ist weniger der allgemeine Verweis auf die verschiedenen nietzscheanischen Einflüsse, die in der akademischen und außerakademischen Jugend kursierten[10], von besonderem Interesse, als vielmehr der offensichtliche, höchstwahrscheinlich aber unbewusste nietzscheanische Anfang von Heideggers akademischer Lehrtätigkeit. Die drei Vorlesungen des Jahres 1919 sind die ersten, die er als Privatdozent an der Albert Ludwigs Universität in Freiburg gehalten hat.[11] In ihrer Abfolge ahmen sie eine Art Rückwärtsbewegung nach. In der ersten Vorlesung – »Die Idee der Philosophie und das Weltanschauungsproblem« – werden die begrifflichen Voraussetzungen zur Bestimmung der Philosophie festgelegt[12], in

9 | Das Manuskript dieser Vorlesung ist verlorengegangen. Zur Verfügung steht ausschließlich die unvollständige Mitschrift von Oskar Becker, abgedruckt im Anhang zu Bd. 56/57 der GA.

10 | Die wichtigste Beschreibung des universitären und außeruniversitären Umfelds, dem Heidegger nahestand, liefert Karl Löwith: Mein Leben in Deutschland vor und nach 1933, Stuttgart: Metzler 2007. Interessante Hinweise gibt auch Hans-Georg Gadamer: Heideggers Wege; Ders.: Selbstdarstellung; Helmut Kuhn: Begegnung mit dem Nichts. Ein Versuch über die Existenzphilosophie, Tübingen: Mohr 1950, S. 10ff.; Winfried Franzen: Von der Existenzialontologie zur Seinsgeschichte. Eine Untersuchung über die Entwicklung der Philosophie Martin Heideggers, Meisenheim am Glan: Verlag Anton Hain 1975, S. 6 und S. 72; Tom Rockmore: On Heidegger's Nazism and Philosophy, Oxford: University of California Press 1992, S. 142ff.; Franco Volpi: »Postfazione«, in: Martin Heidegger: Nietzsche, S. 943ff.

11 | Bernhard Casper erwähnt Vorlesungen, die Heidegger an der theologischen Fakultät der Universität Freiburg in der Zeit von 1915-1917 gehalten hat, während derer, laut einem Hinweis von Pöggeler, im Zimmer des Privatdozenten bereits das Bildnis von Nietzsche aufgetaucht sein soll (vgl. Bernhard Casper: »Martin Heidegger und die Theologische Fakultät Freiburg 1909-1923«, in: Freiburger Diözesan-Archiv 100 (1980), S. 534-541; Otto Pöggeler: »Wege vom Ereignis her«, in: Ders.: Neue Wege mit Heidegger, S. 21).

12 | In dieser ersten Vorlesung zeichnet sich ein durchgängiges Motiv von Heideggers »metaphilosophischen« Untersuchungen ab: die Selbstbestimmung der Philosophie. Ausgehend von einer Radikalisierung der Phänomenologie wird die

der zweiten Vorlesung – »Phänomenologie und transzendentale Wertphilosophie« – bietet Heidegger mittels einer phänomenologischen Kritik der Wertphilosophie eine historische Rekonstruktion seiner persönlichen Entwicklung von der Wertphilosophie zu einer möglichen »hermeneutischen Phänomenologie«[13], in der dritten Vorlesung – »Über das Wesen der

Frage in den zwanziger Jahren in zweifacher Hinsicht thematisiert werden, zum einen durch die Betonung der lebendigen Dimension, zum anderen durch die Betrachtung der Geschichte als Ort, an dem sich die Faktizität des Seins bildet. Ab Mitte der dreißiger Jahre, und zwar ab der ersten Vorlesung zu Nietzsche, wird die Frage im nietzscheanischen Sinne als »Fest des Denkens« zelebriert werden (vgl. Martin Heidegger: Nietzsche: Der Wille zur Macht als Kunst, S. 10; Ders.: Nietzsche, Bd. 1, S. 16). Die erste und zweite Vorlesung von 1919, wie überhaupt ein Großteil der ersten Freiburger Vorlesungen, greifen die Metaphilosophie als thematischen Gegenstand auf, es geht dabei um den Versuch, das Spezifische der Philosophie einerseits gegenüber der Wissenschaft und andererseits gegenüber der *Weltanschauungsbildung* zu bestimmen (vgl. Martin Heidegger: Zur Bestimmung der Philosophie, S. 7-12; ein eindeutiger Verweis auf die Jaspersche Bestimmung findet sich in Ders.: Einleitung in die Phänomenologie der Religion, GA, Abt. II, Bd. 60, S. 10). Nach Heidegger kann sich die Philosophie im husserlschen Sinne selbst als »Ursprungswissenschaft« bestimmen, indem sie einen methodischen Weg sucht, der die Identifikation mit der Geschichte der Philosophie, mit dem Ergebnis der einzelnen Wissenschaften, mit der induktiven Metaphysik und daran anschließend mit der Philosophie der Tiefe oder der prophetischen Philosophie ausschließt (vgl. ebd., S. 13-28, 17-21; Ders.: Phänomenologische Interpretationen zu Aristoteles, Einführung in die phänomenologische Forschung, GA, Abt. II, Bd. 61, S. 1, 22f., 12f., 26-35, 23-28, 14, 35-39; Ders.: Grundprobleme der Phänomenologie [1919/20], Abt. II, Bd. 58, S. 6, 233). Bezüglich des Ausdrucks »prophetische Philosophie« vgl. Karl Jaspers: Psychologie der Weltanschauungen, Berlin: Verlag von Julius Springer 1925. Auf Jaspers Unterscheidung zwischen »wissenschaftlicher Philosophie« und »Philosophie der Tiefe« verweist Heidegger auch in Platon: Sophistes, GA, Abt. II, Bd. 19, S. 254f. Für eine Thematisierung der metaphilosophischen Untersuchung als *Leitfaden* von Heideggers gesamter Entwicklung vgl. Adolfo Murgia: Zweideutige Radikalität. Analyse der heideggerschen Philosophieauffassung, Essen: Die Blaue Eule 1994.

13 | Die von Heidegger ausgeführte phänomenologische Kritik an der Wertphilosophie basiert auf den Errungenschaften von Diltheys historischer Analyse (vgl. Martin Heidegger: Zur Bestimmung der Philosophie, S. 132-203; hinsicht-

Universität und des Akademischen Studiums« – wird auf die »Situation« verwiesen, in und aufgrund derer die Notwendigkeit einer »strengen« Definition der Philosophie im Vergleich zu ihren gängigen Bestimmungen entstand.

Diese Art programmatische Notwendigkeit, die Rolle zu verstehen, die den Institutionen zukommt, die mit der Bewahrung des geistigen Erbes und der Erforschung der Zukunft betraut sind, war Gegenstand der fünf Vorträge *Über die Zukunft unserer Bildungsansalten*, die der kaum siebenundzwanzigjährige Nietzsche 1872 hielt[14]. Er war damals knapp ein Jahr

---

lich einer gewissen Analogie in der Behandlung des Themas vgl. Wilhelm Dilthey: Einführung in die Geisteswissenschaften. Versuch einer Grundlegung für das Studium der Gesellschaft und der Geschichte, Gesammelte Schriften, Göttingen: Vandenhoeck & Ruprecht 1959, Bd. 1, S. 116f., S. 351f.). Die *Kulturphilosophie* wird von der historischen Bestimmung der Kultur her skizziert, wie *Zivilisation* zur Zeit der Aufklärung, als zum ersten Mal in aller Deutlichkeit die Idee einer Universalgeschichte aufgetaucht war. Mit Kant, später mit Herder, Hamann, Schlegel, Niebuhr, Savigny und Schleiermacher war die Frage der Geschichte zur Frage des »historischen Bewusstseins« geworden. Für Heidegger war im deutschen Idealismus, besonders in der Version Fichtes und Schellings, »die Verlagerung des Schwerpunktes aller philosophischen Problematik in das Bewußtsein, die Subjektivität, das Ich der transzendentalen Apperzeption, der theoretischen und praktischen Vernunft und der Urteilskraft« (Martin Heidegger: Zur Bestimmung der Philosophie, S. 135) zu verzeichnen. Die individuelle Mannigfaltigkeit und Eigenartigkeit werden von der schöpferischen Tathandlung des Subjekts aus betrachtet, das als Person verstanden wird. Mit Ranke hatte die Bedeutung des individuellen historischen Moments das spekulative Moment völlig herabgesetzt, bis zur »Versenkung in die *Erfahrung*« (ebd., S. 135) und der Durchsetzung des absoluten methodologischen Naturalismus, den Lotzes und Windelbands Axiologie, Cohens transzendentale Wiederentdeckung der Methode und Rickerts Wertphilosophie zu überwinden versucht hatten. Das historische Bewusstsein hatte letztlich nur bei Dilthey den entscheidenden Schritt zur Emanzipation aus der Vormundschaft der Metaphysik und der Naturwissenschaften getan, den erst die Phänomenologie vollständig realisieren sollte. Zur Kopräsenz von Dilthey und Husserl in den ersten Vorlesungen Heideggers vgl. Giuseppina Strumiello: Heidegger e la filosofia, in: Giuseppe Semerari (Hg.): La cosa stessa, S. 69-110.
14 | Am 16. Januar, am 6. Februar, am 27. Februar, am 5. März und am 23. März (vgl. KGW, Bd. III/2, S. 134-244).

aus dem Militärdienst zurückgekehrt und hatte an seine Freunde die ersten Exemplare von *Die Geburt der Tragödie* verschickt. Diese Vorträge erweisen sich für die Beschreibung des Verhältnisses der Institution zur Philosophie[15] von besonderer Bedeutung. Aus der Perspektive dieses Verhältnisses werden die Einzigartigkeit der späteren philosophischen Erfahrung Nietzsches, die wesentliche Divergenz zwischen Nietzsches und Heideggers Denken und die Voraussetzungen, unter denen Heidegger seine systematischen Überlegungen zu Nietzsche beginnen wird, verständlich. Die Vorträge bringen Nietzsches Bewusstsein für die eigene philosophische Praxis, die er in Folge seiner Arbeit an *Die Geburt der Tragödie* entwickelte, zum Ausdruck. Ebenso zeigt sich, dass er sich der charakteristischen Einsamkeit seines Weges und der für die Zukunft der kulturellen Institutionen notwendigen Trennung von Kultur und Staat bewusst war. Mit einer philologisch-philosophischen Methode hatte Nietzsche in *Die Geburt der Tragödie* Arbeiten, die auf den Winter 1869/70 zurückgehen, überarbeitet. Aus Aufzeichnungen, Vorträgen über *Das griechische Musikdrama*[16] (18. Januar 1870) und *Sokrates und die Tragödie*[17] (1. Februar 1879), sowie aus Schriften wie *Die dionysische Weltanschauung*[18] (Juli 1870) war auf der Basis der Begriffe des Dionysischen und Apollinischen eine unzeitgemäße Interpretation des Griechentums entstanden. Diese bildet das erste entscheidende Moment zum begrifflichen Selbstverständnis und steht gleichzeitig für den Beginn einer unvermeidlichen philosophischen Einsamkeit.[19] In einem Brief an Rohde, den er während der Vorarbeiten zu

---

15 | Mehring, der die Gemeinsamkeiten zwischen Nietzsche und Heidegger in diesem Bereich besonders zur Geltung kommen lässt, interpretiert die gesamte heideggersche Entwicklung als eine nietzscheanische Inszenierung (vgl. Reinhard Mehring: Heideggers Überlieferungsgeschick: eine dionysische Selbstinszenierung).
16 | Friedrich Nietzsche: Das griechische Musikdrama, KGW, Bd. III/2, S. 3-22.
17 | Friedrich Nietzsche: Sokrates und die Tragödie, KGW, Bd. III/2, S. 23-41.
18 | Friedrich Nietzsche: Die dionysische Weltanschauung, KGW, Bd. III/2, S. 43-69.
19 | Lämmert thematisiert die nietzschesche Apotheose der Einsamkeit in Kontinuität zu anderen »Einsamen« der europäischen, vor allem der deutschen und französischen Dichtung des 19. Jahrhunderts, wie beispielsweise Goethe, Novalis, F. Schlegel, Baudelaire und später Benn (Eberhard Lämmert: »Nietzsches Apotheose der Einsamkeit«, in: Nietzsche-Studien 16 (1987), S. 47-69). Die

Die Geburt der Tragödie schreibt, gesteht Nietzsche: »Ich gewinne immer mehr Liebe für das Helenenthum: man hat kein besseres Mittel sich ihm zu nähern als durch unermüdliche Fortbildung seines eigenen Persönchens. Der Grad, den ich jetzt erreicht habe, ist das allerbeschämendste Eingeständniss meiner Unwissenheit. Die Philologenexistenz in irgend einer kritischen Bestrebung, aber 1000 Meilen abseits vom Griechenthum wird mir immer unmöglicher. Auch zweifle ich, ob ich noch je ein rechter Philologe werden könnte: wenn ich es nicht nebenbei, so zufällig erreiche, dann geht es nicht. Das Malheur nämlich ist: ich habe kein Muster und bin in der Gefahr des Narren auf eigne Hand. Mein nächster Plan ist, vier Jahre Culturarbeit an mir, dann eine jahrelange Reise – mit Dir vielleicht. Wir haben wirklich ein recht schweres Leben, die holde Unwissenheit an der Hand von Lehrern und Traditionen war so glücklich sicher.«[20]

Fünfzehn Tage später thematisiert Nietzsche in einem weiteren Brief an Rhode noch einmal seine Distanz zu den vorherrschenden Modellen, seine fehlenden Karriereambitionen und insbesondere die seltsame Verbindung von Wissenschaft, Kunst und Philosophie, die sich in seinem Denken abzuzeichnen begann.[21]

Wilamowitz' Angriff auf *Die Geburt der Tragödie*[22] zeigt wie Nietzsches Arbeit in der Welt der akademischen Philologie aufgenommen wurde. Zahlreiche Briefe aus der ersten Zeit des Aufenthalts in Basel bezeugen Nietzsches Bedürfnis nach Einsamkeit und die Schwierigkeit, Lehrtätigkeit und Forschungsarbeit zusammenzubringen.[23] Es handelt sich hier-

---

gleiche Art der Untersuchung war bereits früher einmal durchgeführt worden von Heinz Schlaffer: »Das Dichtergedicht im 19. Jahrhundert. Topos und Ideologie«, in: Jahrbuch der Deutschen Schillergesellschaft 10 (1966), S. 297ff.

20 | Brief an Erwin Rhode von Ende Januar 1870 in: Friedrich Nietzsche: KGB, Bd. II/3, S. 94.

21 | Brief an Erwin Rhode vom 15. Februar 1870 in: Ebd., S. 95.

22 | Vgl. Curt Paul Janz: Friedrich Nietzsche, Bd. 1: Kindheit. Jugend. Die Basler Zeit, S. 471f.

23 | Vgl. Friedrich Nietzsche: Sämtliche Briefe, Bd. 3: Brief an Friedrich Ritschl vom 10. Mai 1869, S. 6f.; Brief an die Schwester vom 29. Mai 1869, S. 10f.; Brief an die Mutter von Mitte Juni 1869, S. 14f.; Brief an Erwin Rhode vom 16. Juni 1869, S. 16ff.; Brief an Paul Deussen von Anfang Juli 1869, S. 21f. und ein weiterer Brief an die Mutter vom 1. Juli 1869, S. 25f.

bei um einen Aspekt der philosophischen Persönlichkeit Nietzsches[24], der Heideggers subtiler Interpretation nicht nur nicht entgangen ist, sondern ihm gestatten wird, sich dem Denker Nietzsche während seiner ganzen philosophischen Entwicklung sehr nahe zu fühlen.

In seiner ersten Nietzsche-Vorlesung wird Heidegger hervorheben, dass der Philosoph, obwohl die innere Loslösung von Schopenhauer und Wagner bereits in seiner Baseler Zeit erfolgt sei, erst in den Jahren zwi-

---

24 | Mit einzigartiger philosophischer Intensität hat Deleuze die Ähnlichkeit von Nietzsches philosophischer Einsamkeit mit derjenigen Spinozas dargestellt (vgl. Gilles Deleuze: Spinoza. Praktische Philosophie, Berlin: Merve 1988, S. 9-24). Im Zusammenhang mit dieser Verbindung von Nietzsche und Spinoza bezüglich der philosophischen Einsamkeit, möchte ich hier darauf verweisen, dass sich Heidegger seit Ende der dreißiger Jahre, insbesondere seit den *Beiträgen zur Philosophie*, immer weniger auf die Gemeinschaft in der Verbindung zwischen Volk und Philosophie, Volk und Wahrheit, Volk und Geschichte beziehen, sondern den Dialog mit jenen Denkern bevorzugen wird, zu deren Schicksal das Missverständnis gehörte. Figuren wie Nietzsche und Hölderlin werden emblematisch für den seltsamen Ort, den der Denker in der Geschichte bewohnt. Diese in gewisser Hinsicht veränderte heideggersche Haltung wird durch Briefe bezeugt, die er nach einer dreizehn Jahre andauernden Unterbrechung des Briefwechsels an Jaspers schreibt. Im Brief vom 12. August 1949, der in Todtnauberg geschrieben wurde, hebt Heidegger Nietzsche zitierend den Wert der Einsamkeit hervor: »›Hundert tiefe Einsamkeiten bilden zusammen die Stadt Venedig – dies ihr Zauber. Ein Bild für die Menschen der Zukunft.‹ Was hier gedacht ist, liegt außerhalb der Alternative von Kommunikation und Nichtkommunikation.« Jaspers antwortet auf diesen Brief am 17. August 1949, betont aber ausdrücklich seine Distanz bezüglich der Frage des Verhältnisses Einsamkeit und Kommunikation. »Was Sie von den Monologen sagen – wir seien ›vielleicht noch nicht stark genug‹ dazu [...], glaube ich zu verstehen im Blick auf Werke, wie die des Laotse oder Spinozas. Spinoza hat verfügt, seine Ethik nach seinem Tode ohne seinen Namen zu publizieren. Das hat großen Stil. [...] Ich gebe Ihnen recht, daß immer das Eigentliche, Wesentliche ›jenseits‹ von Kommunikation und Nichtkommunikation, von Subjekt und Objekt, von Denken und Sein usw. liegt, – und darin, daß all unser Denken bodenlos und zerstreut wird, wenn es diesen Bezug verliert. Aber reden können wir nur – und mitteilen – innerhalb der Gegensätze, in den Erscheinungen des Endlichen.« (Martin Heidegger/Karl Jaspers: Briefwechsel 1920-1963, hg. v. W. Biemel und H. Sauer, München: Piper 1990, S. 181, 183f.).

schen 1880 und 1883 zu sich selbst gefunden habe[25] bzw. nachdem er 1879 den Lehrstuhl für klassische Philologie in Basel aufgegeben hatte. Die problematische Bedeutung dieser Periodisierung lasse ich in diesem Zusammenhang außer Betracht, erwähnt werden soll dagegen, dass Heidegger in derselben Vorlesung die Gründe für den Konflikt zwischen Wagner und Nietzsche an der unterschiedlichen Interpretation des Verhältnisses von Dionysischem und Apollinischem und insbesondere an ihrem unterschiedlichen Charakter festmachen wird: »Von seiten Wagners ist es ein im weitesten Sinne persönlicher Grund: Wagner gehörte nicht zu den Menschen, denen ihre eigenen Anhänger der größte Greuel sind. Wagner brauchte Wagnerianer und Wagnerianerinnen. Nietzsche dagegen hat Wagner zeitlebens geliebt und verehrt; sein Streit mit ihm war ein sachlicher und wesentlicher. Nietzsche wartete und hoffte jahrelang auf die Möglichkeit einer fruchtbaren Auseinandersetzung.«[26]

Während dieser Aspekt der philosophischen Figur Nietzsche vom jungen Heidegger unmittelbar erkannt worden ist, fehlte ihm andererseits die theoretische Haltung, um Nietzsches Bestimmung des Verhältnisses von Staat und Kultur, das mir für das Verständnis der philosophischen Nietzsche-Erfahrung von fundamentaler Bedeutung scheint, ebenso aufzunehmen. Eine erste Skizze für die Bestimmung dieses Verhältnisses findet sich in Nietzsches Brief vom 7. November 1870 an den Freund Gersdorff: »Gestern Abend hatte ich einen Genuß, den ich Dir vor allem gegönnt hätte. Jacob Burkhardt hielt eine freie Rede über ›historische Größe‹ [...] in vertrauten Spaziergängen nennt er Schopenhauer ›unseren Philosophen‹. Ich höre bei ihm ein wöchentlich einstündiges Colleg über das Studium der Geschichte [die »Weltgeschichtlichen Betrachtungen« – R.C.]. [...] *Vor dem bevorstehenden Culturzustande habe ich die größten Besorgnisse.* Wenn wir nur nicht die ungeheuren nationalen Erfolge zu theuer in einer Region bezahlen müssen, wo ich wenigstens mich zu keinerlei Einbuße verste-

---

25 | Martin Heidegger: Nietzsche: Der Wille zur Macht als Kunst, S. 10; Ders.: Nietzsche, Bd. 1, S. 16. Heidegger fügt noch hinzu: »d.h. für einen Denker: er findet seine Grundstellung im Ganzen des Seienden und damit den bestimmenden Ursprung seines Denkens.«
26 | Martin Heidegger: Nietzsche: Der Wille zur Macht als Kunst, S. 104; Ders.: Nietzsche, Bd. 1, S. 106.

hen mag. Im Vertrauen: ich halte das jetzige Preußen für eine der Cultur höchst gefährliche Macht.«²⁷

Diese im Ton sehr nach Schopenhauer und Burkhard klingende Sorge wird zum Kernproblem der fünf Vorträge *Über die Zukunft unserer Bildungsanstalten*. Aus dem dritten Abschnitt *Über die Universitäts-Philosophie* in Schopenhauers *Parerga und Paralipomena* übernimmt Nietzsche die Anklage gegen die Universitätsphilosophie, die für die hegelsche Reduktion der Philosophie zur Staatsreligion²⁸, zur philosophischen Literatur²⁹, zum Mittel des Gelderwerbs³⁰ und für die sogenannte »Aktualität«³¹ verantwortlich gemacht wird. Außerdem übernimmt Nietzsche die schopenhauersche Unterscheidung zwischen Philosophen und Professoren der Philosophie³² und die Überzeugung vom aristokratischen Charakter der Philosophie³³.

---

27 | Friedrich Nietzsche: Sämtliche Briefe, Bd. 3, S. 155.

28 | Arthur Schopenhauer: Über die Universitäts-Philosophie, in: Ders.: Parerga und Paralipomena. Kleine philosophische Schriften. Sämtliche Werke, Bd. 4, Darmstadt: Wissenschaftliche Buchgesellschaft 1963, S. 171-242, hier S. 175, 178, 180, 182, 184-185, 189-190.

29 | Ebd., S. 219.

30 | Ebd., S. 189.

31 | Ebd., S. 213.

32 | Ebd., S. 186f., 239.

33 | Ebd., S. 218. Wie Colli in seinem Vorwort zur italienischen Ausgabe der fünf Vorträge Nietzsches betont, bilden diese Reden aus dem Jahre 1872 ein orthodoxes schopenhauerianisches Zeugnis, das uns Nietzsche hinterlassen hat. Schopenhauer erscheint, wenn es um die literarische Fiktion des Lehrers, die antihegelianische Polemik gegen die Herrschaft der geschichtlichen Kultur, die Metaphysik der Kunst und die Verherrlichung des Genies geht. Bezüglich der schopenhauerschen Präsenz in Nietzsches früher Phase ist in diesem Zusammenhang von besonderer Bedeutung eine der *Fünf Vorreden* (»Das Verhältnis der schopenhauerschen Philosophie zur deutschen Kultur«, KGW, Bd. III/2, S. 272-276); die zweite und dritte der *Unzeitgemäßen Betrachtungen: Vom Nutzen und Nachtheil der Historie für das Leben* und *Schopenhauer als Erzieher* (KGW, Bd. III/1). Vgl. dazu auch den Brief an Rhode vom 15. Dezember 1870: »Auf die Dauer nämlich sehe auch ich ein, was es mit der Schopenhauerischen Lehre von der Universitätsweisheit auf sich hat. Es ist ein ganz radikales Wahrheitswesen hier nicht möglich. Insbesondere wird etwas wahrhaft Umwälzendes von hier aus

Die interessantesten Bestimmungen, die aus Burkhardts *Weltgeschichtlichen Betrachtungen*[34] stammen, betreffen dagegen die Beschädigungen, die das Leben durch die Unterordnung unter die historische Kultur erfährt, die Ablehnung einer hegelschen Philosophie der Geschichte und die Trennung von Kultur (Philosophie nach Nietzsches Lesart) und Staat.[35]

---

nicht seinen Ausgang nehmen können. [...] Also wir werfen einmal dieses Joch ab, das steht für mich ganz fest.« (Vgl. Friedrich Nietzsche: Sämtliche Briefe, Bd. 3, S. 165)

34 | Mit Jacob Burckhardt (1818-1897) verband Nietzsche eine enge Freundschaft, die in der Zeit seines Aufenthalts in Basel begann und das ganze Leben lang andauern sollte. Die erste Begegnung zwischen Nietzsche und Burkhardt fällt in das Jahr 1870, also in die Zeit von Burkhardts berühmten Baseler Vorlesungen zur Geschichte (1963-73), die posthum (1905) unter dem Titel »Weltgeschichtliche Betrachtungen« veröffentlicht wurden (vgl. Jacob Burkhardt: Weltgeschichtliche Betrachtungen, Berlin-Stuttgart: Spemann 1905). Der Nachhall dieser Vorlesungen wird besonders deutlich in den genannten fünf Vorträgen, im Fragment des »Empedokles« vom Herbst 1870 und in jener Zweiten *Unzeitgemäßen Betrachtung*, die so wichtig sein wird für den deutschen Historismus und die heideggerschen Reflexionen. Die Briefe, die sich Nietzsche und Burkhardt geschrieben haben, finden sich verstreut in den jeweiligen Briefsammlungen der Autoren; auf Italienisch liegt der Briefwechsel dagegen in einer Einzelausgabe vor, vgl. Mazzino Montanari (Hg.): Carteggio Nietzsche-Burkhard, Turin: Boringhieri 1961. Wie wichtig Burkhardt für Nietzsche bis zum Ende seines philosophischen Schaffens war, bezeugen beispielsweise Aph. 4 des Kapitels »Was ich den Antiken verdanke« und Aph. 5 des Kapitels »Was den Deutschen abgeht« in der Schrift »Götzendämmerung« (KGW, Bd. VI/3, S. 101) und die Nachricht vom 4. Januar 1889, in der Burkhardt als »verehrter Lehrmeister« angesprochen wird. In Bezug auf die Literatur zum Verhältnis Nietzsche-Burkhardt vgl. u.a. Giorgio Penzo: Nietzsche allo specchio, Rom-Bari: Laterza 1993, pp 35ff.; auf biographischer Ebene bietet die detaillierteste Rekonstruktion (mit Verweisen auf das Baseler Milieu und Jacob Burckhard) von Werner Ross: Der ängstliche Adler, S. 187-384.

35 | Burkhardt unterscheidet drei Potenzen und betrachtet ihre wechselseitige Bedingtheit innerhalb der »Universalgeschichte« (vgl. Jacob Burkhardt: Weltgeschichtliche Betrachtungen, Stuttgart-Berlin-Leipzig: Deutsche Verlagsanstalt 1929 S. 20-61): der Staat, die Religion und die Kultur. Der Staat ist »nicht entstanden durch Abdikation der individuellen Egoismen, sondern er ist diese Abdikation, er ist ihre Ausgleichung« (ebd., S. 27), Religion ist »die ganze übersinn-

Nachdem er in der »Einleitung« die Gefahren der Massenkultur skizziert hat, betont Nietzsche in den fünf Vorträgen vor allem den »einsamen« und »aristokratischen« Charakter der philosophischen Meditation. Die zentralen Motive der *Unzeitgemäßen Betrachtungen* vorwegnehmend, denunziert er die Vermassung, die Kommerzialisierung und die Beschleunigung der Kultur seiner Zeit: »Jede Bildung ist hier verhaßt, die einsam macht, die über Geld und Erwerb hinaus Ziele steckt, die viel Zeit verbraucht [...]. Nach der hier geltenden Sittlichkeit wird freilich etwas Umgekehrtes verlangt, nämlich eine rasche Bildung, um schnell ein geldverdienendes Wesen werden zu können, und doch eine so gründliche Bildung, um ein sehr viel Geld verdienendes Wesen werden zu können.«[36]

Diese Art von Kultur, die dazu bestimmt ist, sich immer mehr mit dem Journalismus zu identifizieren, ist für Nietzsche das Ergebnis einer wachsenden, von Hegel geprägten Unterordnung unter den Staat und die sogenannte »historische Kultur«. Paradoxerweise werde diese Art von Unterordnung auf der universitären Ebene als vermeintliche »akademische Freiheit« präsentiert, die von einem grassierenden »Geist der Langeweile«[37] nicht zu unterscheiden sei: »Ein redender Mund und sehr viele Ohren, mit halbsoviel schreibenden Händen – das ist der äußerliche akademische Apparat, das ist die in Tätigkeit gesetzte Bildungsmaschine der Universität. Im übrigen ist der Inhaber dieses Mundes von den Besitzern der vielen Ohren getrennt und unabhängig: und diese doppelte Selbständigkeit preist man mit Hochgefühl als ›akademische Freiheit‹. Übrigens kann der eine – um diese Freiheit noch zu erhöhen – ungefähr reden, was er will, der andre ungefähr hören, was er will: nur daß hinter beiden Gruppen in bescheidener Entfernung der Staat mit einer gewissen gespannten

---

liche Ergänzung des Menschen, alles das, was er sich nicht selber geben kann« (ebd., S. 28) und Kultur »nennen wir die ganze Summe derjenigen Entwickelungen des Geistes, welche spontan geschehen und keine universale oder Zwangsgeltung in Anspruch nehmen. Sie wirkt unaufhörlich modifizierend und zersetzend auf die beiden stabilen Lebenseinrichtungen ein – ausgenommen insofern dieselben sie völlig dienstbar gemacht und zu ihren Zwecken eingegrenzt haben. Sonst ist sie die Kritik der beiden, die Uhr, welche die Stunde verrät, da in jenen Form und Sache sich nicht mehr decken.« (Ebd., S. 40f.)
36 | Friedrich Nietzsche: Über die Zukunft unserer Bildungsanstalten, S. 160.
37 | Ebd., S. 243.

Aufsehermiene steht, um von Zeit zu Zeit daran zu erinnern, daß er Zweck, Ziel und Inbegriff der sonderbaren Sprech- und Hörprozedur sei.«[38]

38 | Ebd., S. 232. Im Zusammenhang mit dieser Argumentation und einem impliziten Bezug auf ihr Echo, das in der von Heidegger 1933 gehaltenen Rektoratsrede zu hören sein wird, vgl. Jacques Derrida: »Nietzsches Otobiographie oder Politik des Eigennamens. Die Lehre Nietzsches«, in: Martin Frank/Friedrich A. Kittler/ Samuel Weber (Hg.): Fugen. Deutsch-Französisches Jahrbuch für Text-Analytik 1980, Olten–Freiburg i.Br.: Walter 1980, S. 64-98. In der Verknüpfung von akademischer Freiheit, dem Ohr und autobiographischen Erklärungen steht, so Derrida, für den Philosophen-Biographen eine neue Problematik auf dem Spiel. Der Name Nietzsches sei für uns im Abendland derjenige Name, der, in gewisser Weise gemeinsam mit Kierkegaard und Freud, von der Philosophie und dem Leben, der Wissenschaft und der Philosophie des Lebens »*mit seinem Namen, in seinem Namen*« gehandelt hat. Nietzsche sei vielleicht der einzige gewesen, der seinen Namen, seine Biographien ins Spiel brachte, mit allen Risiken für die politische Zukunft dessen, was er unterzeichnen lassen hat. In Derridas Problematisierung dieser nietzscheanischen autobiographischen Ebene erscheint aufs Neue jene Logik des Lebendigen, die bei Hedegger gegenwärtig ist. Bei Nietzsche sei, im Gegensatz zu Heidegger, die Situation zwiespältig, die autobiographische Ebene der Inszenierung des Lebens vermöge der eigenen Unterschrift bestimmt ein doppeltes Moment: Einerseits die Annahme des Lebens in seiner Unmittelbarkeit oder Effektivität als ursprünglicher Grund, andererseits Dissimulation des Lebens im eigenen Namen. Wenn man sagt »*Ich bin der und der*« wird der Name zu einem Performativ, von dem aus das Leben erst denkbar wird. Darin zeige Nietzsche seine doppelte Herkunft (*Ecce home*): die wechselseitige Teilhabe am Leben (die Mutter) und am Tod (der Vater). In dieser nietzscheanischen Verbindung zwischen der Logik des Lebendigen und der Logik des Negativen sei die ›Legitimität‹ des nietzscheanischen Erbes, so Derrida, nicht völlig ausgeschlossen, vor allem auf der Grundlage dieser Vorträge, die Nietzsches selbst nicht veröffentlichen wollte. »[Es gibt] nichts absolut Kontingentes in der Tatsache, daß die einzige Politik, die ihn wirklich wie ein höchstes und offizielles Banner geschwenkt hat, die Nazi-Politik war. Damit sage ich nicht, diese ›nietzschesche‹ Politik sei die einzige je mögliche, auch nicht, daß sie der besten Lektüre des Erbes entspricht, und nicht einmal, daß die, die sich nicht darauf bezogen, ihn besser gelesen haben. Nein. Die Zukunft des Textes Nietzsche ist nicht abgeschlossen. Aber wenn in den noch offenen Umrissen einer Epoche die einzige nietzscheanisch genannte (sogenannte) Politik eine Nazi-Politik gewesen ist, ist das notwendig signifikant und muß in

Heidegger wird dieser klaren Trennung der Bereiche Kultur und Staat nicht die notwendige Bedeutung beimessen, obwohl er wiederholt das Bedürfnis nach einer Selbstbestimmung der Philosophie thematisierte. Diese Verkennung ist eines der offensichtlichsten Anzeichen für Heideggers Missverständnis von Nietzsche, vor allem in der Zeit, in der die Überlegungen zu Nietzsches Denken, in den Worten Pöggelers, zu einer »Entscheidung« werden sollten[39]. Genauer betrachtet, war sich Heidegger, wie man in einem Brief nachlesen kann, den er am 19. August 1921 an Karl Löwith schrieb, wohl bewusst, dass die Institution der Universität in seinem und in Nietzsches Denken eine unterschiedliche Rolle spielte. Dieses Bewusstsein hinderte ihn jedoch nicht, Husserls Phänomenologie auf nietzscheanische Weise zu radikalisieren. Die Wirkungskraft dieses Versuchs, eine philosophische Praxis aufzugreifen[40], dabei aber von Voraussetzungen

---

seiner ganzen Tragweite befragt werden.« (S. 91) Zur Notwendigkeit, den Nazismus zu begreifen, gehört für Derrida auch, den nietzscheschen *Korpus* zu denken.

Das Problem des Philosophen-Biographen und der vermeintlichen, damit verbundenen Logik des Lebendigen, wird in Heideggers Nietzsche-Rezeption der zwanziger Jahre deutlicher hervortreten, wenn klar wird, dass es für Heidegger ebenso wie für Nietzsche keine lebendige Erfahrung jenseits des Perspektivismus oder der vom diltheyschen Historismus des *Verstehens* veränderten Dimension geben kann. Die Schwierigkeit mit der »nietzscheanisch-heideggerianischen Politik« betrifft zwar das Verhältnis zur Lebensdimension, allerdings in Form der Bestimmung des Verhältnisses zwischen dem Apollinischen und Dionysischen in Bezug auf das Problem des Staates, wie es in der zweiten Hälfte der dreißiger Jahre in der dreifachen *Auseinandersetzung* Heidegger-Hölderlin-Nietzsche zum Ausdruck kommen wird.

39 | Otto Pöggeler: Der Denkweg Martin Heideggers, S. 109.

40 | Habermas hat darauf aufmerksam gemacht (vgl. Jürgen Habermas: Der philosophische Diskurs der Moderne, Frankfurt a.M.: Suhrkamp 1988), dass Heidegger in den zwanziger Jahren auf den philosophischen Diskurs der Moderne zurückkommt, den Hegel durch die Fusion des »Schulbegriffs« der Philosophie, verstanden als System der Vernunfterkenntnisse, mit dem »Weltbegriff«, der bezogen ist auf das, »was jedermann ›notwendig interessiert‹«, begründet hatte. Die Verschmelzung der beiden Begriffe, die Kant, nach Habermas, getrennt betrachtet habe, sei mit Hegels Tod verschwunden, die Philosophie habe die Schul- und Weltphilosophie danach wieder auseinandergehalten. Die Schulphilosophie hatte sich vielmehr, nachdem sie sich als Fachdisziplin etabliert hatte, neben einer

auszugehen, die dieser Praxis fremd sind, sollte in der »nietzscheanischen Antrittsvorlesung«, die Heidegger 1933 hielt[41], klar zum Vorschein kommen. Der Nietzscheaner Jaspers wird auf sie bezeichnenderweise antworten: »Ich danke für Ihre Rektoratsrede. [...]. Sie kommen darin mit Nietzsche überein, aber mit dem Unterschied, daß man hoffen darf, daß Sie einmal philosophisch interpretierend verwirklichen, was Sie sagen.«[42]

In der Rektoratsrede geht es in der Tat darum, die Möglichkeiten der Universität, die Philosophie zu verweltlichen, auszuloten. Dieser Versuch zeichnet sich durch die platonische Realisierung von Nietzsches radikalem Antiplatonismus aus.[43]

---

philosophischen Literatur entwickelt, die ihrerseits dem Weltlauf folgte und sich aus institutioneller Sicht nicht mehr definieren lies: »Die Schulphilosophie muß fortan mit abgehalfterten Privatdozenten, Schriftstellern und Privatiers wie Feuerbach, Ruge, Marx, Bauer und Kierkegaard konkurrieren – auch mit einem Nietzsche, der seine Baseler Professur aufgibt.« (S. 66) Innerhalb der Universität wird die Schulphilosophie durch die Staats- und Sozialwissenschaften ersetzt. »Diese Situation ändert sich erst in den zwanziger Jahren unseres Jahrhunderts. Heidegger bringt den Diskurs der Moderne wieder in eine genuin philosophische Denkbewegung ein – auch *das* signalisiert ja der Titel ›Sein und Zeit‹.« (S. 66f.)

41 | Heidegger selbst hält im Interview, dass er dem Spiegel gewährt, das Universitätsproblem für entscheidend, um sowohl die politische Wahl 1933 als auch die Verknüpfung dieser Wahl mit der philosophischen Entwicklung vor 1936 angemessen zu verorten (vgl. »Nur noch ein Gott kann uns Retten« – Spiegel-Interview mit Martin Heidegger, in: Der Spiegel vom 31. März 1976, wiederabgedruckt in: Martin Heidegger: Reden und andere Zeugnisse eines Lebenswegs (1910-1976), GA, Abt. II, Bd. 16, S. 652-683.

42 | Martin Heidegger/Karl Jaspers: Briefwechsel 1920-1963, S. 155 (Brief Jaspers vom 23. August 1933). Bezugnehmend auf die Behauptung von Ludwig Curtius (Ders.: Deutscher und antiker Geist, Stuttgart: DVA 1950*)*, für den seit Nietzsches *Unzeitgemäßen Betrachtungen* das militante politische Desinteresse zum deutschen universitären Ethos geworden war, einschließlich des dazugehörigen Rückzugs auf den Kult der Innerlichkeit und die Kunst, beschreibt Pierre Bourdieu Heideggers Verflechtung von Philosophie und Politik als vollkommene Anomalie (vgl. Pierre Bourdieu: Die politische Ontologie Martin Heideggers, Frankfurt a.M.: Suhrkamp 1988, insb. S. 41-74).

43 | Zu Nietzsches Antiplatonismus vgl. Gilles Deleuze: Logik des Sinns, Frankfurt a.M.: Suhrkamp 1993, insb. »Von den drei Philosophenbildern«, S. 162-169.

Mit einer Behauptung, die für die weitere Entwicklung der Thematisierung des Verhältnisses von Philosophie und Staat schwerwiegende Konsequenzen haben wird, betont Heidegger in der »Vorbetrachtung« der ersten Vorlesung von 1919, dass der wissenschaftliche Mensch nicht isoliert sei, sondern eingebunden in »eine Gemeinschaft von gleichstrebenden Forschern – mit diesen reichen Bezüge zu Schülern.«[44] Nur diese Bindung konnte nach Heidegger die »echte Revolutionierung des Geistes«[45] ermöglichen. Nur so würden sich eine Lebenshaltung und ein Lebensstil entfalten, die der Wissenschaft gemäß wären.[46]

Vgl. außerdem die antiplatonische Interpretation des deleuzeschen Nietzscheanismus bei Michel Foucault: »Theatrum Philosophicum«, in: Gilles Deleuze/ Michel Foucault: Der Faden ist gerissen, Berlin: Merve 1977, S. 21-58. Dagegen verweise ich bezüglich einer ausführlichen Diskussion der heideggerschen Auslegung der von Nietzsche vollzogenen platonischen Umwertung auf Michel Haar: Nietzsche et la métaphysique, Paris: Gallimard 1993. Zur Deutung der Antrittsrede als »platonische Geste«, vgl. Hans-Georg Gadamer: »Zurück von Syrakus«, in: Jürg Altwegg (Hg.): Die Heidegger-Kontroverse, Frankfurt/M: Athenäum 1988, S. 176-180. Vgl. zum Platonismus Heideggers und Nietzsches auch Jean-François Mattéi: L'ordre du monde. Platon-Nietzsche-Heidegger, Paris: PUF 1989.
44 | Martin Heidegger: Die Idee der Philosophie und das Weltanschauungsproblem, in: Ders.: Zur Bestimmung der Philosophie, S. 4.
45 | Ebd.
46 | Diese Konzeption der wissenschaftlichen Gemeinschaft deutet Gebert als Antwort auf die Notlage, in der sich die deutschen Universitäten in Folge der napoleonischen Gründung der imperialen Universität 1806 befanden. Unter der napoleonischen Herrschaft wurde die Forschung auf die Akademien begrenzt, während die französischen Universitäten eine umfassende Degradierung erlebten. In Folge der napoleonischen Kriege bedrohte diese Konfiguration der höheren Bildungsanstalten auch die deutschen Universitäten. In dieser kritischen Situation wurde 1809 die Universität in Berlin gegründet, womit Schelling, Fichte, Schleiermacher und von Humboldt nicht nur eine einfache Universitätsreform versuchten, sondern eine neue, originelle Gründung (vgl. Sigbert Gebert: Negative Politik, S. 119ff.). Einen Nachhall von Fichtes vierter und fünfter Rede an die deutsche Nation hat Jaques Derrida im Zusammenhang mit der heideggerschen Bestimmung der Gemeinschaft als Geschlecht ausgemacht (vgl. Jacques Derrida: Geschlecht (Heidegger), Graz-Wien: Ed. Passagen 1988, S. 46f). Zur Bestimmung der deutschen Universität, hier der Berliner Humboldt Universität, als Antwort

Diese *Motivation* wird zur Grundform des Lebenszusammenhangs[47], die jene einheitliche Tendenz ausmacht, die eine »Situation« schafft.[48]

---

auf das napoleonische Ausbildungsmodell verweise ich auf die Rekonstruktion von Jean-François Lyotard: Das postmoderne Wissen: Ein Bericht, Graz-Wien: Ed. Passagen 1986, S. 96-111. Lyotard führt das napoleonische Modell und das Berliner Modell von Humboldt auf zwei große Versionen von Legitimierungserzählungen zurück. Die napoleonische Erzählung hatte die Menschheit zum Subjekt, sie wurde als Held der Freiheit präsentiert. Die höheren Bildungsanstalten waren auf die imperiale Politik und die Ausbildung der Staatsträger ausgerichtet, insofern man davon ausging, dass sich die Nation über die Verwaltungen und Berufsstände ihre Freiheit erobern würde. In der zweiten Legitimierungserzählung war das Band, das Wissenschaft, Nation und Staat miteinander verband, ein ganz anderes. In der Humboldtschen Version entsteht diese Bindung aus einer geistigen Gründung, d.h. das System der Legitimation wurde nicht auf politisch-staatlicher Ebene errichtet, sondern auf der philosophischen. Die Schulen sollten funktional sein, doch die Universität musste mittels einer »rationalen Metaerzählung« an die Momente des Werdens des Geistes anknüpfen: »Es gibt eine universale ›Geschichte‹ des Geistes, der Geist ist ›Leben‹, und dieses ›Leben‹ ist die Präsentation und Formulierung dessen, was sie selbst ist. Ihr Mittel ist die geordnete Erkenntnis aller ihrer Formen in den empirischen Wissenschaften. Die Enzyklopädie des deutschen Idealismus ist die Erzählung der ›Geschichte‹ dieses Subjekt-Lebens.« (S. 103) Eine ausführliche historische Darstellung zur Gründung der Humboldt-Universität und den Voraussetzungen zu ihrer Gründung findet sich auch bei Herbert Schnädelbach: Philosophie in Deutschland 1831-1933, S. 36ff.

47 | Martin Heidegger: »Über das Wesen der Universität und des akademischen Studiums«, in: Ders.: Zur Bestimmung der Philosophie, S. 205.

48 | Diese Bestimmung der Situation findet sich erneut in Martin Heidegger: Grundprobleme der Phänomenologie (1919/20), S. 166 und Ders.: Einleitung in die Phänomenologie der Religion, S. 90ff. und S. 140 mit einem klaren Verweis auf Jaspers Begriff der Situation. Diese Bestimmung der Situation als Einheitstrieb, der als lebendige Verknüpfung zum Ausdruck kommt, ahmt einen dynamischen Formbegriff nach, der auf dem Goetheschen Motiv der »Verwandtschaft« basiert, das in der nietzscheschen Thematisierung des Willens zur Macht, in der spenglerschen Formanalyse und in Diltheys psycho-physischer Einheit des Lebens gegenwärtig ist. Die chemische Definition von Verwandtschaft gibt Goethe beispielsweise in seinem Roman *Wahlverwandtschaften* mit der berühmten Formulierung: »Diejenigen Naturen, die sich beim Zusammentreffen einander schnell ergreifen

Dieses Einheitsstreben zeigt sich nicht als eine Gesamtheit von statischen Momenten oder als ein Prozess, sondern in »Ereignissen«[49], die die Philosophie erkennen und aufdecken muss. Ausgehend von diesen Prämissen, antwortet Heidegger in seinem bereits zitierten Brief an Karl Löwith[50] vom 19. August 1921, bezüglich einer angemessenen Interpretation seiner Philosophie: »Zunächst hängt die Diskussion an dem Grundfehler, daß Sie und Becker mich (hypothetisch oder nicht) an Maßstäben wie Nietzsche, Kierkegaard[51], Scheler und irgendwelchen schöpferischen und tiefen Phi-

---

und wechselseitig bestimmen, nennen wir verwandt. An den Alkalien und Säuren, die, obgleich einander entgegengesetzt und vielleicht eben deswegen, weil sie einander entgegengesetzt sind, sich am entschiedensten suchen und fassen, sich modifizieren und zusammen einen neuen Körper bilden, ist diese Verwandtschaft auffallend genug.« (Johann Wolfgang Goethe: Die Wahlverwandtschaften, München: dtv Klassik 1980, S. 36f.). Bei Nietzsche vgl. insb. Nachgelassene Fragmente 1888-1889 (KGW, Bd. III/3) in Bezug auf den »großen Stil« Fr. 14[61] und 14[117]. Was Spengler betrifft vgl. Oswald Spengler: Der Untergang des Abendlandes, München: C.H. Beck 1998, »Einleitung«, S. 65, Fußnote 39.

49 | Martin Heidegger: Über das Wesen der Universität und des akademischen Studiums, S. 205.

50 | Karl Löwiths Besuch der von Heidegger abgehaltenen Vorlesungen ist bereits ab 1919 dokumentiert. Nach dem Bericht von Hans-Helmuth Gander, Herausgeber des Bd. 58 der Gesamtausgabe, wurden die Mitschriften von Karl Löwith mit der Vorlesung von 1919/20 verglichen, vgl. Hans-Helmuth Gander: »Nachwort des Herausgebers«, in: Grundprobleme der Phänomenologie, S. 258. Zur Persönlichkeit Karl Löwiths vgl. Hans-Georg Gadamer: Philosophische Lehrjahre, Frankfurt a.M.: Klostermann 1977, S. 231ff. Bezüglich der Auseinandersetzung Löwiths mit Heidegger innerhalb seiner philosophischen Entwicklung, vgl. Josef Chytry: Zur Wiedergewinnung des Kosmos. Karl Löwith contra Martin Heidegger, in: Dietrich Papenfuss/Otto Pöggeler: Zur philosophischen Aktualität Heideggers, Symposium der Alexander von Humboldt-Stiftung vom 24.-28. April 1989 in Bonn-Bad Godesberg, Frankfurt a.M.: Klostermann 1990, 2. Bd.: Im Gespräch der Zeit, S. 87-99.

51 | Zum Verständnis des Philosophischen bei Kierkegaard, Nietzsche und Heidegger vgl. Maurice Blanchot: L'Entrétien infini, Paris: Gallimard 1969, S. 1-11. Im Mittelpunkt steht hier die Frage nach der Kontinuität oder Diskontinuität zwischen »Schüler« und »Meister«. Für Blanchot ist der Philosoph seit Kant vor allem ein Professor, Hegel steht für den Mann, dessen Metier es ist, vom Katheder

losophen messen. Das ist unverwehrt, – aber dann ist zu sagen, daß ich kein Philosoph bin. Ich bilde mir nicht ein, auch nur etwas Vergleichbares zu machen; es steht gar nicht in meiner Absicht. Ich mache lediglich, was ich muß und was ich für nötig halte, und mache es, wie ich es kann; ich frisiere meine philosophische Arbeit nicht auf Kulturaufgaben für ein ›allgemeines Heute‹. Ich habe auch nicht die Tendenz Kierkegaards. Ich arbeite konkret faktisch aus meinem ›ich bin‹ – aus meiner geistigen überhaupt faktischen Herkunft – Milieu – Lebenszusammenhängen, aus dem, was mir von da zugänglich ist als lebendige Erfahrung, worin ich lebe. Diese Faktizität ist als existenzielle kein bloßes ›blindes Dasein‹ [...] Zu dieser meiner Faktizität gehört [...], daß ich ›christlicher Theo*loge*‹ bin.«[52]

---

herab zu sprechen, Vorlesungen abzufassen und sein Denken den Ansprüchen dieser universitären Form zu unterwerfen. Im Unterschied dazu hebt Blanchot hervor, dass sich in der philosophischen Praxis eines Kierkegaard oder Nietzsche diese Wissensform nicht realisieren lässt oder missglückt. Blanchot erinnert daran, dass auch Nietzsche Professor war, schließlich aber auf den Lehrstuhl verzichten und von der Universität Abstand nehmen musste; er lehnte letztendlich die noble Art des Zusammenseins und des Zusammendenkens entsprechend der Aufteilung Meister-Schüler ab, damit das wandernde und fragmentarische Denken von *Also sprach Zarathustra* Gestalt annehmen konnte. Kierkegaard ist das Urbild des Katherderphilosophen im Stile Heideggers, doch wie Heidegger ist er gleichzeitig auch Schriftsteller. Dass sich Heidegger selbst auch als Schriftsteller betätigt, lässt seine Stellung als Professor ambivalent erscheinen. Mit dem Schreiben werde eine Diskontinuität angedeutet, die der einfachen mündlichen Wiedergabe des Professors verwehrt bleibe: Das Verhältnis zwischen Lehrer und Schüler. Die Praxis des Schreibens als Kommunikation, die für einen Unbekannten bestimmt ist, der sie in seiner Deutung neu schreibt, steht für Blanchot in Beziehung zur Konzeption, für die das Sein als Kontinuität, als Einheit oder Zusammenschluss verstanden werden muss. Zur Frage der Philosophie als Schrift bei Kierkegaard und Nietzsche vgl. die Untersuchungen von Carlo Sini: Filosofia e scrittura, Rom-Bari: Laterza 1994, insb. S. 102-110 bzw. Feruccio De Natale: Esistenza, filosofia, angoscia. Tra Kierkegaard e Heidegger, Bari: Adriatica 1995, insb. das Kapitel »Tra ›pathos‹ e ›logos‹«, S. 29-99.

52 | Martin Heidegger: »›Drei Briefe Martin Heideggers an Karl Löwith«, in: Dietrich Papenfuss/Otto Pöggeler: Zur philosophischen Aktualität Heideggers, 2. Bd., S. 28f. Auszüge aus diesem Brief finden sich auch bei Karl Löwith: Mein Leben in Deutschland vor und nach 1933, S. 32. Im Kapitel »M. Heideggers Philosophie

Heidegger begriff sein historisch-geistiges Bewusstsein und seine lebendige Verbindung zur Universität aus seiner Christlichkeit. Das »Philosophieren« sei mit der Universität auf eine wesentlich faktische Weise verbunden. Damit wolle er das Philosophieren nicht auf die Philosophie reduzieren, sondern noch einmal betonen, dass das Philosophieren seine wirkliche Verwurzelung innerhalb des Bereichs und der Grenzen der Universität finde. Im Brief an Löwith kommt Heidegger zu dem Schluss: »Das schließt nicht aus, daß von Universitäten ein ›großer Philosoph‹, ein schöpferischer, ausgehen kann und schließt nicht aus, daß das Philosophieren an der Universität nichts als *Pseudowissenschaft* ist, weder Philosophie noch Wissenschaft.«[53]

---

der Zeit (1919-1936)« erinnert sich Löwith in seiner Beschreibung des Lehrers Heidegger, dass dieser gleich Fichte nur zur Hälfte ein Mann der Wissenschaft gewesen sei, zur anderen, »vielleicht grösseren ein opponierender Charakter und Prediger, der durch Vor-den-Kopf-Stossen anzuziehen verstand und den der Unmut über die Zeit und sich selber vorantrieb.« (Ebd., S. 29f.)

53 | Martin Heidegger: Drei Briefe Martin Heideggers an Karl Löwith, S. 29. Von besonderem Interesse sind im Zusammenhang mit dieser Auffassung von der Universität und angesichts der zuvor besprochenen Betrachtungen von Gebert und Lyotard, die Untersuchungen von Vaysse, auch wenn dieser sein Augenmerk ausdrücklich auf die Rektoratsrede richtet (vgl. Jean-Marie Vaysse: Heidegger et l'essence de l'Université allemande, in: Cahier de l'Herme 45 (1983), S. 497-512). Vaysse führt Heideggers Verständnis der Universität auf die Tradition Kants zurück. Er folgt dabei der deleuzeschen Interpretation der kantischen Philosophie als einer Lehre der Vermögen mit einer metaphysischen und politischen Ausrichtung (vgl. Gilles Deleuze: Kants Kritische Philosophie. Die Lehre der Vermögen, Berlin: Merve 1990). Der Kritizismus wird als Versuch gedeutet, die Krise sowohl auf metaphysischer als auch auf politischer Ebene zu lösen; im Hinblick auf den Streit der Fakultäten sollte nach Kant die philosophische Fakultät als Schlichterin des Konflikts auftreten. Dieses kantische Projekt wird – in Schellings »Vorlesungen über die Methode des akademischen Studiums (1892)« – in einen Begriff der Universität übersetzt, der von einem Willen zum System, von der Vollendung und »weltlichen« Aktualisierung der Philosophie ausgeht. Heidegger hebt 1936 in seiner Vorlesung zu Schelling hervor, dass Kant mit der architektonischen Charakterisierung der Vernunft, die Formulierung eines systematischen Wissensbegriffs ermöglicht habe. Bei Schelling würde nun aber das Projekt der Verweltlichung der Philosophie durch die Vollendung der universalisierenden und damit vereinenden

Dieser Brief hat einen bedeutungsvollen Nachhall in der von Heidegger im Wintersemester 1921/22 gehaltenen Vorlesung *Phänomenologische Interpretationen zu Aristoteles. Einführung in die phänomenologische Forschung*. Gegenstand des ersten Teils der Vorlesung ist, in Kontinuität zu den ersten Freiburger Vorlesungen, eine Art metaphilosophische Untersuchung. Heidegger richtet seine Aufmerksamkeit in diesem Semester vor allem auf die Bestimmung des Begriffs der Philosophie[54], er geht dabei vom Moment der Interpretation aus. Für diese Art der Bestimmung der Philosophie »besteht zu einer vagen Berufung und dem Arbeiten aus Stimmungen und Moden schlechthin [...] kein Recht [...].«[55] Ihre Aufgabe ist dagegen einmal mehr die Aneignung der Situation. Philosophie wird als historisches Bewusstsein des faktischen Lebens verstanden, in dessen »Ruinanz« und »Fraglichkeit« liegt ihre Daseinsberechtigung, als radikale Entfaltung der Faktizität.[56] Als Versuch der radikalen Klärung verzichtet die Philosophie auf die Möglichkeit, »des sich Haltens an Offenbarung, an irgendwelche Beurkundung ihres Besitzes und der Besitz-Möglichkeiten, und nicht etwa, weil sie voraussetzungslos sein will, sondern weil sie ursprünglich in einer

---

Universität *tout court* mit dem Schicksal des deutschen Volkes identifiziert, dessen geistige Verwirklichung in der Universität stattgefunden hätte. Vaysse betont, dass diese Germanisierung der Universität auch als Gegensatz zum Kosmopolitismus der französischen Aufklärung gelesen werden kann und muss, als eine geistige Rebellion gegen den französischen Imperialismus. In Wirklichkeit, werde man zuerst bei Schelling und später bei Heidegger Zeuge einer permanenten Verwechslung des *Natalen* mit dem *Nationalen*. Nachdem die Vernunft als Schlichterin des Fakultätenstreits gesetzt, das Wissen als Notwendigkeit zur Konfliktbeseitigung behauptet und die Universität als Wille zum System bestimmt wurde, erscheint der von den Idealisten zum ersten Mal vollzogene Schritt, die Geschichte im metaphysischen Sinn zu fassen, eine logische Konsequenz, so Heidegger in seinen Vorlesungen zu Schelling. Diese Art der Heidegger-Interpretation, die ihn in die Tradition des deutschen Idealismus stellt, erlaubt einerseits die nachfolgende »Selbstbehauptung der deutschen Universität« zu verstehen und bietet andererseits erhellende Elemente bezüglich des vermeintlich idealistischen Erbes in der Bestimmung von Nietzsches Willen zur Macht.
54 | Martin Heidegger: Phänomenologische Interpretationen zu Aristoteles, S. 39f.
55 | Ebd., S. 39.
56 | Ebd., S. 2.

Voraushabe steht – des Faktischen.«[57] Die Geschichtlichkeit der Philosophie ist durch die strukturelle Verbindung von Existenz und Geschichte gegeben, die im Philosophieren zum Ausdruck kommt.[58] Dieses Privileg des Philosophierens wird in seiner Bestimmung angemessen begriffen, wenn es im Voraus von der Jasperschen Ausbildung einer »Weltanschauung« unterschieden wird[59], da diese, so Heidegger, »das Unglück der heu-

---

57 | Ebd., vgl. außerdem S. 35. Am 9. Januar 1919 schrieb Heidegger an Krebs: »Sehr verehrter Herr Professor! Die vergangenen zwei Jahre, in denen ich mich um eine prinzipielle Klärung meiner philosophischen Stellungnahme mühte u. jede wissenschaftliche Sonderaufgabe beiseiteschob, haben mich zu Resultaten geführt, für die ich, in einer außerphilosophischen Bindung stehend, nicht die Freiheit der Überzeugung u. der Lehre gewährleistet haben könnte. Erkenntnistheoretische Einsichten, übergreifend auf die Theorie geschichtlichen Erkennens haben mir das *System* des Katholizismus problematisch u. unannehmbar gemacht – nicht aber das Christentum und die Metaphysik, diese allerdings in einem neuen Sinne. [...] Es ist schwer zu leben als Philosoph – die innere Wahrhaftigkeit sich selbst gegenüber u. mit Bezug auf die, für die man Lehrer sein soll, verlangt Opfer u. Verzichte u. Kämpfe, die dem wissenschaftlichen Handwerker immer fremd bleiben.« (veröffentlicht in Bernhard Casper: Martin Heidegger und die theologische Fakultät Freiburg 1909-1923, S. 534-541; hier zitiert nach Hugo Ott: Martin Heidegger. Unterwegs zu seiner Biographie, Frankfurt a.M.: Campus 1992, S. 106f.) Die Notwendigkeit der philosophischen Selbstbestimmung auf der Grundlage eines prinzipiellen Atheismus wird von Heidegger in jenen Jahren zu verschiedenen Anlässen wiederholt, vgl. beispielsweise die losen Blätter 16 und 17 in Martin Heidegger: Phänomenologische Interpretationen zu Aristoteles, S. 196, 198 und den *Natorp-Bericht*, in dem Heidegger betont, dass sich nur eine atheistische Philosophie der Faktizität des Lebens bewusst werden kann, wobei er genauer ausführt: »atheistisch besagt hier: sich freihaltend von verführerischer, Religiosität lediglich beredender, Besorgnis. Ob nicht schon die Idee einer Religionsphilosophie, und gar wenn sie ihre Rechnung ohne die Faktizität des Menschen macht, ein purer Widersinn ist?« (Martin Heidegger: »Phänomenologische Interpretationen zu Aristoteles Anzeige der hermeneutischen Situation«, in: Dilthey-Jahrbuch 6 (1989), S. 246).
58 | Martin Heidegger: Phänomenologische Interpretationen zu Aristoteles, S. 1.
59 | Ebd., S. 43ff. Es werden hier alle von Jaspers genannten Definitionen von *Weltanschauung* angeführt, die der Ordnung, der Verbindung verschiedener Bereiche und Werte des Lebens, die der Regulierung des Verhältnisses und der Hal-

tigen Bedingungen des Geisteslebens« zum Ausdruck bringe, insofern sie vor allem für die jüngeren Generationen ein Hindernis sei für die konkrete Aneignung der realen historischen Situation. Außerdem muss das Privileg des Philosophierens aus der geschichtlichen Verwurzlung der Universität verstanden werden, die Heidegger ein Jahr zuvor im zitierten Brief an Löwith nachdrücklich betont hatte. Dieser Thematisierung der Universität, als angemessenstem Zugang zum Verständnis und zur Realisierung der Geschichtlichkeit des Philosophierens, geht in der Exposition der Vorlesung ein bedeutungsvoller Rückgriff auf die platonische Dimension des Philosophierens voraus. Aus Buch VII und V des platonischen *Staats* übernimmt Heidegger respektive die Kennzeichnung der Philosophie und des Philosophen. Philosophie wird verstanden als »Umvollzug der Seele aus dem nächtlichen Tag zum eigentlichen – der Weg hinauf zum Sein als solchem«[60]; Philosoph ist derjenige, der »jegliches als Sein (nach seinem Sein)« an sich zieht.[61] Die Wende des Philosophen zum Sein als solchem, im Hinblick auf seine geschichtliche Aneignung, kann sich aus der festen Ansiedlung und Verwurzelung im Ort, von dem aus man philosophiert, ergeben. Die Worte, die Platon Sokrates zu seiner Selbstverteidigung in den Mund legt, helfen Heidegger in seinem verzweifelten Versuch, die Abgründigkeit der Faktizität anzuerkennen[62] und gleichzeitig einen sicheren Ort zu finden, von dem aus sie zu ergründen ist: »›Wo einer sich hingestellt hat (wofür er sich entschieden hat) in der Überzeugung, daß es das beste sei, oder wo er von einem Vorgesetzten hingestellt wurde, da muß er,

---

tung gegenüber einem sogenannten Absoluten usw. (vgl. Karl Jaspers: Psychologie der Weltanschauungen, S. 15f.).

60 | Bezüglich der Übersetzung der Werke Platons werde ich immer auf die heideggersche Übertragung verweisen, um den Ton, in dem die platonischen Texte zitiert werden, explizit wiederzugeben, gleichzeitig aber auch auf die Stelle des Zitats in den Werken Platons verweisen; hier: Martin Heidegger: Phänomenologische Interpretationen zu Aristoteles, S. 49; Platon: Der Staat, Werke, Bd. 4, Darmstadt: Wissenschaftliche Buchgesellschaft 1990, Buch VII(Z), 521c 5-8, S. 575.

61 | Martin Heidegger: Phänomenologische Interpretationen zu Aristoteles, S. 49; Platon: Der Staat, Buch V (E), 480a, S. 467.

62 | Vgl. Martin Heidegger: Phänomenologische Interpretationen zu Aristoteles, S. 143ff. Auf diesen Seiten wird das Nichts als Element der Ruinanz angezeigt, als kategoriale Dimension der Bewegtheit des Lebens.

wie mir scheint, (aushalten) ständig in der Gefahr, gefährdet durchhalten, und er darf weder den Tod noch etwas anderes für sich sprechen lassen (in Rechnung setzen) gegenüber der Schändlichkeit (des gegenteiligen Verhaltens). Und da würde ich doch schlechthin verdammungswürdig handeln, wenn ich jetzt, da mir der Gott es aufträgt, wie ich glaubte und sicher bei mir annahm, daß ich philosophisch leben soll, mich selbst befragend und durchforschend und andere, wenn ich jetzt aus Furcht vor dem Tode oder irgendeiner beliebigen lächerlichen Sache verlassen wollte die Richtung, die Richtung eines Lebensvollzuges.«[63]

Die Philosophie ist also das bewusste »*Wie des Sichverhaltens*«[64] in Bezug auf das Sein der eigenen Situation. Aufgrund der Bestimmung des philosophischen Verhaltens wird die Frage nach dem Verhältnis Philosophie – Universität, unter explizitem Verweis auf Nietzsche, wieder eingeführt.

Definitiv verschieden vom willkürlichen Sich-beschäftigen mit oder Nachdenken über Probleme der Tradition, sollte das Verhalten der Philosophen vor allem auf die Aneignung des wesentlichen Sinnes der faktischen Situation, des eigenen Handelns gerichtet sein und dabei von dem lebendigen Zusammenhang ausgehen, innerhalb dessen sich die Philosophen befinden, nämlich der Universität. Unter diesem Gesichtspunkt wird Universität als Situation verstanden »auf die hin und aus der sich das Philosophieren vollzieht«[65]. Diese Identifikation von Philosophie und Universitätsphilosophie hätte problematisch erscheinen können, insofern die Klage über die »notorische Unfruchtbarkeit« und die »›kulturelle‹ Untauglichkeit der verknöcherten Fachphilosophie an den Universitäten« im-

---

63 | Ebd., S. 49ff.; Platon: Des Sokrates Apologie, Werke, Bd. 2, Darmstadt: Wissenschaftliche Buchgesellschaft 1990, 28d, 28e 4, S. 33.
64 | Martin Heidegger: Phänomenologische Interpretationen zu Aristoteles, S. 50ff. Heidegger verweist in diesem Zusammenhang auf Platon: Phaidon, Werke, Bd. 3, Darmstadt: Wissenschaftliche Buchgesellschaft 1990, 61a 3ss, S. 13; Ders.: Der Sophist, Werke, Bd. 6, Darmstadt: Wissenschaftliche Buchgesellschaft 1990, 216c ss., S. 223. Vgl. zum Sophisten auch Martin Heidegger: *Platon: Sophistes*, S. 236ff., insb. S. 240, hier wird die Philosophie als »Verhaltensart« in Bezug zur »*Göttlichkeit der Philosophie*« thematisiert.
65 | Martin Heidegger: Phänomenologische Interpretationen zu Aristoteles, S. 64.

mer nachdrücklicher erhoben wurde.[66] »Man braucht dabei nicht einmal ausdrücklich den bekannten ressentimentgeladenen, oft billigen Invektiven von *Schopenhauer* und *Nietzsche* Gehör zu geben. Denn beide haben vielleicht nicht verstanden, was sie wollten. Von der Universität weglaufen ist leicht. Sie wird dadurch aber nicht anders und man selbst wird lediglich mit seinen Sachen – Nietzsche als typisches Beispiel – zur Pflanzschule der Literaten und zeitigt eine gedanklich unsaubere Atmosphäre.«[67]

Es gibt keine Philosophie im Allgemeinen. Sie existiert immer in Beziehung auf eine lebendige Bestimmung, in der sie wirkt. Man hätte also sagen können, dass in der hier als Universität bezeichneten Situation, »sofern ihr die Möglichkeit gegeben wird, radikal relevant und frei zu werden«, die bedingungslose Vollendung der radikalsten Philosophie hätte realisiert werden können.[68] Aus dieser Perspektive musste die Philosophie in einem ihr wesentlichen und nicht äußerlichen Sinne als »Polemik«[69] verstanden werden, da »die ausbildende Aneignung der konkreten Vollzugssituation des Philosophierens sich in der Weise einer Destruktion vollzieht.«[70]

Nachdem er die nietzscheanische Gefahr der Unterscheidung zwischen Philosophie und Universität durch eine offensichtliche Banalisierung des Problems gebannt hat, nimmt Heidegger die Argumentation Nietzsches aus den fünf Vorträgen von 1872, im Hinblick auf die kulturelle Vermassung und den philosophischen Journalismus wieder auf: »Die Frage ist, ob die Universität weiter auf Bedürfnisse zugeschnitten werden soll, zurechtgemodelt auf das jährlich sinkende Niveau einer nur halbwegs noch genügenden geistig-seelischen Vorbereitung [...], ob degenerierte Stimmungen, auch wenn sie sich zusammenrotten und in der Abstimmung die Mehrzahl haben, Maßstäbe abgeben können für die Bestimmung von etwas, was aus sich selbst fordert, angeeignet zu sein [...]. Heute ist man so schlau, durch literarische Feinschmeckerei und Zeitschriftenbildung so reich befriedigt,

---

66 | Ebd., S. 65.
67 | Ebd., S. 66.
68 | Ebd., S. 67.
69 | Im *Anhang*, der Heideggers erste monographische Nietzsche-Vorlesung beschließt, erläutert Heidegger die semantische Tragweite des Begriffs *Auseinandersetzung* und hebt sie gegen den negativen Charakter der »Polemik« ab (vgl. Martin Heidegger: Nietzsche: Der Wille zur Macht als Kunst, S. 279).
70 | Martin Heidegger: Phänomenologische Interpretationen zu Aristoteles, S. 67.

durch ›religiöse‹ Weinerlichkeiten so ohne Mark geworden, daß man solchen Einsatz als Dummheit verschreit und mit diesem Geschrei noch als überlegen und im Besitz der ›Geistigkeit‹ in Kurs kommt.«[71]

Es fehlt die »Entschlossenheit des Verstehens«[72], dank derer die universitäre Tradition, die Vergangenheit nicht in ihrer gesetzgebenden, sondern in ihrer schicksalhaften Verfasstheit angenommen werden könnte. Die Universitätsphilosophie sollte also nicht etwas Überzeitliches, noch etwas zeitlich Zufälliges sein, sondern etwas »im radikalen Sinne« Zeitliches und Geschichtliches.[73] Dieses existenzielle Philosophieren betrachtet Heidegger als »gegenruinant«[74]. Es hätte sich, auf immer radikalere Weise, die geschichtlich-geistige Situation aneignen sollen, nicht wie etwas, dass einfach zur Verfügung stand, sondern als Situation, die aus ihren geschichtlich-zeitlichen Voraussetzungen verstanden und »geformt« werden musste.[75]

Das von Heidegger gewünschte Philosophieren ist demnach auf nietzscheanische Weise *Wille zur Macht, Polemik, Gegenbewegung*, als ein formalanzeigendes und methodologisch-interpretatives Philosophieren fähig, die ursprüngliche Dimension der Faktizität, ihre Ruinanz und Dekadenz, auf »gegenruinante« Weise zurückzuverfolgen.[76]

Diese nachweislich schwankende Haltung gegenüber Nietzsche, die bald eine bedingungslose und stillschweigende Übereinstimmung, bald eine drastische, beinahe offensive Zurückweisung zum Ausdruck bringt[77], kennzeichnet diese Phase der heideggerschen Nietzsche-Erfahrung auf ganz besondere Weise. Wir haben es hier weniger mit einer systemati-

---

71 | Ebd., S. 70.
72 | Ebd., S. 71.
73 | Ebd., S. 78.
74 | Ebd., S. 160.
75 | Ebd., S. 160f.
76 | Ebd., Loses Blatt Nr. 2, S. 183.
77 | Krell deutet Heideggers offene Auseinandersetzung mit Nietzsche als ein *Entgegendenken*, d.h. als eine Auseinandersetzung, die von einer Begegnung angetrieben wird, die von Heidegger gewünscht und gleichzeitig zurückgewiesen wird, so als müsste er sich vor dem Neuen in Nietzsche schützen (vgl. David Farrell Krell: Heidegger/Nietzsche, S. 177).

schen Reflexion als vielmehr mit einer Faszination[78] zu tun, der weder widerstanden noch nachgegeben werden kann. Heidegger spürte die Distanz, die ihn von der Radikalität des nietzscheschen Denkens trennte, verzichtete aber nicht darauf, dessen Anregungen aufzunehmen. Die Widersprüchlichkeit, die dieser schwankenden Haltung innewohnt, ist das sichtbarste Anzeichen für das zerstörerische Tun, das ich im ersten Kapitel dem Nietzsche-Holzwurm zugeschrieben habe. Heidegger selbst scheint diese zersetzende Tätigkeit nicht immer wohlwollend zu akzeptieren. Man erlebt bereits in jenen Jahren stillschweigende nietzscheanische »Aneignungen«, die gegen Nietzsche selbst gerichtet sind. Es handelt sich um eine Reihe von begrifflichen Leitfäden, die sich in diesem jähen Wechsel zwischen Identifikation und Distanzierung ineinander verwickelten, was schließlich dazu führte, dass Heidegger Nietzsches Schrift in der Übertragung, die er doch selbst vornahm, verkannte. Ein entscheidendes Beispiel ist die Kennzeichnung der Philosophie als *Gegenbewegung*[79], zur, um es mit Heidegger zu sagen, ursprünglichen Nichtverwirklichung des Verfalls oder zum, um es mit Nietzsche zu sagen, Nihilismus als historischem Prozess. Auf die Bestimmung der *Gegenbewegung* wird Heidegger in der Vorlesung *Ontologie (Hermeneutik der Faktizität)* des Sommersemesters von 1923 zurückkommen. Losgelöst von einer rein philosophischen Dimension, wird die Möglichkeit der »Bewegtheit« selbst zur Bedingung, sich in der geschichtlichen Situation *aufzuhalten*: »Im Aufenthalt ist die Bewegung sichtbar, und damit von ihm her als echtem Aufenthalt die Möglichkeit der Gegenbewegung.«[80]

---

78 | Nach Volpi teilte Heidegger seit den Anfängen seines philosophischen Werdegangs die intellektuelle und erlebte Faszination für die Figur Nietzsche mit einer ganzen Generation. Nietzsches Gegenwart war für Heidegger in jenen Jahren »eine Präsenz, die er eher auf einer suggestiven Ebene erlebte, als wirklich erforschte«, in der aber dennoch die ganze Krisenstimmung, die Nietzsche evoziert hatte, durchschimmerte (vgl. Franco Volpi: »Postfazione«, in: Martin Heidegger: Nietzsche, S. 945-947).

79 | Aus den nietzscheschen Fragmenten, die für die Bestimmung der Gegenbewegung am wichtigsten sind, vgl. diejenigen aus der Zeit zwischen 1888/89 (KGW, Bd. VIII/3), insb. 14[14]; 14[35]; 14[47]; 14[117]; 14[119]; 14[124]; 14[126]; 14[170].

80 | Martin Heidegger: Ontologie (Hermeneutik der Faktizität), GA, Abt. II, Bd. 63, S. 109.

Nach 1940 wird Heidegger die Möglichkeit einer philosophischen Opposition zum Nihilismus als »*die* wesentliche Bewegung unserer Zeit« ausschließen. Philosophie als Gegenbewegung gilt ihm nun als Ausdruck jeder metaphysischen Seinsvergessenheit, der die extreme Gefahr der planetarischen Zerstörung entgeht. Das heißt, in dem Moment, in dem der Nihilismus zur absoluten Wahrheit geworden wäre und alle bisher existierenden Werte entwertet worden wären, hätte er sich selbst als *neue* Wertvorstellung gesetzt. Nietzsche habe die eigene Metaphysik als »›Gegenbewegung‹ zu aller bisherigen«[81] verstanden.

Doch zurück zum Sommersemester 1923. Heidegger nahm aus dem Wintersemester von 1921/22 nicht nur Nietzsches Bestimmung der Philosophie als *Gegenbewegung* wieder auf, er beschäftigte sich auch noch einmal mit dem Problem der Universität, das er zuvor, was den Fall Nietzsche angeht, allzu leichtfertig beiseitegeschoben hatte. Bezeichnenderweise bringt Heidegger seine neuen Reflexionen zu diesem Problem nicht in Bezug auf Nietzsche zum Ausdruck. Allerdings ist der Kontext, innerhalb dessen das problematische Verhältnis von Denker und Universität noch einmal aufgeworfen wird, auf begrifflicher Ebene durch das Aufeinandertreffen von Kierkegaard und Nietzsche charakterisiert, entsprechend einer Konstanten, die zumindest bis zur Vorlesung des Wintersemesters 1930/31 über *Hegels Phänomenologie des Geistes* Geltung haben wird.[82] Die Vorlesung von 1923 beschäftigt sich mit dem Problem der Interpretation eines »heute« ohne Aura. Sie nimmt die Beschreibung der in *Sein und Zeit* behandelten Alltäglichkeit vorweg und skizziert mit einer darstellenden Lebendigkeit, die für die erste Ausformulierung eines Gedankens charakteristisch ist, Erscheinungen wie die Kommunikation als Geschwätz und die Unpersönlichkeit als Herrschaft der Anonymität. Sie formen das Leben eines jeden, sie verschleiern es bis zur vollständigen Maskierung: »Das Dasein spricht von ihm selbst, es sieht sich so und so, und doch ist es nur eine *Maske*, die es sich vorhält, um nicht vor sich selbst zu erschrecken.«[83] Nietzsche hat

---

81 | Martin Heidegger: Nietzsche, Bd. 2, S. 34.
82 | Martin Heidegger: Hegels Phänomenologie des Geistes, GA, Abt. II, Bd. 32, S. 18f. Bezüglich der Verbindung Kierkegaard-Nietzsche wird im Folgenden der entscheidende Einfluss von Jaspers aufgezeigt werden.
83 | Martin Heidegger: Ontologie (Hermeneutik der Faktizität), S. 32. In diesen Sätzen scheint man das Echo von Bertram zu vernehmen, der in seinem 1918 in Georges »Blätter für die Kunst« veröffentlichten Text in Bezug auf Nietzsche ge-

sich der Notwendigkeit, permanent diese Maske zu tragen, entzogen, indem er sich von der Universität abwandte. Die Wiederaufnahme des Problems hat hier nicht denselben konstruktiven Ton der Jahre 1921/22, es erscheint vielmehr als Ausdruck eines scheinbar beiläufig eingestandenen

---

schrieben hatte: »Als Leidender wie als Wirkender hat Nietzsche die erlösende und verführende Maske geliebt als die gerade seines Leidens und Wirkens« (Ernst Bertram: Nietzsche. Versuch einer Mythologie, Berlin: Bondi 1920, S. 179). Der Zweck der Auseinandersetzung mit Nietzsche, die Heidegger in der zweiten Hälfte der dreißiger Jahre begann, bestand darin, Nietzsches Philosophie nicht nur den Halbierungen durch Jaspers, Löwith und Baeumler zu entziehen, sondern auch der Psychologisierung durch Klages und der Mythologisierung durch Bertram. Dennoch ist nicht auszuschließen, dass Heidegger in jenen Jahren das Buch gelesen und einige wichtige Anregungen daraus bekommen hat. Bertram widmet in seiner Arbeit ein ganzes Kapitel der Rolle der »Maske« in Nietzsches Werk. Er betrachtet sie aus zwei unterschiedlichen Perspektiven: einerseits im Hinblick auf Nietzsches Verhältnis zu Wagner und, wenngleich in geringerem Maße, zu Lou Salomé, andererseits im Hinblick auf die verschiedenen nietzscheschen Maskierungen, die den Namen Sokrates, Heraklit, Empedokles, Epikur, Shakespeare, Pascal, Napoleon, Herder oder Goethe tragen. Im ersten Fall müsse die Verachtung für die Maske seitens des antitheatralischen Nietzsches als Ablehnung der Figur des Komödianten gedeutet werden, die einmal in Gestalt Wagners, einmal in Gestalt Lou Salomés erscheine. In beiden Beziehungen hätte Nietzsche gefühlt »gerade dort dem Schauspieler zum Opfer zu fallen, wo er den lebendigsten Menschen suchte und sah«, er sei sich bewusst geworden, »dort die Maske zu durchschauen, wo er an ein Antlitz zu glauben sich sehnte« (ebd., S. 165). Im zweiten Fall hätte er sich schützende Masken übergezogen, als »doppelgängerische Visionen« (ebd., S. 173), »geheime Selbstbildnisse« (ebd., S. 174), »das zweite Gesicht« (S. 177), insbesondere in den Nachgelassenen Fragmenten würde »Nietzsches Maskenfreude und Maskentechnik eines ihrer raffinierten Probestücke« zeigen (ebd., S. 174).

Aus einer vollkommen anderen Perspektive hat Vattimo das Motiv der Maske in Nietzsches Werk thematisiert und dabei interessante Hinweise gegeben, insbesondere in Bezug auf die Verflechtung dieser Frage mit derjenigen nach der Trennung zwischen dem Sein und dem Erscheinen in Schopenhauers Antihegelianismus (vgl. Gianni Vattimo: Il soggetto e la maschera. Nietzsche e il problema della liberazione, Mailand: Bompiani 1974). Exemplarisch für die Frage der Maske bei Nietzsche ist der Aph. 289 aus *Jenseits von Gut und Böse* (KGW, Bd. VI/2).

Gedankens und es bezieht sich nicht mehr auf die Figur Nietzsches. Es ist der Maler Vincent van Gogh, der die Stimme Nietzsches übernimmt, um über den Riss zu sprechen, der zwischen der Kunst und der künstlerischen Verschlüsselung besteht.[84] Diese Auswechslung ist vielsagend, insofern sie einen Heidegger erkennen lässt, der bereit ist, das fragliche Problem anhand des speziellen Falls der Malerei abzuhandeln. Die unendliche Vorbereitung des Künstlers und seine beständige Arbeit an sich selbst scheinen Heidegger nicht auf den lebendigen universitären Raum einschränkbar. Ohne mich an der Aporie des Verhältnisses zwischen Philosophie und Kunst aufzuhalten, das einen anderen *Leitfaden* von Heideggers systematischer Nietzsche-Reflexion bilden wird, möchte ich in diesem Zusammenhang auf die Widersprüchlichkeit in der Betrachtung des Philosophen Nietzsche und des Malers van Gogh aufmerksam machen. Heidegger greift durch die Transfiguration Nietzsche/van Gogh die nietzscheschen Anregungen im Zusammenhang mit der Unvollkommenheit des Werks, derentwegen man ununterbrochen arbeite, die Notwendigkeit eines einzelnen Raumes, in dem wir zulassen, dass unsere eigensten Gedanken uns erreichen und heranreifen, auf. Heidegger betont, dass van Goghs Verzicht auf die Universität paradoxerweise mit dem Beginn seiner intensivsten Schaffensperiode zusammengefallen, d.h. mit dem Moment, in dem sein Malen immer weniger repräsentativ und dafür immer

---

84 | Löwith spricht über van Gogh als denjenigen Maler, der in jenen Jahren die Situation der Zeit am tiefsten zum Ausdruck brachte. Er erwähnt einen Brief, den ihm Heidegger 1923 geschrieben hatte und in dem es hieß: »Seit Semestern begleitet mich eine Äußerung van Goghs: ›ich fühle mit aller Kraft, dass die Geschichte des Menschen gerade so ist wie beim Weizen: wenn man nicht in die Erde gesetzt ist um aufzublühen, was tuts, man wird gemahlen, um Brot zu werden‹. Wehe dem, der nicht zerrieben wird.« Löwith fügt dazu an: »Als hätte man [Heidegger – R.C.] die ›Rettung der Kultur‹ zum Auftrag bekommen.« Für Heidegger sei es notwendig gewesen, durch eine »Destruktion« zu sich selbst zu kommen, ohne auf das Geschwätz und das Treiben der gescheiten und betriebsamen Leute, die die Zeit mit der Uhr messen, zu achten.« (Karl Löwith: Mein Leben in Deutschland vor und nach 1933, S. 30) Zur Bedeutung der Briefe van Goghs für die kulturelle Stimmung der Zeit vgl. Hans-Georg Gadamer: Selbstdarstellung, in: Ders.: Gesammelte Werke, Bd. 2, S. 479-508.

expressiver geworden sei.[85] Es scheint, dass die Bilder van Goghs Nietzsches »Mitteilungen« ähneln, deren philosophische Relevanz Heidegger 1939 hervorheben wird.[86] Die Pinselstriche van Goghs sind durch ihre Ausstellung zur Öffentlichkeit verurteilt, ebenso wie Nietzsches Gedanken durch ihre Verschriftlichung aus der Intimität in einen Raum katapultiert werden, in dem sie dem Selbst unmittelbar fremd werden. Die Verrücktheit van Goghs, ebenso wie diejenige von Nietzsche und Hölderlin, ist für Heidegger aus der Sicht der philosophischen Erfahrung eine »Ver-rückung als Einrücken in einen anderen Wesensort.«[87] Er zitiert aus dem Brief des Malers an seinen Bruder Theo vom 15. Oktober 1879: »›Ich sterbe lieber eines natürlichen Todes, als daß ich mich durch die Universität dazu vorbereite...‹« Unmittelbar im Anschluss stellt Heidegger klar: »Das sei hier nicht gesagt, um dem allerorts hörbaren Geseufze über das Ungenügen der heutigen Wissenschaften zu einer höheren Sanktion zu verhelfen. Es sei vielmehr gefragt: Und was geschah? Er arbeitete, riß sich Bilder gleich-

---

85 | Nicht nur für Heidegger, sondern auch für Antonin Artaud ist van Gogh ein von der Gesellschaft in den Freitod Getriebener (vgl. Antonin Artaud: Van Gogh, der Selbstmörder durch die Gesellschaft und andere Texte und Briefe über Baudelaire, Coleridge, Lautréamont und Gérard de Nerval, ausgew. u. übers. von Franz Loechler, München: Matthes & Seitz 1993, S. 25f.).
86 | Vgl. Martin Heidegger: Nietzsches metaphysische Grundstellung im abendländischen Denken: die ewige Wiederkehr, S. 14; Ders.: Nietzsche, Bd. 1, S. 265f. In seinem Kommentar zu Aph. 160 aus *Jenseits von Gut und Böse* (»Man liebt seine Erkenntnis nicht genug mehr, sobald man sie mitteilt.«), hebt Heidegger hervor: »Die Mitteilung ist keine Mit-teilung, eher eine Verschleierung.«
87 | Martin Heidegger: Hölderlins Hymne »Andenken«, GA, Abt. II, Bd. 52, S. 46. In diesem Zusammenhang ist Aph. 292 aus *Jenseits von Gut und Böse* von Bedeutung: »Ein Philosoph: das ist ein Mensch, der beständig ausserordentliche Dinge erlebt, sieht, hört, argwöhnt, hofft, träumt; der von seinen eignen Gedanken wie von Aussen her, wie von Oben und Unten her, als von *seiner* Art Ereignissen und Blitzschlägen getroffen wird; der selbst vielleicht ein Gewitter ist, welches mit neuen Blitzen schwanger geht; ein verhängnisvoller Mensch, um den herum es immer grollt und *brummt* [...]. Ein Philosoph: ach, ein Wesen, das oft von sich davon läuft, oft vor sich Furcht hat, – aber zu neugierig ist, um nicht immer wieder zu sich zu kommen.« (KGW, Bd.VI/2)

sam aus dem Leibe und wurde über der Auseinandersetzung mit dem Dasein wahnsinnig.«[88]

Heidegger kann sich nicht so leicht Nietzsches Verführung entziehen, dessen Philosophie noch in den ersten Freiburger und Marburger Vorlesungen in verschiedener Hinsicht seine Auseinandersetzung mit Husserls Phänomenologie, mit Paulus' und Augustinus' Christentum, mit Diltheys Hermeneutik und »historischem Bewusstsein« der Zeit, sowie mit Jaspers Existenzphilosophie begleitet. Sie kennzeichnet sogar noch 1925 die Bestimmung der hermeneutischen Phänomenologie als »fröhliche Wissenschaft«.

---

88 | Martin Heidegger: Ontologie (Hermeneutik der Faktizität), S. 32. Die Briefe van Goghs an seinen Bruder wurden neu aufgelegt, vgl. Vincent van Gogh: Briefe an seinen Bruder, Köln: Anaconda 2006. Zur historischen Rekonstruktion einer vergleichenden Interpretation der Entwicklung von Van Gogh, Hölderlin und Nietzsche sei aufgrund des Einflusses, die sie auf Heidegger gehabt haben könnte, auf Jaspers Aufsatzsammlung verwiesen, die just 1922 erstveröffentlicht und 1949 neu aufgelegt wurde, vgl. Karl Jaspers: Strindberg und Van Gogh, Bremen: Johannes Storm Verlag 1949. Jaspers Verweise in der Betrachtung der Schizophrenien, insbesondere von Strindberg und Van Gogh, betreffen auch Hölderlin (S. 122f.), Nietzsche (S. 175) und Kierkegaard (S. 175). Sie stehen im Zusammenhang mit der Frage, welche Auswirkungen die Schizophrenie auf das künstlerische Schaffen hat. Bezüglich der Unmöglichkeit, zwischen Krankheit und Gesundheit dieser Personen innerhalb ihres künstlerischen Schaffens zu unterscheiden vgl. auch Michel Foucault: Wahnsinn und Gesellschaft, Frankfurt a.M.: Suhrkamp 1973, insb. S. 49; Jacques Derrida: Die Schrift und die Differenz, Frankfurt a.M.: Suhrkamp 1972, insb. die beiden Kapitel »Die soufflierte Rede«, S. 259-301 und »Das Theater der Grausamkeit und die Geschlossenheit der Repräsentation«, S. 351-279, sowie die Arbeit von Pierre Klossowski: Nietzsche et le cercle vicieux, Paris: Mercure de France 1969, insb. S. 37f. Zuletzt beschäftigte sich mit dieser Frage auch Otto Pöggeler: Friedrich Nietzsche und Martin Heidegger, Bonn: Bouvier 2002, S. 7.

3. Die hermeneutische Phänomenologie als »Fröhliche Wissenschaft«

> Ach, abgründlicher Gedanke, der du mein Gedanke bist!
> Wann finde ich die Stärke, dich graben zu hören
> und nicht mehr zu zittern?
> Bis zur Kehle hinauf klopft mir das Herz,
> wenn ich dich graben höre!
> Dein Schweigen noch will mich würgen,
> du abgründlich Schweigender!
> Noch wagte ich niemals, dich herauf zu rufen:
> genug schon, dass ich dich
> mit mir – trug!
> Noch war ich nicht stark genug
> zum letzten Löwen-Übermuthe und -Muthwillen.
> *Friedrich Nietzsche*

3.1 Der Sprung in die Welt: Das *Erlebnis* als *Ereignis*

> Die Welt ist tief -:
> und tiefer als je der Tag gedacht hat
> *Friedrich Nietzsche*

In der Vorlesung *Die Idee der Philosophie und das Weltanschauungsproblem* von 1919 erscheint der »Sprung in die Welt« als die einzige Möglichkeit, dem Sturz in den »Abgrund« zu entgehen.¹ Dieser Sprung ist in Wirklichkeit die »Wiedergewinnung der Welt«, die durch die Aufwertung der Bedeutsamkeit als konstitutiver Dimension des Erlebnisses stark an Nietzsche² anklingt.

---

1 | Martin Heidegger: Die Idee der Philosophie und das Weltanschauungsproblem, S. 63.

2 | Vgl. den Vortrag, den Löwith auf der Nietzsche-Konferenz 1964 in Royaumont hielt (Karl Löwith: »Nietzsche et sa tentative de récupération du monde«, in: Cahiers de Royaumont. Nietzsche, Paris: Minuit 1967, S. 45-84, vgl. für die deutsche Fassung des Aufsatzes Kapitel VIII in: Karl Löwith: Gott, Mensch und Welt in der Metaphysik von Descartes bis zu Nietzsche, Metzler: Stuttgart 1986, S. 117-147). Löwith betont, dass das gesamte philosophische Denken Nietzsches auf eine Wiedergewinnung der Welt ausgerichtet sei. Seine Grundgedanken vom »Tode Gottes«, vom Anti-Christentum, vom »Übermenschen«, dem »Willen zur Macht«, der »ewigen Widerkehr« und von einer »Umwertung aller Werte« seien Ausdruck des außerordentlichen *Versuchs* zu einer »Wiederanverlobung« der Welt, von der uns das Christentum getrennt hat, als es über die heidnische Verehrung des Kosmos triumphierte. Nietzsche habe, so Löwith, diesen Versuch während des Höhepunkts der Modernität unternommen und dabei die antike Gewissheit der Welt wiederholt. Nietzsches Ambition werde im Vergleich der ersten Rede Zarathustras mit den ersten Sätzen der Descarteschen *Prinzipien* deutlich, in denen die Gewissheit der sinnlich erfahrbaren Welt so radikal angezweifelt wird, dass Descartes einen Gottesbeweis braucht, um die Existenz dieser Welt sicherzustellen. Nietzsche habe diesen Weg zur Gewissheit ausgeschlossen und durch Zarathustras Erwachen zum »Welten-Kinde«, »Erdenmenschen«, »Mensch der Welt« eine neue Gewissheit begründet. Diese nietzschesche Gewissheit der Zusammengehörigkeit von Mensch und Welt sei, so Löwith weiter, in die heideggersche Bestimmung des *Daseins* aufgenommen worden, durch die Übertragung des menschlichen Seins in die Reflexion über die Welt in uns, in Entgegensetzung zur gedachten Natur als Sein, das außer uns, das uns fremd ist. Aus dieser Perspektive sollte Nietzsches Unterscheidung zwischen einem bewussten »Ich« und einem »körperlichen Selbst«, das über den Ursprung und das Wesen des Bewusstseins reflektiert, verstanden werden. Vgl. dazu auch den auf der Nietzsche-Konferenz in Cerisy-la-Salle 1972 gehaltenen Vortrag von Eugen Fink: »Nouvelle expérience du monde chez Nietzsche«, in: Nietzsche aujord'hui?, Bd. 2: Passion, Paris: U.G.E. 1973, S. 345-364; wiederabgedruckt in: Alfredo Guzzoni (Hg.): 90 Jahre philosophische Nietzsche-Rezeption, Königstein/Ts.: Hain 1979, S. 126-

Die Bestimmung des weltlichen Charakters der subjektiven Erfahrung vollzieht sich in Heideggers Analyse in zwei Momenten: Durch den Übergang vom *Erlebnis*[3] zum *Ereignis* und durch das Verständnis des Lebens als Ent-leben. In der Verbindung von Erlebnis, Ereignis und Entleben erscheint die Zusammengehörigkeit von Leben und Geschichte gleichzeitig de-individualisierend und aneignend. Entscheidend ist in diesem Zusammenhang zweierlei: die Bestimmung des Erlebnisses als Ereignis und die Wiedergewinnung der Welt. Heidegger beginnt die Strukturanalyse des Erlebnisses mit der Frage: »Gibt es etwas?«[4] In dieser Frage nimmt »sich« derjenige, der die Frage stellt[5], nicht als ein »ich« war. »*Ich* frage: ›Gibt es etwas?‹ Das ›gibt es‹ ist ein ›es geben‹ für ein Ich – und doch bin *ich* es nicht, für *den*, auf *den* der Fragesinn Bezug hat.«[6] In der Einfachheit und Primitivität der Frage »*Gibt es etwas?*« verhindert die Komplexität der Bedeutungsdimension, dass sie auf eine objektive Dimension reduziert werden kann. Nur »die Charakterisierung des Erlebnisses als Er-eignis«[7] kann Rechenschaft darüber ablegen, inwiefern die Erfahrung des Fragens den Fragesteller betrifft, als Ereignis, dass ihm eigen ist, ohne sich einfach auf sein »ich« zu beziehen.

---

139. Vgl. außerdem Friedrich Nietzsches »Fatum und Geschichte« und »Willensfreiheit und Fatum«, in: KGW, Bd. I/2, S. 431-440 sowie »Wie die ›wahre Welt‹ endlich zur Fabel wurde«, in: Götzendämmerung, KGW, Bd. VI/3, S. 74f. Zum Begriff der Welt bei Heidegger vgl. Fernand Couturier: Monde et être chez Heidegger, Montréal: Presses de l'Université de Montréal 1971.

3 | Zur Entstehung und Geschichte des Begriffs *Erlebnis* vgl. Hans-Georg Gadamer: Wahrheit und Methode, Bd. 1, S. 66ff. Dank Gadamers Rekonstruktion können in diesem Zusammenhang sowohl die Auffassung des *Erlebnisses* aus einer Husserl-diltheyschen Perspektive, mit deutlichen Anleihen bei der Lebensphilosophie, genauer noch bei der Jugendbewegung, angezeigt werden, als auch Heideggers eigenwillige Neubestimmung (vgl. Edmund Husserl: Logische Untersuchungen, Husserliana Bd. XIX/I, V: Untersuchung, insb. §§ 2, 3, 4, 10; Ders.: Ideen zur reinen Phänomenologie und phänomenologischen Philosophie, Bd. 1, insb. §§ 36, 45, 49, 54, 75, 77, 78, 80/84).

4 | Martin Heidegger: Die Idee der Philosophie und das Weltanschauungsproblem, S. 63.

5 | Ebd., S. 69.

6 | Ebd.

7 | Ebd.

Heidegger geht in einem zweiten Schritt zur Analyse des Umwelterlebnisses über.[8] Als Beispiel dient ihm die mögliche Erfahrung eines Katheders. Diese Erfahrung wird als »hermeneutische Intuition«[9] charakterisiert, insofern im Sehen des Katheders weder »braune Flächen, die sich rechtwinklig schneiden«, noch ein »Fundierungszusammenhang« erfahren wird, sondern das, was »in einem Schlag« gegeben ist: »Ich sehe das Katheder gleichsam in einem Schlag; ich sehe es nicht nur isoliert, ich sehe das Pult als für mich zu hoch gestellt. Ich sehe ein Buch darauf liegend, unmittelbar als mich störend (ein Buch, nicht etwa eine Anzahl geschichteter Blätter mit schwarzen Blättern bestreut), ich sehe das Katheder in einer Orientierung, Beleuchtung, einem Hintergrund.«[10] Das Erkennen des Objekts als Katheder verweist auf den Zusammenhang von Intuition und Bedeutsamkeit. Heidegger hebt die Bedeutsamkeit der Intuition dadurch besonders hervor, dass er die Intuition des Objekts als Katheder in einem Hörsaal der Universität seitens Individuen (Dozenten, Studenten...), die dieses Objekt als Katheder erfahren, mit den Intuitionen eines Bauern aus dem Schwarzwald oder eines Senegalesen, den es aus seiner Hütte in eine Aula der Universität verschlagen hat, vergleicht. Der Bauer könnte eine Kiste oder einen Bretterverschlag sehen, oder »den Platz für den Lehrer« oder auch einen Gegenstand, der »mit einer Bedeutung behaftet« ist.[11] Der Mann aus dem Senegal würde etwas sehen, das mit Zauberei zu tun hat oder etwas, hinter dem man sich vor Pfeilen und Steinwürfen schützen kann, oder er wüsste dem Gegenstand überhaupt keine Bedeutung zu geben, genauer gesagt, er wäre ihm Ausdruck für »das Bedeutungshafte des ›zeuglichen Fremdseins‹«.[12] Daraus ergibt sich eine Ausdifferenzierung der Erfahrung der Intuition entsprechend der topologischen Nähe zur Umwelt. »Also mein Sehen und das des Senegalnegers sind doch grundverschieden. Sie haben nur

---

8 | Ebd., S. 70ff.
9 | Zur Bedeutung des Ausdrucks »hermeneutische Intuition« äußert sich Heidegger in einem Brief an Heinrich Rickert vom 27.01.1920 (vgl. Martin Heidegger/Heinrich Rickert: Briefe 1912-1933, Klostermann: Frankfurt a.M. 2002, S. 48).
10 | Martin Heidegger: Die Idee der Philosophie und das Weltanschauungsproblem, S. 71.
11 | Ebd.
12 | Ebd., S. 72.

das Gemeinsame, daß in beiden Fällen etwas gesehen wird.«[13] Das Kathedererlebnis ist folglich von seiner Umwelt nicht zu trennen. Diese Umwelt ist das Bedeutsame, die primäre Dimension von der aus die Dinge wahrgenommen werden. Die Unmittelbarkeit der Wahrnehmung ist sekundär im Vergleich zum primären Sein der Bedeutsamkeit. Um den vorgängigen Charakter der Bedeutsamkeit angemessen zu beschreiben, prägt Heidegger den Ausdruck *es weltet*, dessen Prägnanz darin besteht, die Bestimmung der Welt als Bedeutungshorizont, die genealogisch-dynamische Dimension der Emergenz der Welt[14] und die historisch-linguistische Tragweite des Geschehens der Welt zusammenzubringen[15]: »In

---

13 | Ebd.

14 | In der doppelten Absicht, einerseits die Gründe zu skizzieren, die Heidegger 1925 veranlassen, die Phänomenologie eine »fröhliche Wissenschaft« zu nennen, und andererseits deutlich zu machen, warum Nietzsche, worauf schon Gadamer aufmerksam gemacht hat (vgl. Hans-Georg Gadamer: Wahrheit und Methode, Bd. 1, S. 262), als wahrer Vorbereiter für die heideggersche Stellung der Seinsfrage betrachtet werden könnte, sei auf einen Aphorismus Nietzsches verwiesen, in dem die Emergenz der Welt jenseits einer axiologischen Dimension und die Zusammengehörigkeit von Mensch und Welt, wie sie sich in der Bedeutung von »*es weltet*« ausdrückt, besonders prägnant formuliert werden: »Nein! nicht mehr mit der Bitterkeit und Leidenschaft des Losgerissenen, der sich aus seinem Unglauben noch einen Glauben, einen Zweck, ein Martyrium selbst zurecht machen muss! Wir sind abgesotten in der Einsicht und in ihr kalt und hart geworden, dass es in der Welt durchaus nicht göttlich zugeht, ja noch nicht einmal nach menschlichem Maasse vernünftig, barmherzig oder gerecht: wir wissen es, die Welt, in der wir leben, ist ungöttlich, unmoralisch, ›unmenschlich‹ [...] Die ganze Attitüde ›Mensch *gegen* Welt‹, der Mensch als ›Welt-verneinendes‹ Princip, der Mensch als Werthmaass der Dinge, als Welten-Richter, der zuletzt das Dasein selbst auf seine Wagschalen legt und zu leicht befindet – die ungeheuerliche Abgeschmacktheit dieser Attitüde ist uns als solche zum Bewusstsein gekommen und verleidet, – wir lachen schon, wenn wir ›Mensch *und* Welt‹ nebeneinander gestellt finden, getrennt durch die sublime Anmaassung des Wörtchens ›und‹!« (Friedrich Nietzsche: Die Fröhliche Wissenschaft, Aph. 346).

15 | Gadamer macht die Gegenüberstellung von Hermeneutik und Dekonstruktion im Sinne Derridas an der heideggerschen »Destruktion« fest, mit der die historisch-linguistische Reichweite der Welterfahrung eingeführt wurde (vgl. Hans-Georg Gadamer: »Destruktion und Dekonstruktion«, in: Wahrheit und Me-

einer Umwelt lebend, bedeutete es mir überall und immer, es ist alles welthaft, ›es weltet‹, was nicht zusammenfällt mit dem ›es wertet‹.«[16]

Im Lichte dieser neuen, von der Bedeutsamkeit ausgehenden Bestimmung der Umwelt, kommt Heidegger auf die Verbindung *Erlebnis* und *Ereignis* zurück, indem er das Moment des Ent-lebens einführt. Mit der Identifikation von *Erlebnis* und *Ereignis*, d.h. mit der Bestimmung des Erlebnisses als Ereignis, das sich auf ein nicht egologisches »Selbst« bezieht, wird eine begriffliche Präzisierung notwendig, die die nicht-objektive Dimension des *Erlebnisses/Ereignisses* hervorhebt und gleichzeitig die Unmöglichkeit einer rein vitalistischen Reduktion der Objektaneignung eines Erlebnisses hervorhebt. Das Erleben wird zugleich als Ent-leben und als »meine eigene Erfahrung«, die vom Gegenstand des Erlebnisses abhängig ist, verstanden: »Das Gegenständliche, das Er-kannte, ist als solches ent-fernt, aus dem eigentlichen Erleben herausgehoben.«[17] Das Feststellen ist kein einfacher »Vorgang«, der neben oder vor dem erkennenden Ich abläuft, sondern es ist das Erleb-

---

thode, Bd. 2, S. 361-372). Diese Innovation innerhalb der husserlschen transzendentalen Phänomenologie habe Heidegger die Ablösung vom »ontologischen Fundamentalismus« erlaubt, der in der Radikalisierung der Faktizität des *Daseins* in der Betonung der Sorge, des Geworfen-Seins und des Leids noch vorfindlich gewesen sei. Heideggers Interesse für die Sprache lässt sich für Gadamer insbesondere an dieser Vorlesung festmachen: »So wurde ›Sprache‹ in der ganzen Anschauungskraft ihrer lebensweltlichen Bodenständigkeit virulent und brach in die hochverfeinerte Deskriptionskunst der husserlschen Phänomenologie machtvoll ein. Es konnte nicht ausbleiben, daß die Sprache selbst zum Gegenstand ihrer philosophischen Selbstbegreifung wurde. Wenn schon im Jahre 1920, wie ich bezeugen kann, von einem deutschen Katheder ein junger Denker, eben Heidegger, darüber nachzudenken begann, was es heißt, daß ›es weltet‹, so war das der Durchbruch durch eine gediegene, aber ihren eigenen Ursprüngen ganz entfremdete Schulsprache der Metaphysik [...].« (Ebd., S. 362) Regina betont dagegen bezüglich Heideggers Wortprägung »welten« die besondere existentielle Bedeutung, die in der Vorlesung des Kriegsnotsemesters der Welt zugesprochen wurde (vgl. Umberto Regina: »La semantizzazione dell'essere nel giovane Heidegger«, in: Fenomenologia e società 1 (1993), S. 7-34).

16 | Martin Heidegger: Die Idee der Philosophie und das Weltanschauungsproblem, S. 73.

17 | Ebd., S. 73f.

nis eines Selbst, das im Ereignen des Festgestellten sich selbst er-eignet. Im Erlebnis eignet es sich das an, was ihm im Ereignen schon irgendwie vertraut ist. Es gibt im Erleben keinen Ausgang von einem Innern zu einem Außen, von einer psychischen zu einer physischen Dimension: »Die Erlebnisse sind Er-eignisse, insofern sie aus dem Eigenen leben und Leben nur so lebt.«[18] Aus dieser Perspektive ist die Zuführung von Material an die Intuition kein ursprüngliches Problem, sondern es stellt sich nur der Theorie. Als »verstehende«, sich ein vorweltliches Leben aneignende, ist die Intuition hermeneutisch.[19]

3.2 »Jede echte Philosophie ist aus der Not von der Fülle des Lebens geboren«

> In dein Auge schaute ich jüngst, oh Leben!
> Und in's Unergründliche schien ich mir da zu sinken.
>
> In dein Auge schaute ich jüngst, oh Leben! [...]
> Ich tanze dir nach, ich folge dir auch auf geringer Spur.
>
> *Friedrich Nietzsche*

In der Vorlesung des Wintersemesters 1919/20 *Grundprobleme der Phänomenologie* wird die *Geltungsphilosophie*[20] ganz aufgegeben, hier zeigt sich die erste entschiedene Distanzierung von Husserls Phänomenologie, eine intensivere Auseinandersetzung mit der Lebensphilosophie und die historische Umwandlung vitalistischer Motive; in ihr werden erstmals jene

---

18 | Ebd., S. 75.
19 | Ebd., S. 116f. Vgl. dazu, was von Hermann im Zusammenhang mit der *Philosophie als Urwissenschaft*, als phänomenologische Methode innerhalb eines hermeneutischen Horizonts, zu sagen hat. Für von Hermann verwandelt Heidegger schon zu Beginn seiner philosophischen Entwicklung Husserls reflexive Phänomenologie in eine hermeneutische Phänomenologie (vgl. Friedrich-Wilhelm von Hermann: Wege ins Ereignis, S. 9). Zum Umriss eines hermeneutischen Horizonts in dieser ersten Phase des heideggerschen Denkens vgl. Christoph Jamme: »Heideggers frühe Begründung der Hermeneutik«, in: Dilthey-Jahrbuch 4 (1986-87), S. 73-90.
20 | Vgl. Kapitel 1.5.

Themenkomplexe umrissen, die abschließend erst in *Sein und Zeit* (1927) verhandelt werden.[21]

Die definitive Abwendung von der Geltungsphilosophie erfolgt, als das Geltungsproblem durch den phänomenologischen Methodenanspruch ersetzt wird. Die Methode schafft, in ihrer phänomenologischen Definition, den »Zugang« zum Leben selbst.[22] Weit davon entfernt, nur eine reine Technik zu sein, bildet die Methode das Eigentliche der als Phänomenologie verstandenen Philosophie. Als »Ringen um die Methode«[23] ist die Phänomenologie nicht irgendeine Philosophie, sondern überhaupt die authentische Möglichkeit zur Philosophie: »Phänomenologie nicht Philosophie für Jedermann!! Man wird nicht Philosoph dadurch, daß man eine Methode lernt und *beherrscht*. Das Eigentümliche der philosophischen Methode selbst ist es, daß sie nicht technisierbar wird [...].«[24]

---

21 | Vgl. dazu Hans-Helmuth Gander: »Nachwort des Herausgebers«, in: Martin Heidegger: Grundprobleme der Phänomenologie (1919/20), S. 265-273.

22 | Martin Heidegger: Grundprobleme der Phänomenologie (1919/20), S. 2, 4, 155, 228. Im Zusammenhang mit der Bestimmung des Verhältnisses Methode-Gegenstand wird Heidegger zwei Jahre später sagen: »Der formale Sinn von Definition ist also: Das situations- und vorgriffsgebührende, aus der zu gewinnenden Grunderfahrung zugreifende, gegenstandsansprechende ihn Bestimmen in seinem Was-Wie-Sein.« (Martin Heidegger: Phänomenologische Interpretationen zu Aristoteles, S. 19). Insofern hier auch die spätere Entwicklung dieser Frage beleuchtet wird, scheint es mir angebracht, auf von Hermanns Betrachtungen zu verweisen, der den methodologischen Horizont, der sich in diesen Jahren und insbesondere in *Sein und Zeit* abzeichnet, als eine Konstante des gesamten heideggerschen Denkwegs interpretiert (vgl. Friedrich-Wilhelm von Hermann: Wege und Methode. Zur hermeneutischen Phänomenologie des seinsgeschichtlichen Denkens, Frankfurt a.M.: Klostermann 1990). Es geht um den Übergang von einem transzendentalen zu einem historisch-hermeneutischen Horizont. Der methodologische Unterschied zwischen Husserls und Heideggers Phänomenologie sei der zwischen »Reflexion« und »Interpretation«. Um diesen Unterschied zu verstehen, ist es notwendig, so von Hermann weiter, zu präzisieren, dass die Interpretation bei Heidegger kein Bewusstwerden, kein intentionaler Akt des Bewusstseins mehr ist, sondern eine Seinsweise des *Daseins*.

23 | Martin Heidegger: Grundprobleme der Phänomenologie (1919/20), S. 135, 228.

24 | Ebd., S. 135f.

Als Ursprungswissenschaft des Lebens kann die Phänomenologie in der Vorlesung von 1919/1920 nur als »Diahermeneutik« vollzogen werden, die insbesondere dem Unterschied zwischen der Wissenschaftlichkeit der Naturwissenschaften und der Strenge eines radikal phänomenologischen Vorgehens Rechnung trägt. Die Phänomenologie darf die Besonderheit der philosophischen Begriffsbildung nicht unterschätzen: »Die *Begriffe* der Philosophie haben eine andere Struktur als die Objekts- und Ordnungsbegriffe. *Alle* Begriffe haben die *formale Funktion* des *Bestimmens*. Aber Bestimmen durch *Ausdruck* ist nicht Bestimmen durch *Ordnungsschemata*. Die *Dialektik* in der Philosophie, als Form des Ausdrucks, ist nicht Dialektik im Sinne der synthetischen Aneinandersetzung von Begriffen, sondern die philosophische Dialektik ist ›*Diahermeneutik*‹.«[25]

---

25 | Ebd., S. 262f. Vgl. dazu den Beitrag von Rudolf A. Makkreel: »Heideggers ursprüngliche Auslegung der Faktizität des Lebens: Diahermeneutik als Aufbau und Abbau der geschichtlichen Welt«, in: Zur philosophischen Aktualität Heideggers, S. 179-188. Makkreel interpretiert die »Diahermeneutik« ausgehend von der Unterscheidung zwischen »Gehaltssinn« und »Vollzugssinn«, die Heidegger in den Vorlesungen von 1919/20 und im Sommersemester 1920 (Martin Heidegger: Phänomenologie der Anschauung und des Ausdrucks. Theorie der philosophischen Begriffsbildung, GA, Abt. II, Bd. 59) thematisiert hat. Der *Vollzugssinn* liefert die Anschauung des Sinnzusammenhangs des Lebens, der *Gehaltssinn* den begrifflichen Ausdruck. Die Verbindung beider Momente zeigt, dass eine phänomenologische Lebensphilosophie sich weder mit einer Beschreibung der faktischen Lebensbezüge noch mit dem begrifflichen Ausdruck begnügen darf. Heideggers Suchen nach dem Vollzugssinn des Lebens unterscheidet sich nicht nur von Husserls Phänomenologie, sondern auch von Diltheys Hermeneutik, insofern in dieser der *Gehaltssinn* auf einen ausdrücklichen Aufbau der geschichtlichen Welt reduziert wird. So gesehen bildet die *Diahermeneutik* keine Dialektik im Sinne einer logischen Gegenüberstellung, sondern ein »Mit-laufen« mit dem Fortgang des Lebens selbst. Allein durch diese hermeneutische Dialektik sei es möglich, eine Verbindung zwischen dem *Vollzugssinn* und dem *Gehaltssinn* zu finden. Vgl. dazu, was Heidegger im nachfolgenden Semester sagen wird, nachdem er die »wissenschaftliche Philosophie« von den Naturwissenschaften, von den Weltanschauungen, von einer »Systematik der Vernunft« und von der Beschreibung des Bewusstseins unterschieden hat: »Die Fragen nach der Anschauung und nach dem Ausdruck sind also so zu verstehen: Es wird gefragt nach dem Wie der philosophischen Erfahrung und nach dem Wie, in dem sich die philosophi-

Aus dieser Perspektive muss die Philosophie als »Grundhaltung« angesehen werden, vergleichbar mit dem platonischen *Eros*.[26] Mit dieser Bestimmung der philosophischen Tätigkeit begreift Heidegger das Leben als ›Ding‹ des Philosophierens und gleichzeitig als Entstehungskontext des Philosophierens.[27]

Der Verlauf des Lebens zeichnet die Bewegung des Philosophierens vor, sie hat ihren Anfang in der Fülle des Lebens und verwirklicht sich in der Anspannung, dieses zu verstehen. »Die wahre philosophische Haltung ist nie die eines logischen Tyrannen, der durch sein Anstarren das Leben verängstigt. Sondern es ist Platons Eros. Aber der hat noch eine viel lebendigere Funktion als bei Platon. *Der Eros ist nicht nur ein Motivgrund der Philosophie,* sondern die philosophische Betätigung selbst verlangt ein sich Loslassen in die letzten Tendenzen des Lebens und ein Zurückgehen in seine letzten Motive. Die der phänomenologischen Philosophie entgegengesetzte Haltung ist ein Sich-Einspannen in etwas. Jene Philosophie verlangt vielmehr ein Sich-Loslassen in das Leben, allerdings nicht in seine Oberfläche, sondern gefordert wird eine Vertiefung des Selbst in seine Ursprünglichkeit.«[28]

---

sche Erfahrung selbst expliziert, nach dem Motiv und der Tendenz der philosophischen Erfahrung selbst.« (Martin Heidegger: Phänomenologie der Anschauung und des Ausdrucks. Theorie der philosophischen Begriffsbildung, S. 171ff.) Dieselbe Vorlesung ist auch in Bezug auf die philosophische Begriffsbildung von Interesse (ebd., S. 8ff.).

26 | Zu Heideggers Platonismus, insbesondere zu seinem Zugang zu Platon *über* Aristoteles in den zwanziger Jahren vgl. Martin Heidegger: Platon: Sophistes; Jean-François Courtine: Heidegger et la phénomenologie, Paris: Vrin 1990, Kapitel 6: »Le platonisme de Heidegger«, S. 129-158.

27 | Vgl. Platon: Das Gastmahl, in: Werke, Bd. 3, Darmstadt: Wissenschaftliche Buchgesellschaft 1990 und den Kommentar von Luce Irigaray: »Zauberliebe. Eine Lektüre von Platon«, in: Ethik der sexuellen Differenz, Frankfurt a.M.: Suhrkamp 1991, S. 29-45.

28 | Martin Heidegger: Grundprobleme der Phänomenologie (1919/20), S. 263, kursiv R. C. Der Gleichklang der Beschreibung des platonischen Eros mit derjenigen des *Willens zur Macht* in den Jahren 1936/37 wird in der spezifischen Thematisierung von Heideggers erster Nietzsche-Vorlesung deutlich werden (vgl. Martin Heidegger: Nietzsche, Bd. 1, S. 46-53 und 53-66).

Die Philosophie als radikale Phänomenologie ist also die »Ursprungswissenschaft vom Leben«[29], deren Aufgabe darin besteht, den Begriff des Lebens an sich zu betrachten.[30] Doch in dem Maße, in dem das Leben als

---

[29] | Martin Heidegger: Grundprobleme der Phänomenologie (1919/20), S. 230.
[30] | Ebd., S. 65ff.; 78ff.; 81ff.; 171. Die erste Bestimmung des Lebens ist die »Selbstgenügsamkeit« als Erfüllungsform (S. 30ff. – der polemische Akzent richtet sich hier gegen die bei Simmel anzutreffende Betonung der Formen permanenter Unvollkommenheit des Lebens – S. 41ff.; vgl. auch Martin Heidegger: Die philosophischen Grundlagen der mittelalterlichen Mystik, GA, Abt. II, Bd. 60, S. 336; ferner verweise ich auf Friedrich Nietzsche: Die fröhliche Wissenschaft, Aph. 115, in dem die Selbsteinschätzung, »immer nur unvollständig« zu sein, als erster Irrtum angesehen wird, mit dem der Mensch erzogen wurde); die zweite Bestimmung (S. 32) betrifft die »Mannigfaltigkeit der Lebenstendenzen«, derentwegen wir immer in eine bestimmte Richtung leben (in diesem Zusammenhang verweise ich auf die Thematisierung des Perspektivismus in Friedrich Nietzsche: Nachgelassene Fragmente 1888-1889, Aph. 14[186]); die dritte Bestimmung gilt dem »Weltcharakter des Lebens« mit den daraus folgenden Begriffen der *Umwelt, Mitwelt* und *Selbstwelt* (S. 33ff.; 43ff.; 93ff.). Von seiner Weltlichkeit aus betrachtet wird das Leben nicht nur in seiner »Selbstgenügsamkeit« fassbar, sondern auch in seinem »Ausdruck« (S. 102), seiner »Bedeutsamkeit« (S. 131) und seiner »Betontheit« (S. 188). Bezeichnend ist im Zusammenhang mit dem Begriff der Bedeutsamkeit Heideggers Behauptung der Wechselseitigkeit von Erfahrung und Denken (»*Erfahrung ist Denken! Erfahrung gibt es nicht ohne Denken. Ein reines a posteriori Urteilen gibt es nicht. Auch in der primitivsten Erfahrung steckt Denken.*« – S. 133) und die Unterscheidung zwischen Bedeutsamkeit und Sinn (S. 104-110). Im Vergleich zum Sinn kann die Bedeutsamkeit reicher oder ärmer sein, aber sie kann sich nie mit der Sphäre des Sinns identifizieren. Heidegger bezieht sich dabei ausdrücklich auf Bergsons unmittelbare Identifikation von Leben und Sinn (vgl. Henri Bergson: Schöpferische Entwicklung, Jena: Diederichs 1921). Zur phänomenologischen Rezeption von Bergsons Denken seitens der deutschen Philosophie vgl. die Beiträge von Jacques Taminiaux: »De Bergson à la phénoménologie existentielle«, in: Revue philosophe de Louvain 54 (1956), S. 26-85 und Günther Pflug: »Die Bergson-Rezeption in Deutschland«, in: Zeitschrift für philosophische Forschung 45 (1991), S. 257-266. Von besonderem Interesse in Bezug auf das Verhältnis von Sinn und Bedeutsamkeit sind auch Heideggers Anmerkungen in den *Prolegomena zur Geschichte des Zeitbegriffs* (GA, Abt. II, Bd. 20, S. 265) über die »Leibhaftigkeit«, die kein primärer Charakter ist. Die vermeintliche Begegnung mit dem leibhaftigen

solches nicht Objekt werden kann[31], ist das wesentliche Problem der Phänomenologie, verstanden als Ursprungswissenschaft des an und für sich betrachteten Lebens, die Phänomenologie selbst.[32]

Diese zweite, begriffliche Figur der »hermeneutischen Phänomenologie als fröhliche Wissenschaft«, stellt die erste nicht einfach in den Schatten. Das Leben als Ursprungsdimension ist wesentlich welthaftes Leben.[33]

Nur im Sprung in die Welt taucht das Leben auf. Die welthafte Wiedergewinnung des Lebens impliziert unmittelbar die Annahme der geschichtlichen Dimension der Weltlichkeit[34] und in Folge dessen auch die der Zeit.[35] Weil Husserls Phänomenologie die Rolle der Bedeutsamkeit in der Bestimmung der Dinghaftigkeit und der Gegebenheit nicht betrachte, bilde sie keinen angemessenen »Zugang«[36] zu der von der Lebensphilosophie hervorgehobenen Ursprungsdimension des Lebens.

Ding ist vielmehr das Resultat einer spezifischen Entweltlichung der Umwelt (ebd., S. 266). Bei der Betontheit handelt es sich wahrscheinlich um eine erste Bestimmung dessen, was in *Sein und Zeit* (§ 29) die *Befindlichkeit* genannt werden wird. *Betontheit* kommt von betonen und bedeutet einen Akzent setzen, akzentuieren, einen Ton angeben, die Tonalität bestimmen.

31 | Martin Heidegger: Grundprobleme der Phänomenologie (1919/20), S. 145.

32 | Ebd., S. 1.

33 | Vgl. Martin Heidegger: Phänomenologische Interpretationen zu Aristoteles, S. 85ff. Welt ist die Grundkategorie des Gehaltssinns, der dem Phänomen »Leben« eingeschrieben ist. Leben ist die Bedingung für das Sorgen als Bedeutsamkeit (ebd., S. 90f.); als Weisung (ebd., S. 94ff.); als Besorgnis (ebd., S. 135ff.); als Neigung (ebd., S. 100ff.); als Abstand (ebd., S. 102ff.); als Abriegelung (ebd., S. 105ff.); als das Leichte (ebd., S. 108ff.); als Reluzenz und Praestruktion (ebd., S. 117ff.).

34 | Martin Heidegger: Grundprobleme der Phänomenologie (1919/120), S. 147ff.

35 | In dieser Vorlesung wird die Zeit als Verbindung zwischen der Situation und dem Selbst eingeführt, vgl. ebd., S. 259.

36 | Ebd., S. 5. Zu Heideggers Auseinandersetzung mit Husserls Phänomenologie in dieser Zeit vgl. den Beitrag von Walter Biemel: »Heidegger e la fenomenologia«, in: Rivista di filosofia 1 (1992), S. 3-24. Für eine allgemeine Gesamtbetrachtung des Verhältnisses Heidegger-Husserl bezüglich der hier behandelten Fragen und einer Bibliographie zum Thema, vgl. Renato Cristin (Hg.): Fenomenologia. Storia di un dissidio (1927), Milano: Unicopoli 1986.

In Bezug auf die Auseinandersetzung mit Nietzsche, als Vorgänger und Exponent der Lebensphilosophie[37], vertritt Heidegger eine Position, die beispielsweise für *Sein und Zeit* charakteristisch werden sollte: einerseits die Übernahme der von Dilthey, Simmel, Bergson und Spengler behandelten Themen und die prompte Relativierung ihrer begrifflichen Ergebnisse; andererseits eine nahezu stillschweigend zur Schau gestellte Übereinstimmung mit Nietzsches Reflexionen. In diesem Zusammenhang ist der Moment bedeutsam, in dem Nietzsches Name fällt, insbesondere wenn man ihn in Bezug setzt zu dem von Heidegger in diesen ersten Vorlesungen unternommenen Versuch, für die Philosophie eine Definition zwischen Phänomenologie und Lebensphilosophie zu finden.

---

37 | Vgl. in diesem Zusammenhang die Arbeit von Max Scheler: »Versuche einer Philosophie des Lebens«, in: Vom Umsturz der Werte. Abhandlungen und Aufsätze, GW, Bd. 3, Bern: A. Francke 1955, S. 311-339. Im Rahmen einer Übersicht über die verschiedenen zeitgenössischen Ausdrucksformen der *Lebensphilosophie* präzisiert Scheler die Rolle Nietzsches: »*Friedrich Nietzsche* besaß die ›Philosophie des Lebens‹ noch nicht. Und doch schwebt er über den modernen Versuchen wie ein verborgener Schutzgeist. Er vor allem brachte durch seine dichterische und sprachschöpferische Gewalt in das Wort ›Leben‹ den tiefen Goldklang, den es seitdem besitzt. [...] Das ›Leben‹: das ist hier nicht mehr ein Vorgang in den räumlich abgeschlossenen Formen der Organismen; nicht mehr – wie früher für ihn selbst noch – eine ›kleine Bewegung‹ auf einem der kleineren Planeten. Es sitzt in der Tiefe: Und Welten, Gesetzessysteme, Wertsysteme rauschen aus seiner Rätseltiefe auf – rauschen auf und geben nur dem toten Blicke das Bild eines absolut fest und ewig Gefügten.« (S. 314f.) Scheler verweist auf Nietzsche als eine der Quellen beispielsweise für Bergsons *élan vital* (vgl. Henri Bergson: Schöpferische Entwicklung; zur Thematisierung des élan vital S. 120, 257ff; bezüglich eines impliziten Verweises auf Nietzsche S. 275ff). Für den Vergleich zwischen Nietzsches *Lebenswelt* einerseits und der Lebensweltdimension bei Husserl, Heidegger, Merleau-Ponty und Schütz andererseits, verweise ich auf Bernhard Taureck: Nietzsches Alternativen zum Nihilismus, Hamburg: Junius 1991, S. 317-464; für die Rezeption der nietzscheschen Lebensphilosophie in Heideggers ersten Vorlesungen auf Lukas Trafojer: Philosophie als Interpretation des faktischen Lebens in Heideggers frühen Freiburger Vorlesungen, Diplomarbeit zur Erlangung der Würde des Magister Philosophie an der Leopold-Franzens-Universität Innsbruck 1995, S. 18ff.

Nietzsche erscheint im letzten Paragraphen der Einleitung, in dem die methodischen Charakteristiken der Phänomenologie im Hinblick auf den Nachweis des Lebens als Fundament untersucht werden. Indem Dilthey[38],

---

38 | Martin Heidegger: Grundprobleme der Phänomenologie (1919/20), S. 9ff.; 252f. Für Heidegger hat Dilthey einen neuen Aspekt der Geistesgeschichte eröffnet. Er habe ihre wahre Idee als beschreibende Psychologie erschaffen. Selbst die Gespreiztheit von Spenglers »europäischem Buch« basiert Heidegger zufolge, wenngleich auf »lächerliche« Weise, auf Diltheys Philosophie. Diese neue Bestimmung der Geistesgeschichte sei aus neukantianischer Perspektive auch von Bergson und Simmel aufgegriffen worden. Vgl. dazu Otto Pöggeler: »Heideggers Begegnung mit Dilthey«, in: Dilthey-Jahrbuch 4 (1986/87), S. 121-160. Relevant sind in diesem Zusammenhang die Hinweise auf die Alternative »Dilthey oder Nietzsche« (S. 157ff.), die sich für Heidegger ab 1929 stellen wird. Bezüglich Nietzsches Gegenwart innerhalb der diltheyschen Abhandlungen bietet der Beitrag von Johann Figl: »Nietzsche und die philosophische Hermeneutik des 20. Jahrhunderts. Mit besonderer Berücksichtigung Diltheys, Heideggers und Gadamers« (in: Nietzsche-Studien 10/11 (1981/82), S. 408-441) wertvolle Hinweise, insbesondere zur historiographischen Rekonstruktion der Angelegenheit Heidegger-Nietzsche. In der Debatte, die auf Figls Beitrag folgt (der Doppelband der »Nietzsche-Studien« versammelt die Redebeiträge der internationalen Nietzsche-Tagung, die 1980 auf Schloss Reisensburg stattfand), betont Müller-Lauter, dass man Nietzsches Gegenwart in *Sein und Zeit* nicht überbewerten dürfe (vgl. ebd., S. 433). Figl antwortet darauf mit einem präzisen Hinweis auf die von Löwith 1923 unter der Obhut von Heidegger verfasste Dissertation mit dem Titel *Auslegung von Nietzsches Selbst-Interpretation und von Nietzsches Interpretation*. Es handelt sich um eine unveröffentlichte Arbeit von Löwith, von der sich ein Exemplar in der Universitätsbibliothek in München befindet. Ihr Titel belegt eindeutig, dass sich Heidegger, Löwiths Doktorvater, bereits 1923 mit Nietzsches Hermeneutik und seiner Interpretationstheorie auseinandergesetzt hat. Gunter Scholtz erinnert in »Hermeneutische Philosophie« (Dilthey-Jahrbuch 8 (1992/93), S. 93-119) daran, dass Heidegger selbst versucht habe, einen Teil von Löwiths Arbeit in der *Deutschen Vierteljahresschrift* veröffentlichen zu lassen (S. 108). Vgl. dazu den Brief Heideggers an Erich Rothacker vom 16.04.1924 (in: Joachim W. Storck/Thomas Kisiel (Hg.): »Martin Heidegger und die Anfänge der ›Deutschen Vierteljahrsschrift für Literaturwissenschaft und Geistesgeschichte‹. Eine Dokumentation«, in: Dilthey-Jahrbuch 8 (1992/93) S. 181-193, 205f.).

Spengler[39], Bergson[40], Simmel[41], James[42] und Jaspers[43] das Leben als Ursprungsphänomen betrachteten, haben sie die lebendigen Momente der Geistesgeschichte radikalisiert, ohne ausgehend vom Leben selbst zu einem Verständnis des Lebens vorzustoßen. Auf der anderen Seite läuft die phänomenologische Abhandlung des Lebens Gefahr, sich auf eine »Ausformung des *Lebens*« zu beschränken.[44]

In diesem Zusammenhang gibt Heidegger einen Hinweis auf die Gefahr, die der Entwicklung der Phänomenologie innewohnt: die Eingrenzung

---

39 | Martin Heidegger: Grundprobleme der Phänomenologie (1919/20), S. 9; 252f.
40 | Ebd., S. 10; 24; 104-110; 160.
41 | Ebd., S. 10; 30; 41ff.; 150; 160; 252f. Vgl. Georg Simmel: Schopenhauer und Nietzsche: Tendenzen im deutschen Leben und Denken seit 1870, Hamburg: Junius 1990. Das kantische Begriffspaar Form-Inhalt wird in die Triade »Leben-Form-Inhalt« überführt. In Heideggers letzten Marburger Vorlesungen lässt sich ein Echo dieser Kombination aus Nietzsche und Kant vernehmen. Simmel greift, ebenso wie nach ihm Heidegger selbst, im Zusammenhang mit einem kantischen Problem aus anti-idealistischer Perspektive auf Schopenhauer und Nietzsche zurück u.a. zur Dekonstruktion der traditionellen Ethik und zur Formulierung einer »Moral der Vornehmheit« (ebd., S. 303-338). Bemerkenswert ist im Zusammenhang mit dieser Moral der Unterscheidung die ethische Bedeutung, die der ewigen Wiederkehr zugesprochen wird und auf die, unter verschiedenen Gesichtspunkten, Heidegger, Löwith und Deleuze in der Thematisierung des Augenblicks zurückkommen werden.
42 | Martin Heidegger: Grundprobleme der Phänomenologie (1919/20), S. 10.
43 | Ebd., implizite Verweise auf S. 102.
44 | Ebd., S. 136; außerdem ist das gesamte Lose Blatt Nr. 6 der »Gegebenheit des Ichs« und der »Überschätzung seiner Rolle in der Phänomenologie« gewidmet (S. 188). Bezüglich dieser Rolle wird Heidegger später die Frage nach dem »Ich bin« stellen und deutlich machen, dass die Grundkategorien aufgrund derer das faktische Leben denkbar ist, keine Erfindung oder eine Ansammlung logischer Schemata sind, sondern dass sie vielmehr auf ursprüngliche Weise *im Leben selbst* am Leben sind, am Leben, um das Leben zu »bilden« (vgl. Martin Heidegger: Phänomenologische Interpretationen zu Aristoteles, S. 172ff.; S. 88). Zum Vergleich zwischen der griechischen Interpretation des *Daseins* und Husserls bewusstseinsphilosophischem Ansatz vgl. Martin Heidegger: Einführung in die Phänomenologische Forschung, S. 52ff.

der transzendentalen Probleme auf die wissenschaftliche Konstitutionsform und in Folge dessen die Betrachtung aller Lebensbereiche auf der Grundlage dieses Paradigmas. Diese Gefahr werde durch den Neukantianismus und den deutschen Idealismus ständig gefördert.»Dagegen stößt von innen heraus die Phänomenologie, weil sie nicht ein Typus von Philosophie ist, die Nietzsche, sich selbst darüber unklar, bekämpfte – eine Philosophie und Wissenschaft, die nicht Liebe zur Weisheit, zum Leben ist, sondern versteckter, neidischer Haß, der demonstriert durch die erdachten Fesseln rationaler Formen [...].«[45]

---

45 | Martin Heidegger: Grundprobleme der Phänomenologie (1919/20), S. 23. Im zweiten Teil der Vorlesung des Wintersemesters 1921/22 kommt Heidegger auf die Vertreter der *Lebensphilosophie* zurück, dabei vereint er dieses Mal die begriffliche Reichweite von Nietzsche, Bergson und Dilthey: »Man darf aber die Problemsituation der Lebensphilosophie nicht in der Gestalt der heute üblichen Abfallprodukte sehen und so kritisieren. In Betracht kommen: Nietzsche, Bergson, Dilthey.« (Martin Heidegger: Phänomenologische Interpretationen zu Aristoteles, S. 80). Bezüglich dieser Vorlesung und ihrem Verhältnis zu *Sein und Zeit* verweise ich auf die Ausführungen von Carl Friedrich Gethmann: »Philosophie als Vollzug und als Begriff. Heideggers Identitätsphilosophie des Lebens in der Vorlesung vom Wintersemester 1921/22 und ihr Verhältnis zu *Sein und* Zeit«, in: Dilthey-Jahrbuch 4 (1986-87), S. 27-53. Während für von Hermann *Sein und Zeit* und die Marburger Vorlesung von 1927 als ein in sich abgeschlossenes Moment angesehen werden müssen (vgl. Friedrich-Wilhelm von Hermann: Heideggers »Grundprobleme der Phänomenologie«. Zur »zweiten Hälfte« von »Sein und Zeit«, Frankfurt a.M.: Klostermann 1991), distanziert sich Gethmann von dieser Interpretation und betrachtet die ersten Vorlesungen von Heidegger als Genese von *Sein und Zeit*. Er verweist auf verschiedene Interpretationsweisen der heideggerschen Entwicklung im Verhältnis zu *Sein und Zeit*: Koexistenz verschiedener Denkwege (Otto Pöggeler); evolutionistische Entwicklung der begrifflichen Verbindungen und daraus abgeleitete Bewertung (Oskar Becker, Karl Löwith und allgemein die Besucher von Heideggers Vorlesungen, für die *Sein und Zeit* im Vergleich zu den Seminarveranstaltungen eine Enttäuschung war). In Bezug auf die Vorlesung bemerkt Gethmann, dass die Unterscheidung zwischen *Leben* und *Sorgen* in *Sein und Zeit* nicht so ausgeprägt sei. Auch würde im Unterschied zum Werk von 1927 in der Vorlesung des Wintersemesters 1921/22 die Dimension der Verfallenheit keinen einfachen Übergang bilden, wie dagegen später in *Sein und Zeit*, § 38. Für die Identitätsphilosophie des Lebens, wie sie in dieser

Die Phänomenologie sollte dagegen eine »Grundhaltung« sein, ein untrennbares, »lebendiges« und »verstehendes« Mitgehen mit dem Leben. Das lebendige phänomenologische Verstehen zeigt sich als eine Art *amor fati*, das hier verstanden wird als Überwindung des »Zwists«[46], als Steigerung der *humilitas animi*.[47] Diese von Eckhart und Luther geprägte Bestim-

---

Vorlesung vorgestellt wird, sei die »Sorge« kein zusammenfassender Ausdruck für eine »deskriptiv-strukturelle Komplexität«, sondern kennzeichne die Ganzheit einer Strukturmannigfaltigkeit (S. 50): »Sorge« sei in der Vorlesung von 1921/22 »noch ein Moment einer Rhapsodie [...], während ›Sorge‹ in *Sein und Zeit* das Moment eines *Systems* darstellt.« (S. 51) In Bezug auf den »Strukturalismus« von *Sein und Zeit* benutzt Ansén den Ausdruck »bewegte Struktur«: »Sie steht für die Strukturiertheit des Verhältnisses, für den Möglichkeitscharakter dieses Verhältnisses, damit für den Möglichkeitscharakter der Struktur, damit für den Möglichkeitscharakter des Seins überhaupt. Sie steht für etwas, das man Ontologie des Fiktiven oder fiktive Ontologie nennen könnte.« (Vgl. Reiner Ansén: »Bewegtheit«. Zur Genesis einer kinetischen Ontologie bei Heidegger, Cuxhaven: Junghans 1990, S. 74-93, hier S. 91)

46 | Vgl. das achte Kapitel der 1917 publizierten Arbeit von Rudolf Otto: Das Heilige. Über das Irrationale in der Idee des Göttlichen und sein Verhältnis zum Rationalen, München: O. Beck 1936. Eine Rezensionsskizze zu diesem Buch findet sich in Heideggers Manuskript vom Sommer 1919, vgl. Martin Heidegger: Die philosophischen Grundlagen der mittelalterlichen Mystik, S. 332ff. Husserl schrieb am 15. März 1919 einen Brief an Otto, in dem er das Werk des Theologen als einen ersten Anfang für die Entwicklung einer »Phänomenologie der Religion« bezeichnete (vgl. Otto Pöggeler: Heideggers Begegnung mit Dilthey, S. 132). Vgl. für einen Umriss der »Phänomenologie des Heiligen« bei Otto Kapitel 20 seines Werks. Auf Ottos Buch verweist in Verbindung mit dem 1918 publizierten Text von Friedrich Heiler: Das Gebiet, auch Karl Lehmann: »Christliche Geschichtserfahrung und ontologische Frage beim jungen Heidegger«, in: Otto Pöggeler (Hg.), Heidegger. Perspektiven zur Deutung seines Werkes, S. 140-168.

47 | Rudolf Otto: Das Heilige, S. 23. Bemerkenswert ist Ottos Bestimmung der *humilitas* als eckhartsche Dimension der *majestas*, vgl. ebd., S. 25: »Man vergleiche etwa [...] die Ausführungen des Meister Eckehart über Armut und Demut. Indem der Mensch arm und demütig wird, wird Gott alles in Allem, wird Er das Sein und das Seiende schlechthin.« Ein Echo dieser Verbindung der Demut oder Armut mit der *majestas* klingt in dem wahrscheinlich in der ersten Hälfte der vierziger Jahre entstandenen heideggerschen Aufsatz »Die Armut« an.

mung des *amor fati* zeigt einerseits Anklänge an die Habilitationsschrift[48] und nimmt andererseits einige Fragen vorweg, die im Manuskript *Die philosophischen Grundlagen der mittelalterlichen Mystik* behandelt werden. Dieses Manuskript enthält Aufzeichnungen für eine Vorlesung, die Heidegger im Semester 1919/20 hätte halten sollen.[49] In ihm finden sich eine Reihe von Bestimmungen, die der Dimension des *amor fati* assimilierbar sind, so das »Ja zum Sein«, das 1927 in *Sein und Zeit* als Verbindung zwischen *Befindlichkeit, Erschlossenheit* und *Entschlossenheit* (§§ 29, 60) auftaucht; 1936/37 als *Wille zur Macht*, verstanden als »ursprüngliche Affekt-Form«[50], in den Jah-

---

In diesem Text wird die zum Seyn gehörende Armut als »Überfluß (das Überfließen-lassen) des Unnötigen« beschworen (vgl. Martin Heidegger: Die Armut, unveröffentlichtes Manuskript, Jahresgabe 1992 der Martin-Heidegger-Gesellschaft, jetzt auch in: Heidegger Studies 10 (1994), S. 5-11). Bemerkenswert sind die Anklänge an Silesius (vgl. Angelus Silesius: Cherubinischer Wandersmann, hg. v. Louise Gnädinger, Stuttgart: Reclam 1995, Buch II, Distichon 140 [Die Selbstvernichtung], 203 [Die Demut steigt am höchsten]; Buch III, Distichon 139 [Was man sucht das findt man], und vor allem Buch VI, Distichon 86 [Wer alles verlanget/hat noch nichts]) und insbesondere an Nietzsches im Winter 1888 entstandenen Text *Von der Armut des Reichsten* (»...Zu reich bist du,/du Verderber Vieler!/Zu Viele machst du neidisch,/zu Viele machst du arm.../Mir selber wirft dein Licht Schatten –,/es fröstelt mich: geh weg, du Reicher,/geh, Zarathustra, weg aus deiner Sonne! .../Du möchtest schenken, wegschenken deinen Überfluss,/aber du selber bist der Überflüssigste. [...] Zehn Jahre dahin und kein Tropfen erreichte dich?/Kein feuchter Wind? Kein Thau der Liebe?/Aber wer sollte dich auch lieben du überreicher?/Dein Glück macht rings trocken,/macht arm an Liebe,/– ein regenloses Land .../Niemand dankt dir mehr,/du aber dankst jedem,/der von dir nimmt:/daran erkenne ich dich,/du überreicher,/du Ärmster aller Reichen! [...]«, vgl. Friedrich Nietzsche: Dionysos-Dithyramben, KGW, Bd. VI/3, S. 404-408, hier S. 407).

48 | Vgl. hierzu Kapitel 1.6.

49 | Vgl. Claudius Strube: »Nachwort des Herausgebers«, in: Martin Heidegger: Phänomenologie des religiösen Lebens, GA, Abt. II, Bd. 60, S. 344-351. Anhand des Manuskripts lässt sich nachweisen, dass Heidegger am 10. August 1919 mit der Arbeit begonnen, sie am 14. August unterbrochen und am 30. August die Fakultät gebeten hat, das Argument der Vorlesung zu ändern.

50 | Martin Heidegger: Nietzsche, Bd. 1, S. 46-53, 53-66, hier S. 54.

ren 1937-39 als »Augenblick der Entscheidung«[51] und 1944/45 als *Gelassenheit*, die von der *Inständigkeit* her zu denken ist.[52]

Es handelt sich hierbei um Bestimmungen, die im begrifflichen Rahmen dieser Arbeit von besonderem Interesse sind: einerseits wurden sie kurz vor der Begegnung mit Nietzsche gedacht und thematisiert; andererseits werden sie nach 1939 als Schlüsselbegriffe für die »Befreiung« aus der Geschichte der platonischen Metaphysik, der bisherigen Seinsgeschichte, die Nietzsche zu ihrer Vollendung geführt habe, vorgestellt.

Doch zunächst zu den Aufzeichnungen vom Sommer 1919. In ihnen findet sich als Synonym und Antizipation des *amor fati* das Moment der *Abgeschiedenheit*, das ausgehend von einer Dimension des Heiligen gedacht wird.[53] Die verschiedenen semantischen Bedeutungen der *Abgeschiedenheit* (Distanz, Einsamkeit, Zurückhaltung) liegen ursprünglich im Religiösen begründet: in Luthers »Hingabe an die Welt« und in Meister Eckharts *Gelassenheit*[54], verstanden als *gratia operans* und *cooperans*; als Gefühlszustand in

---

51 | Ebd., S. 255-472, hier S. 466; Ders.: Beiträge zur Philosophie, GA, Abt. III, Bd. 65, S. 87-103.

52 | Martin Heidegger: Gelassenheit, Pfullingen: Neske 1959, S. 60; zur Verknüpfung von *Entschlossenheit* und *Gelassenheit* vgl. S. 59. Diese Verbindung zwischen der *Entschlossenheit* und der *Gelassenheit* findet ihre erste wichtige begriffliche Ausarbeitung in der Marburger Vorlesung von 1925, in der von einem »ausruhenden Verweilen« die Rede ist (vgl. Martin Heidegger: Prolegomena zur Geschichte des Zeitbegriffs, S. 381).

53 | Im Vergleich zu Ottos Arbeit, die zu dieser Zeit den wesentlichen Bezugspunkt für Heideggers Versuch einer »Phänomenologie der Religion« darstellt, muss betont werden, dass das Heilige (nicht »kategorial« verstanden, sondern als ein *a priori*) unter dem Aspekt des Irrationalen betrachtet wird, das Heidegger wiederum mit der Seinsfrage verbindet. Irrational meint »nicht das Dumpfe Dumme, das noch nicht der Ratio [U]nterworfene«, sondern das, was jenseits der Sphäre des Verstehbaren liegt (vgl. Rudolf Otto: Das Heilige, S. 75f.; Martin Heidegger: Die philosophischen Grundlagen der mittelalterlichen Mystik, S. 313).

54 | Vgl. in diesem Zusammenhang den eckhartschen Widerhall in Angelus Silesius: Cherubinischer Wandersmann, Buch II, Distichon 92. Zu Silesius‹ Wiederaufnahme der eckhartschen Gelassenheit vgl. die Betrachtungen von Reiner Schürmann: Maître Eckhart ou la joie errante, Paris: Seuil 1972, S. 160ff. Seine Analysen (S. 204) des eckhartschen Identität-»Spiels«, das Gott, Mensch und Welt vereint, verweisen auf Heraklits Fragment 52[79] »Die Lebenszeit ist

seiner Urform, die vom »theoretischen Nicht-Sehen« zu unterscheiden ist; als Verwirklichung der *humilitas*, die die frohe und sichere Entfaltung der *fiducia*[55] nicht zu hemmen vermag; als »Steigerung der inneren Lebendigkeit«[56]; als mystische Einheit von Subjekt und Objekt[57]; als Schweigen[58] und Frömmigkeit[59].

---

ein Knabe, der spielt, hin und her die Brettsteine setzt: Knabenregiment!« (Vgl. Hermann Diels (Hg.): Die Fragmente der Vorsokratiker, Bd. 1, Berlin: Weidmann 1951, S. 162); auf Nietzsches »spielendes Kind« (Friedrich Nietzsche: Also sprach Zarathustra, »Von den drei Verwandlungen«) und auf Heideggers Thematisierung des Grundes als »Spiel« in der 13. Sitzung der Vorlesung des Wintersemesters 1955/56 (Martin Heidegger: Der Satz vom Grund, Pfullingen: Neske 1957).

55 | Martin Heidegger: Die philosophischen Grundlagen der mittelalterlichen Mystik, S. 308f. Otto beschreibt Luthers *fascinans* als dem Vertrauen zugehörig, vgl. Rudolf Otto: Das Heilige, S. 128: »Das fühlt man stark an der geradezu dionysischen fast ausgelassenen Seligkeit seines Gotteserlebnisses.«

56 | Ebd., S. 314.

57 | Ebd.

58 | Ebd., S. 312. In diesem Versuch, Heideggers komplexes Nietzsche-Erlebnis zu beschreiben, ist es mir wichtig, die unterschiedlichen Formen von Erfahrungen hervorzuheben, die zu den *Topoi* der deutschen mystisch-geistigen Tradition gehören und die Nietzsche in seinem Werk breit rezipiert hat. In Bezug auf das Schweigen sei lediglich auf einige der wichtigsten nietzscheschen Textstellen verwiesen (Friedrich Nietzsche: Also sprach Zarathustra, »Von großen Ereignissen«; »Die stillste Stunde«; »Auf dem Ölberg« und Ders.: Dionysos-Dithyramben, »Ruhm und Ewigkeit«; »Das eherne Schweigen«).

59 | Ebd., S. 329. Nietzsches Atheismus sei, so Masini, nicht ganz frei von einer Art religiöser *Frömmigkeit* (vgl. Ferruccio Masini: »Il divino come ›seconda innocenza‹ in Friedrich Nietzsche«, in: Paradigmi 1 (1983), S. 55-74. Für Masini ist es gerade Nietzsches dionysische *Bejahung*, die mit der grundlegenden Entgegensetzung bricht, welche den Menschen von der Welt trennt, ihn neben sie stellt und ihm damit das Reich des Göttlichen verwehrt. Der ekstatische Charakter des *divinum* sei bei Nietzsche als dionysischer Überschwang gedacht, der im Tanz die magische Identität des »Welt gewordenen Menschen« offenbart. Auch Cacciari hat dargestellt, dass der »mystische Weg« einen absolut radikaleren Atheismus vorstellt, als jener, der die Vorstellung von Gott als Ding zunichtemacht. Cacciari zufolge sollte der Einfluss der Mystik auf Nietzsches philosophisches Denken philologisch untersucht werden (vgl. Massimo Cacciari: »Il problema del sacro in

Eine Art phänomenologisches *amor fati* nimmt also Gestalt an, indem Heidegger verschiedene Momente zusammenführt: Husserl, die *Lebensphilosophie* und ihre nietzscheanischen Anklänge, Motive aus Paulus, Augustinus, Meister Eckhart und Luther, die den Umrissen einer »Phänomenologie des Heiligen« angepasst werden, und schließlich Diltheys Hegelianismus.

Ausgehend von dieser zuletzt genannten Bestimmung der Geistesgeschichte, einer im diltheyschen Sinne beschreibenden Phänomenologie der Geschichte[60], wird einerseits die husserlsche Phänomenologie einer historischen Umdeutung unterzogen[61] und andererseits die religiöse Dimension

---

Heidegger«, in: Archivio di filosofia 57 (1989), S. 203-217, hier: S. 216, Fußnote 34). Im Zusammenhang mit Heidegger betont Volpi nachdrücklich, dass die »Mystik ohne Gott«, die Theologie und jenes strenge nihilistische Fragen, das die Philosophie in eine »Physiologie«, in eine »strenge Übung« und in eine »Askese des Gedankens« verwandelt, nebeneinander bestehen (vgl. Franco Volpi: »Itinerarium mentis in nihilum«, in: Archivio di filosofia 57 (1989), S. 239-264).

60 | In der Vorlesung des Sommersemesters 1920 präzisiert Heidegger: »Die Lebensphilosophie ist für uns eine notwendige Station auf dem Wege der Philosophie, im Gegensatz zur leer formalen Transzendentalphilosophie. Man bringt Dilthey unter den Begriff des Historismus und fürchtet in ihm das Gespenst des Relativismus; aber wir müssen die Furcht vor diesem Gespenst verlieren.« (Vgl. Martin Heidegger: Phänomenologie der Anschauung und des Ausdrucks, S. 154) Für Heidegger hatte Dilthey versucht, eine Kritik der historischen Vernunft nach kantischem Ansatz zu umreißen und zwar im Hinblick auf die Begründung einer Objektivität, die sich durch Verallgemeinerung und Verknüpfung als eine beschreibende Psychologie des Lebens abzeichnen sollte (ebd., S. 157ff.).

61 | Vgl. Martin Heidegger: Ontologie (Hermeneutik der Faktizität), §§ 14-15. Die in diesen Paragraphen thematisierten Fragen beziehen sich auf eine bestimmte phänomenologische Wiederaufnahme des transzendentalen Idealismus des Marburger Neukantianismus, die Betrachtung des Gegenstands als Phänomen und die vermeintliche Geschichtslosigkeit der Phänomenologie, die zur entscheidenden Frage wird sowohl hinsichtlich der Problematisierung des historischen Bewusstseins als auch hinsichtlich der Verbindung Leben-Geschichte. Heidegger präzisiert: »Die Gegenstände sind so zu nehmen, wie sie sich an ihnen selbst zeigen, d.h., wie sie für ein *bestimmtes Hinsehen* begegnen. Das Hinsehen erwächst aus einem Orientiert-sein über sie, aus einem schon Bekanntsein mit dem Seienden. Dieses Bekanntsein ist meist Niederschlag eines Gehörthabens, eines Lernens.« (S. 74f.) Die Geschichtslosigkeit der Phänomenologie mache dagegen

der ersten Christen als lebendige Erfahrung der Zeitlichkeit gedeutet. Wie zuvor in der *Habilitationsschrift* bleibt Heideggers Nietzsche-Erfahrung erneut an die Erfahrung von Hegels lebendigem Geist gebunden.

Dass Heidegger in einen historisch von Hegel und Dilthey geprägten Bereich nietzscheanische vitalistische Motive aufnimmt, eröffnet den Blick auf einen außerordentlich interessanten Horizont, insofern sowohl das Missverständnis einer vitalistischen Dimension, die in ihrer Unbestimmtheit[62] als *Ursinn* (ursprünglicher Sinn) oder als »Existenz« verstanden wird,

---

glauben, der Gegenstand sei in »naiver Evidenz« (S. 75) zu haben. Im Zusammenhang mit dieser geschichtlichen Verdrehung der husserlschen Phänomenologie erzählt Gadamer eine Episode, die in gewisser Weise einen der Aspekte der Auseinandersetzung zwischen Husserl und Heidegger verdeutlicht (vgl. Hans-Georg Gadamer: »Erinnerungen an Heideggers Anfänge«, in: Dilthey-Jahrbuch 4 (1986-87), S. 13-26, hier S. 19). Es handelt sich um eine Anekdote, die Heidegger, wenn man Gadamer glauben darf, sehr gerne erzählte. Husserl musste (1921 oder 1922) nach London reisen und Heidegger begleitete ihn zum Bahnhof. Während sie auf die Abfahrt des Zuges warteten, diskutierte Husserl mit Heidegger die Probleme, über die er in der englischen Hauptstadt sprechen wollte. Am Ende des Gesprächs habe Heidegger Husserl gefragt: »Ja, Herr Geheimrat, aber wo bleibt die Geschichte?« und Husserl habe geantwortet »Ach, die habe ich vergessen.« In Wirklichkeit, so Gadamer, habe sich Husserl in der Auseinandersetzung mit Dilthey sehr wohl mit dem Historismusproblem beschäftigt; ihm sei es, als Heidegger die Geschichte erzählte, gleich so vorgekommen, als sei Husserls Interesse für das Zeitbewusstsein in der Periode zwischen 1910-1922 mit seinem Interesse für das Historismusproblem verknüpft gewesen, was auch die *Ideen II* bestätigen würden. Vgl. dazu den Beitrag von Ernst W. Orth: »Das Problem der Generalisierung bei Dilthey und Husserl als Frage nach Gegenwart und Zeitlichkeit«, in: Dilthey-Jahrbuch 6 (1989), S. 327-350. Zu »Dilthey und die Geschichtslosigkeit von Husserl« vgl. Fulvio Tessitore: »Storicismo«, in: Paolo Rossi (Hg.), La filosofia, Bd. IV (Stili e modelli teorici del Novecento), Torino: UTET 1995, S. 513-522, insb. S. 516f. In Bezug auf Heideggers Thematisierung der husserlschen Kritik am Historismus Diltheys vgl. seine Vorlesung des Wintersemesters 1923/24 (Martin Heidegger: Einführung in die Phänomenologische Forschung, S. 88ff.).

62 | Vgl. hierzu Martin Heidegger: Anmerkungen in Phänomenologie der Anschauung und des Ausdrucks, S. 18f. Er hebt in der Vorlesung hervor, dass das Leben, das von der *Lebensphilosophie* als *Urphänomen* betrachtet wird, zwei Arten von Problemen aufwirft: 1. Die Objektivierung des Lebens und das Problem

als auch das Missverständnis eines Historismus *tout court*⁶³ ausgeschlossen werden. Das Leben als »konkrete Geschichte«⁶⁴ erscheint als Verkettung bedeutender Verweise, die nicht auf allgemeine Gesetze zu reduzieren sind. Das Interesse für die Phänomenologie bei Hegel, präzisiert Heidegger, bezieht sich im eigentlichen Sinne auf das historische Moment, das, ohne sich auf einen oberflächlichen Panlogismus verkürzen zu lassen, zum wahren »*Organon*« oder authentischen »*Leitfaden*« für das Verständnis des menschlichen Lebens wird.⁶⁵ Der tiefe Sinn der hegelschen Philosophie bestehe in der wesentlichen Verbindung von Leben und Geschichte.⁶⁶

In diesem Zusammenhang kommt der Rezension von Jaspers' *Psychologie der Weltanschauung*, die zwischen 1919 und 1921 geschrieben wurde, sowohl begrifflich als auch historiographisch eine besondere Bedeutung zu.⁶⁷

---

der absoluten Geltung; 2. Die Betrachtung des Lebens als Gelebtes oder als irrationale Dimension (*Erlebnis*). Die Phänomenologie als radikale Alternative zur Gegenwartsphilosophie geht von einem Begriff des Lebens aus, der die Veränderung sowohl der Frage des *a priori* (Natorp, Erster Teil der Vorlesung) als auch der Frage nach dem *Erlebnis* (Dilthey, Zweiter Teil der Vorlesung) voraussetzt. Zur Auseinandersetzung Heidegger-Natorp vgl. den Beitrag von Christoph von Wolzogen: »›Den Gegner stark machen‹. Heidegger und der Ausgang des Neukantianismus am Beispiel Paul Natorps«, in: Ernst W. Orth/Helmuth Holzhey (Hg.), Neukantianismus: Perspektiven und Probleme, Würzburg: Königshausen & Neumann 1994, S. 397-417.

63 | Zur Einführung in den Historismus vgl. Paolo Rossi: Lo storicismo tedesco contemporaneo; Fulvio Tessitore: Introduzione allo storicismo, Bari: Laterza 1991 und Giovanni Cera: Materialismo e filosofia della storia, Bari: De Donato 1976, insb. S. 7ff. und 87ff.

64 | Martin Heidegger: Grundprobleme der Phänomenologie (1919/20), »Beilage 8«, S. 181.

65 | Ebd., S. 246f.; 256.

66 | Ebd., S. 146ff.; 246.

67 | Martin Heidegger: Anmerkungen zu Karl Jaspers› »Psychologie der Weltanschauungen«, in: Wegmarken, GA, Abt. I, Bd. 9, S. 1-44. Heideggers Rezension wurde zwischen 1919-1921 geschrieben, 1921 an Jaspers geschickt, doch erst 1973 (nach Jaspers Tod) in einem Erinnerungsband an ihn veröffentlicht, vgl. Hans Sauer (Hg.): Karl Jaspers in der Diskussion, München: Piper 1973, S. 70-110. Hogemann datiert die Niederschrift der Rezension auf das Jahr 1920 und unterstreicht die in ihr sichtbar werdende Zäsur zwischen der Habilitationsschrift

Heideggers Freundschaft mit Jaspers geht auf das Frühjahr 1920 zurück[68], sie war ihm ein beständiger Anreiz für seine Auseinandersetzung mit Nietzsches Denken. Man könnte sogar die Vermutung aufstellen, dass Heideggers Betrachtung der nietzscheschen Philosophie aus einer aus-

---

und den ersten Vorlesungen (vgl. Friedrich Hogemann: »Heideggers Konzeption der Phänomenologie in den Vorlesungen aus dem Wintersemester 1919/20 und dem Sommersemester 1920«, in: Dilthey-Jahrbuch 4 (1986-87), S. 54-71). Hannah Arendt betont in einem Brief an Martin Heidegger vom 28. Juli 1971 die Bedeutung der Jaspers-Rezension für das Verständnis der Entwicklung von Heideggers Denkweg (vgl. Hannah Arendt/Martin Heidegger: Briefe 1925-1975, Frankfurt a.M.: Klostermann 1998, S. 216).

68 | Heidegger und Jaspers begegneten sich im Frühjahr 1920 in Freiburg i.Br. anlässlich von Husserls 61. Geburtstag. Die Lebendigkeit und philosophische Intensität des jungen Heidegger beeindruckten Jaspers sehr (vgl. Karl Jaspers: Philosophische Autobiographie, München: Piper 1984, S. 92), so dass er sich veranlasst sah, Heideggers Vorschlag einer »Kampfgemeinschaft« im Brief vom 19.11.1922 aufzugreifen und ihm in seiner Antwort vom 24.11.1922 eine Zeitschrift »Kritische Hefte von Martin Heidegger und Karl Jaspers – Die Philosophie der Zeit« vorzuschlagen (vgl. Martin Heidegger/Karl Jaspers: Briefwechsel 1920-1963, S. 25; 32). Eine Art Antiakademismus sowie die Notwendigkeit, die eigene Zeit zu verstehen und auf sie einzuwirken, verbanden Heideggers und Jaspers‹ philosophische Anstrengungen, während die philosophischen und existentialistischen Unterschiede ihr freundschaftliches Gespräch besonders schwierig machten. Was zwischen den beiden für den Rest ihres Lebens bestand, lässt sich mit den Worten Ettingers als »seltsame Freundschaft« bezeichnen (vgl. Elisabeth Ettinger: Hannah Arendt-Martin Heidegger. Eine Geschichte, München: Piper 1995, S. 65-69). Zur Begegnung von Jaspers und Heidegger vgl. Hans-Georg Gadamer: Heideggers Wege, S. 10; Rüdiger Safranski: Ein Meister aus Deutschland. Heidegger und seine Zeit, S. 144ff. und die monographische Arbeit zum Verhältnis Heidegger-Jaspers von Angelika Willig: Die Stimme des Freundes. Karl Jaspers über Martin Heidegger, Berlin: Papyrus-Druck 1994 (zur Entwicklung nietzschescher und kierkegaardscher Momente in *Psychologie der Weltanschauungen* vgl. S. 10-89). Ausführlich diskutiert wurde der Briefwechsel zwischen Jaspers und Heidegger bei Jean-Marie Vincent: »Dialogue et solitude: sur le dialogue Jaspers-Heidegger«, in: Futur Antérieur 6 (1990), mit entsprechenden Verweisen auf die Krise der deutschen Gesellschaft (Revolution 1918-23 und die Wirtschaftskrise ab 1929).

schließlich ontologischen Perspektive vor allem in dem Versuch gründete, sich von der Existenzphilosophie Jaspers zu unterscheiden. Es wäre oberflächlich, Heideggers Faszination und Interesse für die »Existenzphilosophie«, die sich in Deutschland nach dem ersten Weltkrieg verbreitete, zu unterschätzen.[69] Gleichzeitig aber darf die Besonderheit von Heideggers

---

69 | Zur Unterscheidung zwischen der deutschen »Existenzphilosophie« und dem französischen »Existenzialismus« vgl. Hans-Georg Gadamer: Heideggers Wege, S. 7-17. Für eine allgemeine Darstellung der »Existenzphilosophie« innerhalb des größeren europäischen Phänomens des Existenzialismus vgl. Pier Aldo Rovatti: »Esistenzialismo«, in: Paolo Rossi (Hg.), La filosofia, Bd. IV, S. 85-115. Rovatti gibt 1919 als Anfangsdatum für die Existenzphilosophie das Erscheinungsjahr für zwei grundlegende Werke an: die *Römerbriefe* von Karl Barth (das Manifest der sogenannten dialektischen Theologie oder Theologie der Krise) und Karl Jaspers' *Psychologie der Weltanschauungen*. Rovattis Überblick betont besonders, welch umfangreicher Raum Kierkegaard in beiden Werken eingeräumt wird. Der dänische Philosoph hatte eine gänzlich neue Art des Philosophierens begründet. Angst, Schuld, Leid, Krankheit und Einsamkeit der Existenz werden bei ihm zu unumgänglichen Topoi einer Philosophie des Negativen. Im Rahmen seiner Untersuchung registriert Rovatti innerhalb der »deutschen Philosophie« eine bedeutungsvolle Annäherung der Figur Kierkegaards an die Figuren Nietzsches und Dostojewskijs. Zum besonderen kierkegaardschen Einfluss auf die deutsche »Existenzphilosophie« in ihrer speziellen Jasperschen Interpretation vgl. Hans-Georg Gadamer: Die phänomenologische Bewegung, GW, Bd. 3, S. 142-146; Ders.: »Subjektivität und Intersubjektivität. Subjekt und Person«, in: GW, Bd. 10, S. 87-99. Gadamer führt an dieser Stelle aus: »Da war um die Jahrhundertwende vor allem die Rezeption Kierkegaards, die der herrschenden Transzendentalphilosophie ebenso entschieden auf den Leib rückte, wie Kierkegaard seinerzeit Hegel und seiner Schule auf den Leib gerückt war. Der erste Anfang lag wohl in Spanien, wo Unamuno eine ganze junge Generation inspirierte. Mit dem Fortschreiten der Schrempfschen Diederichs-Ausgabe tat Kierkegaard auch in Deutschland immer stärkere Wirkung, selbst unter katholischen Autoren [...], auch bei Martin Buber, bei Viktor von Weizsäcker und anderen. Nicht zuletzt spielte dabei das ›Referat Kierkegaards‹ eine wichtige Rolle, das Karl Jaspers in seiner ›Psychologie der Weltanschauungen‹ (1919) vorgelegt hatte.« (S. 88) Vgl. zu diesen Fragen auch Max Müller: Existenzphilosophie. Von der Metaphysik zur Metahistorik, Freiburg-München: Alber 1986^4 und Herbert Spiegelberg: The Context of the Phenomenological Movement, Den Haag: M. Nijhoff, 1981, S. 51.

philosophischem Ansatz und dessen Irreduzibilität auf eine »Existenzphilosophie« nicht vernachlässigt werden. Was in der Auseinandersetzung Jaspers-Heidegger auf dem Spiel steht, betrifft weniger den Gegenstand und die Praxis des Philosophierens als vielmehr den »Zugang« zum »Ding« des Philosophierens.[70]

---

70 | Hinsichtlich einer begrifflichen Klärung kommt dem heideggerschen Manuskript »Existenzialismus« eine außerordentliche Bedeutung zu (vgl. Martin Heidegger: »Existenzialismus«, Unveröffentlichtes Manuskript, Jahresgabe der Martin-Heidegger-Gesellschaft 1995). Es handelt sich dabei höchstwahrscheinlich um den Entwurf eines Artikels für ein philosophisches Lexikon, der wohl auf die späten vierziger oder die frühen fünfziger Jahre zurückgeht. In diesem Text unterscheidet Heidegger drei Typen von Existenzialismus: 1. Die Existenzphilosophie von Jaspers, dessen System in seinen wesentlichen Zügen die Philosophie Kants aufgreift. Anstelle der praktischen Vernunft setze sie die Existenz im moralischen und geschichtlichen Sinne. 2. Der Existenzialismus von Sartre, in dem die Existenz nicht einfach das Sein des Menschen anzeigt, sondern auch die existierende Welt. Die Existenz des Menschen würde im Sinne der Subjektivität von Descartes gekennzeichnet und der Mensch, in seiner Freiheit, würde der Herr des Seins. 3. Heideggers Fundamentalontologie, in der die Frage nach der Existenz des Menschen nie zur zentralen und entscheidenden Frage wird, sondern nur zum methodischen Grund für die *Seinsfrage*. In der Fundamentalontologie kann die Existenzfrage außerdem nie jenseits einer Auseinandersetzung mit der abendländischen Metaphysik gestellt werden. Diese letztgenannte Bestimmung war bereits 1922 begrifflich herangereift. Anlässlich von Paul Natorps Einladung, einen Vortrag zum Stand seiner bisherigen phänomenologischen Interpretationen zu Aristoteles vorzubereiten, verfasst Heidegger im Spätherbst 1922 ein Manuskript, in dem er in einem »Überblick zur hermeneutischen Situation« betont: »Die folgenden Untersuchungen dienen einer Geschichte der Ontologie [...]. Der Gegenstand der philosophischen Forschung ist das menschliche Dasein als von ihm befragt auf seinen Seinscharakter.« (Martin Heidegger: Phänomenologische Interpretationen zu Aristoteles Anzeige der hermeneutischen Situation, S. 237f.; der Herausgeber des Manuskripts Hans-Ulrich Lessing präzisiert, dass Heidegger den Text nicht nur an Natorp in Marburg, sondern auch an Misch in Göttingen geschickt habe, für weitere Einzelheiten vgl. sein »Nachwort des Herausgebers«, in: ebd., S. 270-274; vgl. außerdem Hans-Georg Gadamer: »Heideggers ›theologische‹ Jugendschrift«, in: Dilthey-Jahrbuch 6 (1989), S. 228-269).

Im bereits zitierten Brief vom 19. August 1921 an Löwith erklärt Heidegger in Bezug auf Jaspers' *Psychologie der Weltanschauungen*, dass er als Universitätsdozent will, dass die Menschen angesichts der eigenen Situation, der eigenen Faktizität »zugreifen«.[71] Doch der Zugriff auf die eigene geschichtliche Situation führte sowohl über die typologische Betrachtung nach weberschem Muster[72] als auch über den reinen Hinweis auf die Grenzsituationen der Existenz hinaus. Dass Heidegger in Bezug auf Jaspers zwar nicht die Bedeutung der Themen der Existenzphilosophie, wohl aber deren existentiellen Ansatz relativierte, ist von außerordentlicher Bedeutung, insofern *Psychologie der Weltanschauung* für die »deutsche Existenzphilosophie« einen nahezu unerschöpflichen Fundus an Begriffen darbot und insbesondere für den Versuch stand, den Zeitgeist einer Epoche mittels der Weltanschauungen von Kierkegaard und Nietzsche psychologisch zu beschreiben.

In der Besprechung zeichnet sich eine deutliche phänomenologische Distanzierung ab[73], sowohl von der »Lebensphilosophie« als auch von der »Existenzphilosophie« und eine interessante Verschiebung des »voraussetzungslosen« phänomenologischen Forschens hin zu einer vollständigen Aneignung des geschichtlichen Moments. Die geschichtliche Dimension wird dabei mit einer solchen Radikalität vertreten, dass jede kategoriale oder

---

71 | Martin Heidegger: Drei Briefe Martin Heideggers an Karl Löwith, S. 31.
72 | Heideggers Auseinandersetzung mit Weber ist durchweg von Jaspers bestimmt (vgl. Karl Jaspers: Psychologie der Weltanschauungen und Ders.: Max Weber. Eine Gedenkrede, Tübingen: Mohr 1926, S. 4), der Weber mit Nietzsche und Kierkegaard in Beziehung gesetzt hatte. In Bezug auf eine mögliche methodologische Affinität zwischen Weber und Nietzsche vgl. die Beiträge von Antonio Ponsetto: »L'influsso della filosofia nietzscheana sul pensiero di Max Weber«, in: Aldo Monti (Hg.), Nietzsche. Verità-interpretazione, Genua: Tilgher 1983, S. 15-32 und Arpád Szakolczai: »Weber et la méthode généalogique«, in: magazine littéraire 40 (1992), S. 93ff. Mit den Verbindungen zwischen Max Weber und der Hermeneutik hat sich auch Franco Bianco beschäftigt, vgl. Ders.: »Max Weber e l'ermeneutica«, in: Archivio di Filosofia (1980), Bd. II, S. 49-65. Er erkennt eher in Rickert als in Jaspers die Kontaktfigur zwischen Weber und Heidegger.
73 | Nach Pöggeler liefert Heidegger in dieser Rezension eine rein »ästhetische« Betrachtung der Verbreitung der Lebensphilosophie, nicht zuletzt dank der Ausformung der »Existenzphilosophie«. Allein in Bezug auf diese hätte Husserls Phänomenologie zu einer grundsätzlichen philosophischen Klärung führen können (vgl. Otto Pöggeler: Neue Wege mit Heidegger, S. 186).

regionale Betrachtung oder Begrenzung ausgeschlossen werden kann.[74] Die phänomenologische Aneignung der Geschichte erfüllt sich in einer neuen Bestimmung des Verhältnisses von Sein und Zeit und damit der *Seinsfrage*. Ausgehend von der geschichtlichen Dimension kann sowohl die Lebensphilosophie als auch die Existenzphilosophie der rein argumentativen Selbstbezogenheit entzogen werden. Obwohl Jaspers die Frage nach dem Sein der Existenz verfehlt habe, weise die Untersuchung zur Existenz über die Anzeige der »Grenzsituationen« hinaus. Diese werfen ein Licht auf das, was jenseits von ihnen liege. Jaspers lasse seine an Kierkegaard und Nietzsche geschulte Fähigkeit zum »Aufbrechen und Hervorholen ›seelischer Zustände‹« wirksam werden[75], aber die Gewissensschärfung, auf die die Anzeige der Grenzsituationen abziele, erweise sich als nicht realisierbar ohne den effektiven Verweis darauf, was sie historisch bedeute. Heidegger stellt klar, dass »eine solche Gewissensschärfung nicht erledigt und in echter Weise überhaupt nicht angesetzt ist mit der ›Erfindung‹ eines ›neuen‹ philosophischen Programms, sondern, daß sie sich ganz konkret zu vollziehen hat in bestimmt gerichteter geistesgeschichtlicher *Destruktion* des Überlieferten [...].«[76]

---

74 | Barash bemerkt, dass es für Heidegger allein aus der Dimension des »Historikers« heraus möglich werde, die regionalen und kategorialen Dimensionen zu überwinden. Heideggers Historisierung des Selbst richte sich auch gegen Jaspers und gegen alles, was er zum Teil vorweg von Dilthey und Weber durch Jaspers erfahren habe. Vgl. Jeffrey A. Barash: »Existence et Histoire. La critique heideggérienne de Jaspers dans les années 1919-1920«, in: Cahiers de philosophie 3-4 (1982), »Exercices de la patience«, S. 85-95.

75 | Martin Heidegger: Anmerkungen zu Karl Jaspers »Psychologie der Weltanschauungen«, S. 11. Kaufmann sieht eine Nähe zwischen Freud und Nietzsche bezüglich der Befreiung des Psychologischen aus der Tyrannei der Moral, er erkennt in Heideggers Nietzsche-Interpretation eine Vereinfachung der Entdeckung der psychologischen Dimension (vgl. Walter Kaufmann: Nietzsche, Heidegger, and Buber. Discovering the Mind, Bd. 2, New York: McGraw-Hill 1980, S. 47ff. und 172f.).

76 | Martin Heidegger: Anmerkungen zu Karl Jaspers »Psychologie der Weltanschauungen«, S. 3-4, kursiv R. C. Zur Hermeneutik als Destruktion vgl. auch Martin Heidegger: Ontologie (Hermeneutik der Faktizität), S. 105ff.; Ders.: Phänomenologische Interpretationen zu Aristoteles Anzeige der hermeneutischen Situation, S. 249 und Ders.: Platon: Sophistes, S. 413, in dem Heidegger das

Was Heidegger in jenen Jahren vollbringt und was in den »Anmerkun-

Verhältnis der Philosophie zur Tradition genauer beschreibt. In der Phänomenologie gebe es eine Art »Romantizismus«, der glauben mache, man könne direkt »ins Freie« gelangen, sich mit einem Sprung von der Geschichte befreien. In Wirklichkeit bedeutet für Heidegger, die Vergangenheit zu befreien, ihre Möglichkeiten aus einer Tradition zu befreien, die die Sicht auf sie verstellt. In diesem Zusammenhang verweise ich auf die ausführlichen Anmerkungen von Jeffrey A. Barash: Existence et Histoire, der die begrifflichen Verschiebungen hervorhebt, die in der Rezension zu Jaspers Werk im Vergleich zur historisch-kulturellen Situation der Zeit auftreten. Die Destruktion wird als vollständig neues Moment präsentiert. Das Auftauchen dieses Begriffs markiere die »Wende im Denken des jungen Heideggers«. Seine Bedeutung bestünde darin, dass er die deutsche geistige Tradition und die akademischen Probleme der Zeit in Frage stellte. In diesen Anmerkungen werde, so Barash, eine Frage eingeführt, die erst in *Sein und Zeit* vollständig entwickelt werden wird. Der Begriff Destruktion kennzeichnet hier nicht die reine und einfache Ablehnung der Tradition und der verschiedenen Strömungen der Gegenwartsphilosophie, sondern beleuchtet die versteckten Richtungen des gegenwärtigen Denkens. In diesem Sinn ist es, Barash zufolge, kein Zufall, dass Heideggers Begriff der Destruktion zu einem Zeitpunkt erscheint, an dem das deutsche kulturelle und soziale Leben in Folge der militärischen Niederlage und inmitten einer revolutionären Situation eine tiefgreifende Veränderung erlebt. In diesem Zusammenhang hat die Art, in der sich Heidegger von seinen Lehrern Rickert und Husserl entfernt, eine tiefere Bedeutung, ist keine einfache persönliche Wahl. Heidegger stimmt mit Jaspers in der Kritik an der Universitätsphilosophie seiner Zeit überein. Innerhalb der Rekonstruktion der Angelegenheit Nietzsche-Heidegger scheint mir der Begriff der »Destruktion« Heideggers Übernahme der nietzscheschen »Umwertung aller Werte« anzudeuten. Vgl. dazu Heideggers Aussagen in *Einführung in die phänomenologische Forschung*, S. 113 und das Nietzsche-Fragment 2[106] aus den Jahren 1885/86 (KGW, Bd. III/1). Ich bin versucht, die Behauptung aufzustellen, dass Heidegger von Nietzsche die Aufgabe erbt, jenseits eines Bewertungshorizonts die Umwertung aller Werte zu vollbringen. Hätte er sich zum Genealogen der Geschichte des Abendlandes gemacht, so hätte sich auf Heideggers philosophischem Denkweg die reale Möglichkeit eröffnen können, die Umwertung aller Werte als »Vorbereitung« des »anderen Anfangs« zu denken. Es soll hier nur vorweggenommen werden, dass gerade Begriffe wie ein »anderer Anfang« oder die »Destruktion« der Geschichte des Abendlandes als Geschichte der Metaphysik, in ihrem angestrebten Versuch, Nietzsches Umwertung aller

gen« der Rezension auf einzigartige Weise zum Ausdruck kommt, kann man zusammenfassend als »phänomenologische Wiedergewinnung des Ursprünglichen« auf geschichtlicher Ebene bezeichnen: »Die Kritik ist eine im eigentlichen Sinne phänomenologische; sie ist ›voraussetzungslos‹ [...] so zwar, daß ein sachfremde Konstruktionsgesichtspunkte meidendes, um seine Unmittelbarkeit lediglich in dieser Hinsicht bekümmertes Anschauen nur zu leicht der Blindheit gegenüber der eigenen, am Ende nicht ursprünglichen Motivbasis verfällt. Der Sinn von Ursprünglichkeit ist nicht eine außer- oder überhistorische Idee, sondern er zeigt sich darin an, daß Voraussetzungslosigkeit selbst nur in faktisch historisch orientierter Eigenkritik gewonnen werden kann.«[77]

Die phänomenologische Wiedergewinnung des Ursprünglichen auf geschichtlicher Ebene thematisiert Heidegger, indem er Instanzen aufnimmt, die jene Synthese zwischen hermeneutischem und transzendentalem Horizont garantieren, auf die das Begriffsgefüge von *Sein und Zeit* aufbauen wird.

Die Bekümmerung wird zu jener Instanz, die eine Betrachtung des Lebens als wesentlich geschichtliches Phänomen möglich macht: »In der auf das Ich bezogenen Grunderfahrung wird dessen Faktizität entscheidend; die eigene *hic et nunc* gelebte, in dieser geistesgeschichtlichen Situation zum Vollzug gebrachte faktische Lebenserfahrung vollzieht auch die ihr entspringende, in ihr verbleibende, auf das Faktische selbst zurücklaufende Grunderfahrung. Die faktische Lebenserfahrung selbst, in der ich mich in verschiedener Weise haben kann, ist aber nicht so etwas wie eine Region, in der ich stehe, nicht das Allgemeine, dessen Vereinzelung das Selbst wäre, sondern sie ist ein wesentlich dem Wie seines Eigenvollzugs nach ›historisches‹ Phänomen, und zwar primär nicht ein objektgeschichtliches (mein Leben gesehen als sich abspielend in der Gegenwart), sondern ein sich selbst so erfahrendes *vollzugsgeschichtliches* Phänomen. Der seinem Bezugssinn nach auf

---

Werte historisch zu vollenden, die antimetaphysischen Instanzen der nietzscheschen Genealogie verraten.

77 | Martin Heidegger: Anmerkungen zu Karl Jaspers »Psychologie der Weltanschauungen«, S. 4f. Für eine breitangelegte Thematisierung des Begriffs der Faktizität vgl. den Beitrag von Theodore Kisiel: »Das Entstehen des Begriffsfeldes ›Faktizität‹ im Frühwerk Heideggers«, in: Dilthey-Jahrbuch 4 (1986-87), S. 90-119.

das Selbst historisch gerichtete Erfahrungszusammenhang hat auch nach seinem Vollzugssinn historischen Charakter.«[78]

Das Historische als Gehalt und Modalität der Selbstbekümmerung verhindert, dass die Geschichte auf eine objektive Dimension verkürzt oder zum »Material« eines transzendentalen Horizonts wird; dass die Bekümmerung einfach ein Ordnungsschema vorstellt. Damit wird allerdings die Möglichkeit eines subjektiv Transzendentalen als »Gefüge« des Existierens in seiner faktischen Form nicht vollständig ausgeschlossen. »Das ›Historische‹ ist dabei nicht Korrelat eines objektgeschichtlichen theoretischen Betrachtens, sondern der allerdings als solcher gar nicht ablösbare Gehalt *und* das Wie der Bekümmerung des Selbst um sich selbst. Das Sich-selbsthaben erwächst aus, hält sich in und tendiert auf *Bekümmerung*, in welcher Bekümmerung die spezifische Selbstvergangenheit, Gegenwart und Zukunft erfahren sind, nicht als Zeitschema für eine objektive Sachordnung, sondern in dem unschematischen, den Erfahrungsvollzug in seinem Wie betreffenden Bekümmerungszusammenhang. Das Existenzphänomen erschließt sich also nur einem radikal angestrebten historischen, nicht einstellungsmäßig betrachtend gerichteten und auf regional objektivierendes Ordnen es absehenden, vielmehr wesentlich selbst bekümmerten Erfahrungsvollzug. Dieser selbst ist nicht etwas abgesetzt Außerordentliches, sondern ist zu vollziehen in der faktischen Lebenserfahrung als solcher und ist von dort her anzueignen, und das wiederum nicht in momentweise isolierter Einmaligkeit, sondern in einer in der Selbstbekümmerung als solcher notwendig motivierten, ihrerseits wieder historisch gerichteten Bekümmerungserneuerung.«[79]

Dieses Schwanken zwischen dem Transzendentalen und dem Hermeneutischen definiert nicht nur eine transzendentale, trans-subjektive Dimension auf der Basis einer Hermeneutik der Faktizität. In der Vorlesung des Wintersemesters 1919/20 präzisiert Heidegger, dass das »Ich« in der faktischen Lebenserfahrung in einem »fragmentarischen Umkreis«[80] lebt, der uns die Möglichkeit des Verstehens eröffnet. Auf der fragmentarischen Ebene sollte man statt von Verstehen eher von »Verständlichkeit«, als Möglichkeit des Vertrautseins, sprechen. Im Entwurf der achten »Beilage«

---

78 | Ebd., S. 32; vgl. außerdem Hannah Arend/Martin Heidegger: Briefwechsel, S. 17f.
79 | Ebd., S. 32f.
80 | Martin Heidegger: Grundprobleme der Phänomenologie (1919/20), S. 161.

dieser Vorlesung werden »Vertrautsein« und »Fragment von Verständlichkeit« miteinander in Verbindung gebracht.[81]

---

81 | Ebd., S. 181; Martin Heidegger: Ontologie (Hermeneutik der Faktizität), Kap. IV. Zu diesen Fragen vgl. den Vortrag von Josef Simon: »In-der-Welt-sein«, in: Hans-Helmuth Gander (Hg.), »Verwechselt mich vor Allem nicht!«, S. 73-88. Simon vergleicht Nietzsche und Heidegger im Bereich der Welterfahrung verstanden als Vertrautheit. Ihn interessiert bezüglich des Problems des Transzendentalen ein Vergleich von Kant mit Heidegger via Nietzsche; im Hinblick auf die Individuation einer praktischen Transzendenz vollzieht er dafür eine kritische Sprachanalyse von Heideggers Grundbestimmung des In-der-Welt-seins. Auf dem 3. Losen Blatt der Vorlesung von 1919/20 wird dieses Vertrautsein mit der Liebe assoziiert, als Motivgrund des phänomenologischen Verstehens (vgl. Martin Heidegger: Grundprobleme der Phänomenologie, S. 185). Heidegger nimmt dabei, wie das Lose Blatt Nr. 8 belegt, eindeutig auf Max Scheler Bezug, er verweist auf dessen Werke *Der Formalismus in der Ethik und die materiale Wertethik* und *Zur Phänomenologie und Theorie der Sympathiegefühle und von Liebe und Hass*. Bezüglich Scheler und der Bestimmung der Frage nach dem *mit* präzisiert Heidegger, dass die Frage nur vom Charakter der Bedeutsamkeit her gestellt werden kann. Im Unterschied zu Scheler ist dieser für Heidegger »nicht aber auf Mitteilung beruhend, in dem das ›Mit‹ zur phänomenalen Gegebenheit käme (Scheler, Sympathiegefühle)« (ebd., S. 197). Zum Verhältnis Kommunikation-Bedeutsamkeit vgl. Hans-Georg Gadamer: Subjektivität und Intersubjektivität. Subjekt und Person.

Dieser von Heidegger hergestellte Zusammenhang ähnelt jenem nietzscheanischen Tanz, mit dem man aus dem »Unergründlichen« springt und dem Rhythmus folgt, in dem das Leben schlägt. Nietzsches »Unergründlichkeit« des Lebens verlangt, dass die philosophische Befragung nicht von außen kommt, dem befragten Objekt nicht übergestülpt, sondern dass sie als explizites Verstehen einer »Grundbewegtheit«[82] verstanden wird. Das

---

82 | Martin Heidegger: Ontologie (Hermeneutik der Faktizität), S. 238. Die Thematisierung der Grundbewegtheit nimmt ihren Ausgang von Aristoteles‹ *Physik*, in der, so Heidegger, die Bewegung ihre ontologisch-kategoriale Erklärung erfährt (ebd., S. 264ff.) Gadamer meint, dass sich die Begriffe der heideggerschen Auseinandersetzung mit Aristoteles 1921 von denen zur Zeit seines Theologiestudiums grundsätzlich unterschieden (vgl. Hans-Georg Gadamer: Heideggers »theologische« Jugendschrift). Doch geht es hier weniger um die komplexe Aristoteles Rezeption während der Freiburger Jahre und in den ersten Marburger Vorlesungen, von größerem Interesse ist in diesem Zusammenhang, dass in Heideggers Analysen aus der Freiburger Zeit Aristoteles quasi immer in Kombination mit Nietzsche präsent ist. Für den Umriss einer »Hermeneutik der Faktizität« als Radikalisierung von Husserls phänomenologischem Projekt ist die doppelte Auseinandersetzung mit Aristoteles und Nietzsche (wenngleich in der Interpretation von Dilthey, Bergson, Simmel und Spengler) von entscheidender Bedeutung. Im Sommersemester 1931, das Aristoteles‹ *Metaphysik* gewidmet ist, speziell der Bestimmung des Wesens und der Realität der Stärke (ein wichtiges Thema für seine Kennzeichnung des Willens zur Macht), stellt Heidegger Nietzsches Fragment 41[4] vom August-September 1885 als Motto an den Anfang der Vorlesung. Ohne die linguistischen und begrifflichen Assonanzen zwischen der späteren Thematisierung der *physis* und Nietzsches Willen zur Macht thematisieren zu wollen, lässt sich festhalten, dass sich Heidegger den spenglerschen und jüngerschen Nietzscheanismus angeeignet hat und dabei eine Gestaltauffassung des Willens zur Macht im Vordergrund stand. Im Falle Spenglers kann man von einer »Diagnostik der Form« und im Falle Jüngers von einer »Ästhetisierung der Arbeit« oder von einer »Typisierung des Arbeiters« sprechen. Darüber hinaus vermeidet Heidegger in den Jahren der echten Auseinandersetzung mit Nietzsche die Gefahr einer literarischen Halbierung Nietzsches, indem er den Denker auf eine philosophische Höhe mit Aristoteles stellt. Doch bleibt Nietzsches Philosophie, genau wie die Aristoteles', in eben jenen Jahren für Heidegger auf der Ebene des kategorial verstandenen Seins. Aus dieser kategorialen Perspektive werden die fünf vermeintlichen Haupttitel von Nietzsches Philosophie gelesen. Das

Leben von seiner »Grundbewegtheit«[83] her zu verstehen, impliziert nicht, a priori ein Chaos zu postulieren, das von dunklen Wogen oder von einer primitiven trüben Kraft durchzogen ist, sondern, dass man zu der Auffassung kommt: Leben »*ist, was es ist.*«[84]

Aus der Aneignung der nietzscheanischen Bedeutung von Leben erklärt sich die Notwendigkeit eines philosophischen Forschens, das *noesis*

Kernproblem betrifft sowohl die Möglichkeit, dass die Besonderheit der nietzscheschen Philosophie aufgrund dieser kategorialen Perspektive missverstanden wurde; als auch die Unmöglichkeit, eine topologische Mannigfaltigkeit des Seins jenseits der Traditionen des Aristotelismus und des Platonismus zu denken. In diesem Zusammenhang lässt Heidegger in seiner Auseinandersetzung mit Nietzsche eine monopluralistische Ontologie, wie sie beispielsweise Spinoza vorgelegt hat, vollständig unbeachtet, obwohl ihm die Problematik seit seiner Rezension zu Nikolai von Bubnoffs Arbeit aus dem Jahre 1913 präsent war, und obwohl Nietzsche selbst sie als interessant angezeigt hatte, wenigstens in Bezug auf fünf wesentliche Punkte: die Ablehnung der Willensfreiheit, die Zweckmäßigkeit, die moralische Ordnung der Welt, den Altruismus, das Böse. Diese Assonanz zwischen Nietzsches und Spinozas Ontologie wird in der französischen philosophischen *koiné* von der deleuzeschen Ontologie der Mannigfaltigkeit und auf deutscher Seite von Müller-Lauter und Abel, die die Perspektive Spinozas mittels einer Neubestimmung von Leibniz *vis primitiva activa* neu bewerten, nachdrücklich hervorgehoben.

83 | Ansén thematisiert Heideggers philosophischen Weg von 1923 bis 1933 hinsichtlich der Entwicklung einer »Ontologie der Bewegtheit«, die die Strukturalität der Struktur, das Spiel der Differenzen bedenkt. Die philosophische Bedeutung von Heideggers Unterstützung des Nationalsozialismus wird auf die Permanenz dieser Ontologie der Bewegtheit innerhalb des identitären Horizonts der Tradition zurückgeführt, vor dessen Hintergrund nach einer Entsprechung zwischen der Idee des »totalen Seins« und der Möglichkeit einer »totalen Politik« gefragt worden war. Gegen jede Art der Totalisierung richten sich, nach Ansén, die philosophischen Bemühungen von Deleuze und Derrida im Hinblick auf einen Entwurf für eine Philosophie des »Spiels« und der »Mannigfaltigkeit« (vgl. Reiner Ansén: »Bewegtheit«: zur Genesis einer kinetischen Ontologie bei Heidegger, S. 129ff.).

84 | Martin Heidegger: Grundprobleme der Phänomenologie (1919/20), S. 148.

und *sophia*[85] als höchste Werte des Lebens neu bestimmt[86], die es ermöglichen, die Bewegtheit von einer »ruhigen Unruhe« her zu denken, die »jenseits von Gut und Böse« als »fröhliche Wissenschaft« anzusetzen ist: »Jede echte Philosophie ist aus der Not von der Fülle des Lebens geboren, nicht aus einem erkenntnistheoretischen Scheinproblem oder einer ethischen Grundfrage.«[87]

3.3 Die Zeit als Sorge

> Nullum tempus est, quod Deus non faciat.
> *Augustinus*

> Siehe, sprach ich weiter, diesen Augenblick!
> Von diesem Thorwege Augenblick
> läuft eine lange ewige Gasse rückwärts:
> hinter uns liegt eine Ewigkeit.
> *Friedrich Nietzsche*

Heideggers philosophische Entwicklung während der ersten Freiburger und Marburger Vorlesungen wurde aus der Perspektive einer hermeneutischen Phänomenologie nachgezeichnet, die nietzscheanisch als »fröhliche Wissenschaft« zu verstehen ist, um anhand der Begriffe Welt, Leben und Zeit

---

85 | Vgl. Martin Heidegger: Phänomenologische Interpretationen zu Aristoteles Anzeige der hermeneutischen Situation, S. 261ff.; Ders.: Platon: Sophistes, S. 121ff. und S. 316ff.; im Zusammenhang mit dem Phädron vgl. bezüglich Sokrates' »Liebe zum Logos« als »Leidenschaft zur Selbsterkenntnis« S. 316ff; Aristoteles: Metaphysik, Buch I (A), 1-2.
86 | Vgl. Friedrich Nietzsche: Morgenröte, insb. Aph. 116, 549.
87 | Martin Heidegger: Grundprobleme der Phänomenologie, S. 150. Esposito betrachtet die *Seinsfrage* als begrifflichen Ausdruck, der dem Nihilismus als epochalem Moment der Seinsgeschichte zugehört. Er bestimmt als wesentliches Merkmal des Nihilismus jene Reduktion des Seins auf Geschichte, die in den ersten Freiburger Vorlesungen durch die Thematisierung der Geschichtlichkeit als Leben begründet worden war (vgl. Costantino Esposito: »Heidegger e la storia del nichilismo«, in: Il nuovo areopago 3 (1995), »Aspetti del nichilismo«, S. 17-42).

die erste Thematisierung der *Seinsfrage* vorzustellen. Diese galt ihm als philosophischer Ausweg aus dem Nihilismus, der die Epoche charakterisierte. Insbesondere mit der Bestimmung der Zeit hat Heidegger in jenen Jahren das gesamte Begriffsgefüge umrissen, von dem aus die nachfolgenden Anstrengungen, die Zusammengehörigkeit von Sein und Zeit zu denken, unternommen werden sollten.

Man trifft auf eine problematische Verknüpfung: der Versuch, einen historischen Zugang zur religiösen Dimension zu finden, führt zunächst zu einer historischen Betonung der welthaften Erfahrung des Lebens. Dieser Zugang zum Religiösen führt Heidegger in einem zweiten Schritt zur Analyse der Thematisierung der Zeiterfahrung des christlichen Lebens. Daraus entwickelt sich in einem dritten Schritt jene Existenzialanalyse, die, obwohl sie erst in *Sein und Zeit* begrifflich ausgereift sein wird, das erste bedeutsame Feld der *Seinsfrage* absteckt, als begriffliche Alternative zur historischen Krisensituation.

Für diese gesamte Entwicklung, deren erste Phase gewissermaßen mit *Sein und Zeit* zum Abschluss kommt, wird die stille Auseinandersetzung mit Nietzsche eine entscheidende Rolle spielen. Bevor es in *Sein und Zeit*, § 76 zu einer öffentlichen Auseinandersetzung mit Nietzsches *Zweiter Unzeitgemäßen Betrachtung* kommt, paraphrasiert, kommentiert und verortet Heidegger im Verlauf der Vorlesungen und Vorträge der Jahre 1924 und 1925[88] das nietzscheanische Begriffsfeld, das von einem Großteil des deutschen Historismus jener Zeit[89] beharrlich bearbeitet wurde.

Doch die Auseinandersetzung mit Nietzsche beschränkt sich nicht auf die *Zweite Unzeitgemäße Betrachtung*. Das Schwanken zwischen der Notwendigkeit eines »historischen Bewusstseins« und der in eben jener *Betrachtung* beschriebenen Gefahr einer daraus folgenden »historischen Krankheit«, bringt Heidegger dazu, im Hinblick auf den Begriff der existentiellen Zeitstruktur andere Schriften Nietzsches in Betracht zu ziehen.

Die von Heidegger in *Sein und Zeit* angedeutete begriffliche Nähe zu einem vermeintlich triadischen Schema der Zeitlichkeit in *Vom Nutzen und Nachteil der Historie* wird erst in dem Moment vollständig einsichtig, in dem

---

[88] | Es handelt sich um Vorträge, die Heidegger im Juli 1924 vor der Theologischen Gesellschaft in Marburg (»Der Begriff der Zeit«) und zwischen dem 16. und 21. April 1925 in Kassel (»Wilhelm Diltheys Forschungsarbeit und der gegenwärtige Kampf um eine historische Weltanschauung«) gehalten hat.

[89] | Vgl. Herbert Schnädelbach: Philosophie in Deutschland 1831-1933, S. 51ff.

auch Heideggers in *Sein und Zeit* noch verschwiegene Zweifel bezüglich der nietzscheschen Analyse sichtbar werden. Diese Zweifel lassen erkennen, warum die Charakterisierung der Zeit, als einziger Horizont der *Seinsfrage*, innerhalb dessen die historische Krise des Abendlandes angemessen betrachtet werden kann, nicht vollständig mit Nietzsches Alternative zum Nihilismus übereinstimmen wird.

Zwar findet Heidegger in Nietzsches Texten das entsprechende Terrain zur Thematisierung des Zeitproblems[90], dennoch distanziert er sich von der nietzscheschen Zeitlichkeit, sobald sie sich als inkompatibel mit der christlichen Anthropologie erweist.

Zunächst geht es um die Prämisse der Frage nach der Zeit, wie sie in den Überlegungen zur Bestimmung des Augenblicks von *Sein und Zeit* (1927) bis zu *Zeit und Sein* (1962) entwickelt wird. Die vom *Ereignis*[91] ausgehende reifere Problematisierung der Zusammengehörigkeit von *Sein* und *Zeit* ist einerseits untrennbar mit der Reflexion über Nietzsches Lehre von der Ewigen Wiederkehr verbunden und andererseits von heideggerschen Vorbehalten geprägt, die bereits auf die Vorlesung des Wintersemesters 1920/21 *Einleitung in die Phänomenologie der Religion* zurückgehen.

3.3.1 Die Verführung

In der Vorlesung von 1920/21 bildet das Historische das *Kernphänomen* von dem aus Philosophie und Religion erforscht werden können.[92] Doch das historische Phänomen als solches bzw. als unumgängliche Bedingung wird für Heidegger im nietzscheschen Sinne problematisch. In § 7, Abschnitt a. »Das ›historische‹ Denken« des dritten Kapitels (»Das Phänomen des Historischen«) betont er: »Das ›historische Bewußtsein‹ soll unsere gegenwärtige Kultur vor anderen auszeichnen. Das historische Denken bestimmt tatsächlich unsere Kultur, es beunruhigt unsere Kultur: erstens, indem es aufreizt, anregt, stimuliert; zweitens, indem es hemmt. Es bedeutet 1. eine Erfüllung; das Leben gewinnt seinen Halt an der Mannigfaltigkeit des Historischen, 2.

---

90 | Ein Klassiker zum Problem der Zeit bei Nietzsche ist die Doktorarbeit von Joan Stambauch: Untersuchungen zum Problem der Zeit bei Nietzsche, Den Haag: M. Nijhoff 1959.

91 | Vgl. Martin Heidegger: »Zeit und Sein« und »Protokoll zu einem Seminar über den Vortrag ›Zeit und Sein‹«, in: Zur Sache des Denkens, S. 1-26 und S. 27-60.

92 | Martin Heidegger: Einleitung in die Phänomenologie der Religion, S. 30ff.

eine Last. Das Historische ist also eine Macht, gegen die sich das Leben zu behaupten sucht.«[93]

In der ersten Bestimmung, die einen ausdrücklichen Verweis auf Spenglers Nietzscheanismus enthält, werden mit der historischen Dimension all die vielfältigen Formen und Ausdrücke, in denen sich das Leben zeigt, wiedergewonnen. In der zweiten Bedeutung wird die Geschichte zu dem, was die Naivität der Schöpfung lähmt.[94]

In § 8 dieser Vorlesungsmitschrift, die bezeichnenderweise den Titel »Der Kampf des Lebens gegen das Historische« trägt[95], verortet Heidegger die Rezeption von Nietzsches *Zweiter Unzeitgemäßen Betrachtung* innerhalb jenes kulturellen Umfelds, in dem sein eigenes philosophisches Denken zu seiner definitiven Gestalt fand. Im Versuch, sich gegen das Historische zu behaupten, unterscheidet er drei Wege:

A. Der platonische Weg sucht eine endgültige »Abkehr« vom Historischen zu erreichen. Die historische Wirklichkeit werde dem Reich der Ideen untergeordnet und erst von den Ideen her verstanden, die entweder als Substanzen oder Werte, als Normen oder Vernunftprinzipien aufgefasst werden.

B. Der zweite Weg (Spengler) ist durch ein radikales Sich-Ausliefern an das Historische gekennzeichnet.[96] In Spenglers und in gewisser Hinsicht auch in Simmels »wilder Metaphysik« werde die Geschichte als »Ausdruck einer Seele« aufgefasst. Besonders bei Spengler könne die Geschichte die Sicherung der Gegenwart gegen die Vergangenheit garantieren. Die Unsicherheit der Gegenwart werde einem objektiven Prozess des historischen Werdens einverleibt.

C. Der dritte Weg (vorgezeichnet in Diltheys *Einleitung in die Geisteswissenschaften*, in Simmels *Probleme der Geschichtsphilosophie* und in Rickerts und Windelbands Geschichtsphilosophien) hatte, vor allem als Reaktion auf Spenglers Skeptizismus, einen Kompromiss zwischen dem ersten, platonischen und dem zweiten, vollkommen historistischen Weg versucht. Auf diesem dritten Weg werde die Geschichte als permanente Verwirklichung

---

93 | Ebd., S. 33.
94 | Ebd., S. 37f. Zur Übereinstimmung der beiden Bedeutungen von Geschichte, die Heidegger hervorhebt, vgl. §§ 2-3 in Friedrich Nietzsche: Vom Nutzen und Nachteil der Historie für das Leben, KGW, Bd. III/1.
95 | Ebd., S. 38ff.
96 | Ebd., S. 43ff.

von Werten betrachtet, die allerdings nie vollständig verwirklicht würden, sondern, im Sinne Spenglers, nur in einer relativen Gestalt gegeben seien.

Für alle drei Wege spielt die »Tendenz zur *Typisierung*«[97] eine entscheidende Rolle, doch immer auf unterschiedliche Weise. In der ersten Ausrichtung beschreibt die Typisierung eine absolut gültige Welt, auf die sich das Historische beziehen sollte. Heidegger verweist in diesem Zusammenhang auf die »ideographische« Betrachtung der Geschichte, die Windelband und Weber mit der Theorie der »Idealtypen« vorgelegt hatten. In der zweiten Ausrichtung, aber auch in der dritten (wenngleich auf unterschiedliche Weise) präsentiere sich die Typisierung dagegen in morphologischer Gestalt.

Die Typisierung in den genannten drei verschiedenen Formen stellt für Heidegger eine Tendenz zu Kodifizierungen dar, die eine gewisse Sicherheit garantieren können (und die entweder als »Nachahmung« des Überzeitlichen oder als »Urbild«, als »Abbild« oder als »Teilnahme« an etwas Überzeitlichem, als »Anwesenheit« des Überzeitlichen im zeitlich Seienden verstanden werden[98]).

Diese Tendenz zur Typisierung bewirkt ein typenbildendes Verstehen, das das authentische Historische neutralisiert und das nichts mit dem »*phänomenologischen Verstehen*« zu tun hat, das für Heidegger zum Ausgangspunkt für das Verständnis des historischen Phänomens des Religiösen werden sollte.

In der zweiten Hälfte der Vorlesung stellt Heidegger tatsächlich eine phänomenologische Erklärung des konkreten religiösen Phänomens vor. Sein Ansatz versucht einerseits die Anregungen der irrationalen Phänomenologie des Heiligen bei Otto aufzunehmen, geht aber andererseits über den irrationalen Weg hinaus, insofern das Heilige in der spezifischen historischen Bestimmung des Christentums betrachtet wird.[99]

In dieser ersten Phase von Heideggers philosophischer Entwicklung begegnet man dem Christentum als philosophischer Frage, ausgehend von seiner innersten Historizität, auf dem nietzscheanischen Untersuchungsfeld des weltlichen Phänomens des Lebens. In der historischen Erfahrung des christlichen Lebens kommt die Zeitlichkeit als eigentliches Sein des historisch verstandenen weltlichen Lebens zur Geltung.[100]

---

97 | Ebd., S. 44f.
98 | Ebd., S. 45.
99 | Ebd., S. 78f.
100 | Ebd., S. 80, 82, 116.

In der lutherischen Exegese von Paulus' *Brief an die Galater*[101] und seinem *Ersten Brief an die Thessalonicher*[102] erkennt Heidegger die Bestimmung der Zeit in der *parusia* bzw. in der Erwartung der Wiederkunft des Herrn als Dimension, in der die Spannung zwischen der ausgedehnten Zeitlichkeit und dem Augenblick zum Ausdruck kommt.[103] In der Hoffnung der Thessalonicher hatte Paulus die Erfahrung der *parusia* erfüllt gesehen, die die Christen in einem Zustand ständiger Erwartung hält. Diese Erwartung gebe jedem Augenblick der existentiellen Situation des christlichen Lebens den Rhythmus vor, er sei weniger durch seine Außergewöhnlichkeit oder sein Begnadetsein gekennzeichnet, als durch eine extreme Unruhe.[104] Die Erfahrung der *parusia* steht für die permanente Erwartung des Ereignisses und als solche bestimmt sie den Sinn der Verwirklichung des Lebens nach seiner zeitlichen Struktur. Die unruhige Erwartung des ständig bevorstehenden Ereignisses übersteigt die Erfahrung der einfachen zeitlichen Verortung, die sich stattdessen auf die Frage nach dem »wann« bezieht. In der kairologischen Dimension der Zeit wird die »Unmittelbarkeit«, nach der Beschreibung Paulus', durch die plötzlichen Wehen der schwangeren Frau bildhaft dargestellt, ihre Unsicherheit ist nicht zufällig, sondern eher strukturell.[105]

Im *Zweiten Brief an die Thessalonicher* kompliziert sich die Zeitstruktur durch eine andere Dimension. Wenn im *Ersten Brief* die zeitliche Spannung als eine zwischen dem Ereignis des Herrn, dem Ungeborenen (Zukunft)

---

101 | Ebd., S. 67-74.
102 | Ebd., S. 87-105.
103 | Ebd., S. 99f.; Paulus: Erster Brief an die Thessalonicher, Kap. V (1-3). Zur Verbindung zwischen der Interpretation der paulinischen Theologie und der Beschreibung der *Seinsfrage* bei Heidegger vgl. den Beitrag von Karl Lehmann: »Christliche Geschichtserfahrung und ontologische Frage beim jungen Heidegger«, in: Heidegger. Perspektiven zur Deutung seines Werks, S. 140-168.
104 | Martin Heidegger: Einleitung in die Phänomenologie der Religion, S. 97f.
105 | Paulus: Erster Brief an die Thessalonicher, Kap. V (3). Zur Analyse der Zeit, die in diesen ersten Vorlesungen ihren Ausgang von der »Plötzlichkeit« nimmt vgl. den Beitrag von Aldo Masullo: »Il fenomeno del repentino e la paticità del tempo«, in: Paradigmi 28 (1992), S. 39-77 und Ders.: Il tempo e la grazia, Roma: Donzelli 1995. Heideggers Ausdruck, der, Gadamers Erzählung zufolge, der Erfahrung der zeitlichen Unmittelbarkeit gerecht wurde, war »Wach sein am Feuer der Nacht« (vgl. Hans-Georg Gadamer: Philosophische Lehrjahre, S. 120).

und der kairologisch verstandenen Gegenwart bestimmt worden war, so konkretisiert sich im *Zweiten Brief* die kairologische Erwartung als Erinnerung an den vernommenen »Ruf«.¹⁰⁶ Im Horizont der vom Ruf bestimmten *parusia* (die in diesem Zusammenhang bezeichnenderweise *Ereignis* genannt wird¹⁰⁷) wird das *Erharren* vom *Erwarten* unterschieden. Mit der Erwartung, die kairologisch als »Entscheidung« erlebt wird¹⁰⁸, erfüllt sich für Heidegger das Zeitschema, die Zusammengehörigkeit von Vergangenheit, Gegenwart und Zukunft. In der paulinischen Ableitung dieses Zeitschemas, zu der Heidegger auf philosophischem Wege über das analytische Untersuchungsfeld der problematischen Verbindung von Leben und Geschichte in Nietzsches *Zweiter Unzeitgemäßen Betrachtung* gelangte, erscheint erneut das Gespenst des Nietzsche-Holzwurms: »Hieraus ersieht man den Vollzugscharakter des Schemas. Die Zusammenhänge des Paulus dürfen *nicht ethisch* verstanden werden. Darum ist es eine Verkennung, wenn Nietzsche ihm Ressentiment vorwirft. [...] In diesem Zusammenhang kann gar nicht von Ressentiment die Rede sein.«¹⁰⁹ Es handelt sich für Heidegger vielmehr um eine Verbindung der Gegenwart und Zukunft mit der Vergangenheit, die als Verwirklichung des Gewordenseins verstanden wird.

Der Verweis auf Nietzsches Kritik an der paulinischen Zeitlichkeit als Ressentiment offenbart nicht nur, dass Heidegger in dieser Zeit bereits tieferreichende Kenntnisse von Nietzsches Thesen der *Genealogie der Moral*, des *Antichrist*, des *Ecce homo* und der *Nachgelassenen Fragmente* aus der letzten Schaffensperiode hatte¹¹⁰, sondern er zeigt auch, wie intensiv er über die

---

106 | Paulus: Zweiter Brief an die Thessalonicher, Kap. XI (11).
107 | Martin Heidegger: Einleitung in die Phänomenologie der Religion, S. 111.
108 | Ebd., S. 115; Martin Heidegger: Augustinus und der Neuplatonismus, GA, Abt. II, Bd. 60, S. 220.
109 | Martin Heidegger: Einleitung in die Phänomenologie der Religion, S. 120.
110 | Vgl. Friedrich Nietzsche: Genealogie der Moral, KGW, Bd. VI/2; zum Verhältnis von Ressentiment und jüdischem Bewusstsein vgl. im ersten Teil der Abhandlung Aph. 7/10 und 16, im zweiten Teil Aph. 11 und im dritten Teil Aph. 11-16, 21-21; Ders.: Der Antichrist, KGW, Bd. VI/3, Aph. 18, 23, 24, 42, 45 und 46; Ders.: Ecce homo, KGW, Bd. VI/3, »Warum ich so weise bin«, §§ 6-7; Ders.: Nachgelassene Fragmente 1887-1888, KGW, Bd. VIII/2, Fr. 11[281] und 11[282], in denen der Akzent vor allem auf die paulinische Betonung der Schuld und der Sünde gelegt wird, sowie auf die Kirchengründung des Christentums im Gegensatz zur »neuen Praxis«, die Jesus gelehrt und demonstriert hatte. Im *Antichrist* be-

ontologischen Implikationen der nietzscheanischen Kritik am Christentum nachdachte. Nietzsches Thematisierung des Augenblicks ist allerdings nicht zu trennen von der Erlösung von der Vergangenheit bzw. von der Rache als Ausdruck obsessiver Erinnerung.[111]

Der nietzscheanische Augenblick reduziert sich nicht auf ein naives Vergessen der Vergangenheit, er gewinnt eine eigene zeitliche Konsistenz zurück, weil er, quasi im Sinne Meister Eckharts, mit Ewigkeit befrachtet ist.[112]

---

schreibt Nietzsche eine Christusfigur, die Paulus entgegengesetzt ist und dafür Buddha näher steht.

111 | Friedrich Nietzsche: Also sprach Zarathustra, »Von der Erlösung«. Für einen Bezug dieser nietzscheschen Momente auf das Problem des Nihilismus, dessen historische Endstufe die christlich-hegelianisch geprägte »historische Krankheit« wäre, vgl. Gianni Vattimo: »Lo spirito di vendetta e la struttura edipica del tempo«, in: Il soggetto e la maschera, S. 249-281; und ferner Vattimos Beitrag »Nichilismo e il problema del tempo in Nietzsche«, in: Archivio di filosofia (1962/3), S. 143-164. Bezüglich Heideggers Gesprächspartnern während seiner Auseinandersetzung mit Nietzsche muss im Zusammenhang mit dem Verhältnis zwischen Zeit und Ressentiment an den »christlichen Nietzsche« von Scheler erinnert werden (nach dem Beinamen, den ihm Ernst Troeltsch zugesprochen hatte, vgl. Franco Volpi: »Postfazione«, in: Martin Heidegger: Nietzsche, Mailand: Adelphi 1994, S. 956). In Bezug auf seine Phänomenologie der ressentimentgeladenen Stimmungen (Groll, Neid, Eifersucht, Gier, Konkurrenz, Wettstreit, Ehrgeiz, Machtlosigkeit, Missgunst und Boshaftigkeit) hebt Scheler in der Definition des Ressentiments den Wiederholungscharakter des Gefühls (Re-sentiment) hervor (vgl. Max Scheler: »Das Ressentiment im Aufbau der Moralen«, in: Vom Umsturz der Werte. Abhandlungen und Aufsätze, GW, Bd. 3, Bern: A. Francke 1955, S. 38), das nicht mit einer einfachen geistigen Erinnerung verwechselt werden dürfe, sondern eine echte Hassbewegung, einen Racheimpuls (S. 41) darstelle. Dieser Racheimpuls sei nicht, wie es Nietzsche noch behauptete, der Kern der christlichen Ethik, sondern der Kern der bürgerlichen Moral. Interessant ist an der von Scheler vollzogenen zeitlichen Auflösung des Ressentiments die Verbindung von nietzscheschen und bergsonschen Momenten (S. 138; vgl. in diesem Zusammenhang auch Hans-Georg Gadamer: Philosophische Lehrjahre, S. 75).

112 | Vgl. in diesem Zusammenhang Heideggers Aussagen in *Die Grundprobleme der Phänomenologie* (GA, Abt. II, Bd. 24, S. 127f.) und in *Metaphysische Anfangsgründe der Logik* (GA, Abt. II, Bd. 26, S. 56f.). Die Verbindung von nietzscheschen und eckhartschen Motiven der Zeit, die in den frühen Schriften

Der »Thorweg«, dessen Giebel vom Namen der Zeit, *Augenblick,* geziert wird, teilt sich nicht zwischen einer Vergangenheit und einer Zukunft, sondern zwischen zwei ewig langen Wegen, die unendlich und insofern ohne Ursprung sind.[113] Die Unendlichkeit der Zeit, ihre Ewigkeit, ist für Nietzsche die Bedingung dafür, dass alle Dinge fest miteinander »verknotet« sind, dass jeder »Augenblick alle kommenden Dinge nach sich zieht«.[114]

Die Thematisierung der Zirkularität der Zeit kennzeichnet wahrscheinlich die kühnste Anstrengung des gesamten nietzscheschen Denkens. Nietzsche hat den Versuch unternommen, in der Spätphase der Moderne, das Sein als Zeit jenseits der hegelisch-christlichen Tradition zu denken. Auch wenn Heidegger zurecht behauptet, dass das Christentum die Verbindung von Leben und Geschichte und somit die der Geschichtlichkeit innewohnende Zeitlichkeit erfahren hat, so muss man doch zugleich feststellen, dass zuerst die christliche, später die moderne Erfahrung der Zeitlichkeit einerseits an die Schöpfung der Welt und andererseits an die Hoffnung auf Rettung durch einen Menschen-Gott gebunden bleibt. Ohne den Aporien des Verhältnisses Gott-Schöpfung-Ewigkeit nachgehen zu wollen[115], nach denen

---

Heideggers noch nachweisbar ist, löst sich zum Ende der zwanziger Jahre auf, so dass nunmehr eindeutig Nietzsches Analysen des Augenblicks privilegiert und Eckharts Moment mit dem *nunc stans* identifiziert wird.

113 | Vgl. Maurice Blanchot : Le pas au-delà, Paris: Gallimard 1973, S. 21f. und Pierre Klossowski : Un si funeste désir, Paris: Gallimard 1963, insb. S. 9-36.

114 | Friedrich Nietzsche: Also sprach Zarathustra, »Vom Gesicht und Rätsel«.

115 | Eine interessante historische Rekonstruktion dieser Problematik, insbesondere in Bezug auf die Verbindungen Ewigkeit-Kosmos, Wollen-Zeit als Schöpfung aus dem Nichts, findet sich bei Wilhelm Dilthey: Einführung in die Geisteswissenschaft, S. 415ff. (»Für die Kosmologie ist die Welt ewig, für die Erfahrung des Wollens ist sie Schöpfung aus dem Nichts der Zeit.«). Doch eine der anregendsten Schriften zu diesem Thema bleibt zweifellos Buch XI der augustinischen *Bekenntnisse.* Zum Verhältnis Zeit und Ewigkeit vgl. Buch XI, 11.13 und zum Verhältnis zwischen Zeit und Weltschöpfung Buch XI, 13.15, in dem postuliert wird, dass die Existenz der Zeit unmöglich wäre, hätte ihr Gott keinen Anfang gegeben. Gott, insofern er ewig ist, geht jeder Zeit voraus (13.16 *Deus tempora aeternitate praecedit*). Hierzu muss man bedenken, dass die Analyse der Zeit in Buch XI der *Bekenntnisse* aus dem Kommentar der ersten Verse der Genesis »Am Anfang schuf Gott...« entstand und dass die Frage nach der Verbindung Schöpfung *ex nihilo*-Zeit, ebenso wie in der heideggerschen Verbindung Abgrund-Zeit-Sein, die Schöpfung mit dem simultanen Welt- und Zeitereignis, die Ewigkeit dagegen ausschließlich mit der Zeit der Gottheit zusammenfiele, scheint es mir möglich die Hypothese aufzustellen, dass Nietzsche, während die Moderne ihren historischen Höhepunkt erreicht, vor der christlich-modernen Humanisierung der Zeit nicht zurückweicht.[116] Er verewigt die Zeit, befreit sie von allem Anfang und entbindet sie auf diese Weise wirklich aus der Struktur der Schöpfung und der Erlösung. Nietzsches Augenblick ist nicht die Vorbereitung auf das Ereignis, er ist selbst Ereignis, das sich idealerweise in jedem existentiellen Moment vervielfacht. Diese a-teleologische Ausbreitung der zeitlichen Intensität wird die ethischen Auslegungen der ewigen Wiederkehr legitimieren, die im vergangenen Jahrhundert auf unvergleichliche Weise zunächst von Karl Löwith[117] und später von Gilles Deleuze formuliert wurden. Als Ereignis ist jeder Augenblick mit einer Zeit ohne Ursprung befrachtet, aber deshalb nicht ohne Vergangenheit. Die historisch-ontologische Beschaffenheit des nietzscheanischen Augenblicks ist nicht notwendi-

---

an die Struktur des Abgrunds gebunden ist: »Am Anfang schuf Gott Himmel und Erde. Und die Erde war wüst und leer, und es war finster auf der Tiefe...« (Genesis, 1-2; für den Kommentar dieser Verse vgl. Augustinus: Bekenntnisse, XII, insb. 3.3).

116 | Vgl. Giuseppe Barletta: Chronos. Figure filosofiche del tempo, Bari: Dedalo 1992.

117 | Löwiths Nietzsche-Auslegung nimmt einen der zentralen Punkte vorweg, um den herum Heideggers Auseinandersetzung der Jahre 1936-46 konstruiert werden wird. Die zentrale Stellung, die Löwith innerhalb der nietzscheschen Philosophie dem Wiederkunftgedanken einräumte, stand im Gegensatz zur ontologischen Inkonsistenz, die ihm Jaspers attestiert hatte. Heidegger wird eine Position zwischen Jaspers und Löwith einnehmen und versuchen, die Zusammengehörigkeit der ewigen Wiederkehr und des Willens zur Macht von der Verbindung Sein-Zeit her zu denken. Löwiths Nietzsche-Interpretation, die aus den ersten Freiburger Vorlesungen Heideggers hervorging, erweist sich als besonders wichtig, insofern sie einige Topoi aufgreift und einige Aspekte herausstreicht, die durch Heideggers begriffliche Perspektive verdeckt blieben. Die Hinweise auf Heideggers Gesprächspartner in der Auseinandersetzung mit Nietzsche (Löwith, Jaspers, Scheler, aber auch Spengler, Klages, Baeumler, Bertram und Jünger) sind keinesfalls marginal, ihnen kommt das Verdienst zu, den Kontext zu beschreiben, aus dem heraus sich die Fragen entwickelten, die Heidegger in seinem »Dialog« mit Nietzsche permanent präsent waren.

gerweise die, die für das Gedächtnis gilt, dieses »Organ« eines fortlaufenden Willens, sondern indem er durch Sprünge weiterführt, folgt er dem Rhythmus der wirklichen und vielfältigen Verfasstheit der Zeit.

Begriffe wie »Abendland« und »Orient«, wie »Modernität« und »Griechentum« passen nicht ganz zu der archäologischen Arbeit des Genealogen Nietzsche, zu seinem Bemühen, die Singularität jeden Augenblicks aufzuzeigen. Auch Heideggers Existenzialanalyse unterliegt Nietzsches langsamem Kahlschlag, der darauf abzielt, den ereignishaften Charakter der Zeit zu fassen.

In der Vorlesung des Sommersemesters 1921, *Augustinus und der Neuplatonismus*, gibt Heidegger mittels einer kierkegaardianischen Untersuchung des Zehnten Buches der augustinischen *Bekenntnisse* den ersten vollständigen Umriss der Existenzialanalyse.[118] Die Verflechtung von paulinischen und kierkegaardianischen Momenten und deren Übertragung auf Nietzsches Texte bleibt, zumindest bis zu den *Beiträgen zur Philosophie*, eine begriffliche Konstante von Heideggers philosophischer Entwicklung. Ein

---

118 | Wie Gadamer bemerkt hat, geht Heideggers tiefere Bekanntschaft mit Kierkegaards Werken auf die Anfänge der zwanziger Jahre zurück (vgl. Hans-Georg Gadamer: Erinnerung an Heideggers Anfänge). Ausdrückliche Hinweise beziehen sich auf *Furcht und Zittern*, *Die Krankheit zum Tode* und *Der Begriff der Angst*. Scheinbar geht Heidegger, nachdem er die Paulusbriefe gierig verschlungen hatte, zu Augustinus' Untersuchungen zur Zeit über, womit er dessen eigenen Weg nachvollzieht (zu Augustinus' sehr intensiver Lektüre der Paulusbriefe vgl. Augustinus: Bekenntnisse, Buch VII [21.17]). Doch der Augustiner Heidegger folgt in diesem Zusammenhang auch Husserls Hinweisen, der in der »Einleitung« zu den Vorlesungen über das innere Zeitbewusstsein aus dem Jahr 1905 betonte: »Die Analyse des Zeitbewußtseins ist ein uraltes Kreuz der deskriptiven Psychologie und der Erkenntnistheorie. Der erste, der die gewaltigen Schwierigkeiten, die hier liegen, tief empfunden und sich daran fast bis zur Verzweiflung abgemüht hat, war Augustinus. Die Kapitel 14-28 des XI. Buches der *Confessiones* muß auch heute noch jedermann gründlich studieren, der sich mit dem Zeitproblem beschäftigt. Denn herrlich weit gebracht und erheblich weiter gebracht als dieser große und ernst ringende Denker hat es die wissensstolze Neuzeit in diesen Dingen nicht. Noch heute mag man mit Augustinus sagen: *si neme a me quaerat, scio, si quaerenti explicare velim, nescio.*« (Edmund Husserl: Zur Phänomenologie des inneren Zeitbewusstseins, hg. v. Rudolf Boehm, Husserliana, Bd. X, S. 3)

emblematisches Vorbild hierfür bot ihm Karl Barths Kommentar der paulinischen *Römerbriefe*.[119]

Im Versuch, innerhalb der im Entstehen begriffenen Existenzialanalyse die Zeitlichkeit als Versuchung zu thematisieren, lassen die Texte Kierkegaards eine außergewöhnliche typologische Phänomenologie verschiedener Fälle der *temptatio* erkennen, durch die Phänomene wie Abrahams Leben im Absurden, die unendliche Bewegung des Glaubensritters oder der Unendlichkeit[120] und schließlich die Zeitlichkeit des Wartens, die sich aus der

---

119 | Ohne Barths dialektischer Theologie eine kierkegaardsche Struktur zu unterstellen, kommt man doch nicht umhin, in ihr einen der Gründe für die sogenannte Kierkegaard-Renaissance zu erkennen. Die kierkegaardianische Auslegung von Paulus scheint plausibel, insofern beispielsweise Kierkegaard selbst den Titel eines seiner Werke, *Furcht und Zittern*, entsprechend der paulinischen Texte abgewandelt hat (2 Kor, 7, 18 – der Hinweis stammt von Cornelio Fabro: »Introduzione«, in: Søren Kierkegaard: Timore e tremore, tr. it. Cornelio Fabro, Mailand: Rizzoli 1994, S. 5-19, hier S. 5; Philipperbrief 2, 12 nach dem Hinweis von Enzo Paci: »Kierkegaard e la dialettica della fede«, in: Archivio di Filosofia (1953), S. 9-44.). Bemerkenswert ist dagegen die paulinische »Kierkegaardianisierung« von Nietzsches *Zweiter Unzeitgemäßer Betrachtung*. Barth sieht die *Zweite Unzeitgemäße Betrachtung* als einen Kommentar zu Abrahams Glaubensakt (vgl. Karl Barth: Der Römerbrief, Zürich: Theologischer Verlag 1985, »Die Historie«, S. 142-145). Das unhistorische Moment, Nietzsches *Unzeitige*, wird bei Barth zum Wunderbaren, das in Abrahams unmöglichem Akt zum Ausdruck kommt. Das Wunderbare, das Unhistorische wird zum nietzscheanischen Fundament der Geschichte, das einer totalen Unvorhersehbarkeit erwächst, am *Rande* der Geschichte selbst. Dieses unsichtbare, unbegreifliche Element bildet das Ende und den Anfang jeder Geschichte, begleitet jede historische Erfüllung.

120 | Søren Kierkegaard: Furcht und Zittern, Düsseldorf-Köln: Eugen Diederichs Verlag 1962, S. 74f. Der Mensch, der für das Absurde offen ist, vollzieht in jedem Augenblick die Bewegung der Unendlichkeit. Es handelt sich dabei nicht um eine unendliche Erfüllung des Augenblicks, sondern um die unendliche Projektion des Augenblicks oder um das »absurde Ewige« (Theodor W. Adorno: Kierkegaard. Konstruktion des Ästhetischen, Frankfurt a.M.: Suhrkamp 1962, S. 231) Die Ritter der Unendlichkeit sind Tänzer, die in jenem Rhythmus zu tanzen scheinen, der auch zu Nietzsches Welt öffnendem Tanz gehört. Doch Kierkegaards Tänzer sind dazu bestimmt, trotz ihrer Meisterhaftigkeit, mehr als alle anderen, ins Strau-

Veranlagung zum Absurden und der Angst vor dem Schrecklichen ergibt, Gestalt annehmen.[121]

Die linguistische Assonanz, die leidenschaftliche Denkbewegung, die Schwierigkeiten der Ethik aufgrund eines Glaubensüberschusses[122] oder des *amor fati* und die Deutung der zeitlichen Spannung als Riss oder Synthese von Zeit und Ewigkeit könnten zu einer thematischen Zusammenlegung von kierkegaardianischen und nietzscheanischen Motiven verleiten.[123] Ob-

---

cheln und ins Wanken zu geraten, denn sie vermählen sich in ihrem Tanz nicht mit der Welt, sondern offenbaren ihre Fremdheit ihr gegenüber.

121 | In *Furcht und Zittern* besteht das Wunder darin, dass etwas entsprechend der eignen Erwartung eintritt (S. 4). In *Der Begriff der Angst* verwandelt Kierkegaard die Zeit des Wartens in die Zentralität, die er der Zukunft zuspricht, insofern sie mit der Ewigkeit zusammenfällt. Im Moment, im Augenblick berühren sich die Zeit und die Ewigkeit. Es ist jene Zeitlichkeit, »allwo die Zeit fort und fort die Ewigkeit abriegelt und die Ewigkeit fort und fort die Zeit durchdringt.« (Vgl. Søren Kierkegaard: *Der Begriff der Angst*, Köln: Eugen Diederichs Verlag 1952, S. 90). Ausgehend von dieser Koinzidenz wird das Verhältnis zwischen Vergangenheit, Gegenwart und Zukunft neu definiert. Die Vergangenheit wird ein Teil der Zukunft. Kierkegaard betont, dass die Griechen den Begriff der Ewigkeit nicht kannten und folglich auch nicht den der Zukunft. Die »Fülle der Zeit« (Paulus: Gal 4,4), ein zentraler Begriff des Christentums, bringt für Kierkegaard die Identität von Zukunft und Ewigkeit zum Ausdruck. Sie sei tatsächlich der Augenblick als das Ewige, aber zugleich das Zukünftige, »welches wiederkommt als das Vergangene.« (Søren Kierkegaard: Begriff der Angst, S. 92).

122 | Vgl. Søren Kierkegaard: Furcht und Zittern, S. 57ff.

123 | Nietzsche faszinierte die Ebene der philosophischen Untersuchung des kierkegaardschen »Psychologischen«. Es war Georg Brandes, der seine Aufmerksamkeit auf Kierkegaard gelenkt hatte, nachdem er ihn im Brief vom 11. Januar 1888 als einen »der tiefsten Psychologen, die es überhaupt giebt« bezeichnet hatte. Nietzsche antwortete auf Brandes' Brief am 19. Februar 1888: »Ich habe mir für meine nächste Reise nach Deutschland vorgesetzt, mich mit dem psychologischen Problem Kierkegaard zu beschäftigen [...].« »Dazu kam es nicht mehr!« bemerkt Curt Paul Janz (vgl. Friedrich Nietzsche: Briefwechsel, KGB, Bd. III/6, S. 144; Bd. III/5, S. 259; Curt Paul Janz: Friedrich Nietzsche. Die zehn Jahre des freien Philosophen, München-Wien: Hanser 1978, Bd. 2, S. 585-86). Jenseits dieser Ebene der psychologischen Untersuchung und jenseits einer philosophischen Schreibpraxis, die die Sprache bis zur De-Identifikation (Mazzarella)

wohl Heidegger von den theologischen Implikationen der kierkegaardschen

---

von Logos und Sein strapaziert hat (vgl. Martin Heidegger: Hegels Phänomenologie des Geistes, S. 18f. und in der it. Ausgabe Eugenio Mazzarella: »Presentazione«, in: Martin Heidegger: La fenomenologia dello spirito di Hegel, Neapel: Guida 1988, S. 22) scheiden sich Nietzsches und Kierkegaards philosophische Ansichten an der Frage der Zeitlichkeit. Die Deutung von Heideggers philosophischer Entwicklung und speziell seiner Auseinandersetzung mit Nietzsche hängt in gewisser Weise davon ab, unter welchem Gesichtspunkt man Nietzsche und Kierkegaard betrachtet. Wenn man mit De Feo der kierkegaardschen Beschreibung des Einzelnen und Nietzsches Ankündigung vom Tod Gottes eine wesentliche Bedeutung für Heideggers Daseinsanalyse zuspricht, dann ist zwischen Nietzsche und Kierkegaard keine »problematische Einheit«, aus der Heideggers Fundamentalontologie hervorgeht, zu erkennen (vgl. Nicola Massimo De Feo: Kierkegaard, Nietzsche, Heidegger: l'ontologia fondamentale, Mailand: Silva 1964). Heidegger schwankt vielmehr zwischen Nietzsche und Kierkegaard und dieses Schwanken wird für seinen gesamten philosophischen Denkweg, zwischen Begründung einer Metaphysik als »Metaontologie« und Überwindung der Metaphysik, zwischen christlicher Metaphysik und anderem Anfang, zwischen Fundamentalontologie und Genealogie der Seinsgeschichte kennzeichnend bleiben. Eine weitere wichtige Arbeit für die gemeinsame Betrachtung von Nietzsche und Kierkegaard stammt von Jean Wahl: Études kierkegaardiennes, Paris: Vrins 1949[2], in der die Kritik am Hegelianismus als »Geschichtsphilosophie der Identität« (S. 122ff.) und der Vorwurf, die historische Leidenschaft sei unfähig das Wesentliche, die Sprünge zu begreifen, gleichzeitig auf Nietzsche und auf Kierkegaard zurückgeführt werden. Kierkegaard und Nietzsche sei auch die Bestimmung der Existenz als Zeitlichkeit gemeinsam, die Heidegger mehr beeinflusst habe als die Meditationen Husserls oder Bergsons (S. 266ff.). Sowohl bei Kierkegaard als auch bei Nietzsche käme die Zukunft als Vergangenheit zurück und in ihr versöhnten sich das Zeitliche und das Ewige (S. 327). Für Wahl stehen sich Nietzsche und Kierkegaard am nächsten, beide sind Denker der Einsamkeit, beide sind Feinde des Systems, beide sind Philosophen des Werdens und der Zeit (S. 429ff. und S. 626). Zu Kierkegaard und Nietzsche vgl. außerdem Gerd-Günther Grau: »Nietzsche und Kierkegaard. Wiederholung einer unzeitgemäßen Betrachtung«, in: Nietzsche-Studien 1 (1972), S. 297-333. Gilles Deleuze ist dagegen ein Leser, der dem begrifflichen Unterschied zwischen Nietzsche und Kierkegaard große Aufmerksamkeit schenkt, vgl. Gilles Deleuze: Nietzsche und die Philosophie, München: Rogner 1976, S. 44.

Zeitlichkeit wiederholt Abstand nimmt, kann man häufig beobachten, dass die Wiederaufnahme nietzscheanischer Motive auf kierkegaardianischen Voraussetzungen beruht.

Scheinbar bezweifelte Heidegger, dass Kierkegaard, der Philosoph der Zeit, die Frage, die er nicht in den theologischen Bereich verbannt oder ausschließlich aus theologischer Sicht betrachtet sehen wollte, allein angemessen beantworten könnte. Andererseits scheint es, als hätte die Übernahme von Nietzsches Ewigkeit, die Heidegger vom Begriff der Abwesenheit der Zeit zu unterscheiden wusste und immer unterscheiden würde[124], sowie die sich daraus ergebende Neubestimmung des Augenblicks auf einem kierkegaardschen Terrain neutralisiert werden müssen. Dieses Schwanken zwischen Kierkegaard und Nietzsche charakterisiert später einen der wichtigsten Knotenpunkte von *Sein und Zeit* im Hinblick auf die Bestimmung der Zeit als Horizont des Seins.

---

124 | Vgl. in diesem Zusammenhang vor allem Martin Heidegger: »Wer ist Nietzsches Zarathustra?« (1953), in: Vorträge und Aufsätze, Pfullingen: Neske 1954, S. 97-122. Heidegger greift in diesem Vortrag im Wesentlichen die Argumente wieder auf, die er in der Vorlesung des Wintersemesters 1951/52 *Was heißt Denken?* (Tübingen: Niemeyer 1971, jetzt auch: GA, Abt. I, Bd. 8) bezüglich der Einheit zwischen Nietzsches Reflexionen zum Übermenschen und zur ewigen Wiederkunft vortrug. Außerdem lässt sich, so bemerkt Wolfgang Müller-Lauter (»Das Willenswesen und der Übermensch. Ein Beitrag zu Heideggers Nietzsche-Interpretation«, in: Nietzsche-Studien 10 (1981), S. 132-192, insb. S. 165ff.), an Heideggers veränderter Haltung gegenüber Nietzsche im Vergleich zu den Resultaten der Auseinandersetzung zwischen den Jahren 1936-1946 eine weitere Verwandlung zwischen der Vorlesung des Wintersemesters 1951/52 und dem Vortrag von 1953 ausmachen. Zarathustra, der Lehrer der ewigen Wiederkunft und des Übermenschen wird nun vor allem derjenige, der in der Erlösung von der Rache die Verknüpfung von Sein und Zeit lehrt, derjenige, der den »Übergang« im Augenblick aufzeigt. Das Ewige, erläutert Heidegger, habe metaphysisch die Kontinuität der Zeit angezeigt, »das stete Jetzt«. »Aber die Stete beruht für ihn [Nietzsche - R.C.] nicht in einem Stehen, sondern in einem Wiederkehren des Gleichen. [...] [Es] ist die unerschöpfliche Fülle des freudig-schmerzlichen Lebens.« (Martin Heidegger: »Wer ist Nietzsches Zarathustra?«, S. 105) Dieser Gedanke wird für Heidegger die Zeit als Vergehen im Augenblick, dessen Abgründigkeit die Metaphysik übersteigt, dem es aber nicht gelingt, sich ganz von ihr zu befreien, da er im (sinnlichen) Dionysischen wurzelt.

Zurück zu Heideggers Analysen des Zehnten Buches der *Bekenntnisse*, insbesondere der Kapitel 28 und 29, in denen das Leben als Bekümmertsein im Übergang zur Zeit im Mittelpunkt steht.[125] Das Bekümmertsein als

---

125 | Martin Heidegger: Augustinus und der Neuplatonismus, S. 205. Im ersten Abschnitt von *Sein und Zeit* (»Die vorbereitende Fundamentalanalyse des Daseins«) geht Heidegger, nachdem er den vorbereitenden Charakter der Analyse des Daseins (1. Kapitel §§ 9-11), das In-der-Welt-sein als Grundverfassung des Daseins (2. Kapitel §§ 12-13) und schließlich die Weltlichkeit der Welt (3. Kapitel §§ 14-24) und das In-der-Welt-sein als Mit- und Selbstsein (4. Kapitel §§ 25-27) beschrieben hat, zur Darstellung der eigentlichen Existenzialanalyse über, d.h. er beschreibt das Dasein einerseits als Befindlichkeit (§§ 29-30), als Verstehen (§§ 31-33) und als Rede (§ 34) andererseits als Dasein, das als Verfallen »versucht« ist (Das alltägliche Dasein des Da und das Verfallen des Daseins [§ 34] als Gerede [§ 35], als Neugier [§ 36], als Zweideutigkeit [§ 37] und schließlich als Verfallen und Geworfenheit [§ 38 als Versuchung, Beruhigung, Entfremdung]). Alle diese Bestimmungen werden durch die Sorge strukturiert (Kap. VI), die dem zweiten Abschnitt von *Sein und Zeit*, der die Verbindung zwischen Dasein und Zeitlichkeit thematisiert, vorausgeht. Die Sorge, also das, was alle vorherigen Bestimmungen strukturiert, geht vom Verfallen als *temptatio* aus, um zum Begriff der Zeitlichkeit zu gelangen.
Die Fabel des Hyginus von der Sorge, die Heidegger sowohl in seiner Vorlesung im Sommersemester 1925 als auch in *Sein und Zeit* (§ 42) zitiert, las er zum ersten Mal 1923 in dem Aufsatz von Konrad Burdach: »Faust und die Sorge«, in: Deutsche Vierteljahrsschrift für Literaturwissenschaft und Geistesgeschichte 1 (1923), S. 1-60 (vgl. Joachim W. Stork/Theodore Kisiel (Hg.): »Martin Heidegger und die Anfänge der ›Deutschen Vierteljahrsschrift für Literaturwissenschaft und Geistesgeschichte‹. Eine Dokumentation«, in: Dilthey-Jahrbuch 8 (1992-93), S. 180-188 und Dies.: »Die Briefe«, in: ebd., S. 189-225, insb. Heideggers Brief an Erich Rothacker vom 15. Dezember 1923, S. 200f.).
Im Zusammenhang mit der Cura-Fabel verweist Heidegger in der ersten Fußnote zu Paragraph 42 von *Sein und Zeit* auf Goethes Bearbeitung im zweiten Teil seines Faust. Es sei daran erinnert, dass in Goethes Version der Cura-Fabel, die vor Heidegger auch Nietzsche schon gelesen hatte, die Sorge um Mitternacht (man denke an die *Stillste Stunde* von Nietzsches Zarathustra) zusammen mit anderen Frauen auftritt: dem Mangel, der Schuld und der Not. Mangel und Schuld gehen wieder, sie können die geschlossene Tür des reichen Mannes nicht passieren. Der Mangel wird zu einem Schatten, die Schuld zergeht. Nur die Not kann sich

Unruhe zeigt sich in der »Zerstreuung«[126] des Lebens. Die wirkliche Zeit des Lebens, die der Zusammengehörigkeit von Vergangenheit, Gegenwart und Zukunft[127], ist bezeichnenderweise die *Gegenbewegung* zur *Zerstreuung*

---

der Sorge, die durch das Türschloss einzudringen vermag, anschließen. Während die Sorge dabei ist, einzutreten, kommt aus der Ferne der Bruder Tod. Im Verlauf des Gesprächs erinnert die Sorge Faust daran, eine Begleiterin zu sein, die, wenn sie erst einmal von jemandem Besitz ergriffen hat, immer Angst erzeugt: »Wen ich einmal mir besitze,/Dem ist alle Welt nichts nütze.« Er wird ununterbrochen auf die Zukunft ausgerichtet sein (vgl. Johann Wolfgang Goethe: Faust, in: Werke, Hamburger Ausgabe, Bd. 3, Hamburg: Wegner 1948ff., S. 343-346.).

126 | Martin Heidegger: Augustinus und der Neuplatonismus, S. 207. Bezüglich der Zerstreuung verweise ich auf *Sein und Zeit*, § 27, der dem alltäglichen Selbstsein und dem Phänomen des Man gewidmet ist. Heidegger beschreibt darin die Fürsorge ausgehend von den existenzialen Strukturen der »Abständigkeit«, der »Botmäßigkeit«, der »Durchschnittlichkeit«, der »Einebnung«, der »Seinsentlastung« und dem »Entgegenkommen«. Das so strukturierte *Dasein*, präzisiert Heidegger, ist »zunächst« und »zumeist« wesentlich »*zerstreut*«: »Diese Zerstreuung charakterisiert das ›Subjekt‹ der Seinsart, die wir als das besorgende Aufgehen in der nächst begegnenden Welt kennen.« (Ebd., S. 129)

127 | In Bezug auf diese Verbindung ist die Rolle, die Augustinus in den *Bekenntnissen* dem Gedächtnis zuschreibt, von entscheidender Bedeutung. Das augustinische Gedächtnis als Ort der Vorstellungen; die Bestimmung des *cogitare* als »auffassen«, »cogere«; die Verbindung zwischen Gedächtnis, wunderbarer Kraft der Erinnerung (*magna vis memoriae*) und dem Menschen als Sterblicher (*moraliter*) (Bekenntnisse: X, 8.15); das Verhältnis zwischen Vergessen (*privatio memoriae*) und Gedächtnis (X, 16.24; 18.27; 19.28) sowie die Gegenwart Gottes im Gedächtnis (X, 24.35; 25.36) scheinen einige der wichtigen Koordinaten abzustecken, innerhalb derer Heideggers philosophische Ergebnisse zu verorten sind. Es fällt schwer, die nachfolgende Entwicklung Heideggers, die Erinnerung der Seinsgeschichte, die *das Wesen* des Sterblichen rettet, nicht auf diesen begrifflichen Horizont unserer abendländischen Geschichte zurückzuführen. Es geht um die Frage, ob jene platonisch-christliche Tradition, deren Dekonstruktion Heidegger sein ganzes philosophisches Leben gewidmet hat, fortbesteht oder nicht, und darum, inwiefern Nietzsches eigene quälende Anstrengungen von Heidegger in Betracht gezogen wurden, ohne sich auf diese Tradition festlegen zu lassen. Nachdem er in Buch X die Bedeutung des Gedächtnisses, zunächst als Ort Gottes und in einem zweiten Schritt als jenen Bereich, von dem aus die Frage nach

des Lebens und zur »Zwiespältigkeit des Lebens«, die sich im Fürchten und Erwünschen zeigt.[128] Die Zwiespältigkeit erfüllt sich in der Zerrissenheit des Lebens, das in jedem Augenblick Versuchung ist »*sine ullo interstitio*«.[129]

---

der Zeit gestellt werden kann, ausgemacht hat, fragt sich Augustinus in Buch XI: »Was ist also die Zeit? Wenn mich niemand danach fragt, weiß ich es, wenn ich es aber einem, der mich fragt, erklären sollte, weiß ich es nicht; mit Zuversicht jedoch kann ich wenigstens sagen, daß ich weiß, daß, wenn nichts verginge, es keine vergangene Zeit gäbe, und wenn nichts vorüberginge, es keine zukünftige Zeit gäbe. Jene beiden Zeiten also, Vergangenheit und Zukunft, wie kann man sagen, daß sie sind, wenn die Vergangenheit schon nicht mehr ist und die Zukunft noch nicht ist? Wenn dagegen die Gegenwart immer gegenwärtig wäre und nicht in die Vergangenheit überginge, so wäre sie nicht mehr Zeit, sondern Ewigkeit. Wem also die Gegenwart nur darum zur Zeit wird, weil sie in die Vergangenheit übergeht, wie können wir da sagen, daß sie ist und wenn sie deshalb ist, weil sie sofort nicht mehr ist; so daß wir insofern in Wahrheit nur sagen könnten, daß sie eine Zeit ist, weil sie dem Nichtsein zustrebt?« (XI, 14.17). Die Vergangenheit und die Zukunft sind also beide in der Gegenwart, insofern sie gegenwärtig sind (XI, 18.23). In Bezug auf die Zukunft, betont Augustinus, denkt man an das, was bereits ist, als Ursache, als Ankündigung (XI, 18.24). Diese nur im Vorübergehen messbare Zeit (XI, 21.27) wird somit entsprechend der drei zeitlichen Ekstasen beschrieben, auf die Heidegger in *Sein und Zeit* zurückkommen wird. Da es, bemerkt Augustinus, keine drei Zeiten gibt, müsste man korrekterweise von einer *Gegenwart der Vergangenheit* als *Erinnerung*, von einer *Gegenwart der Gegenwart* als Anschauung (*contuitus*) und von einer *Gegenwart der Zukunft* als Erwartung (*exspectatio*) sprechen (XI, 20.26). Die drei zeitlichen Ekstasen sind demnach *memoria, adtentio* und *expectatio* (XI, 28.37; 28.38). Vgl. bezüglich des aus den *Bekenntnissen* zitierten Abschnitts XI, 14.7 das Echo in Aufzeichnung Nr. 51 der husserlschen Vorlesungen zum inneren Zeitbewusstsein (Edmund Husserl: Zur Phänomenologie des Inneren Zeitbewusstseins, Husserliana X, S. 335-353).

128 | Martin Heidegger: Augustinus und der Neuplatonismus, S. 206ff.
129 | Ebd., S. 209. Die drei angezeigten Formen der *tentatio* sind die *concupiscentia carnis* (Martin Heidegger: Augustinus und der Neuplatonismus, S. 210ff.; Augustinus: Bekenntnisse, X; die *concupiscentia carnis* ist durch die Gefühle [30.41], den Geschmack [31.43], den Geruch [32.48], das Gehör [33.49] und den Blick [34.51] gegeben); die *concupiscentia oculorum* (Martin Heidegger: Augustinus und der Neuplatonismus, S. 222; Augustinus: Bekenntnisse, X; als bloße Neugier [35.54]; Gadamer erkennt in Heideggers Deutung dieser augustinischen

Bezüglich der auf die »Ver-suchung« zurückzuführenden Zerstreuung wird die Angst[130] bereits als dasjenige bestimmt, was das Schicksal aufdeckt, was den Zugang zum Leben als Bekümmertsein steuert und eröffnet.[131]

Abschnitte eine der Quellen für die Beschreibung der Neugier [Hans-Georg Gadamer: Erinnerung an Heideggers Anfänge, S. 23]) und die *ambitio saeculi* (Martin Heidegger: Augustinus und der Neuplatonismus, S. 227ff.; Augustinus: Bekenntnisse, X; skizziert als Reichtum [37.59], Lob der Menschen [37.60, »Der tägliche Versuchsofen ist die menschliche Zunge.«], bloße Ehre [38.63] und Selbstgefälligkeit [39.64]).

130 | Heidegger bezieht sich auf Kierkegaards *Der Begriff der Angst*, insbesondere auf jene Seiten, in denen das Korrelativ zur Angst, d.h. das Nichts in der heidnischen Figur des Schicksals beschrieben wird (vgl. Søren Kierkegaard: Der Begriff der Angst, S. 98ff.). Zum Begriff der Angst bei Kierkegaard vgl. Ferruccio De Natale: Esistenza, filosofia, angoscia. Tra Kierkegaard e Heidegger, insb. Kap. II »Possibilità, libertà, angoscia«, S. 101-186.

131 | Eine erste Bestimmung der Sorge erfolgt in der Vorlesung des Sommersemesters 1921 in Bezug auf Augustinus' Schwanken zwischen der neuplatonischen *fruitio Dei* und dem *uti*. In dieser Vorlesung werde, so Pöggeler, die ontologische Tragweite der Zeit in der protochristlichen Erfahrung von Heidegger relativiert, man sei versucht, aus ihr mittels der Angst herauszutreten, die es gestatte, die Verbindung zwischen Wissen und Sichtbarkeit zu überschreiten, in die die schwankende Haltung zwischen *fruitio dei* und *uti* verstrickt bleibe. Für Heidegger setze die *fruitio Dei* bei Augustinus die neuplatonische Unterscheidung zwischen unsichtbaren Dingen (dem Begriff fruitio zugehörig) und sichtbaren Dingen (den Begriff uti betreffend) voraus. Heideggers vermeintliche Distanzierung von Augustinus, die nur leicht angedeutet ist, scheint mir in den Analysen, die der Veröffentlichung der Vorlesung des Sommersemesters 1921 vorausgehen, in gewisser Weise überbewertet, sowohl bei Otto Pöggeler: Der Denkweg Martin Heideggers, S. 39ff., als auch bei Costantino Esposito: »Quaestio mihi factus sum. Heidegger di fronte ad Agostino«, in: Luigi Alici/Remo Piccolomini/Antonio Pieretti (Hg.), Ripensare Agostino: interiorità e intenzionalità (Atti del IV Seminario internazionale del Centro di Studi Agostiniani di Perugia), Rom: Institutum Patristicum »Augustinianum« 1993, S. 229-259. Zentral ist dagegen die Alternative zwischen *frui* und *uti* in der arendtschen Interpretation der Liebe bei Augustinus (vgl. Hannah Arendt: Der Liebesbegriff bei Augustin. Versuch einer philosophischen Interpretation, Berlin-Wien: Philo 2003). Arendt konstruiert ihre gesamte Deutung der augustinischen Liebe im Umkreis dieser Alternative.

Nietzsche selbst präsentiert sich als *Versucher*! Der Philosoph, der aus seinem eigenen Leben ein Bewusstseinsexperiment machte, scheint das ständige Suchen weder zu fürchten noch zu pflegen, es ist eine »Versuchung«. Im Aphorismus 42 des zweiten Abschnitts »Der freie Geist« in *Jenseits von Gut und Böse* gibt Nietzsche dem freigeistigen Forscher einen neuen Namen. Insofern er sich dem unendlichen Forschen verschreibt, kann der neue Forscher, der Liebhaber der *sophia*, nur ein Versucher sein: »Eine neue Gattung von Philosophen kommt herauf: ich wage es, sie auf einen nicht ungefährlichen Namen zu taufen. So wie ich sie errate, so wie sie sich erraten lassen – denn es gehört zu ihrer Art, irgendworin Rätsel bleiben zu *wollen* –, möchten diese Philosophen der Zukunft ein Recht, vielleicht auch ein Unrecht darauf haben, als *Versucher* bezeichnet zu werden. Dieser Name selbst ist zuletzt nur ein Versuch, und, wenn man will, eine Versuchung.« Auch im Italienischen zeigt die etymologische Wurzel der Substantive Versuch (von lat. *tentare*), Versucher (von lat. *temptare*) und Versuchung (lat. *temptatio*) eine bestimmte, bereits im Lateinischen nachweisbare Kontamination im Sprachgebrauch der beiden, ursprünglich verschiedenen Verben. Das Wort »versuchen« wird abgeleitet aus: 1. wörtlich berühren (Nietzsche, experimentieren auf Taubenfüßen); 2. etwas mit mehr oder weniger Kraft anfassen, um sich einer Sache zu vergewissern; die Saiten eines Musikinstruments berühren um Töne zu erzeugen; 3. zur Sünde verführen.

Die Bedeutung, die die Versuchung in *Sein und Zeit*, § 38 bekommt, ist symmetrisch zu derjenigen bei Nietzsche. Der Paragraph thematisiert die Bestimmung der Grundverfassung der Alltäglichkeit des Daseins als In-der-Welt-Sein. Das In-der-Welt-sein als Verfallen ist in sich selbst versucherisch: »das Dasein bereitet ihm selbst die ständige *Versuchung* zum Verfallen.« Die Versuchung, im Verfallen als Beruhigung, als Entfremdung wahrgenommen, ist die Weise, in der wir die Welt als ihre Zerstreuung erfahren. Nietzsches freier Geist scheint nur frei sein zu können *in Folge* der Zerstreuung. Diese lässt Heidegger keine Ruhe, obwohl er mit dem Entschluss dem konstitutiven Versuchtsein zu entkommen sucht.

3.3.2 Die Welt

Mit der Entwicklung des Begriffs der Versuchung wurden (1) die ersten begrifflichen Ergebnisse der heideggerschen Auseinandersetzung mit Nietzsches *Zweiter Unzeitgemäßer Betrachtung*; (2) Heideggers aufkommende Zweifel bezüglich Nietzsches Thematisierung der Zeitlichkeit, insofern sie sich als unvereinbar mit der christlichen Anthropologie erweist; (3) die ersten heideggerschen Reflexionen zur Verbindung Geschichtlichkeit-Zeitlichkeit im Rahmen der Analyse der geschichtlichen Erfahrung des christlichen Lebens; (4) die Konfiguration der Zeit als wirkliches Sein des historisch verstandenen weltlichen Lebens und schließlich (5) Heideggers intensives Nachdenken über die ontologischen Implikationen von Nietzsches Kritik am Christentum nachgezeichnet.

In Bezug auf diese Momente lässt sich die erste Begegnung Heideggers mit Nietzsche als Radikalisierung der Betrachtung der »lebendigen Zeitlichkeit« bezeichnen. Sie erfolgt im Bereich der Definition der Zeitlichkeit von einem begrifflichen Ort aus, der zwischen phänomenologisch-analytischer Beschreibung[132] der existentiellen Zeit und einer hermeneutischen Rückgewinnung der Geschichtlichkeit anzusiedeln ist.

Es handelt sich um zwei Entwicklungslinien, die in *Sein und Zeit* in der Analyse der begrifflichen Implikationen von Nietzsches dreiteiliger Historiographie und dem daraus resultierenden Versuch, die *Seinsfrage* aus einer zugleich phänomenologischen und hermeneutischen Sicht zu umreißen, auf bedeutsame Weise zusammentreffen.[133]

Die von Dilthey geprägte Aneignung der nietzscheschen Betrachtungen zur Historie erfolgt bei Heidegger über mindestens zwei weitere Zwischenstationen: den Vortrag *Der Begriff der Zeit* aus dem Jahre 1924 und die Kasseler Vorträge von 1925. Die Nietzscheanisierung von Husserls phänomenologischem Projekt erlebt dagegen seine wichtigste begriffliche Ausformulierung 1925 in der Vorlesung des Sommersemesters *Prolegomena zur Geschichte des Zeitbegriffs*.[134]

---

132 | Vgl. Martin Heidegger: Prolegomena zur Geschichte des Zeitbegriffs, GA, Abt. II, Bd. 20, S. 107.

133 | Vgl. Martin Heidegger: Sein und Zeit, § 6.

134 | Während des Sommersemesters 1925 besteht Heideggers Absicht darin, die husserlschen und schelerschen Varianten des phänomenologischen Projekts zu radikalisieren. Für Heidegger blieb Husserls phänomenologische Problemstellung in einem traditionellen Feld verwurzelt, insofern das Bewusstsein als primärer Gegenstand einer möglichen absoluten Wissenschaft aufgefasst wurde, ohne dass die Untersuchung auf den Charakter des Wesens des Bewusstseins ausgerichtet worden wäre (Martin Heidegger: Prolegomena zur Geschichte des Zeitbegriffs, S. 147; vgl. dazu auch Friedrich-Wilhelm von Hermann: Subjekt und Dasein, Frankfurt a.M.: Klostermann 1974). Schelers Versuch, die Seinsart der

In Kapitel 3.2. (»Jede echte Philosophie ist aus der Not von der Fülle des Lebens geboren«) wurde gezeigt, dass in der Vorlesung *Grundprobleme der*

Akte und des Aktvollziehers zu bestimmen, erachtete Heidegger als gescheitert (ebd., S. 174ff.). Die Betrachtung der »Person« als Handlungseinheit oder Intention brächte den Übergang der transzendentalen Geste zum Ausdruck, der Mensch wäre, entsprechend Pascals Definition des Menschen als Gottsuchenden, »ein ewiges Hinaus-zu«. Diese schelersche Auffassung vom Menschen ist für Heidegger im Jahre 1925 ein vollständiger »Theomorphismus« (ebd., S. 181). Es handelt sich [für ihn] um eine anthropologische Auffassung, die der *Genesis* (I, 26) entstammt. Mit der weiteren Parametrisierung der schelerschen Anthropologie liefert Heidegger interessante Hinweise auf die thematische Entwicklung dessen, was man die heideggersche Anthropologie nennen könnte: »Später hat Kant – in seiner Weise die Vernunftperson des Menschen zu bestimmen – die alte christliche Definition des Menschen aufgenommen, nur gewissermaßen enttheologisiert.« (Ebd., S. 182) Im Gegensatz zu den bewusstseinsphilosophischen oder personalistischen »Anthropologien« von Husserl, Scheler und Kant, sucht Heidegger, ihr Erbe aufgreifend, nach einem kantisch-phänomenologischen Weg, die Anthropologie von ihren personalistischen Voraussetzungen zu befreien. In diesem Sinne ist der Primat, der dem Dasein in der Stellung der Seinsfrage (Martin Heidegger: Sein und Zeit, § 2) zugesprochen wird, erhellend. In Bezug auf die Vorbehalte gegenüber der husserlschen Phänomenologie vgl. die Anmerkungen von 1927 und Heideggers Begleitschreiben zu den beiden husserlschen Artikelversionen »Phänomenologie«, die für die *Enzyclopaedia Britannica* bestimmt waren und sich vor allem auf das Verhältnis von Egoität und Welt beziehen (vgl. die Veröffentlichung von Husserls Text in der Husserliana, Bd. IX, Phänomenologische Psychologie, hg. v. Walter Biemel, S. 237-254; für die franz. Version vgl. Edmund Husserl: Notes sur Heidegger, Paris: Minuit 1993, die Anmerkungen in der Übersetzung von Jean-Luc Fidel auf S. 75-114, den Brief in der Übersetzung von Jean-François Courtine auf S. 115-118). Bezüglich der Möglichkeit einer Deutung der von Heidegger gestellten *Seinsfrage* aus anthropologischer Sicht sind dagegen sowohl Husserls Anmerkungen zu *Sein und Zeit* (in: Notes sur Heidegger, S. 3-38) als auch sein Vortrag »Phänomenologie und Anthropologie« aus dem Jahre 1931 (in: Aufsätze und Vorträge (1922-1937), Husserliana, Bd. XXVII, hg. v. Thomas Nenon und Hans R. Sepp, S. 164-181), in dem die anthropologischen Entwicklungen der Phänomenologie bei Scheler und Heidegger kritisiert werden, von Bedeutung. Vgl. zu diesem Thema Denise Souche Dagues: »La lecture husserlienne de *Sein und Zeit*«, in: Notes sur Heidegger, S. 119-152.

Phänomenologie des Wintersemesters 1919/20 ein erster Versuch, Husserls phänomenologisches Projekt zu radikalisieren, auf der Auseinandersetzung mit der nietzscheschen Lebensphilosophie basierte. Nachdem er das Leben begrifflich bestimmt hatte, beabsichtigte Heidegger 1925 einen Horizont zu eröffnen, innerhalb dessen eine phänomenologische Beschreibung des Lebens, das nun endgültig als historisch-weltliches Phänomen bestimmt wurde, möglich wäre.

Heidegger scheint die husserlsche Lehre noch einmal überdacht zu haben, um im Hinblick auf den Entwurf einer phänomenologischen Ontologie[135] die in ihr enthaltenen begrifflichen Möglichkeiten freizulegen. Er betrachtet im Wesentlichen die Zeit als Horizont der *Seinsfrage* und übersteigt somit die gewöhnliche Zeitkonzeption, die bei Aristoteles ihre erste, wichtige philosophische Formulierung erfahren hatte und, abgesehen von Nietzsches Reflexionen, bis zu Bergsons Version unverändert geblieben war.

Im Vergleich zu den nachfolgenden thematischen Entwicklungen, die mindestens bis 1929 fortdauern, wird in dieser Vorlesung auf einzigartige Weise der Verweis auf das Umfeld[136], in dem das Bedürfnis einer phänomenologischen Ontologie erwächst, erläutert: *die Krise als Herz des philosophischen Gedankens*. Diese Bestimmung erweist sich einerseits als Erklärung für die Notwendigkeit der Gründung einer Phänomenologie und andererseits als Eingeständnis, dass das Denken in einer Epoche der fundamentalen Krise nur versuchen kann, an der Schwelle zum Abgrund zu denken, an dem die traditionellen Geländer keinen Halt mehr bieten. In der Skizze *Prolegomena zu einer Phänomenologie von Geschichte und Natur*[137] bezeichnet Heidegger es als Aufgabe der Phänomenologie, die »Gegenstandsgebiete«, die der wissenschaftlichen Bearbeitung vorausliegen, verständlich zu machen. Die wissenschaftliche Rationalität sei von einer doppelten Krise betroffen, es fehle ihr der Bezug zum Menschen und zur Welt.[138] Die Wiedergewin-

---

135 | »Es gibt keine Ontologie *neben* einer Phänomenologie, sondern *wissenschaftliche Ontologie ist nichts anderes als Phänomenologie.*« »*Ontologie ist nur als Phänomenologie möglich.*« (Martin Heidegger: Prolegomena zur Geschichte des Zeitbegriffs, S. 98; Ders.: Sein und Zeit, S. 35.)
136 | Andeutungen dazu finden sich auch in *Sein und Zeit*, § 3.
137 | Die Formulierung liefert den Untertitel zur Vorlesung.
138 | Vgl. Martin Heidegger: Prolegomena zur Geschichte des Zeitbegriffs, S. 3.

nung dieser Bezüge sollte die Antwort auf diese Krise sein[139], die ohne Ausnahme alle Bereiche betraf und Heidegger zufolge vor allem in den jüngeren Generationen für ein allgemeines Misstrauen gegen die Wissenschaft sorgte[140]. Er verweist auf die fundamentalen Entdeckungen von Husserls Phänomenologie: (1) die »Intentionalität«, durch die der Gewinn der Lebenswelt garantiert wird; (2) das *a priori*, das die Aufmerksamkeit auf die Strukturen der Intentionalität erlaubt und (3) die »kategoriale Anschauung« als Forschungsmethode zum Erfassen der Strukturen der Intentionalität.[141] Die

---

139 | Rentsch unterstreicht die Rolle, die Nietzsche für die Entmythisierung der wissenschaftlichen Positivität gespielt hat (vgl. Thomas Rentsch: Martin Heidegger. Das Sein und der Tod. Eine kritische Einführung, München: Piper 1989, S. 19ff.). Vgl. dazu auch den Beitrag von Hans Seigfried: »Zur Ambivalenz des Fortschritts bei Nietzsche und Heidegger. Wissenschaft und Technik als Vermittler«, in: Allgemeine Zeitschrift für Philosophie 16 (1991), S. 23-47.
140 | Martin Heidegger: Prolegomena zur Geschichte des Zeitbegriffs, S. 4.
141 | Ebd., S. 109. Diese husserlschen »Entdeckungen« und ihre begriffliche Tragweite werden auf den kulturellen Kontext zurückbezogen, innerhalb dessen sie Gestalt annahmen (ebd., S. 1-33). Heidegger geht zurück bis zum Untergang des Idealismus und dem darauffolgenden Auftreten des Positivismus mit seiner ›Liebe für die Tatsachen‹. Im Erfolg des epistemologischen Positivismus sieht Heidegger die Ursache für die wachsende Notwendigkeit, die Struktur der Wissenschaft zu problematisieren, und für das wiedererwachte Interesse an der erkenntnistheoretisch interpretierten reinen Vernunft Kants. Diese Wiederentdeckung Kants hatte den Versuch der Marburger Schule und die Anstrengungen ihres Begründers Hermann Cohen geleitet, die für das Wissen konstitutiven Momente im Sinne einer *Bewusstseinstheorie* herauszuarbeiten. Doch bereits seit Beginn der siebziger Jahre des 19. Jahrhunderts war sich Dilthey der Unmöglichkeit einer Übertragung der Naturwissenschaften auf die Geisteswissenschaften bewusst geworden (den Versuch hatte John Stuart Mill in seiner *Logik* unternommen), er hatte deshalb versucht, im Leben die wirklich grundlegenden Strukturen der Geschichte auszumachen. In diesen Bemühungen erkennt Heidegger eine Besonderheit der aristotelischen Tradition, die von Trendelenburg begründet und sich mit Dilthey und Brentano weiter entwickelt habe. Brentanos aristotelisch-scholastische Mischung mit dem modernen Ansatz von Descartes deutet Heidegger als weiteren Versuch, der Philosophie mittels der »intentionalen Nicht-Existenz« einen ihr eigenen Bereich zurückzugeben. Im Anschluss an Brentano, dessen Schüler er war, hatte Husserl den Versuch unternommen, die

Richtung, die Heidegger im Versuch Husserls Phänomenologie zu radikalisieren ohne den transzendentalen Ansatz aufzugeben, einschlagen möchte, zielt auf die Neubestimmung von Husserls wichtigster Entdeckung: »dem ursprüngliche Sinn des *a priori*.«[142] Die Klärung des *a priori* erfolgt aus der Perspektive einer Propädeutik zur Bestimmung der Zeit[143], die den einzigen Horizont abgibt, innerhalb dessen die Frage nach dem Transzendentalen neu gestellt werden soll: »So ist der Zeitbegriff kein beliebiger Begriff, sondern er steht im Zusammenhang mit der *Grundfrage der Philosophie*, wenn anders diese nach dem *Sein* des Seienden, nach der Wirklichkeit des Wirklichen, nach der Realität des Realen, fragt. *Die Geschichte des Zeitbegriffs* ist dann aber die *Geschichte der Entdeckung der Zeit* und die *Geschichte ihrer begrifflichen Interpretation*, d.h. diese Geschichte ist die *Geschichte der Frage nach dem Sein des Seienden*, die Geschichte der Versuche, das Seiende in seinem Sein zu entdecken, getragen von dem jeweiligen Verständnis der Zeit, von der jeweiligen Stufe der begrifflichen Ausarbeitung des Zeitphänomens. So ist die Geschichte des Zeitbegriffs genauer am Ende *die Geschichte des Verfalls* und *die Geschichte der Verstümmelung der Grundfrage* wissenschaftlicher Forschung nach dem Sein des Seienden: Geschichte des Unvermögens, die Seinsfrage radikal neu zu stellen und in ihren ersten Fundamenten neu auszuarbeiten – ein Unvermögen, das im Sein des Daseins gegründet ist.«[144]

Insofern die Philosophie die Aufgabe übernimmt, den Zeitbegriff als Grundbegriff der Philosophie anzuerkennen und in der Geschichte des Zeitbegriffs die Geschichte der Art und Weise erkennt, in der die Frage nach dem

---

Grundbegriffe der Philosophie zu skizzieren, exemplarischer Ausdruck dafür sind die *Logischen Untersuchungen*. Doch Husserls thematische Ansätze in Richtung einer »beschreibenden Psychologie« hatten sich hinsichtlich der Schwere der Aufgabe, die Husserl selbst angedeutet hatte, als unangemessen erwiesen. Im Vergleich zu diesem Gedankengang versucht Heidegger eine phänomenologische Begründung, die fähig ist, das Sachgebiet durch die Bestimmung der Zeit zu beschreiben.

142 | Ebd., § 7. Heidegger präzisiert: »Das ist das erste, was die Phänomenologie zeigte: *die universale Reichweite des Apriori*, das zweite: *seine spezifische Indifferenz gegenüber der Subjektivität*«, das dritte ist der Zugang zu diesen beiden Dimensionen (ebd., S. 101).

143 | Ebd., S. 99.

144 | Vgl. Martin Heidegger: Prolegomena zur Geschichte des Zeitbegriffs, S. 8.

Sein gestellt wurde[145], erfüllt sie die Voraussetzungen, um die Bedingungen zu reflektieren, von denen aus sich eine phänomenologische Bewegung »zu den Sachen selbst« verwirklichen kann. Insofern die Untersuchung dieser Bedingungen alle fremden Voraussetzungen ausschließt, wird sie zur *Fröhlichen Wissenschaft*: »Die Phänomenologie wird diesen untersuchenden Gang, solange sie sich selbst versteht, beibehalten gegenüber aller Prophetie innerhalb der Philosophie und gegenüber aller Tendenz auf irgendwelche Lebensleitung. Philosophische Forschung ist und bleibt Atheismus, deshalb kann sie sich die ›Anmaßung des Denkens‹ leisten, nicht nur wird sie sich sie leisten, sondern sie ist die innere Notwendigkeit der Philosophie und die eigentliche Kraft, und gerade in diesem *Atheismus* wird sie zu dem, was ein *Großer* einmal sagte, zur ›Fröhlichen Wissenschaft‹.«[146]

---

145 | Auf der Grundlage der theoretischen Notwendigkeit, die Wechselseitigkeit von Sein und Zeit zu denken, wird sowohl Heideggers ontologische Kant-Interpretation als auch die Kritik an der neukantianischen Erkenntnistheorie verständlich (vgl. Martin Heidegger: Prolegomena zur Geschichte des Zeitbegriffs, S. 17ff.).

146 | Martin Heidegger: Prolegomena zur Geschichte des Zeitbegriffs, S. 109f., kursiv R. C. Bezüglich der Notwendigkeit eines philosophischen *Atheismus* muss man den Vortrag *Phänomenologie und Theologie* (in Martin Heidegger: Wegmarken, GA, Abt. I, Bd. 9, Frankfurt a.M.: Klostermann 1976, S. 45-101) in Betracht ziehen. Heidegger hielt ihn zum ersten Mal am 9. März 1927 in Tübingen und trat darin offen für eine klare Trennung zwischen Theologie und Philosophie ein. Im Gegensatz zur Philosophie hält Heidegger die Theologie für eine positive Wissenschaft, deren *positum* das Christentum ist. Ohne dem Glauben die existenzielle Seite, verstanden als »*Wiedergeburt*«, abzuerkennen, zögert Heidegger nicht, zu behaupten, dass der Glaube »in seinem innersten Kern als eine spezifische Existenzmöglichkeit gegenüber der wesenhaft zur *Philosophie* gehörenden und faktisch höchst veränderlichen Existenzform der Todfeind bleibt.« (Ebd., S. 66) Auch in der Vorlesung des Wintersemesters 1929/30 wiederholt Heidegger die Notwendigkeit, die Philosophie von der Theologie abzugrenzen (vgl. Martin Heidegger: Die Grundbegriffe der Metaphysik. Welt-Endlichkeit-Einsamkeit, GA, Abt. II, Bd. 29/30); diese Abgrenzung wird zum Ausgangspunkt einer intensiveren Auseinandersetzung mit Nietzsche. Nach der Beschreibung der konstitutiven Ambivalenz des Philosophierens, das gewöhnlich zwischen Weltanschauungsverkündung und Wissenschaft schwankt, und nach der Betonung, dass die Philosophie ein Philosophieren ist (ebd., S. 6), hebt Heidegger die konstitutive Unsicherheit des Philosophierens hervor, der die existenzielle Unsicherheit korrespondiert und be-

3.3.3 Die Existenz

Im vorausgegangenen Kapitel wurde der von Heidegger im Sommersemester 1925 unternommene Versuch nachgezeichnet, Husserls phänomenologisches Projekt durch die Bestimmung der Zeit als Horizont der *Seinsfrage* zu nietzscheanisieren. In diesem Kapitel soll nun die zweite, parallelverlaufende Entwicklung verfolgt werden, die Heidegger während seiner Zeit an der Marburger Universität veranlasst, die menschliche Zeitlichkeit als Möglichkeit zu einer provisorischen Bestimmung des Seins anzugeben. Entlang dieser Entwicklungslinie werden, vom Vortrag *Der Begriff der Zeit* aus dem Jahre 1924 bis zu *Sein und Zeit*, drei begriffliche Übergänge angezeigt (»Die Zeit als Wiederkehr«, »Die Zeit als Freiheit zum Tode« und »Die Zeit als Geschichtlichkeit«), in denen Nietzsches Präsenz, sowohl auf direkte als auch indirekte Weise, von entscheidender Bedeutung ist.

Die Zeit als Wiederkehr

In einem Vortrag, den Heidegger im Juli 1924 vor der Protestantischen Gesellschaft für Theologie hält[147], konkretisiert sich seine Abhandlung über

---

steht deshalb darauf, dass das Wanken am Anfang des Philosophierens steht: »Es soll alles ins Wanken geraten. Wir können etwas anderes von uns aus gar nicht fordern. Das dürfte nur dann nicht geschehen, wenn uns versichert wäre, daß wir, daß jeder von uns ein Gott oder Gott selbst sei. Dann wäre auch schon die Philosophie schlechterdings überflüssig geworden und unsere Erörterung über sie erst recht. Denn Gott philosophiert nicht, wenn anders [...] Philosophie [...] in der Nichtigkeit, in der Endlichkeit sich halten muß. Philosophie ist das Gegenteil aller Beruhigung und Versicherung. Sie ist der Wirbel, in den der Mensch hereingewirbelt wird, um so allein ohne Phantastik das Dasein zu begreifen.« (Ebd., S. 28f.)

147 | Bezüglich der Thematisierung der Zeitlichkeit in den Schriften bis zum Jahre 1925 vgl. die Beiträge von Francesco Camera: Il problema del tempo nel primo Heidegger (1912-24), Casale Monferrato: Marietti 1984; Thomas Sheehan: The Original Form of ›Sein und Zeit‹: Heidegger's ›Der Begriff der Zeit‹ (1924)«, in: Journal of the British Society for Phenomenology 2 (1979), S. 78-83; in Bezug auf die Marburger Zeit vgl. Massimo Bonola: »Essere il tempo. Genesi del concetto di tempo negli anni di Heidegger a Marburg (1923-28)«, in: Filosofia 3 (1988), S. 315-335 und für einen allgemeinen Überblick zum Thema vgl. Otto Pöggeler: »Zeit und Sein bei Heidegger«, in: Ernst Wolfgang Orth (Hg.), Zeit und Zeitlichkeit bei Husserl und Heidegger, S. 152-191.

die Zeitlichkeit im Hinblick auf eine Existenzialanalyse, die das triadische Schema der zeitlichen Ekstasen voraussetzt, das in *Sein und Zeit*, § 78 mit Nietzsches dreiteiliger Kennzeichnung der Historie als antiquarisch, monumental und kritisch verglichen werden wird.

Bevor die Begriffe genauer untersucht werden, mit denen Heidegger auf dem Feld der Existenzialanalyse Nietzsches Untersuchung der Vor-und Nachteile der Historie für das Leben mit Yorcks und Diltheys Dimension der Historizität zusammenführt, sollen einige Elemente genauer betrachtet werden, die die Bestimmung der *Befindlichkeit* in *Sein und Zeit* und, insbesondere ab dem Semester 1939, die Bestimmung der ewigen Wiederkehr als Zeitlehre vorbereiten und vorwegnehmen. Bezüglich der *Befindlichkeit* wird im Folgenden deutlich werden, welche Bedeutung die begriffliche Konstellation, wie sie in *Sein und Zeit*, § 29 skizziert wird, für die Thematisierung des Willens zur Macht im Semester 1936/37 haben wird. Vorerst aber soll ihre doppelte Bindung an die Zeit und an den Tod hervorgehoben werden. Genauer gesagt, die *Befindlichkeit* wird in *Der Begriff der Zeit* dasjenige Element, das den begrifflichen Übergang von der aristotelischen Zeitkonzeption[148]

---

148 | Der Versuch, von der Zeit her die Zeit zu definieren, veranlasst Heidegger in den Jahren, in denen er in Marburg lehrt, zu einer intensiven Auseinandersetzung mit der Geschichte der abendländischen Philosophie. Sowohl in *Der Begriff der Zeit* als auch in den Kasseler Vorträgen schließt er die Perspektive der Ewigkeit für die Bestimmung der Zeit aus. In diesem Zusammenhang ist der Verweis auf Platons *Timaios* unumgänglich (vgl. Martin Heidegger: »Wilhelm Diltheys Forschungsarbeit und der gegenwärtige Kampf um eine historische Weltanschauung«, in: Dilthey-Jahrbuch 8 (1992-93), S. 175; Ders.: Sein und Zeit, § 81), in dem die Zeit als Abbild der Ewigkeit vorgestellt wird, die sich durch Aufzählung von Einheiten und als endlose Wiederholung der Abfolge fortbewegt (vgl. Platon: Timaios, Werke, Bd. 7, Darmstadt: Wissenschaftliche Buchgesellschaft 1990, 37c – 38b, S. 53-57). Nachdem Heidegger diese Kennzeichnung der Zeit als Abbild der Ewigkeit ausgeschlossen hat, setzt er sich mit der aristotelischen Tradition auseinander, der alle die Zeit betreffenden Formulierungen, von Aristoteles bis Bergson, zuzurechnen seien. In der Marburger Vorlesung des Sommersemesters 1928 *Metaphysische Anfangsgründe der Logik im Ausgang von Leibniz* (S. 256f.) stellt Heidegger diesbezüglich eine Bibliographie mit den wesentlichen Titeln zusammen: Aristoteles: Physik, Buch IV 10-14; Plotin: Enneaden III, 7; Augustinus: Bekenntnisse, Buch XI; Kant: Kritik der reinen Vernunft; Hegel: Enzyklopädie der Wissenschaften und Phänomenologie des Geistes; Husserl: Ideen zu einer reinen Phänomenologie und phänomenologischen

zur Möglichkeit einer Beschreibung der Zeitlichkeit erlaubt, die ausgehend

---

Philosophie und Vorlesungen zur Phänomenologie des inneren Zeitbewusstseins (vgl. auch Martin Heidegger: Die Grundprobleme der Phänomenologie, GA, Abt. II, Bd. 24, S. 327-329). Im Buch IV, 10-14 der aristotelischen *Physik* findet Heidegger die erste philosophische Abhandlung über die Zeit, mit der das Kriterium der Verräumlichung in die Geschichte der abendländischen Philosophie eingeführt wurde (vgl. Aristoteles: Physik, Hamburg: Meiner 1987, Buch IV, 10-14, S. 203-237). In Kap. 10 behauptet Aristoteles, nachdem er Argumente zugunsten der Existenz der Zeit vorgetragen hat, das die Zeit zwar mit der Bewegung und der Veränderung in einem reziproken Verhältnis stünde, nicht aber mit ihnen identifiziert werden dürfe. In Kap. 11 führt er aus, dass die Zeit, obwohl nicht ohne Bewegung, doch nicht die Bewegung sei, genauer gesagt sie sei die Zahl der Bewegung nach dem Vor und dem Nach. Als solche sei die Zeit das Maß der Bewegung dessen, was *in der Zeit* ist (Kap. 12). Das Zeit-Maß ist Einheit und Trennung (Kap. 13) vom »Jetzt« (bezüglich der aristotelischen Zeit als »gezählter« oder Jetzt-Zeit vgl. *Sein und Zeit*, § 81, S. 421). Die Schlussfolgerung der aristotelischen Abhandlung zur Zeit in der *Physik* enthält eine Aporie, die einen Problembereich eröffnet, in den sich die plotinschen, augustinischen, husserlschen und *in gewisser Weise* auch die heideggerschen Anstrengungen einfügen. Es geht um das Verhältnis zwischen Seele und Zeit, um die Abhängigkeit der Zeit von der Existenz der Seele (vgl. dazu Paul Ricœur: Zeit und Erzählung, Bd. 3: Die erzählte Zeit, München: Fink 1991, insb. das Kapitel »Zeit der Seele und Zeit der Welt. Der Streit zwischen Augustinus und Aristoteles«, S. 16-36). Zu Heideggers Auslegung der Zeit bei Aristoteles vgl. den Beitrag von Emmanuel Martineau: »Conception vulgaire, et conception aristotélicienne du temps. Notes sur Grundprobleme der Phänomenologie«, in: Archives de Philosophie 43 (1980), S. 99-120. Heidegger unterscheidet in jenen Jahren, vor allem in *Sein und Zeit*, die zeitlichen Implikationen der nietzscheschen Betrachtung der *Historie* von der auf Aristoteles zurückgehenden Konzeption der Innerzeitlichkeit. Diese nietzscheschen Voraussetzungen, insbesondere jene, die die zeitliche Gestalt des Augenblicks betreffen, werden dabei nicht mit der theosophischen Zeitauffassung Plotins vermengt (vgl. Plotin: Enneaden, Jena: Diederichs 1905, Bd. 1, S. 238-257; Martin Heidegger: Die Grundprobleme der Phänomenologie, S. 327f.), für den die Zeit »das Leben der Weltseele« ist (vgl. Plotin: Enneaden III, 7, 11-13). Diese Definition der Zeit (vgl. Martin Heidegger: Die Grundprobleme der Phänomenologie, S. 327-329) ist eine Zwischenform zwischen Ewigkeit und Zeit, die nicht gleichzusetzen ist mit dem nietzscheschen Augenblick, in dem das Verhältnis mit der Ewigkeit aus einer genau umgekehrten Perspektive gedacht wird.

von der Existenzialanalyse die räumliche Auffassung und die daraus resultierende Auffassung des Seins als Seiendes übersteigt.

Das Substantiv *Befindlichkeit* erscheint als Übersetzung von Augustins *affectio*, die auf das »Befinden« verweist, das bleibt, während die vorübergehenden Dinge verschwinden.[149] Diese menschliche *affectio* drückt die hervorragende Weise aus, in der das Dasein in der Zeit ist. Aus seiner Analyse lässt sich das Sein als Zeitlichkeit ableiten[150], insofern darin der Tod als »die unbestimmte Gewissheit der äußersten Möglichkeit des zum Tode-Seins«[151] begriffen wird. Durch diese doppelte Bindung, die mittels der Befindlichkeit zwischen Zeit[152] und Tod angesiedelt ist, zielt Heidegger vor allem darauf ab, eine traditionelle Betrachtung der Zeit auszuschließen, für die die Zeit nur eine Art »Bühne« bilde, auf der die Geschehnisse aufeinanderfolgen. Der Versuch besteht vielmehr darin, ausgehend von der Zusammengehörigkeit von Sein und Zeit die Wahrheit des Seins zu denken. Zu diesem Ergebnis gelangt man in *Der Begriff der Zeit* jedoch nur durch die Gleichsetzung des Daseins mit der Zeitlichkeit. Diese Bestimmung des Daseins ist nur möglich, wenn der Tod als äußerste Möglichkeit des menschlichen Seins betrachtet wird: »Das Dasein, begriffen in seiner

---

149 | Vgl. Martin Heidegger: Der Begriff der Zeit, GA, Abt. III, Bd. 64, S. 111. Diese augustinische Wechselbeziehung von *affectio* und Zeit verweist auf Heideggers Untersuchungen zur Zeit als *Selbstaffektion* in Kants *Kritik der reinen Vernunft* (die Analysen entstanden im Wintersemester 1927/28; vgl. Martin Heidegger: Phänomenologische Interpretation von Kants Kritik der reinen Vernunft, GA, Abt. II, Bd. 25, S. 151, 391, 395, 426f.).

150 | Die auf diesen Seiten enthaltene Skizze der Existenzialanalyse bildet, wie Dastur richtig bemerkt, im Kern die erste vollständige Beschreibung des gesamten Begriffsapparats von *Sein und Zeit* (vgl. Françoise Dastur: Heidegger et la question du temps, S. 16ff.). Zum Verhältnis von Zeitlichkeit und Temporalität vgl. die Monographie von Marion Heinz: Zeitlichkeit und Temporalität im Frühwerk Martin Heideggers, Würzburg: Königshausen & Neumann 1982.

151 | Vgl. Martin Heidegger: Der Begriff der Zeit, S. 118. Die Entwicklung einer Zeitlichkeit der Endlichkeit ist untersucht worden von Joan Stambaugh: Thoughts on Heidegger, Boston: University Press of America 1991 und Dies.: The Finitude of Being, Albany: State University of New York Press 1992.

152 | Vgl. Sein und Zeit, §§ 65 und 68.

äußersten Seinsmöglichkeit, *ist die Zeit selbst*, nicht *in* der Zeit.«[153] Bezüglich der Zeit bedeutet diese Gleichsetzung, dass das »Grundphänomen« die Zukunft ist.[154]

In dieser Verlagerung der Zeit auf die Zukunft[155] erfolgt bezeichnenderweise Heideggers Wiederaufnahme der nietzscheanischen Elemente der ewigen Wiederkehr und des »Überhistorischen«. Im Einklang mit den bekanntesten Nietzsche-Auslegungen des 20. Jahrhunderts und mit einer außerordentlichen Aufmerksamkeit für die Interpretation von Nietzsches philosophischem Werdegang, liest Heidegger die *Zweite Unzeitgemäße Betrachtung* in Kontinuität mit den Mitteilungen, die sich auf die Lehre von der ewigen Wiederkehr beziehen. Die ewige Wiederkehr wird stillschweigend als *Wie* der Zeit aufgenommen, das es erlaubt, die Zusammengehörigkeit von Vergangenheit und Zukunft zu erfassen. Wie für Löwith so ist vor allem für Deleuze die Wiederholung, die die ewige Wiederkehr beschreibt, das *principium individuationis* der Zeit, das, was im *Vergehen* die Gegenwart und Vergangenheit aufnimmt: »Im Zukünftigsein ist das Dasein seine Vergangenheit; es kommt darauf zurück im Wie. [...] Nur das Wie ist wiederholbar. Vergangenheit – als eigentliche Geschichtlichkeit erfahren – ist alles andere denn das Vorbei. Sie ist etwas, worauf ich immer wieder zurückkommen kann.«[156]

---

153 | Vgl. Martin Heidegger: Der Begriff der Zeit, S. 118; Ders.: Wilhelm Diltheys Forschungsarbeit und der gegenwärtige Kampf um eine historische Weltanschauung, S. 169: »Dasein ist nichts anderes als Zeit-Sein. [...] Die Zeit bestimmt die Ganzheit des Daseins«; Ders.: Sein und Zeit, § 72. Hier behauptet Heidegger, nachdem er die Möglichkeit, die Zeitlichkeit des Daseins als Erstreckung zwischen Geburt und Tod zu verstehen oder als Summe der Momentanwirklichkeiten von aufeinanderfolgenden und verschwindenden Erlebnissen, ausgeschlossen hat: »Die Analyse der Geschichtlichkeit des Daseins versucht zu zeigen, daß dieses Seiende nicht ›zeitlich‹ ist, weil es ›in der Geschichte steht‹, sondern daß es umgekehrt geschichtlich nur existiert und existieren kann, weil es im Grunde seines Seins zeitlich ist.« (S. 376) Dreißig Jahre später wird Heidegger während der Zollikoner Seminare betonen, dass die Zeit dasjenige sei, wodurch das Dasein strukturell bestimmt würde (Martin Heidegger: Zollikoner Seminare, hg. v. Medard Boss, Frankfurt a.M.: Klostermann 1987, S. 72).
154 | Vgl. Martin Heidegger: Der Begriff der Zeit, S. 122f.
155 | Vgl. Martin Heidegger: Sein und Zeit, § 65, insb. S. 327 und S. 329.
156 | Vgl. Martin Heidegger: Der Begriff der Zeit, S. 123.

Heideggers Paraphrase der Erlösung *Zarathustras* von der Vergangenheit, von dem, was vergangen[157] ist, lässt sich unmittelbar erkennen. Die Befreiung aus der Rache des Zeitvergehens[158] ist für Zarathustra die Bedingung dafür, dass er der Meister der ewigen Wiederkehr, d.h. der Zeit werden kann; für Heidegger ist es die Voraussetzung für die Neubestimmung der Vergangenheit als *Gewesenheit* und für die Zusammengehörigkeit der drei zeitlichen Ekstasen, wie sie in der Existenzialanalyse beschrieben werden. Die Möglichkeit, die Wiederholung zu denken, das Zurückkommen dessen, was war, wird für Heidegger zur Bedingung dafür, in der Geschichte zu sein. In der »Ermahnung« Heideggers hallt Nietzsches unzeitgemäßes Echo nach: »Die heutige Generation meint, sie sei bei der Geschichte, sei sogar überlastet mit Geschichte. Sie jammert über den Historismus – *lucus a non lucendo*. Es wird etwas Geschichte genannt, was gar nicht Geschichte ist.«[159]

Heidegger scheint in diesem Vortrag von Nietzsches Gegenmittel gegen den Historismus Abstand zu nehmen.[160] Es handelt sich dabei um die Verklärung des überhistorischen Elements in eine Weltanschauung, die in seinen Augen das deutliche Anzeichen für eine allgemeine »Verirrung« war. Vor allem ab 1936 wird deutlich werden, wie schwierig, nahezu unmöglich es ist, in Heideggers Auseinandersetzung mit Nietzsche zwischen den nietzscheschen Texten, Heideggers Deutung der nietzscheschen Schriften und seiner gleichzeitig von Übereinstimmung und Kritik gekennzeichneten Auseinandersetzung mit dem Nietzscheanismus, der zwischen den beiden Weltkriegen in Deutschland weit verbreitet war, zu unterscheiden. Im spezifischen Fall des Jahres 1924 scheint die negative Beurteilung im Kommentar zum überhistorischen Moment darauf ausgerichtet, Kritik zu üben an dem, was im kulturellen Kontext seiner Zeit aus dem überhistorischen Moment

---

157 | Es handelt sich um die Erlösung nicht von dem, was gewesen, sondern von dem, was vergangen ist.

158 | »Die Vergangenen zu erlösen und alles »Es war« umzuschaffen in ein »So wollte ich es!« – das hiesse mir erst Erlösung!« (Friedrich Nietzsche: Also sprach Zarathustra, »Von der Erlösung«). Vgl. auch § 1 in Friedrich Nietzsche: Vom Nutzen und Nachteil der Historie für das Leben, dessen außerordentliche begriffliche Bedeutung Heidegger in *Sein und Zeit*, § 76 ausdrücklich erwähnen wird.

159 | Martin Heidegger: Der Begriff der Zeit, S. 123.

160 | Friedrich Nietzsche: Vom Nutzen und Nachteil der Historie für das Leben, § 10: »Nun man wundere sich nicht, es sind die Namen von Giften: die Gegenmittel gegen das Historische heißen – *das Unhistorische und das Überhistorische*.«

geworden war: »Weil alles in Geschichte aufgehe, müsse man, so sagt die Gegenwart, wieder zum Übergeschichtlichen kommen. [...] Und auf diesem phantastischen Wege zur Übergeschichtlichkeit soll die Weltanschauung gefunden werden.«[161] Diese Kritik an der Verklärung des Überhistorischen zielt auf die ontologisch-nietzscheanische Aufwertung von Yorcks Unterscheidung zwischen Ontischem und Historischem[162] ab. Dilthey hatte diese Unterscheidung vernachlässigt, für Heidegger wird sie dagegen zum Ausgangspunkt für die Thematisierung der Geschichtlichkeit. Der Vortrag von 1924 endet mit einer Zusammenfassung der unternommenen Anstrengungen: dem Versuch, die Geschichtlichkeit zu denken, die Möglichkeit zu wiederholen[163] und somit mit der Zeit, verstanden als »Wie«[164]. Die Charakterisierung der Zeit als *Wie* wird zu dem werden, was Heidegger als ein Hindernis bezeichnen wird, ihretwegen bliebe die Lehre von der ewigen Wiederkehr im Innersten mit der Metaphysik verwickelt. Für Heidegger kam Nietzsche mit dem Wiederkunftgedanken der Frage von *Sein und Zeit* am nächsten[165], es sei ihm jedoch nicht gelungen, sie jenseits der metaphysischen Unterscheidung von *essentia* und *existentia* anzusiedeln, die das Seiende im Ganzen weiterhin ausgehend von seinem *Was* (*essentia* oder Wille zur Macht) und seinem *Wie* (*existentia* oder ewige Wiederkehr) betrachte.[166]

Diese Unterscheidung zwischen *Was* und *Wie*, auf die Heidegger nicht nur 1924 zurückgreift, sondern die er auch in seiner Interpretation der ewigen Wiederkehr benutzt, wird eine jener Spuren, die es zu verfolgen gilt, um zunächst die verklärende Aneignung Nietzsches und danach die ostentative Distanzierung aufzudecken. Ein weiteres Mal ist Heideggers begriffliche

---

161 | Martin Heidegger: Der Begriff der Zeit, S. 123. Andererseits ist selbst der in Sein und Zeit, § 74 angegebenen Bestimmung der »eigentlichen Geschichtlichkeit« als »Entschlossenheit« die Verknüpfung zwischen dem nietzscheschen Überhistorischen (das Nietzsche in § 1 der *Zweiten Unzeitgemäßen Betrachtung* als sich Niederlassen auf der »Schwelle des Augenblicks« bezeichnet hatte) und der Weltanschauung nicht fremd, auch wenn sie in Begriffe der augenblicklichen Wiederholung der »eigentlichen« geschichtlichen Überlieferung übertragen wurde.
162 | Vgl. Martin Heidegger: Sein und Zeit, § 77.
163 | Vgl. Martin Heidegger: Der Begriff der Zeit, S. 124.
164 | Ebd.
165 | Martin Heidegger: Nietzsche, Bd. 1, S. 28f.
166 | Ebd., S. 369 und S. 381.

Entwicklung so mit der nietzscheschen verflochten, dass sich immer deutlicher abzeichnet, wie sehr die spätere Verortung[167] von Nietzsches Philosophie als Vollendung der abendländischen Metaphysik als Selbstinterpretation zu verstehen ist.[168]

Dass die Nietzsche-Auslegung nach 1939 in eine obsessive Distanzierung mündet, ist wahrscheinlich der Notwendigkeit geschuldet, diese begriffliche Introspektion auszuloten[169].

---

167 | Vgl. insbesondere Martin Heidegger: »Der europäische Nihilismus« (1940), »Die seinsgeschichtliche Bestimmung des Nihilismus« (1944/46), »Die Metaphysik als Geschichte des Seins« (1941), »Entwürfe zur Geschichte des Seins als Metaphysik« (1941), »Die Erinnerung in die Metaphysik« (1941), in: Nietzsche, Bd. 2.
168 | Vgl. Jacques Taminiaux: »La présence de Nietzsche dans Sein und Zeit«, in: Jean-Pierre Commetti/Dominique Janicaud (Hg.), »Être et temps« de Martin Heidegger. Questions de méthode et voies de recherche, Marseille: SUD 1989, S. 59-75, insb. S. 74f. Die Auseinandersetzung Heideggers mit Nietzsche wurde nicht nur von Taminiaux und in gewisser Hinsicht von David Farell als Autointerpretation gelesen, sondern auch von Tadashi Otsuru (»Gerechtigkeit und Dike«: der Denkweg als Selbst-kritik in Heideggers Nietzsche-Auslegung, Würzburg: Königshausen & Neumann 1992) und Chankook Park (Die seinsgeschichtliche Überwindung des Nihilismus im Denken Heideggers, Dissertation an der III. Philosophischen Fakultät der Julius-Maximilians-Universität Würzburg 1993, insb. S. 155f: »Heideggers Auseinandersetzung mit Nietzsche als Selbstkritik«). Weitere Hinweise zu diesem Thema finden sich bei William B. Macomber: The Anatomy of Disillusion. Martin Heidegger's Notion of Truth, Evanston: Northwestern University Press 1967, insb. S. 189-197.
169 | Heidegger hat selbst zu verschiedenen Anlässen auf die Wechselwirkung zwischen der Auseinandersetzung mit Nietzsche und der Selbstinterpretation des eigenen Denkwegs hingewiesen. Zunächst im Brief an Karl Löwith (18.7.1937) aus der Zeit seiner geradezu obsessiven Auseinandersetzung mit Nietzsche, in dem er, inmitten einer Phase der Rückbesinnung, bekennt: »Ihre [Löwiths] Bücher habe ich noch nicht lesen können, da ich in den letzten Monaten sehr gesammelt in meinem eigenen Geschriebenen las.« (Martin Heidegger: Drei Briefe Martin Heideggers an Karl Löwith, S. 39). Im »Vorwort«, das er 1961 der Veröffentlichung der Vorlesungen und Abhandlungen zu Nietzsche aus den Jahren 1936-1946 vorausstellt, erklärt er: »Die Veröffentlichung möchte, als Ganzes nachgedacht, zugleich einen Blick auf den Denkweg verschaffen, den ich seit 1930 bis zum ›Brief über den Humanismus‹ (1947) gegangen bin. Denn die zwei kleinen, während der

Die Zeit als Freiheit zum Tode

In den zehn Kasseler Vorträgen, die Heidegger zwischen dem 16. und 21. April 1925 unter dem Titel »Wilhelm Diltheys Forschungsarbeit und der gegenwärtige Kampf um eine historische Weltanschauung« hält, vervollständigt er den in *Der Begriff der Zeit* skizzierten Entwurf der Existenzialanalyse. In der Analyse dieser Kasseler Vorträge, die als die eigentliche Genese von *Sein und Zeit* gelten[170], soll die Entwicklung der Argumentationslinien hervorgehoben werden, entlang derer die Existenzialanalyse von *Sein und Zeit* Gestalt annimmt. Heidegger bezieht sich in diesem Zusammenhang ausdrücklich auf Nietzsche, diese Bezugnahme ist von außerordentlicher Bedeutung.

Mit der Absicht, die Tragweite der ›Nietzsche-Insinuation‹ in Heideggers Denken aufzuzeigen, werden im Folgenden erst die Texte analysiert, in denen sich die Fragen herausbilden, die Heidegger an Nietzsche stellt. Danach wird auf den expliziten Bezug auf Nietzsche in *Sein und Zeit* (§ 53 und § 76) verwiesen. Bezüglich der Begrifflichkeit der Zeit enthalten die Kasseler Vorträge einen Hinweis, der erst in der Vorlesung des darauffolgenden Sommersemesters genauer erläutert werden wird. Es geht dabei um die Aufnahme der Frage nach der Zeit als dem Horizont der Seinsfrage, die sich für Heidegger in Folge des metaphysischen Zusammenbruchs des Abendlandes stellt. Ein Zusammenbruch, der sich unendlich wiederholt und zu keinem endgültigen Abschluss kommt. Im Geflecht der verschiedenen Dimensionen, auf die Heideggers Argumentation aufbaut, verbindet sich die phänomenologische Methode der analytischen Beschreibung des Zeitphänomens mit der historisch-hermeneutischen Erforschung der eigenen Zeit als Epo-

---

genannten Zeit gedruckten Vorträge ›Platons Lehre von der Wahrheit‹ (1942) und ›Vom Wesen der Wahrheit‹ (1943) sind bereits in den Jahren 1930/31 entstanden. Die ›Erläuterungen zu Hölderlins Dichtung‹ (1951), die eine Abhandlung und Vorträge aus der Zeit zwischen 1936 und 1943 enthalten, lassen nur *mittelbar* etwas vom Weg erkennen.« (Martin Heidegger: Nietzsche, Bd.1, S. 10, kursiv R. C.). In einem Brief an Medard Boss (16.8.1960), circa fünfzehn Jahre nach seiner thematischen Auseinandersetzung mit Nietzsche, schreibt er: »Ich stecke noch im ›Abgrund‹ Nietzsche.« (Martin Heidegger: Zollikoner Seminare, S. 320)
170 | Vgl. die Beiträge von Frithjof Rodi: »Die Bedeutung Diltheys für die Konzeption von ›Sein und Zeit‹. Zum Umfeld von Heideggers Kasseler Vorträgen (1925)«, in: Dilthey-Jahrbuch 4 (1986-87), S. 161-177 und von Theodore Kisiel: »A Philosophical Postscript: On the Genesis of ›Sein und Zeit‹«, in: Dilthey-Jahrbuch 8 (1992-93), S. 226-232.

che der Seinsgeschichte.¹⁷¹ Aufgrund dieser doppelten philosophischen Ausrichtung ist die Frage der Zeit *Seinsfrage*, als Möglichkeit zum Verständnis der weltweiten Herrschaft des Nichts. Diesbezüglich ist Heidegger eindeutig: »Diese Flucht in die Öffentlichkeit wird noch wichtig für das Verständnis des Phänomens der Zeit.«¹⁷² Die Existenzialanalyse, die aus einer phänomenologisch-hermeneutischen Perspektive geführt wird, sucht nach einer provisorischen Bestimmung des Seins, als Grundlage für eine authentische Bestimmung des »Sinn[s] des Sein[s] des Menschen« als Zeit.¹⁷³

Husserls Phänomenologie hatte bei dieser Unternehmung nicht Schritt gehalten, insofern sie den Menschen als Verbindung von Erlebtem bestimmt hatte, das von einem Ich zusammengefasst wurde, dessen innerste Geschichtlichkeit im Unterschied zu Diltheys Untersuchung unerkannt blieb.¹⁷⁴

Die begriffliche Entwicklung, die in den Vorträgen aufgezeigt wird¹⁷⁵, reicht vom Leben über die transzendentale Gesetzgebung der Zeit bis zur Geschichte. Diese Übergänge, deren Nachklänge in *Sein und Zeit*, §§ 45-53 verstärkt zu hören sein werden, erfolgen mittels der Betrachtung des Todes als äußerster Möglichkeit des Daseins. Das Bild vom Tod, das hier beschrieben wird, zeichnet sich vor allem dadurch aus, dass er, im rilkeschen Sinne, untrennbar mit dem Leben verbunden ist.¹⁷⁶ Der Tod als Kern des Lebens

---

171 | Vgl. dazu die Beiträge von Otto Pöggeler: »Temporale Interpretation und hermeneutische Philosophie« und von Michael A. Gillespie: »Temporality and History in the Thought of Martin Heidegger«, in: Revue internationale de Philosophie 168 (1989), S. 5-32 und S. 33-51.

172 | Martin Heidegger: Wilhelm Diltheys Forschungsarbeit und der gegenwärtige Kampf um eine historische Weltanschauung, S. 164. Vgl. auch Martin Heidegger: Prolegomena zur Geschichte des Zeitbegriffs, S. 312. Die Verknüpfung der Seinsfrage und des Nihilismus als *Leitfaden* der gesamten heideggerschen Entwicklung wurde besonders hervorgehoben von Chankook Park: Die seinsgeschichtliche Überwindung des Nihilismus im Denken Heideggers.

173 | Martin Heidegger: Wilhelm Diltheys Forschungsarbeit und der gegenwärtige Kampf um eine historische Weltanschauung, S. 162.

174 | Ebd., S. 161.

175 | Vgl. Frithjof Rodi: »Zur Einführung«, in: Dilthey-Jahrbuch 8 (1992-93), S. 123-130.

176 | »[...] daß man den Tod *in* sich hatte, wie die Frucht den Kern.« (Rainer Maria Rilke: Die Aufzeichnungen des Malte Laurids Brigge, Sämtliche Werke, Bd. 6, Frankfurt a.M.: Insel 1966, S. 715). Bezüglich der Zusammengehörigkeit von Le-

kann nicht ausgehend von Fragen, die die Sterblichkeit oder Unsterblichkeit betreffen, gedacht werden[177], er muss vielmehr als das wirklichere Sein des menschlichen Daseins analysiert werden: »Ich selbst bin mein Tod gerade

---

ben und Tod ist Rilkes Brief vom 13.11.1925 an Witold Hulewicz besonders bedeutend (vgl. Rainer Maria Rilke: Briefe, hg. v. H. Nalewski, Bd. 2: 1919-1926, Frankfurt a.M.: Insel 1991, S. 374-378). Heidegger las Rilkes *Malte Laurids Brigge* 1924 (vgl. Hans-Georg Gadamer: Erinnerung an Heideggers Anfänge, S. 3-13) und war davon schwer beeindruckt. In den Aufzeichnungen Maltes, der in Paris ankommt und dort, wo man für gewöhnlich das Leben sucht, die Herrschaft des Todes über das Leben entdeckt, erkennt Heidegger die Macht der Zeit, als einzige Dimension, innerhalb derer eine Verbindung zwischen Leben und Tod möglich ist. Der Tod, der das von Malte beschriebene Paris beherrscht, ist der unpersönliche, anonyme Tod. Dass sich Malte der Herrschaft der Anonymität entzieht, bildet die einzige Möglichkeit dem Verlust im Unpersönlichen zu entgehen (vgl. dazu Rilkes Brief vom 21.10.1924 an Pongs in Rainer Maria Rilke: Briefe, Bd.1: 1896-1919, Frankfurt a.M.: Insel 1991, S. 352-359 und Maurice Blanchot: L'espace littéraire, Paris: Gallimard 1955, S. 170.). In Rilkes Anmerkungen zur permanenten Aufeinanderfolge von Leben und Tod findet Heidegger auch die Qualifikation für den Übergang von der Angst zur Seligkeit mittels des Sprungs; das Bindeglied zwischen einem eigens gelebten Tod und der Einsamkeit als Bedingung für die Rettung der Dinge durch ihre Benennung. Vgl. zu dieser Problematik den 1930 entstandenen Beitrag von Hannah Arendt/Günther Stern: »Rilkes ›Duineser Elegien‹«, in: Neue Schweizer Rundschau 23 (1930), S. 855-871; wieder abgedruckt in: Ulrich Fülleborn/Manfred Engel (Hg.), Rilkes ›Duineser Elegien‹, Bd.2: Forschungsgeschichte, Frankfurt a.M.: Suhrkamp 1982, S. 45-65 und den Kommentar von Sante Maletta: »La salvezza come lode. Nota al saggio arendtiano del 1930 sulle ›Elegie duinesi‹ di Rilke«, in: aut-aut 239/240 (1990), S. 185-193.

177 | Diese Art der Argumentation greift Heidegger in *Sein und Zeit*, § 49 wieder auf. Er beschreibt hier den Tod als Phänomen des Lebens und gibt darüber hinaus flüchtig einen interessanten Hinweis: die ontologische Charakterisierung des Todes könnte an die ontologische Aufklärung des Bösen und der Negativität im Allgemeinen gebunden sein. In Bezug auf das rilkesche Muster von Heideggers Sein-zum-Tode unterstreicht Blanchot, dass bereits Rilkes Anstrengung dem Versuch galt, den Tod jenseits aller Fragen der Moral oder Unmoral zu denken und damit die christliche Vorstellung des Todes zurückzuweisen (vgl. Maurice Blanchot: L'espace littéraire, S. 173).

dann, wenn ich lebe.«[178] Es geht nicht darum, die Beschaffenheit des Todes zu beschreiben, eine Metaphysik des Todes zu propagieren und sie als (suizidale) Verwirklichung zu denken[179], sondern darum, seine Zugehörigkeit zum Leben zu verstehen. Nur der Tod, als lebendiges Phänomen verstanden, offenbart die Grundbeschaffenheit des Seins des Daseins: die Existenz, die Faktizität und das Verfallen.[180] Nicht das Sterben erscheint als schwierig, schwierig ist es vielmehr, ein Lebendiger im Tode und ein Sterbender im Leben zu sein oder, um es mit Heidegger zu sagen, sich als »endliche Totalität in der Gegenwart« zu wissen.

Die Anstrengung, den Tod zu denken, erreicht ihren Höhepunkt in § 53 von *Sein und Zeit*, in dem Heidegger mit Nietzsche den freien Tod lobpreist.

---

178 | Martin Heidegger: Wilhelm Diltheys Forschungsarbeit und der gegenwärtige Kampf um eine historische Weltanschauung, S. 166.

179 | Vgl. Martin Heidegger: Sein und Zeit, § 53, in dem erläutert wird, dass das Sein zum Tode nicht den Freitod meint, ebenso wenig wie das »Denken an den Tod«. Die Unterscheidung zwischen Tod und Suizid, die Neubestimmung der Erfahrung des Todes als Versuch ihm gegenüber »souverän« zu sein, indem man ihn als eine Dimension, die strukturell zum Leben gehört, auffasst, durchzieht das gesamte philosophisch-literarische Werk von Maurice Blanchot. Rilkes Verankerung des Todes im Leben wird zur Bedingung der Möglichkeit des Schreibens. Neben den Arbeiten zu Rilke vgl. z.B. die Reflexionen in Maurice Blanchot: Faux pas, Paris: Gallimard 1943, S. 59-64 und seinen Roman: Das Todesurteil, Frankfurt a.M.: Suhrkamp 1990, in dem sich Heideggers Deutung des Todes mit derjenigen Kierkegaards und Batailles verbindet. Vgl. dazu die Darstellungen von Marguerite Duras: Die Krankheit Tod. La Maladie de la mort, Frankfurt a.M.: Fischer 2000 und Dies.: Écrire, Paris: Gallimard 1993, sowie Jean-Luc Nancy: Die herausgeforderte Gemeinschaft, Berlin-Zürich: Diaphanes 2007.

180 | Martin Heidegger: Sein und Zeit, § 50.

Die nietzscheanische »Freiheit zum Tode«[181] wird zur »leidenschaftlichen«[182] Entdeckung der Möglichkeiten des Lebens.

Die Philosophie des Todes als Befreiung vom Suizid kann nur in der Epoche des Nihilismus geboren werden, in der alles austauschbar wird. Sogar die Begierde, Spinozas lebendiger *conatus*, ist zum Streben nach dem Nichts geworden, je mehr er ersehnt wird, desto mehr verbraucht er sich mit einer zerstörerischen Geschwindigkeit. Alles verbraucht sich, alles reduziert sich auf ein Nichts. Man trennt den Tod vom Leben, man wünscht sich den Tod wie das Nichts. Die Freitode nehmen zu und diejenigen, die den Tod leben, werden weniger. Man tötet sich und verzichtet dabei auf den eigenen Tod. Auf jenen Tod, in dem Heidegger sein Abgrund-sein, seine Tiefe sieht und in dem Nietzsche, mit seiner paganen Heiligkeit, festliche Charakterzüge erkennt. Zwischen der Verzweiflung Kierkegaards[183], der

---

181 | Die §§ 160/164 der *Beiträge zur Philosophie* können wohl in diesem Sinne gedeutet werden. Das Sein zum Tode wird als wesentliche Bestimmung des Daseins entfaltet und durch die wesentlichen Züge des nietzscheanisch als »Zerklüftung« (§§ 156-159) verstandenen Seins gekennzeichnet: 1. die Zusammengehörigkeit von Sein und Nichts, die sich in der Gründung des *Da-seins* entfaltet; 2. die unergründliche Fülle der Notwendigkeit. In den *Beiträgen zur Philosophie* verschiebt die Neubestimmung des Seins, das von der Zerklüftung her als strukturelle Zusammengehörigkeit von Sein und Nichts gedacht wird, das Sein zum Tode aus dem Horizont der Fundamentalontologie in den der Seinsgeschichte. Die Seinsfrage wird nunmehr im Zusammenhang mit der Erörterung des Nihilismus gedacht.

182 | Ebd., S. 266.

183 | Bei Kierkegaard wird das Verhältnis zwischen Tod und Ichkonstitution als Mangel, als Krankheit vorgestellt (vgl. Søren Kierkegaard: Die Krankheit zum Tode). Die Krankheit zum Tode ist Verzweiflung in drei verschiedenen Formen: »verzweifelt sich nicht bewußt sein, ein Selbst zu haben«; »verzweifelt nicht man selbst sein zu wollen«; »verzweifelt man selbst sein wollen«. Entsprechend dieser Dreiteilung ist die Verzweiflung »den Tod sterben«, anders gesagt, die fehlende Hoffnung, sterben zu können oder die Krankheit, ewig zu sterben und doch nicht zu sterben. Wenn die Verzweiflung das Sterben des Todes ist, dann, so würde Heidegger betont haben, können Sicherheit und Ruhe bedeuten, verzweifelt darüber zu sein, sich nicht mehr als Möglichkeit zu erkennen. Vgl. in diesem Zusammenhang Xavier Tilliette: »Peccato e morte umane in Kierkegaard. Alle fonti della meditazione heideggeriana«, in: Con-tratto 1/2 (1993), insb. »Heidegger e l'etica«, S. 7-17.

Entscheidung Kirillovs[184], der Angst Rilkes[185] und Nietzsches Fest versucht Heideggers Sein-zum-Tode eine unmögliche Authentizität: die Gründung aus dem Nichts[186].

184 | Von der literarischen Figur Kirillovs übernimmt Heidegger die Dimension eines Nihilismus, der als »Entscheidung zur Verzweiflung« gelebt wird. Im Unterschied zu Nikolai Stavrogin, der die »Negation ohne Größe und ohne Kraft« verkörpert (vgl. Friedrich Nietzsche: Nachgelassene Fragmente 1887-1888, Fr.11[331]), den »Zerfall ohne Verzweiflung« (vgl. Nicola Massimo De Feo: L'autonomia del negativo tra rivoluzione politica e rivoluzione sociale, Manduria: Lacaita 1992, S. 233ff.), nimmt der »großmütige Kirillov« den eigenen Tod als eine Entscheidung an (Fjodor M. Dostojevskij: Die Dämonen, Sämtliche Werke in zehn Bänden, München: Piper 1980, S. 154). Der Suizid wird die Bedingung für die Vollendung der Vergöttlichung des Menschen, der Aneignung all seiner Möglichkeiten. Die Erhebung des Todes zur Möglichkeit wird die Bedingung für die volle Annahme des Lebens. Givone rekonstruiert den Kontext der Rezeption von Dostojevskijs Werken in Deutschland und betont, dass das Interesse für den russischen Schriftsteller in den Jahren von 1910-20 unter den jungen Deutschen regelrecht explodiert war: »Laut eines zuverlässigen Zeitzeugen [Gadamer], hat sich Heidegger in den Jahren seiner ersten Freiburger Lehrtätigkeit lange mit dem Werk Dostojevskijs beschäftigt und es in der vollständigen Übersetzung, die damals von Moeller van den Bruck unter der Mitwirkung von Merezkovskij herausgeben wurde, noch einmal gelesen. Ihre Anschaffung für die Universitätsbibliothek hatte Heidegger persönlich veranlasst.« (Sergio Givone: Dostojevskij e la filosofia, Bari-Roma: Laterza 1983, S. 27). Givone unterstreicht die Bedeutung der Tatsache, dass Heidegger Dostojevskij in dieser Ausgabe gelesen hat. Was Moeller van den Bruck am Denken Dostojevskijs besonders reizte, war dessen chiliastischer und zugleich prophetischer Charakter, wie er sich z.B. in der Beschreibung der Metropole zeigt.

185 | Für Heidegger gilt, ebenso wie für Rilke: »Das Sein zum Tode ist wesenhaft Angst.« (Martin Heidegger: Sein und Zeit, S. 266).

186 | Zur »Gründung aus dem Nichts« vgl. Walter Schulz: »Über den philosophiegeschichtlichen Ort Martin Heideggers«, in: Heidegger. Perspektiven zur Deutung seines Werkes, insb. das Kapitel »Heidegger: die transzendentalphilosophische Sicherung der Endlichkeit«, S. 291-301. Eine Monographie zum Problem des Todes schrieb Ugo M. Ugazio: Il problema della morte nella filosofia di Heidegger, Mailand: Mursia 1976. In Bezug auf diese Frage vgl. die Analysen von Jacques Gino: »Le Dasein à la recherche de sa problématique unité«, in: »Être et temps«

In diesem Grenzversuch zwischen einer phänomenologischen Ergründung und einer hermeneutischen Auflösung wird eine philosophische Erfahrung sichtbar, die von jener nihilistischen Bewegung der Gegenwart gezeichnet ist, zu der sich Nietzsche selbst bekannt hatte, weniger als ihr Vertreter, wohl aber als ihr Erzähler[187]. Der Mensch, der sein Sein, um sich zu finden, als »sterbliche Lücke« denken muss, wie einer, der von der Aktion des Todes geschliffen wird, ist einer, der, nachdem er gesagt hat »Ja, eben zu sehen verstehe ich nicht«[188], anfängt, den Tod sehen zu können[189] und deshalb sagen kann »Ich lerne sehen – ja, ich fange an. Es

---

de Martin Heidegger, S. 187-199. Gino geht von der nietzscheanischen Unmöglichkeit aus, die eigene subjektive Einheit durch das Verstehen, im Sinne des Selbstverstehens, zu erlangen. Ihm erscheint die Einheit von Heideggers Dasein paradoxal. Es handelt sich, um es in den Worten Barthes zu sagen, um die Einheit einer Abwesenheit. »Le paradoxe est simple: je suis unifié, réuni, rassemblé par *ma précarité*. Il y a *une* venue de la mort, et cette unité-là me constitue. Cette *venue* ouvre la porte de la réflexion sur la vérité du temps, parce qu'elle me permet d'éviter l'écueil de la préhension métaphysique du temps, ce temps successif d'Aristote dont la conséquence est justement d'obscurcir l'unité du sujet. La temporalité propre, c'est la contemporanéité des ›moments‹ qui la composent. Il y a dans le temps une venue unifiante du temps. Ce paradoxe est particulièrement difficile à penser car il semble contredire notre expérience immédiate du temps: celle d'un temps fragmenté, morcelé en instants successifs.« (Ebd., S. 199) Nach Gino müsste man Heideggers Zeitlichkeit von der Fragmentierung aus denken, als dem hervorragenden Merkmal des Endlichen. Zur Verbindung zwischen dem Identitätsprinzip und der Zeit vgl. auch Nicola Massimo De Feo: »Il principio di identità e il tempo nell'ontologia di Heidegger«, in: Annali della Facoltà di Lettere e Filosofia di Bari (1962), S. 223-267.

187 | Vgl. Friedrich Nietzsche: Nachgelassene Fragmente 1887-1888, Fr. 11[411]/3.

188 | Fjodor M. Dostojevskij: Der Idiot, München: dtv klassik 1976, S. 78.

189 | Bereits vor Nietzsches *Die fröhliche Wissenschaft* und Heideggers *Sein und Zeit*, hatte Dostojevskij den schwersten Gedanken in den Worten eines zum Tod auf dem Schafott Verurteilten angekündigt: »Wie, wenn ich nicht sterben brauchte! Wenn ich ins Leben zurückkehren könnte – welch eine Unendlichkeit täte sich da vor mir auf! Und alles das wäre mein! Ich würde aus jeder Minute eine ganze Ewigkeit machen, ich würde nichts verlieren, würde jeden Augenblick zählen, keinen einzigen nutzlos vergeuden.« (Fjodor Dostojevskij: Der Idiot, S. 82). Das sind die Worte,

geht noch schlecht. Aber ich will meine *Zeit* ausnutzen.«[190] Für den hermeneutischen Phänomenologen Heidegger beginnt man erst zu sehen, denn man kann auch für die Dauer einer ganzen Existenz schauen, ohne zu sehen. Und aller Wahrscheinlichkeit nach sieht man anders, nachdem man den Tod eines jeden Gottes und alles Guten und Bösen erblickt, und danach im eigenen Sterblichsein den letzten Schimmer einer unmöglichen Ergründung geschaut hat. Wenn die gesamte Denkbewegung im Sehen besteht, dann wird man sich fragen müssen, ob der Mensch an sich ein Sehender ist, einer der, nachdem er auf platonische Weise gesehen hat, Licht gibt; oder ob es Situationen gibt, in denen er beharrlich die Augen offen hält, ohne etwas zu erblicken. Jedes *Ding* hat durch Nivellierung seine Bedeutung, seinen Eigennamen verloren. Menschen und Dinge, Pflanzen und Tiere sind austauschbar geworden. Nur der Tod erscheint als meine eigenste Möglichkeit; nur der Tod macht mich einzigartig; nur mein Tod ist nicht austauschbar[191]; nur der Tod scheint mir meine Möglichkeiten zu-

---

mit denen Fürst Myskin seine Möglichkeit, das Sehen zu lernen, vorführt. Andererseits hat bereits Givone angemerkt, dass Fürst Myskin, der Epileptiker, sehen kann, insofern seine Krankheit die Verbindung zwischen Augenblick und Tod, zwischen Zeit und Tod außergewöhnlich sichtbar werden lässt. Zentrum und Schlüssel zum Verständnis des epileptischen Anfalls seien, behauptet Myskin, der Augenblick der Verzückung, die Aura des Entrücktseins, die aus der dunklen seelischen Niedergeschlagenheit herausreißen und kurz bevor das Bewusstsein in die Brutalität und die Idiotie eines maßlosen, erinnerungslosen Leidens stürzt, die Zeit unendlich erweitern, ihre Vollendung und ihre ganze Fülle ausmachen: nur für die Dauer eines Blitzes zeigt sich ›die höchste Synthese des Lebens‹. (Vgl. Sergio Givone: Dostojveskij e la filosofia, S. 79-101). Es gibt keinen Damm, der den auratischen Augenblick vor den Aggressionen bewahrt, die wie eine Krankheit, ihrer Natur gemäß, die Zeit auflösen. Der Augenblick, der zur Krankheit und zur Zeit gehört, ist weder Krankheit noch Zeit, er ist, wie in Nietzsches *Zarathustra*, der Widerspruch der Zeit, der die Ewigkeit mit dem Tod verbindet. Für Givone rettet der Augenblick auf apokalyptische Weise, dennoch bevorzugt er die zeitliche Intonation, die wirkungsvoll in der *Apokalypse* selbst formuliert wurde. Der Augenblick ist gleichzeitig die Übergabe des Seins an die zerstörerische Kraft der Zeit und die Auslieferung der Zeit an das ewige Sein des Augenblicks.

190 | Rainer Maria Rilke: Die Aufzeichnungen des Malte Laurids Brigge, S. 711, kursiv R.C.

191 | Vgl. dazu die Argumentation, die Heidegger vor allem in *Sein und Zeit*, § 47 entwickelt. Die Nicht-Vertretbarkeit, die Nicht-Austauschbarkeit des Todes ergibt

rückzugeben und damit auch meinen Namen. Als würde Heidegger einen Schrei ausstoßen, der ihm aber schon bald im Halse steckenbleiben, ihn fast erwürgen wird. Er wird wie der Schäfer, den Zarathustra auf seiner Wanderung trifft, die Schlange töten müssen: den äußersten Grundgedanken.

Doch zurück zu den Texten. Die Gespräche nehmen ihren Raum ein, sie werden aufgeschrieben. Sie entstehen unter Schwierigkeiten. Wo die Affinitäten zu überwiegen scheinen, verspürt man zögernde Ratlosigkeit. Beinahe so, als lasse sich die Intensität der Begegnung nicht trennen von der Gefahr zur Verklärung. In der Befragung der Schriften desjenigen, der gesehen hat, was Heidegger klar sehen wollte, um von derselben Sicht *wieder* schreiben zu können, gewinnt das hermeneutische Spiel gelegentlich eine eigene Autonomie. Nietzsches Text wird in der Lektüre Heideggers in Bezug auf seine begriffliche Reichweite und seiner erzählerischen Dynamik aufgewertet, aber hinsichtlich seiner transzendentalen Perspektive verwandelt. Nietzsche wird, wie Jacques Taminiaux bemerkt, in *Sein und Zeit* in analytischen Zusammenhängen, die eine entscheidende Rolle für den Zugang zum Zentrum der Fundamentalontologie spielen, explizit zitiert.[192] Innerhalb der Architektur von *Sein und Zeit* fungiert die Definition der zeitlichen Transzendenz als Ergebnis der ganzen Konstruktion, die in zwei Phasen erfolgt, von denen die erste erklärtermaßen einführenden Charakter hat. Im ersten Abschnitt, der darauf angelegt ist, die Sorge als Grundart des Seins des Daseins zu bestimmen, wird Nietzsche nicht erwähnt, jedenfalls nicht ausdrücklich. Im zweiten Abschnitt, der darauf ausgerichtet ist, die Zeitlichkeit als ontologischen Sinn der Sorge zu beschreiben, beschließt der Hinweis auf Nietzsche das erste Kapitel (§ 53), das durch die »Figuren« des Todes und der Angst den wirklichen Übergang vom ersten zum zweiten Abschnitt

---

sich darin aus der Unmöglichkeit, das Sterben der Anderen zu erfahren, durch dieses wird weniger die eigene Sterblichkeit erfahrbar, als vielmehr der »Verlust« von Dasein: »Wir erfahren nicht im genuinen Sinne das Sterben der Anderen, sondern sind höchstens immer nur ›dabei‹.« (S. 239). Dieser Unterschied zeigt die extreme Singularität dieser Erfahrung: »Keiner kann dem Anderen sein Sterben abnehmen.« (S. 240).
192 | Vgl. Jacques Taminiaux: »La présence de Nietzsche dans *Sein und Zeit*«, S. 59. Ich verdanke dem Beitrag von Taminiaux den Hinweis auf Nietzsches Präsenz in *Sein und Zeit*, § 53.

bildet. Sowohl in § 53 als auch in § 76 funktioniert das Zitat als eine eindeutige Reverenz, die nietzscheanischen Fragen drängen sich auf wie die Fragen eines »Denkgefährten« oder sogar eines »*alter ego*«[193]. Heidegger unternimmt nicht die geringste Anstrengung, das nietzschesche Denken von der Analytik des Daseins zu unterscheiden. Es handelt sich um angedeutete, nahezu diskrete Zitate, nur sieben Wörter in § 53 (»für seine Siege zu alt zu werden«), und doch erscheinen sie einer eindringlicheren Untersuchung als eine Art Schlussfolgerung, in der die Fäden der gesamten Argumentation zusammenlaufen. Das Zitat stammt aus Zarathustras vorletzter Rede *Vom freien Tode*. Zarathustras Absicht besteht darin, den Tod zu einem Fest zu machen, die ungewöhnliche Doktrin des »Sterbe im richtigen Moment!« zu lehren. Nicht zu früh und nicht zu spät zu sterben bedeutet, den Tod nicht als Ende, sondern als »Vollbringung« zu erleben: »den vollbringenden Tod zeige ich euch.«[194] Der Tod wird als etwas erlebt, dass sich in jedem Augenblick der Existenz erfüllt, als etwas, dass das Leben mit einer so leichten Berührung wiegt und streift, dass man ihn selten spürt. Und dennoch wirkt die Abwesenheit des Todes bedrohend[195]. Er ist verstohlen[196] und zugleich souverän. Mit Anklängen an Paulus erinnert Zarathustra seine Zuhörer daran, wie der »grinsende« Tod »heranschleicht wie ein Dieb – und doch als Herr kommt.« Doch dieser vom Kämpfenden wie vom Sieger gleichfalls verhasste Tod wird nicht, wie es in Heideggers Übertragung heißen wird, vom Entschlossenen, siegreich gelebt werden, sondern von demjenigen, der so lebt, dass er jeden Augenblick als seinen Augenblick vollbringt (Der *Vollbringer*), auch in der Verlorenheit und *Versuchung*[197]. Für den, »der sein Leben vollbringt«, bedroht der Tod mit voller Kraft

---

193 | Ebd.
194 | Friedrich Nietzsche: Also sprach Zarathustra, »Vom freien Tode«.
195 | Heidegger erläutert in *Sein und Zeit*, § 50: Die Charakterisierung des Todes als bevorstehende Bedrohung bedeutet, dass mit dem Tod das Dasein schließlich von sich selbst bedroht wird, von seinen eigensten Möglichkeiten. In *Sein und Zeit*, § 74 verweist Heidegger ferner auf die *Übermacht* des Todes (S. 384).
196 | In *Sein und Zeit*, § 52 spricht Heidegger von der *Unbestimmtheit* des Todes (S. 258).
197 | Ein anschauliches Beispiel für die unterschiedliche Sprachregelung zwischen Heideggers Entschlossenem und Nietzsches Vollbringer findet sich in *Sein und Zeit*, § 74.

jede Stabilität, doch das Bevorstehende ist zugleich ein »Stachel« und ein »Gelöbnis«. Dieser Stachel und dieses nietzscheanische Gelöbnis werden das heideggersche *Vorlaufen*, das Sein, das immer schon einen Schritt jenseits des Ortes ist, an dem wir gerade sind oder noch genauer, die Unmöglichkeit, fest dort zu sein, wo wir sind, ohne die Gefahr zu verspüren, nicht da sein zu können oder die Kraft von dem, was anders sein könnte. Diese Art strukturelle Unmöglichkeit, die bereits Hegels Phänomenologie zu fassen versucht hatte, wird nun im Zusammenhang mit der Existenzialanalyse für Heidegger zur Bedingung, das Sein zu entsubstanzialisieren, es als Möglichkeit zu denken[198]. In dieser phänomenologischen Beschreibung des Seins-zum-Tode als Sein zur eigenen unüberholbaren Möglichkeit, wiederholt Heidegger, wie Taminiaux unterstreicht, die dreiteilige Geste, mit der die Rede des Predigers Zarathustra konstruiert ist und die von Nietzsche selbst zum Ende der »Einführung« zusammengefasst wird: »Frei zum Tode und frei im Tode, ein heiliger Nein-sager, wenn es nicht Zeit mehr ist zum Ja: also versteht er sich auf Tod und Leben.«[199] Die Beschwörung der Freiheit zum Tode bildet in Heideggers Rede eine Art Refrain, der wiederholt wird, ohne die Quelle zu zitieren.[200] Sie bereitet den Bezug auf Nietzsche vor, leitet den Abschluss des Paragraphen und damit des Kapitels ein. In Vorbereitung auf die Beschwörung des Denkgefährten Nietzsche ist die Freiheit zum Tode, als Vorlauf der äußersten Möglichkeit, bereits die Voraussetzung dafür, nein zu sagen zu dem, was uns als unmittelbarer Konsum angeboten wird, zu dem, was uns durch die Stabilisierung der erreichten Positionen den Möglichkeitscharakter der Existenz und damit das Frei Sein zum Tode verschließt[201]. »Das Vorlaufen aber weicht der Unüberholbarkeit nicht aus wie das uneigentliche Sein zum Tode, sondern gibt

---

198 | Vgl. Martin Heidegger: Sein und Zeit, S. 262. Für eine Interpretation der Existenzialanalyse von *Sein und Zeit* im Lichte des Begriffs der Möglichkeit vgl. Wolfgang Müller-Lauter: Möglichkeit und Wirklichkeit bei Martin Heidegger, Berlin: De Gruyter 1961.
199 | Friedrich Nietzsche: Also sprach Zarathustra, »Vom freien Tode«.
200 | Vgl. Martin Heidegger: Sein und Zeit, S. 266.
201 | Sowohl das Nein-Sagen als auch das Frei-Sein im Tode werden thematisch wieder aufgenommen, insbesondere in jenen Paragraphen von *Sein und Zeit*, die der Alltäglichkeit des Todes (§§ 51-52) und dem Leben in der Freiheit zum Tode (§ 53) gewidmet sind.

sich *frei für* sie. Das vorlaufende Freiwerden *für* den eigenen Tod befreit von der Verlorenheit in die zufällig sich andrängenden Möglichkeiten, so zwar, daß es die faktischen Möglichkeiten, die der unüberholbaren vorgelagert sind, allererst eigentlich verstehen und wählen läßt. Das Vorlaufen erschließt der Existenz als äußerste Möglichkeit die Selbstaufgabe und zerbricht so jede Versteifung auf die je erreichte Existenz. Das Dasein behütet sich, vorlaufend, davor, hinter sich selbst und das verstandene Sein-können zurückzufallen und ›für seine Siege zu alt zu werden‹ (Nietzsche).«[202]

In der Konstruktion des Seins-zum-Tode lässt sich ein weiterer Bezug auf Nietzsches Text feststellen; im Lob auf das, was Nietzsche »meinen Tod« nennt, kündigt sich in gewisser Weise das *Vorlaufen* aus *Sein und Zeit* an: »Meinen Tod lobe ich euch, den freien Tod, der mir kommt, weil *ich* will.«[203] Das nietzscheanische Wollen des Todes wird in *Sein und Zeit*, § 62 in die Verbindung von »Entschlossenheit« und »Vorlaufen« überführt. Diese Verbindung wird zur Bedingung dafür, dass der Tod der Existenz mächtig wird.[204] Heideggers Zurückführen des »ich will«[205] auf ein »mächtig werden« bedeutet in den Jahren von *Sein und Zeit* die eindeutige Aneignung von Nietzsches *Wollen* als »Wille zur Macht«. Im Zusammenhang mit der begrifflichen Beziehung zwischen der *Befindlichkeit*, der *Entschlossenheit* und dem *Willen zur Macht* wird er im Folgenden, entsprechend jener in der ersten, Nietzsche gewidmeten Vorlesung vorgetragener Version, als »ursprünglicher Affekt« bezeichnet.

---

202 | Martin Heidegger: Sein und Zeit, S. 264. Taminiaux macht auf eine bedeutungsvolle Auslassung in Heideggers Zitat aufmerksam. Ohne diese Auslassung hätte das Zitat nämlich lauten müssen: »für seine *Wahrheiten* und Siege zu alt zu werden.« Vgl. Friedrich Nietzsche: Also sprach Zarathustra, »Vom freien Tode«, kursiv R. C.
203 | Friedrich Nietzsche: Also sprach Zarathustra, »Vom freien Tode«.
204 | Vgl. Martin Heidegger: Sein und Zeit, S. 310.
205 | Auch diese nietzscheanische Fokussierung des »Ich« wird Heidegger nicht entgehen. Er wird in der augustinisch-nietzscheanischen Thematisierung der Sorge (= Wille) die *Selbstheit* in der Verknüpfung mit der Sorge als vorlaufende Entschlossenheit anzeigen (vgl. Martin Heidegger: Sein und Zeit, § 64).

Die Zeit als Geschichtlichkeit

Ausgehend von der in den Kasseler Vorträgen skizzierten Existenzialanalyse, die eine begriffliche Entwicklungslinie vom Leben über die Zeit zur Geschichte andeutet, war zu erkennen, dass sich die Analyse der Zeitlichkeit auf die Darstellung der Verbindung Leben-Tod konzentriert und die Argumentationsstränge in einem der Kernpunkte der Existenzialanalyse in *Sein und Zeit* zusammenlaufen. Nietzsches begrifflicher Figur kommt dabei Zentralität zu.

Nun geht es darum, den anderen Argumentationsgang nachzuvollziehen, den die Kasseler Vorträge skizzieren. Dabei soll der Versuch, von der Bestimmung des Lebens zu jener der Geschichte zu gelangen, nachgezeichnet werden. Nachdem Heidegger im Bereich der Existenzialanalyse zu einer ersten Definition der Zeitlichkeit als Bereich der Sinnerforschung des Seins des Menschen gelangte, scheinen die Bedingungen für einen angemessenen Begriff der Geschichte[206] und für eine von den »metaphysischen«[207] Beschränkungen der Existenzialanalyse befreite Konfiguration der *Seinsfrage* gegeben.

---

206 | In *Sein und Zeit*, §§ 72/74 führt Heidegger genauer aus, dass die Geschichtlichkeit aus der ursprünglichen Zeitlichkeit des Daseins abgeleitet werden müsse; dass das Dasein in erster Linie geschichtlich und dass die Geschichtlichkeit die konkreteste Interpretation der Zeitlichkeit sei. Zum Begriff der Geschichte bei Heidegger vgl. Rudolf Brandner: Heideggers Begriff der Geschichte und das neuzeitliche Geschichtsdenken, Wien: Passagen 1994. Zum Begriff der Geschichtlichkeit vgl. Paul Ricœur: Zeit und Erzählung, Bd. 3: Die erzählte Zeit, München: Fink 1991, insb. Kapitel III »Zeitlichkeit, Geschichtlichkeit, Innerzeitigkeit. Heidegger und der ›vulgäre‹ Zeitbegriff«, S. 96-157. Ricœur betont, dass in der Analyse der Zeitlichkeit der Zusammenhang zwischen der Alltagserfahrung der Zeit und deren phänomenologischer Fassung fehlt, also die Verflechtung der kosmischen Zeit mit der Zeit des Sterblichen.

207 | Metaphysik ist ein weiterer Schlüsselbegriff zum Verständnis der komplizierten Verwicklungen im Verhältnis Nietzsche-Heidegger. In der Literatur zur Auseinandersetzung Heidegger-Nietzsche wird das Problem der Phase von Heideggers thematischer Auseinandersetzung mit Nietzsche zugerechnet, in der Heidegger Nietzsche in eine bestimmte Position innerhalb der Geschichte des metaphysischen Abendlandes zu drängen versuchte. In Wirklichkeit erscheint die Angelegenheit komplizierter, wenn man sich für jene Phase, die mit der Veröffentlichung von *Sein und Zeit* ihren Höhepunkt erlebt, (1) die Nähe Heideggers zu Nietz-

Zunächst soll die erste Formulierung der Frage (die Unterscheidung zwischen *Historie, Geschichte* und *Geschichtlichkeit*) betrachtet werden, ehe

---

sche und (2) Heideggers zwiespältiges Verhältnis zur Metaphysik vergegenwärtigt. Das in *Sein und Zeit*, § 6 angekündigte Projekt einer Destruktion der Geschichte der Metaphysik ist für Heidegger nicht gleichbedeutend mit der Ablehnung eines metaphysischen Projekts *tout court*. Die Auseinandersetzung mit Nietzsche gehört zu jener Problematik, die Heidegger in der letzten Marburger Vorlesung als »metaontologisch-existentiell« definiert (vgl. Martin Heidegger: Metaphysische Anfangsgründe der Logik im Ausgang von Leibniz, S. 199). 1928 geht es für Heidegger also nicht darum, die Leitfrage des Abendlandes zurückzuweisen, sondern darum, sie im Bereich der Fundamentalontologie und der Metaontologie zu radikalisieren. In der Freiburger Antrittsvorlesung *Was ist Metaphysik?* von 1929 und in der Vorlesung von 1929/30 wird die Frage nach der Metaphysik zur Frage nach der Ganzheit des Seienden, das einem hier in seiner Zerstreuung, d.h. als »Nichts« begegnet und damit jenen begrifflichen Prozess durchläuft, der als »Gründung aus dem Nichts« definiert worden ist. In diesem Zusammenhang erfolgt Heideggers metaphysische Verklärung von Nietzsches Willen zur Macht. In dieser Verklärung, die ich mit Schulz als Übergang vom Nichts zum Sein als Geschichte bezeichne, bezieht Heidegger alle begrifflichen Figuren, mit denen er seine Fundamentalontologie beschrieben hatte, in seine *Kehre* mit ein. Nietzsche, der Initiator der Kehre, wird zum Opfer der Distanzierung Heideggers von sich selbst. Als die Auseinandersetzung mit Nietzsche intensiver wird, führt Heidegger die Frage nach der Metaphysik über die Vor-frage ein: »Wie steht es um das Sein?«, als Wiederholung des Anfangs unseres geschichtlichen Seins (vgl. Martin Heidegger: Einführung in die Metaphysik, GA, Abt. II, Bd. 40, S. 36ff.). Seit der zweiten Hälfte der dreißiger Jahre ist sich Heidegger im Klaren darüber, dass die Frage »Was ist Metaphysik« in einem zweideutigen Bereich entsteht. Sie erwächst einem Denken der »Überwindung«, doch dieses Überwinden ist nur als Aneignung, als Andenken möglich (vgl. Martin Heidegger: »Überwindung der Metaphysik?« [1936/1946], in: Vorträge und Aufsätze, S. 67-95; Ders.: »Nachwort zu ›Was ist Metaphysik?‹«, in: Wegmarken, S. 303-312; Ders.: »Die Erinnerung in die Metaphysik«, in: Nietzsche, Bd. 2, S. 481-490). Zu dieser Frage vgl. in Bezug auf die Marburger Zeit Walter Schulz: Subjektivität im nachmetaphysischen Zeitalter, Pfullingen: Neske 1992, insb. S. 201-234; Robert Brisart: La phénoménologie de Marburg ou la résurgence métaphysique chez Heidegger à l'époque de Sein und Zeit, Brüssel: UFSL 1991; Michel Haar: »La métaphysique dans Sein und Zeit«, in: Exercices de la patience,

es in einem zweiten Schritt um die Wiederaufnahme in *Sein und Zeit* geht, die durch die Begegnung mit Nietzsches theoretischen Vorschlägen charakterisiert ist. In den Kasseler Vorträgen beginnt mit der ersten präzisen von Heidegger skizzierten Unterscheidung zwischen *Historie, Geschichte* und *Geschichtlichkeit*[208] die Thematisierung der Geschichtlichkeit in Bezug auf die *Zweite Unzeitgemäße Betrachtung*. *Geschichte* wird auf *Geschehen* zurückgeführt. Es handelt sich um ein Geschehen, das das Sein des Menschen unmittelbar betrifft, insofern das menschliche Dasein das Geschehen selbst ist.[209] *Historie* wird dagegen aus dem griechischen *istorein* abgeleitet, das auf die Handlung des Forschens, des Ermittelns, auf das Bekanntmachen eines Geschehens verweist. Nachdem diese Unterscheidung einmal vollzogen wurde, kann ihre begriffliche Reichweite nur radikalisiert werden, wenn man sie auf jenes von Dilthey entdeckte Phänomen der Geschichtlichkeit zurückführt, das den Unterschied zwischen dem *Geschehen* und der einfachen »Bewegung« zu rechtfertigen vermag. Das *Geschehen* ist als geschichtliches *proprium* kein einfaches Vorgehen, sondern ein Vorgehen, in dem sich die Verbindung aus Vergangenheit und Zukunft ver-

---

S. 97-112; Dominique Janicaud/Jean-François Mattéi: La métaphysique à la limite, Paris: PUF 1983; Michael Skowron: Nietzsche und Heidegger. Das Problem der Metaphysik, Frankfurt a.M.: Peter Lang 1987; Denise Brihat: De l'être ou rien. Heidegger et la philosophie de l'être, Paris: Tequi 1988; Hak-Soon Kang: Die Bedeutung von Heideggers Nietzsche-Deutung im Zuge der Verwindung der Metaphysik, Frankfurt a.M.: Peter Lang 1990. Eine der umfassendsten und interessantesten Arbeiten zur Bedeutung der *Kehre* stammt nach wie vor von Jean Grondin: Le tournant dans la pensée de Martin Heidegger, Paris: PUF 1987.

208 | Vgl. Martin Heidegger: Wilhelm Diltheys Forschungsarbeit und der gegenwärtige Kampf um eine historische Weltanschauung, S. 174f.

209 | In *Sein und Zeit*, § 72 wird die Ableitung der Geschichte aus dem Geschehen thematisch ausführlicher abgehandelt. In § 73, der dem gewöhnlichen Verständnis der Geschichte gewidmet ist, werden vier typische Bedeutungen des Begriffs aufgezählt. Die ersten beiden Bedeutungen kennzeichnen die Geschichte als Vergangenes, im ersten Fall als *Vergangenheit*, als etwas, das keinerlei Wirkung mehr hat auf die Gegenwart; im zweiten Fall als *Herkunft*, etwas aus dem die Gegenwart herkommt. In der dritten angeführten Bedeutung steht die Geschichte für das Ganze des Seienden. Schließlich wird als letzte Bedeutung ein Ausdruck eingeführt, der die Geschichte noch einmal als Vergangenes vorführt: das *Überlieferte*.

wirklicht. Diese Probleme werden in § 76 noch einmal abgehandelt: Wenn die Aufgabe der Historie in der Erschließung der Vergangenheit besteht, so ist diese Erschließung nur insofern möglich, als die »Vergangenheit« immer schon erschlossen ist. Die Zugänglichkeit der Vergangenheit ist durch die Geschichtlichkeit des Daseins gegeben. Die Historie hat Zugang zur Vergangenheit, indem sie die stille Kraft des Möglichen erschließt, die die eigentliche Beschaffenheit des Daseins ausmacht. Das Dasein zeitigt sich aus der Zukunft[210], die der Historismus, der zur »historischen Krankheit« wurde, verschließt.

Ausgehend von diesen Voraussetzungen beruht für Heidegger die Möglichkeit, dass die Historie für das Leben von Vorteil oder von Nachteil sein kann, auf der Tatsache, dass das Leben bis in die Wurzeln seines Seins geschichtlich ist. Der Verweis auf Nietzsche ist nicht nur deutlich, sondern ein weiteres Mal ohne Vorbehalt: »*Nietzsche* hat *das Wesentliche* über ›Nutzen und Nachteil der Historie für das Leben‹ in seiner zweiten unzeitgemäßen Betrachtung (1874) erkannt und *eindeutig-eindringlich* gesagt. Er unterscheidet drei Arten von Historie: die monumentalische, antiquarische und kritische, ohne die Notwendigkeit dieser Dreiheit und den Grund ihrer Einheit ausdrücklich auszuweisen. *Die Dreifachheit der Historie ist in der Geschichtlichkeit*

---

210 | Heidegger wird diese Argumentation im Wintersemester 1937/38 noch einmal aufnehmen (vgl. Martin Heidegger: Grundfragen der Philosophie. Ausgewählte »Probleme« der »Logik«, GA, Abt. II, Bd. 45). Er nimmt dabei Bezug auf die Unterscheidung zwischen historischer Betrachtung und geschichtlicher Besinnung (S. 34f.); das Zukünftige verstanden als Ursprung der Geschichte (S. 40) und das Unzeitgemäße als das Ungewöhnliche, das das Gewöhnliche zersetzt (S. 40f.: »Um daher den Anfang und damit die Zukunft zu retten, bedarf es von Zeit zu Zeit der Brechung der Herrschaft des Gewöhnlichen und allzu Gewohnten. Dieses muß umgewälzt werden, damit das Ungewöhnliche und Vorausgreifende ins Freie und zur Macht komme. Die Umwälzung des Gewöhnlichen, die Revolution, ist der echte Bezug zum Anfang. Das Konservative dagegen, das Erhalten, hält nur und hält nur fest, was zufolge des Anfanges begonnen hat und aus ihm geworden ist.«) Die Aufmerksamkeit, die Heidegger in jenen Jahren der *Zweiten Unzeitgemäßen Betrachtung* zukommen ließ, ist bemerkenswert, wenn man bedenkt, dass er in der Vorlesung des Wintersemesters 1937/38 nicht nur häufig auf sie verwiesen, sondern im Wintersemester 1938/39 eine eigene Vorlesung über sie gehalten hat (vgl. Martin Heidegger: Zur Auslegung von Nietzsches II. Unzeitgemäßer Betrachtung, GA, Abt. II, Bd. 46).

des Daseins vorgezeichnet. Diese läßt zugleich verstehen, inwiefern eigentliche Historie die faktisch konkrete Einheit dieser drei Möglichkeiten sein muß. *Nietzsches* Einteilung ist nicht zufällig. Der Anfang seiner ›Betrachtung‹ läßt vermuten, daß er mehr verstand, als er kundgab.«[211] Auf dieser Seite aus *Sein und Zeit*[212], einer Anmerkung zur *Zweiten Unzeitgemäßen Betrachtung*, behauptet Heidegger ohne eine Spur von Ambiguität, dass Nietzsche das Wesentliche der Geschichtlichkeit klar erkannt habe, dass Übereinstimmungen zwischen Nietzsches Betrachtungen mit seiner Transzendentalanalyse anzunehmen seien und, dass die Einleitung der *Zweiten Unzeitgemäßen* auf begriffliche Entwicklungen verweise, die in Nietzsche zwar ausgereift waren, aber nicht ausgesprochen wurden.

Nietzsches Beitrag zur Frage der Geschichtlichkeit, insbesondere seine dreiteilige Betrachtung der Historie geht, so Heidegger weiter, von einer Art Privileg der Zukunft aus (in Folge der logischen Priorität der kritischen Historie). Dieses Privileg müsste, wie beispielsweise die Untersuchungen von Charles belegen[213], eine ursprüngliche *Gleichzeitigkeit* nicht ausschließen, aber es würde zu einer Neubestimmung der Historie im Horizont des Möglichen beitragen.

Nietzsche hatte also den Weg für die Betrachtung des Seins als Möglichkeit und für die Fassung der Möglichkeit als Zeit[214] frei gemacht und damit ein Verständnis der Zeit jenseits der Verräumlichung denkbar werden lassen.[215] In der idealen Verbindung zwischen der *Zweiten Unzeitgemäßen* und

---

211 | Martin Heidegger: Sein und Zeit, S. 396, zweites und drittes Kursiv R. C.
212 | Vgl. Henri Birault: Heidegger et l'expérience de la pensée, Paris: Gallimard 1978, insb. die beiden Kapitel »Une page de ›Sein und Zeit‹ sur la ›Deuxième Inactuelle‹«, S. 586-621 und »Heidegger: le temps et l'être; Nietzsche et l'istant et l'éternité«, S. 558-586.
213 | Vgl. Daniel Charles: »Nietzsche et la postmodernité«, in: Dominique Janicaud: Nouvelle lectures de Nietzsche, Lausanne: L'Age d'homme 1985, S. 138-159.
214 | Vgl. Henri Birault: Heidegger et l'expérience de la pensée, S. 20ff.
215 | Es handelt sich um jene zeitliche Räumlichkeit, deren erste Formulierung Heidegger im IV. Buch der aristotelischen Physik gefunden hatte und deren letzte Reformulierung von Bergson stammte. In *Die Frage nach der Wahrheit* gesteht Heidegger Bergsons Reflexionen über die Zeit eine bemerkenswerte begriffliche Tragweite zu. Dennoch unterstreicht er, dass Bergsons Bestimmung der Dauer, als Sukzession, Aristoteles' räumlichem Ansatz verbunden bleibt, verräumlichte

den die ewige Wiederkehr betreffenden Mitteilungen bzw. zwischen dem Verständnis der Zeit als Möglichkeit im überhistorischen oder unzeitgemäßen Element und der Behauptung der Verflüssigung und Pluralisierung der Kräfte, die im Wiederkunftgedanken zum Ausdruck kommt, lässt sich die Zersplitterung des Ursprungs begreifen.[216] Doch setzt diese Dekonstruktion der Zeit/des Ursprungs, die Nietzsche vollzieht und die von Heidegger in die Ordnung seiner analytischen Dreiteilung aufgenommen wird, nicht die Frage nach der »Zugehörigkeit« voraus, indem sie sie in die zeitliche Konstitution des Augenblicks verschiebt, in dem die drei Zeitekstasen koexistieren?

Oder bleibt diese Zersplitterung in Heideggers Versuch, »die ganze Zeit« oder »das Ganze« der Zeit[217] zu denken, weiterhin in der Dimension der Gegenwart als *nunc stans* blockiert?

Noch einmal anders gefragt: Steht die analytische Dreiteilung von *Sein und Zeit* nicht einfach für Nietzsches poetischen Versuch, die Zeit als Augen-

---

Zeitauffassung reproduziere (S. 267f.). In *Metaphysische Anfangsgründe der Logik im Ausgang von Leibniz* kommt Heidegger noch einmal auf Bergson zurück, um deutlich zu machen, dass eine qualitativ-räumliche Zeitauffassung eine bestimmte Verwobenheit der Zeit in das Bewusstsein voraussetzt. Diese Verbindung, die in der Analytik von *Sein und Zeit* vorausgesetzt worden war, bleibt jedoch in den Grenzen des Cartesianismus, den das bergsonsche Bewusstsein impliziert (ebd., S. 189).

216 | Vgl. Daniel Charles: Nietzsche et la postmodernité, S. 142.

217 | Es geht um den Versuch, die Vergangenheit als Zukunft zu denken sowie die Zukunft und die Vergangenheit als Gegenwart (vgl. Daniel Charles: Nietzsche et la postmodernité, S. 143). In § 65 und zum Abschluss des § 68 von *Sein und Zeit* findet man zwei klare Formulierungen für das, was mit Gleichzeitigkeit gemeint ist. Nachdem Heidegger definiert hat, dass die Zeitlichkeit als *estatikon* das ursprüngliche »außer sich«, »an sich« und »für sich« ist und diese Bestimmungen die Ekstasen der Zeitlichkeit ausmachen, macht er zunächst deutlich: »Sie [die Zeitlichkeit] ist nicht vordem ein Seiendes, das erst aus *sich* heraustritt, sondern ihr Wesen ist Zeitigung in der Einheit der *Ekstasen*.« (S. 329) Sodann betont er die Einheit der Zeitigung in Korrespondenz mit der Einheit der Sorgestruktur: »*Die Zeitlichkeit zeitigt sich in jeder Ekstase ganz, das heißt in der ekstatischen Einheit der jeweiligen vollen Zeitigung der Zeitlichkeit gründet die Ganzheit des Strukturganzen von Existenz, Faktizität und Verfallen, das ist die Einheit der Sorgestruktur.*« (S. 350)

blick zu denken, während sie gleichzeitig Heideggers späteren Begriff des *Ereignisses* antizipiert?[218]

War Nietzsche für den Heidegger von *Sein und Zeit*, der ihn in Folge der ersten Begegnung beständig und gefährlich oft zu lesen begonnen hatte, noch immer so unzeitgemäß?

In der Deutung der unter dem Einfluss von Leopardi verfassten Einleitung[219] der *Zweiten Unzeitgemäßen* richtet Heidegger seine Aufmerksamkeit

---

218 | In Bezug auf diese Thematik verweise ich auf die Untersuchung von Otto Pöggeler in seinem Aufsatz »Wegzeichen ›Zeit‹. Temporale Interpretation und hermeneutische Philosophie«, in: Neue Wege mit Heidegger, S. 114-141. Pöggeler strebt einen Begriff des Seins als Zeit an, der weiter reicht als der transzendentale Schematismus. Er erkennt in *Sein und Zeit* eine Divergenz zwischen der horizontal-zeitlichen Struktur des *Verstehens* und derjenigen der *Befindlichkeit* im Verhältnis zu *Gewesenheit/Vergangenheit – Gegenwart – Zukunft*. Während im *Verstehen* das Verhältnis zwischen *Gewesenheit* und *Vergangenheit* eindeutig ist, kommt durch den Möglichkeitscharakter der *Befindlichkeit* die Beschreibung der Zeitlichkeit der Beschreibung des *Ereignisses*, wie sie in *Beiträge zur Philosophie* durchgeführt wurde, sehr nahe. Das Vergangene, verstanden als *Gewesenheit*, entbindet sich, befreit sich durch die Bewegung der Zeit selbst und insofern es sich ergibt (ereignet) kann es »wiederholt« werden, es kann also als das, was gewesen, was in Diskontinuität zu ihm *ist*, indem es sich von ihm losgemacht hat, begriffen werden. Wenn die Zeitlichkeit, von der Heidegger spricht, zeitlich ist, so Pöggeler weiter, dann kann die Ontologie nichts anderes als Geschichtlichkeit sein: »Die Temporalität mit ihren Schemata als ein letztes Prinzip zur Unterscheidung von Seinsweisen verschwindet nun in der Bewegung dieser Geschichte. [...] Das Sein selbst in seiner Wahrheit ist nicht ein feststellbarer letzter Grund, sondern abgründig, weil dafür kein Grund angegeben werden kann [...]« (138f.). Die Wahrheit des Seins ist also ohne Grund, da es die dominante und epochale Bedeutung des Seins in Richtung auf andere mögliche Bedeutungen verschiebt. Pöggeler fährt fort: »›Endlichkeit‹ wird nun in dieser Abgründigkeit und Ungründigkeit verwurzelt. Der abgründig-ungründige Grund der Wahrheit des Seins ist Geschehen in einem ausgezeichneten Sinn, aber nicht eine Bewegung, die einseitig an der Zeit abgelesen werden könnte.« (S. 139)

219 | In Bezug auf Leopardis Einfluss, insbesondere zur Bedeutung des *Nachtgesangs eines wandernden Hirten in Asien* vgl. außer dem ersten Abschnitt in Friedrich Nietzsche: Vom Nutzen und Nachteil der Historie für das Leben auch Friedrich Nietzsche: Nachgelassene Fragmente 1869-1874, Fr. 29[98], 30[1].

vor allem auf die Unterscheidung zwischen Mensch und Tier, die in Bezug auf die Erinnerung deutlich wird. Nur der Mensch ist, bei Leopardi[220] und Nietzsche, aber auch bei Rilke, das Opfer der Erinnerung und damit unfähig, arglos das Offene der Welt zu erblicken[221]. Diese Verdammnis macht ihn zu einem historischen Wesen, das – nietzscheanisch gesprochen – unfähig ist, zu Handeln, aber – im Sinne Heideggers – fähig zur Überlieferung. Heidegger radikalisiert die Unterscheidung zwischen der nietzscheanischen Notwendigkeit des Vergessens und der fehlenden, von ihm theoretisierten Aufspaltung der Vergangenheit in Gewesenheit und Vergangenheit nicht, die die begriffliche Voraussetzung für die Thematisierung der Historie als Schicksal bildet.[222] Er ist zunächst vielmehr daran interessiert, das Thema

---

Hinweise auf diesen leopardianischen Einfluss in der *Zweiten Unzeitgemäße Betrachtung* finden sich auch in der detaillierten Rekonstruktion von Jörg Salaquarda: »Studien zur zweiten unzeitgemäßen Betrachtung«, in: Nietzsche-Studien 13 (1984), S. 1-45.

220 | Das Fehlen der Zeiterfahrung beim Tier beschreibt Leopardi als verschont bleiben von Erinnerung und Öde. »O meine Heerde dort, wie bist du glücklich!/ Weil du dein Elend schwerlich wohl verstehst./Wie muß ich dich beneiden,/Nicht bloß, weil von Beschwerden/Beinah befreit du gehst/Und aller Mühn und Fährden/Und jeder höchsten Angst so bald vergissest,/Nein, mehr noch, weil dich Langweil nie befällt.« (Vgl. Giacomo Leopardi: »Nachtgesang eines wandernden Hirten in Asien«, in: Gedichte und Prosaschriften, Berlin: Hertz 1889, S. 103-104).

221 | Vgl. dazu beispielsweise Rilkes achte *Duineser Elegie*, in der nur die Kreatur das Offene sieht. Die Sicht wird nicht, wie für Nietzsche, von der Vergangenheit versperrt, sondern von der Zukunft (»*Wir* haben nie, nicht einen einzigen Tag,/ den reinen Raum vor uns, in dem die Blumen/unendlich aufgehn.« [Verse 14-15] »Und wo wir Zukunft sehn, dort sieht es [das Tier] Alles/und sich in Allem und geheilt für immer.« [Verse 41-42]). Vielleicht könnten allein die Liebenden, wäre ihr Blick nicht durch den anderen verstellt, die Aussicht wagen (»Liebende, wäre nicht der andre, der/die Sicht verstellt, sind nah daran und staunen...«. [Verse 24-25]).

222 | Für eine ausführliche Besprechung von *Sein und Zeit*, § 74 vgl. Guiseppe Semerari: »In cospetto della nudità del proprio destino«, in: Insecuritas, Mailand: Spirali edizioni 1982, S. 166-197. Bezüglich der Möglichkeit, Heideggers Auseinandersetzung mit Nietzsche als Autointerpretation zu deuten, verweist Otsuru auf die genaue Übereinstimmung zwischen der Beschreibung der *Geschichtlich-*

der Historie im Hinblick auf die historische Bedeutsamkeit des menschli-

---

keit in *Sein und Zeit* und der von Heidegger 1939 vorgelegten Interpretation der nietzscheschen Wahrheit als *Gerechtigkeit* (vgl. Tadashi Otsuru: Gerechtigkeit und Dike, S. 96ff.). Es handelt sich um die Version der nietzscheschen Wahrheit, die Heidegger in der Vorlesung *Nietzsches Lehre vom Willen zur Macht* im Sommersemester 1939 vorgetragen hat, die Argumentation stützt sich hauptsächlich auf zwei Voraussetzungen: das Für-wahr-halten als Befehl, als *Maß-gabe* und zur Stabilisierung des Chaos, als *befehlend-dichterische, perspektivisch-horizontale Verklärung*. Auf der Grundlage dieser beiden Voraussetzungen, deren Anklänge an *Sein und Zeit*, § 74 unmittelbar erkennbar sind, bestimmt Heidegger die Denkweisen der Wahrheit als Gerechtigkeit: das »bauende«, das »ausscheidende« und das »vernichtende« Denken (vgl. Martin Heidegger: Nietzsche, Bd. 1, S. 632-648). Diese Verbindung zwischen der *Geschichtlichkeit* aus *Sein und Zeit* und der vermeintlichen nietzscheschen *Gerechtigkeit* zeigt einmal mehr, dass in Heideggers Nietzsche-Interpretation Elemente einfließen, die nicht aus der direkten Auseinandersetzung mit Nietzsche stammen. Häufig wird übersehen, dass Heideggers Thematisierung der Wahrheit als *Gerechtigkeit* zumindest zwei historische Vorläufer hat: den Nietzscheanismus von Bertram und von Thomas Mann. In *Nietzsche. Versuch einer Mythologie* widmet Bertram ein ganzes Kapitel der Wahrheit als Gerechtigkeit bei Nietzsche (S. 91-101). Für die Verknüpfung von *Geschichtlichkeit* und *Gerechtigkeit* ist es in diesem Zusammenhang von Bedeutung, dass in der *Zweiten Unzeitgemäßen Betrachtung* die Wahrheit als Gerechtigkeit auftaucht. Bertrams Motiv wird in Manns *Betrachtungen eines Unpolitischen* (in: Reden und Aufsätze IV, Gesammelte Werke, Frankfurt a.M.: Fischer 1990, Bd. 12) wieder aufgenommen, die Heidegger, das wird an verschiedenen Stellen deutlich, aufmerksam gelesen hatte. Vgl. im Werk von Thomas Mann das Kapitel »Gegen Recht und Wahrheit«, das im gleichen argumentativen Zusammenhang verbleibt, auch wenn darin mehr über das Recht denn über die Gerechtigkeit verhandelt wird. Der Ausdruck *Gerechtigkeit* findet sich dagegen in Heinrich Manns Aufsatz zu Zola. Das Thema der *Gerechtigkeit* war, wie Marianelli, der Herausgeber der italienischen Ausgabe des Werks von Thomas Mann, zu Recht anmerkt, in der neuromantischen Ästhetik sehr verbreitet, besonders in Verbindung zur Bildhauerkunst (vgl. Thomas Mann: Considerazioni di un inpolitico, it. Übers. v. M. Marianelli, Bari: De Donato 1967, S. 438, Fußnote 1). Zu Heideggers Interpretation der Wahrheit als Gerechtigkeit bei Nietzsche vgl. auch Jeffrey Stevens: »Nietzsche and Heidegger on Justice and Truth«, in: Nietzsche-Studien 9 (1980), S. 224-238.

chen Lebens in seiner Unterscheidung vom reinen Natur(Tier-)Sein zu vertiefen.[223] Die Frage nach der Definition der Animalität betrifft unmittelbar die Bestimmung des Lebens im Allgemeinen. Im Laufe der Abgrenzungsversuche des menschlichen Lebens vom rein tierischen Leben, hat sich Heidegger beständig mit Nietzsche und Rilke auseinandergesetzt. Zunächst besteht Heideggers Haltung darin, Nietzsches und Rilkes Themen zusammenzuführen. Für Heidegger scheinen Nietzsche und Rilke einige Momente vorausgesetzt zu haben, die nicht wörtlich nachzuweisen sind, deren Annahme aber erlauben würde, den Text in einem anderen Licht zu lesen. Später, nachdem ihm die Unmöglichkeit der Zusammenführung bewusst geworden ist, wird Heidegger den Text lesen und ihm eine epochale Bedeutung auferlegen.[224] In beiden Fällen verrät die Verklärung Nietzsches und Rilkes die Schwierigkeit einer tiefergehenden genealogischen Auseinandersetzung über die Frage des Lebens. Die in *Sein und Zeit* angedeutete, in der Vorlesung von 1929/30 ausführlich entwickelte Unterscheidung zwischen dem tierischen und dem menschlichen Sein, wird von Heidegger im Hinblick auf eine ausdrücklich anthropozentrische, transzendentale Analytik entworfen.[225] Für Heidegger ist die Frage nach dem Leben untrennbar mit der Frage nach der Welt verbunden. In seinem Versuch, den Begriff des Lebens zu definieren, um den sich Heidegger in den Jahren seiner ersten Freiburger Vorlesungen und während seiner Zeit an der Marburger Universität bemüht, verwendet er eine Terminologie, die nicht nur nietzscheanische Einflüsse, sondern auch deutliche Anklänge an Rilke erkennen lässt. In *Grundprobleme der Phänomenologie* (1927) nimmt Heidegger Bezug auf die in Rilkes *Aufzeichnungen des Malte Laurids Brigge* angedeutete Verbindung zwi-

---

223 | Vgl. dazu den Beitrag von Oskar Becker: »Para-Existenz. Menschliches Dasein und Dawesen«, in: Heidegger. Perspektiven zur Deutung seines Werkes, S. 261-285.

224 | Vincenzo Vitiello behauptet zu Recht, dass Heideggers Rilke-Deutung durch »einen übertrieben historischen Blick« verfälscht wird, vgl. Vincenzo Vitiello: »Heidegger/Rilke: un incontro sul ›luogo‹ del linguaggio«, in: aut-aut 235 (1990), S. 97-120.

225 | Vgl. dazu die Untersuchungen von Jacques Derrida: Vom Geist. Heidegger und die Frage, Frankfurt a.M.: Suhrkamp 1988, insb. S. 20ff., 66ff., 89ff.; Giuseppe Semerari: »La questione dell'ente-uomo«, in: Confronti con Heidegger, S. 163-189 und Tom Rockmore: Heidegger and French Philosophy. Humanism, Antihumanism and Being, London-New York: Routledge 1995.

schen menschlichem Leben und Welt bzw. zwischen Existenz und Welt. Einem langen Zitat aus den *Aufzeichnungen* geht eine Erläuterung Heideggers voraus: »Die Dichtung ist nichts anderes als das elementare Zum-Wort-kommen, d.h. Entdecktwerden der Existenz als des In-der-Welt-seins. Mit dem Ausgesprochenen wird für die Anderen, die vordem blind sind, die Welt erst sichtbar.«[226] Diesbezüglich sind die Verse der neunten *Duineser Elegie* von besonderer Bedeutung, die wirkungsvoll die Notwendigkeit des Sagens in der Epoche des Weltverlusts zum Ausdruck bringen. Die Welt sichtbar machen bedeutet für Rilke, ebenso wie für Heidegger, sie zu retten. Die Welt sichtbar machen heißt, ihre *Innerlichkeit*, die Beschaffenheit des *Weltinnenraums* im Zeitalter des *Tun[s] ohne Bild* aufzuzeigen: »Vielleicht sind wir *hier* [...]/aber zu *sagen*, verstehs,/oh zu sagen so, wie selber die Dinge niemals/innig meinten zu sein. [...] *Hier* ist des *Säglichen Zeit, hier* seine Heimat./Sprich und bekenn. Mehr als je/fallen die Dinge dahin, die erlebbaren, denn,/was sie verdrängend ersetzt, ist ein Tun ohne Bild.«[227] Rilke bezieht sich, noch vor Heidegger, auf einen Begriff von Welt, verstanden als Weltinnenraum, in dem »innen« und »außen« als solche nicht mehr existieren, sondern sich in einem räumlichen Kontinuum zusammenfinden. Der »Weltinnenraum« ist das Innere des Äußeren, »die Intimität der Dinge nicht weniger als unsere Intimität und die freie Begegnung der einen mit der anderen.«[228] Rilkes Welt ist demnach, präzisiert Heidegger, ein unmittelbares In-der-Welt-sein. Die Bestimmung der Welt als In-der-Welt-sein nennt Rilke »Leben«[229]. Bereits in der Vorlesung von 1929/30 verspürt Heidegger die Notwendigkeit, diese bei Nietzsche und Rilke auszumachende Übereinstimmung von Welt und Leben deutlich zu machen, in *Sein und Zeit* bildet sie dann die Voraussetzung für die Begriffsbildung der Geschichtlichkeit. Die Darstellung der *Grundbegriffe der Metaphysik. Welt – Endlichkeit – Einsamkeit* klingt nicht so, als würde Heidegger sein Verhältnis zu Nietzsche und Rilke aufklären wollen, sie

---

226 | Martin Heidegger: Grundprobleme der Phänomenologie, S. 244 und S. 410.
227 | Rainer Maria Rilke: Duineser Elegien, Sämtliche Werke, Bd. 1, Frankfurt a.M.: Insel 1966, S. 718.
228 | Maurice Blanchot: L'espace littéraire, S. 175. Beachtenswert sind in diesem Zusammenhang auch die Untersuchungen von Michel Haar: Le chant de la terre, Paris: L'Herme 1987, insb. das Kapitel »Rilke ou l'interiorité de la terre«.
229 | Martin Heidegger: Grundprobleme der Phänomenologie, S. 246.

steht vielmehr für den Versuch, ihrer Zusammenführung.[230] Im Wintersemester 1929/30 gehört die Bestimmung des Lebens im Sinne Rilkes zu einer detaillierten Beschreibung der Welt, die mittels einer vergleichenden Analyse des Menschen, des Tieres und des Steins erfolgt. Mehr End- als Ausgangspunkt der Untersuchung ist die spezifische »Weltlichkeit« des Steins, des Tieres und des Menschen[231]: der Stein ist *ohne Welt*; das Tier ist *weltarm*; der Mensch ist *weltbildend*. Die dem Stein zugesprochene Weltlosigkeit bedeutet Zugangslosigkeit zum Seienden als Seiendem.[232] Der Ausdruck »Weltarmut«, die dem Tier zugesprochen wird, verweist auf das Niveau des Umfangs und der Zugänglichkeit des Seienden. Diese erklärt sich durch die Problematisierung des Lebens, verstanden als Organismus.[233] In diesem Zusammenhang setzt sich Heidegger mit den Thesen der Biologen Wilhelm Roux, Hans Driesch und Jakob von Uexküll auseinander. Für Roux, den Nietzsche sehr aufmerksam gelesen hat, ist jedes Lebendige ein Organismus, der in der Lage ist, einheitlich zu handeln.[234]

---

230 | Die Verknüpfung von Rilkes neunter *Duineser Elegie* und Nietzsches Gesang am Ende von *Grundbegriffe der Metaphysik. Welt-Endlichkeit-Einsamkeit* ist, wie Otsuru bemerkt, unmittelbar zu erkennen, vor allem, wenn man die präzisen terminologischen Anklänge beachtet, beispielsweise die »tiefe Ewigkeit der Welt« bei Nietzsche und die Erde bei Rilke, Nietzsches Mitternacht und Rilkes Unsichtbarkeit (vgl. Tadashi Otsuru: Gerechtigkeit und Dike, S. 80ff.).
231 | Martin Heidegger: Grundbegriffe der Metaphysik. Welt-Endlichkeit-Einsamkeit, S. 263.
232 | Ebd., S. 290.
233 | Ebd., S. 287.
234 | Dazu erläutert Heidegger: »Organismus ist solches, was Organe hat. Organ kommt vom griechischen *organon*: Werkzeug. Das griechische *ergon* ist dasselbe Wort wie das deutsche ›Werk‹. Organ ist das Werkzeug.« (Ebd., S. 312) Wenn das die Prämisse von Roux sei, dann verliere der Biologe, so Heidegger, die Unterscheidung von Zeug und Organismus aus den Augen: »Das *Zeug ist von einer Fertigkeit*. Das *Organ hat* [...] je *eine Fähigkeit*.« (Ebd., S. 323) Heidegger führt weiter aus, dass das Zeug »dienlich«, das Organ »diensthaft« sei: »Das Organ ist der es bildenden Fähigkeit immer diensthaft zugehörig, es kann nie nur dienlich sein für sie.« (Ebd., S. 330) Der Charakter, der formal im »für« zum Ausdruck kommt, ist sowohl dem Zeug als auch dem Organismus eigen, doch ihr Möglichkeitscharakter und ihre Seinsart unterscheiden sich als »*Fertigkeit für etwas*« und »*Fähigkeit zu etwas*«. Ein weiterer Unterschied zwischen der »*Fertigkeit für etwas*«

Mit Driesch geht die mechanistische Konzeption der Bewegung des Lebens so weit, den Organismus als Ganzheit zu bestimmen.[235] Der Schwerpunkt der eindringlichen Analysen von Uexüll liegt auf dem »Beziehungsgefüge des Tieres mit seiner Umwelt«. Ausgehend von einer Konzeption, die den Organismus als »Maschine« begreift, erkennt Uexküll zwischen Mensch

---

und der »*Fähigkeit zu etwas*« besteht darin, dass die »*Fähigkeit zu etwas*« in der Lage ist, Vorschriften durchzusetzen, während die »Fertigkeit für etwas« sich als das »Unterstehen des fertigen Zeugs unter einer Vorschrift« präsentiert. Zur Definition des Organismus vgl. Wilhelm Roux: »Über das Wesen des Organischen«, in: Gesammelte Abhandlungen über Entwicklungsmechanik der Organismen, Bd. 1, S. 387-416. Heidegger wird in der Vorlesung von 1937 *Nietzsches metaphysische Grundstellung im abendländischen Denken* noch einmal auf die enge Verbindung zwischen Nietzsche und Roux zurückkommen (vgl. Martin Heidegger: Nietzsche. Seminare 1937 und 1944, GA, Abt. IV, Bd. 87, S. 187, 194). Heideggers Auseinandersetzung mit Roux ist von großer Bedeutung für das Verhältnis Heidegger-Nietzsche, insofern Nietzsche ein aufmerksamer Leser Roux' war und die Bestimmung des Motivs des Willens zur Macht durch ihn entscheidend beeinflusst wurde. Es ist das Verdienst von Müller-Lauter über die Art und Weise der Auseinandersetzung Nietzsches mit Roux aufgeklärt zu haben (vgl. Wolfgang Müller-Lauter: »Der Organismus als innerer Kampf. Der Einfluß von Wilhelm Roux auf Friedrich Nietzsche«, in: Nietzsche-Studien 7 (1978), S. 189-235). Nietzsches Roux-Rezeption steht demnach vor allem in einem anti-darwinistischen Kontext. Nietzsche stellt, in polemischer Abgrenzung zur darwinschen Überbewertung des Äußeren, die innere Dynamik des Organismus in den Vordergrund. Er stützt sich dabei auf Roux' Arbeit zur Anatomie *Der Kampf der Theile im Organismus. Ein Beitrag zur Vervollständigung der mechanischen Zweckmässigkeitslehre*, die im Februar 1881 erschien und sich in Nietzsches Bibliothek befindet. Der erste Einfluss Roux' lässt sich in den Aufzeichnungen von 1881 nachweisen. Im Sommer 1883 liest Nietzsche Roux erneut, die Aufzeichnungen deuten auf ein intensiveres Studium hin. Die ersten kritischen Notizen Nietzsches gehen auf das Jahr 1884 zurück und beziehen sich auf den mechanisch-kausalen Ansatz, mit dem Roux den Kampf innerhalb des Organismus erklärt hatte. Nietzsches veränderte Einschätzung der biologischen Erklärung des Kampfes innerhalb des Organismus beseitigt nicht die paradigmatische Bedeutung des heuristischen Modells und die Voraussetzung einer gemeinsamen Natur der Lebewesen.
235 | Martin Heidegger: Grundbegriffe der Metaphysik. Welt-Endlichkeit-Einsamkeit, S. 379ff.

und Tier eine rein »qualitative Unterscheidung«, die Heidegger unzureichend erscheint.[236] Tatsächlich betont er nachdrücklich: »das Tier [ist] durch einen Abgrund vom Menschen getrennt.«[237] Die wesentliche Unterschei-

---

236 | Vgl. Jakob von Uexküll: Theoretische Biologie, Berlin: Verlag der Gebrüder Baetel 1920 und Ders.: Bedeutungslehre, Leipzig: Verlag Johann Ambrosius Barth 1940. Durch den Verweis auf Uexkülls Untersuchungen wird Heideggers Position noch deutlicher. In *Theoretische Biologie* gibt Uexküll der Biologie die Aufgabe, die Ergebnisse der kantischen Forschung zu erweitern. Doch die Richtung der Erweiterung der Analytik betrifft genau jenen Bereich, in den Heidegger Uexküll nicht folgen kann. Dieser beabsichtigt in *Theoretische Biologie* die kantischen Forschungsergebnisse in Bezug auf eine Neubewertung der Rolle des Körpers (insbesondere der Sinnesorgane und des zentralen Nervensystems) sowie in Bezug auf die tierische »Subjektivität« neu zu definieren. In der *Bedeutungslehre* verschiebt sich das Problem des Verhältnisses Mensch-Tier dann bezeichnenderweise auf die Verbindung Bedeutung-Welt. Nachdem die Welt als *Umwelt* definiert wurde, d.h. als eine in sich geschlossene von einer Bedeutung dominierte Einheit, ist der Bewohner der Welt derjenige, der Träger einer Bedeutung ist, bzw. die Fähigkeit hat, die Welt zu definieren. In vollem Einverständnis mit der Wiederaufnahme Uexkülls in Deleuze' »Geologie« (vgl. Gilles Deleuze/Félix Guattari: Tausend Plateaus, Berlin: Merve 1992, S. 59-103) behauptet Haar in Bezug auf Heideggers Analyse: »Car nous n'avons aucune expérience phénoménologique du mode d'être d'un dieu, tandis que nous avons une expérience de l'aliment, du plaisir et de la douleur, du sommeil, qui ne sont sans doute pas identiques à ce qu'ils sont chez animal, mais qui ne sont pas non plus radicalement autres. L'idée que le corps humain est *essentiellement* différent d'un organisme animal contredit en outre l'expérience scientifique, médicale en particulier. Même se la structure du comportement animal est à la fois plus simple et plus étroitement immergée dans l'environnement, il est possible de montrer, comme l'a fait Marc Richier, sur la base des travaux de Köhler et de Lorenz, qu'il y a chez l'animal une reconnaissance de la chose comme chose, et une Stimmung élémentaire, donc une certaine ouverture, ou l'amorce d'une ouverture à un monde, certes hors langages. Ainsi l' »abîme« entre l'homme et l'animal n'existerait pas. D'ailleurs, si l'animal est »pauvre en monde«, ne reconnaît-on pas qu'il a, malgré tout, un monde où il rencontre *des phénomènes comme tels*!« (Michel Haar: Heidegger et l'essence de l'homme, Grenoble: Jérôme 1990, S. 129).

237 | Martin Heidegger: Grundbegriffe der Metaphysik. Welt-Endlichkeit-Einsamkeit, S. 384.

dung zwischen Mensch und Tier besteht darin, dass das Tier verenden, aber nicht sterben kann.[238] Die Eigentümlichkeit des Menschen, die Nietzsche freilich nicht entgangen war, wird von Heidegger vorausgesetzt. Sie bildet eine unabdingbare Voraussetzung der Fundamentalontologie. Auf diesem Feld wird es zwischen Heidegger und Nietzsche nie zu einer Begegnung kommen. Genauer gesagt ist hiermit die Stelle markiert, an der sich Heidegger von Nietzsche und Rilke verabschiedet. In der Parmenides gewidmeten Vorlesung des Wintersemesters 1942/43 definiert Heidegger die Sichtbarkeit, deren Dringlichkeit er beim Hören der Verse Rilkes bereits 1927 verspürt hatte, noch einmal. Er versucht, durch die Rückkehr zu den Denkern des Anfangs, die Verbindung Wahrheit-Welt als Gleichursprünglichkeit der *aletheia* und des *Offenen* zu erneuern.[239] Allein die *aletheia* kann diejenige Dimension sein, in der der Blick ins Offene nicht mit dem Spähen verwoben bleibt, das den Blick des modernen Subjekts auszeichnet, den Spengler in der Nachfolge Nietzsches als »Raubtierblick« bezeichnet hatte.[240] Der Blick, der den Anblick des Seins schenkt, ist für Heidegger derjenige, der es ermöglicht, dass das Un-geheure in den Blick kommt. Ursprünglicher als Rilke und Nietzsche, hatten die griechischen Denker den Blick vor allem als etwas erfahren, mit dem der Mensch als Mensch *sich öffnet und seinem Wesen nach* mit anderen Seienden ist.[241] Heidegger hebt die vollständige und klare Distanz zu Nietzsche und Rilke hervor: der Blick ist charakteristisch für den Menschen; die Tiere sehen, aber sie blicken nicht.[242]

Die Bestimmung des Offenen und die Kennzeichnung der Kreatur in der achten *Duineser Elegie* setzen, ebenso wie bei Nietzsche, eine Bestimmung des Lebens voraus, die das Wesen des Tieres von dem des Menschen nicht strukturell unterscheidet.[243] Diese Deutung wird von Heidegger 1946 bekräftigt: Rilkes Dichtung bleibt für ihn »von der abgemilderten Metaphysik Nietzsches überschattet [...].«[244] Diese Metaphysik denkt den ursprüng-

---

[238] | Ebd., S. 387f.
[239] | Vgl. Martin Heidegger: Parmenides, GA, Abt. II, Bd. 54, S. 208ff., insb. S. 213.
[240] | Ebd., S. 159.
[241] | Ebd., S. 153.
[242] | Ebd., S. 158.
[243] | Ebd., S. 235ff.
[244] | Martin Heidegger: »Wozu Dichter?«, in: Holzwege, S. 286.

lichen Grund, die »unerhörte Mitte«[245] als »*volle Natur*«[246], als Leben.[247] In dieser Vitalisierung des Grundes, in Rilkes Bezeichnung desselben als Risiko, ist »das Verhältnis des gründenden Seins zum gegründeten Seienden [...] hier beim Menschen und dort bei Pflanze und Tier das gleiche.«[248]

---

245 | Rainer Maria Rilke: »Die Sonette an Orpheus«, Teil II/23, in: Sämtliche Werke, Bd. 1, Frankfurt a.M.: Insel 1966, S. 766f.
246 | Ebd., Teil II/13, S. 759f.
247 | Vgl. Friedrich Nietzsche: Nachgelassene Fragmente 1885-1887, Fr. 2[172]: »Das ›Sein‹ – wir haben keinerlei andere Vorstellung von ihm als ›leben‹. – Wie kann also etwas Totes ›sein‹?«
248 | Martin Heidegger: »Wozu Dichter?«, in: Holzwege, S. 279. In Bezug auf die nietzschesche *Verleiblichung* des Grundes vgl. die bereits zitierte Arbeit von Walter Schulz: Philosophie in der veränderten Welt. Schulz befasst sich ausgehend von dem Begriffspaar *Vergeistigung* und *Verleiblichung* mit dem Problem Mensch-Tier, wobei er zunächst die Entwicklung von Schopenhauer zu Nietzsche verfolgt und dann die anthropologischen Stellungnahmen von Scheler, Plessner und Gehlen nachzeichnet. Für Schulz war es mit Schopenhauer zu einer Verleiblichung des Willens gekommen (S. 400), die den Menschen dem Tier angenähert hat. Diese Annäherung sei von Nietzsche durch die Aufwertung des Instinkts sanktioniert worden. Nietzsches Wende sei, so Schulz weiter, so radikal gewesen, dass die Gültigkeit der wissenschaftlichen Überzeugungen und die Gewissheit über die menschliche Erkenntnis ins Wanken gerieten und der unbewusste Bereich des menschlichen Verhaltens voll in Erscheinung trat. Während die Positionen von Gehlen und Plessner in diesem Zusammenhang übergangen werden können, zeigt Schulz' Beschreibung der schelerschen Abhandlung zum Thema eine nahezu vollkommene Übereinstimmung mit den von Heidegger in den Jahren 1929/30 formulierten Thesen. In Schelers stufenförmiger Anthropologie verbinden sich die jüdisch-christliche Tradition, für die der Mensch das Ebenbild Gottes ist, mit der griechischen Tradition, für die der Mensch der Vernunftbegabte ist und mit den Entwicklungen der modernen Wissenschaft und der Entwicklungspsychologie, für die der Mensch das Ergebnis einer natürlichen Entwicklung ist. Die erste Stufe, die durch den *Gefühlsdrang* charakterisiert ist, d.h. durch eine Lust und einen Schmerz, der sich auf keinen spezifischen Gegenstand bezieht, sei dem Menschen, dem Tier und der Pflanze gemeinsam. Die zweite, durch den Instinkt charakterisierte Stufe, sei nicht nur die des Tieres, sondern auch die des Menschen, allerdings beschränke sich dieser nicht auf diese Stufe. Die dritte, eigentlich menschliche Stufe, ist diejenige des *assoziativen Gedächtnisses*. Nur

Heidegger wird keiner »biologistischen« Interpretation Nietzsches zum Opfer fallen[249], aber er wird die für seine weitere Entwicklung prägende Einschätzung vertreten, dass die fehlende ontologische Trennung des tierischen vom menschlichen Leben Nietzsche den Zusammenhang Wahrheit-Sein verschlossen habe.[250] Da die Wahrheit bei Nietzsche vom Leben her gedacht werde, offenbare sie nicht die geschichtliche Zusammengehörigkeit von Sein und Zeit.

Die Frage ist, ob die ontologische Abgrenzung zwischen Mensch und Tier umgekehrt nicht dazu beiträgt, dass die Bedeutung der körperlichen Prozesse für die Bestimmung dessen, was Heidegger mit dem Begriff des *Anfangs* anzeigt, beeinträchtigt wird. Insofern man zum »Ursprung«, verstanden als Anfang, der etwas in Gang bringt, immer über eine Erinnerung, im Sinne Heideggers, oder über eine Genealogie, im Sinne Nietzsches, gelangt, ist es der »Beginn« selbst, der neu bestimmt werden muss. Er muss ursprünglich plural verstanden werden und somit als Ergebnis von vollkommen heterogenen Verhältnissen.[251] Das Leben ist nur auf geschichtliche Weise vom Menschen gezeichnet, überliefert. Wenn die Ontologie nichts anderes ist als Verzeitlichung des Seins[252], dann entsteht auch die menschliche Erinnerung, als Hüterin des Seins[253], aus einer Geschichte.

---

der Mensch, verstanden als Person, d.h. als derjenige der geistige Taten vollbringt, hat ein *assoziatives Gedächtnis* und die Fähigkeit, sich der Welt zu öffnen, die weltliche Einbettung zu transzendieren.

249 | Vgl. Martin Heidegger: Nietzsche, Bd. 1, S. 517-526.

250 | Vgl. dazu beispielsweise Martin Heidegger: Beiträge zur Philosophie, § 234, S. 361-365.

251 | Im Zusammenhang mit dieser Problematik verdanke ich sehr viel den von Schürmann durchgeführten Untersuchungen, vgl. insbesondere Reiner Schürmann: Le principe d'anarchie. Heidegger et la question de l'agir, Paris: Seuil 1982 und Ders.: »Que faire à la fin de la métaphysique?«, in: Cahier de l'Herme 45 (1983), S. 477-496.

252 | Vgl. Martin Heidegger: Beiträge zur Philosophie, § 135 »Die Wesung des Seyns als Ereignis (der Bezug von Da-sein und Sein)«, S. 254; § 140 »Die Wesung des Seins«, S. 261; § 164 »Die Wesung des Seins«, S. 286; § 165 »Wesen als Wesung«, S. 287; § 166 »Wesung und Wesen«, S. 288; § 167 »Das Einfahren in die Wesung«, S. 289.

253 | Vgl. Martin Heidegger: Das Wesen des Menschen (Gedächtnis im Ereignis), Unveröffentlichtes Manuskript, Jahresgabe 1993 der Martin-Heidegger-Gesellschaft.

Nachdem die impliziten Voraussetzungen von Heideggers Lektüre der nietzscheschen *Zweiten Unzeitgemäßen Betrachtung* geklärt sind, soll nun noch einmal *Sein und Zeit* in den Mittelpunkt der Betrachtung gerückt werden. Durch einen Blick auf die dem Hauptwerk von 1927 vorausgehenden und nachfolgenden Vorlesungen lassen sich die in ihm behandelten Probleme besser begreifen. Es scheint, als bildeten die Vorlesungen und Vorträge vor 1927 ein Laboratorium für das Werk (eine Vorbereitung, die teilweise begrifflich reicher ist als das Werk selbst) und die nachfolgenden Vorlesungen die Auflösung ungelöster Problempunkte. Nimmt man beide Seiten in den Blick, lässt sich die Perspektive rekonstruieren, aus der Heidegger in *Sein und Zeit* Nietzsches Analysen zur Geschichtlichkeit mit denen Diltheys und Yorcks verbindet.

Dass die Beiträge von Nietzsche (§ 76) und Dilthey-Yorck (§ 77) unmittelbar aufeinanderfolgend abgehandelt werden, zeigt deutlich, wie Heidegger die triadische Darstellung der Zeitlichkeit, ihre Durchführung in Bezug auf Nietzsches historiographische Dreiteilung und den Vergleich in Bezug auf die Geschichtlichkeit mit dem *Briefwechsel* zwischen Yorck und Dilthey miteinander verbindet.[254] Die Anstrengung, das Leben einem

---

254 | In der an Dokumenten reichen »Einführung« in die italienische Ausgabe des Briefwechsels zwischen Yorck und Dilthey (vgl. Paul Yorck von Wartenburg/ Wilhelm Dilthey: Carteggio 1877-1897, hg. v. Francesco Donadio, Neapel: Guida 1983), gibt Donadio interessante Hinweise in Bezug auf die vermeintliche Affinität zwischen Nietzsche und dem Grafen Yorck: erstens, die zentrale Stellung der Kategorie der Geschichtlichkeit, die sich für beide daraus ergibt, dass die Idee der *Form* durch die Idee der *Kraft* (zum Begriff der Kraft vgl. Yorcks Briefe an Dilthey vom November und Dezember 1893) und des *Willens*, der zum grundlegenden psychischen Faktor werde, ersetzt wird (S. 23ff.); zweitens, die Untrennbarkeit der Philosophie vom geschichtlichen Leben (S. 33); drittens, die Kritik an der Sterilität einer objektiven wissenschaftlichen Geschichtswissenschaft und zuletzt, die historisch-philosophische Interpretation der tragischen Katharsis. Bezüglich des letztgenannten Problems stützt sich Donadios Rekonstruktion auf *Die Katharsis des Aristoteles und der Oedipus Coloneus des Sophokles*, Yorcks einzige zu seinen Lebzeiten veröffentlichte Schrift. Er verweist dabei auf zwei klassische Yorck-Interpretationen, zum einen auf die des Heidegger-Schülers Fritz Kaufmann (»Die Philosophie des Grafen Paul Yorck von Wartenburg«, in: Jahrbuch für Philosophie und phänomenologische Forschung 9 (1928), S. 1-235) und zum anderen auf die, die von Karlfried Gründer vorgelegt wurde (Zur Philosophie des

philosophischen Verständnis zuzuführen und diesem Verstehen ein hermeneutisches Fundament im »Leben selbst« zu garantieren, betrachtet

---

Grafen Paul Yorck von Wartenburg. Aspekte und neue Quellen, Göttingen: Vandenhoeck und Ruprecht 1970). Beide Interpretationen rekonstruieren die Geschichte der Quellen, auf deren Grundlage Yorck seine Darstellung des Griechentums aufbaut. Von Bernays leitet Yorck die Idee ab, die Tragödie entwickle sich aus den dionysischen Kulten, sei Ausdruck eines zerrissenen Bewusstseins, das mit der ursprünglichen Harmonie des griechischen Geistes gebrochen habe. Es lässt sich nachweisen, dass Nietzsche mindestens zweimal Yorcks Schrift aus der Bibliothek in Basel ausgeliehen hat, wenngleich nicht auszumachen ist, ob er sie auch gelesen hat. In Bezug auf die griechische Tragödie überführt Yorck, genau wie Nietzsche, die ahistorisch-psychologische Interpretation in eine historisch-philosophische Theorie der tragischen Katharsis. Allerdings nehmen die beiden Deuter des Griechentums innerhalb des gemeinsamen Bereichs eine diametral entgegengesetzte Position ein. Für Yorck ist die tragische Epoche mit Christus überwunden, für Nietzsche mit Sokrates; Nietzsche beklagt diese Überwindung als Zerstörung, Yorck akzeptiert die Überwindung, er lebt in ihr und macht sie zur Grundlage seines Denkens (S. 89). Den von Donadio skizzierten Ähnlichkeiten möchte ich in Bezug auf das Verhältnis zwischen Nietzsche, Yorck und Dilthey noch weitere hinzufügen: die einer virtuellen und dynamischen Konzeption der Geschichtlichkeit (vgl. Yorcks Brief an Dilthey vom 7.8.1882 und Diltheys Brief an Yorck aus dem Sommer des Jahres 1891); die Verzeitlichung der Geschichtlichkeit (vgl. Yorcks Briefe an Dilthey vom 7.5.1879 und vom 4.12.1887); die Verbindung zwischen Sein und Leben und zwischen Leben und Geschichte (vgl. Yorcks Briefe an Dilthey vom 4.1.1888, 30.12.1895, 15.1.1896 [»Sein ist ein Derivat des Lebens, eine partikulare Lebensmanifestation«, in: Wilhelm Dilthey/ Paul Graf von Yorck: Briefwechsel 1877-1897, Halle (Saale): Niemeyer 1923] und vom 11.2.1894, sowie Diltheys Brief an Yorck vom Mai 1897: »Nietzsche hat doch wirklich das furchtbare Wort der Zeit ausgesprochen« [ebd.], d.h. die Unmöglichkeit, sich vom historischen Bewusstsein zu befreien und sich so wiederzufinden, wie er eigentlich ist. Über diese Unmöglichkeit wird Nietzsche selbst verrückt werden.) und schließlich die perspektivische Sicht auf das Leben (vgl. die Briefe Diltheys an Yorck von Ende August, Anfang September 1897: »Die Philosophie ist eine Aktion, welche das Leben dh. das Subjekt in seinen Relationen als Lebendigkeit zum Bewusstsein erhebt [...].« [Ebd., S. 247] Perspektivisch ist die immanente Zweckmäßigkeit des Lebens, »aus welcher das Elementare als sein Bestandtheil, nie als seine erste frühere Grundlage zu verstehen ist« [ebd., S. 247]).

Heidegger als Kern von Diltheys philosophischem Bemühen. Aus dem Briefwechsel zwischen Dilthey und Yorck geht ein Begriff der Geschichtlichkeit hervor, der als hermeneutisches Fundament dem Verständnis des menschlichen Lebens angemessen ist. In der begrifflichen Konfiguration der Geschichtlichkeit kommt Yorck ein besonderer Verdienst zu, seine Argumentationen setzen eine positive und radikale Ausarbeitung verschiedener kategorialer Strukturen des Seienden, das Natur ist und des Seienden, das Geschichte *ist* (das Dasein), voraus. Aus dieser Sicht kommentiert Heidegger die Yorckschen Anmerkungen zu Diltheys fehlender Betonung der spezifischen Differenz zwischen dem Ontischen und dem Historischen.

Heidegger konstruiert den Text des § 77 nach der »Postille« über Nietzsches *Zweite Unzeitgemäße Betrachtung*, indem er eine Reihe von Abschnitten aus dem *Briefwechsel* zwischen Dilthey und Yorck kommentiert, deren Begrifflichkeit unmittelbar auf den nietzscheschen Text verweisen. Es erscheinen Ausdrücke wie »antiquarische Historie« und »kritische Historie«; vor allem aber skizziert Heidegger, wenngleich stillschweigend, eine enge Korrespondenz zwischen dem nietzscheanischen Überhistorischen, als dem Unsichtbaren, aus dem die Geschichte sprudelt und dem Wesentlichen des unsichtbaren Yorckschen Nervensystems: »»Mit der Geschichte ists so, daß was Spektakel macht und augenfällig ist nicht die Hauptsache ist. Die Nerven sind unsichtbar wie das Wesentliche überhaupt unsichtbar ist. Und wie es heißt: ›Wenn ihr stille wäret, so würdet ihr stark sein‹ so ist auch die Variante wahr: wenn ihr stille seid so werdet ihr vernehmen das heißt verstehen‹.«[255] Diesem Abschnitt zur Unsichtbarkeit des historisch Relevanten folgt ein Abschnitt, der entsprechend der begrifflichen Möglichkeiten, die mittels der Existentialanalyse gewonnen wurden und im Hinblick auf die Sagbarkeit der *Seinsfrage* sowohl die Schlussfolgerung von *Sein und Zeit* als auch denjenigen Teil von

---

255 | Martin Heidegger: Sein und Zeit, S. 401. Vgl. dazu, was Nietzsche in *Also sprach Zarathustra* behauptet: »Ihr versteht zu brüllen und mit Asche zu verdunkeln! [...] ›Freiheit‹ brüllt ihr Alle am liebsten; aber ich verlernte den Glauben an ›grosse Ereignisse‹, sobald viel Gebrüll und Rauch um sie herum ist. [...] Nicht um die Erfinder von neuem Lärm [...] dreht sich die Welt; unhörbar dreht sie sich.« (»Von grossen Ereignissen«, Teil II); »Die stillsten Worte sind es, welche den Sturm bringen. Gedanken, die mit Taubenfüssen kommen, lenken die Welt.« (»Die stillste Stunde«, Teil II).

Heideggers philosophischer Entwicklung, der von den ersten Freiburger Vorlesungen (1919-1923) bis zu den Marburger Universitätsjahren reicht, zusammenfasst. Aus der Erkenntnis heraus, dass das menschliche Dasein nicht nur die »gesamte psycho-physische Gegebenheit« ist oder ein »Vorhandensein der Natur«, sondern, dass es wesentlich lebt, gewinnt Yorck die »klare Einsicht in den Grundcharakter der Geschichte als ›Virtualität‹.«[256]

Insofern das Resultat der von Heidegger im Verlauf der zwanziger Jahre ausgeführten Existentialanalyse wohl zweifelsohne in der nach kantischem Muster angelegten Identifikation von Zeitlichkeit mit *Dasein* besteht, scheinen sich die Konsequenzen dieses Resultats bezüglich der Destruktion des Subjekts[257], der Historisierung des Seins und der Virtualisierung des Seins gleichermaßen aufzudrängen. Indem er das Sein als Möglichkeit der Geschichte definiert, die in den ersten Freiburger Vorlesungen als Effektivität und Motilität gekennzeichnet wurde, nimmt Heidegger das nietzscheanische Problem desjenigen auf sich, der versucht, das Sein zu sagen, aber am Ende nur sein Rätsel-Sein zum Ausdruck bringen kann. An einer der Stellen, die sich der fehlenden Konklusion von *Sein und Zeit* annähern, behauptet er: »Die existenziale Interpretation der Geschichtlichkeit des Daseins gerät ständig unversehens in den Schatten. Die Dunkelheiten lassen sich umso weniger abstreifen, als schon die möglichen Dimensionen des angemessenen Fragens nicht entwirrt sind und in allen das *Rätsel* des *Seins* und [...] der *Bewegung* sein Wesen treibt.«[258]

Nachdem er Nietzsche zwischen 1910 und 1927 erst nur sporadisch, dann immer häufiger begegnet ist, wird sich Heidegger auf eben diesem unwägbaren Feld des Rätsels des Seins als Rätsel der Bewegung mit Nietzsches

---

256 | Martin Heidegger: Sein und Zeit, S. 401.
257 | Vgl. Michel Haar: Heidegger et l'essence de l'homme, insb. die ersten drei Kapitel, S. 9-102. Die entgegengesetzte Position vertritt Dominique Janicaud: »L'analytique existentielle et la question de la subjectivité«, in: »Être et temps« de Martin Heidegger, S. 45-47. Er erkennt in *Sein und Zeit* weniger die Negation des Daseins als vielmehr den Begriff einer »diaphanen Subjektivität«, d.h. einer Subjektivität, die von der Dekonstruktion der modernen Subjektivität ausgeht, sich aber noch als Entwurf versteht. Zur Metamorphose des Subjektivitätsbegriffs bei Heidegger vgl. auch Dominique Bourg: »Heidegger et les métamorphoses de la subjectivité«, in: Penser après Heidegger, S. 41-48.
258 | Martin Heidegger: Sein und Zeit, S. 392.

Texten auseinandersetzen und zwar mit einer solchen Beharrlichkeit, dass sich daraus eine knapp ein Jahrzehnt andauernde nahezu monographische Thematisierung entwickeln sollte.

Zweiter Teil

Die Verklärung von Nietzsche

4. Die Auseinandersetzung mit Nietzsche

> Wer meinte, das Philosophische könne sich
> dieser Geschichte mit einem Machtspruch entschlagen,
> wird unversehens von ihr selbst geschlagen,
> und zwar mit jenem Schlag,
> von dem er sich nie zu erholen vermag,
> weil es der Schlag der Verblendung ist.
> Diese meint ursprünglich zu sein,
> wo sie doch nur Überkommenes nachredet
> und überkommene Auslegungen zu einem vorgeblich Neuen zusammenmischt.
> Je größer eine Umwalzung sein muß,
> um so tiefer wird sie in ihrer Geschichte ansetzen.
> *Martin Heidegger*

> Nietzsches Denken und Sagen ist uns noch zu gegenwärtig.
> Er und wir sind geschichtlich noch nicht hinreichend weit auseinandergesetzt,
> damit sich der Abstand bilden kann,
> aus dem eine Würdigung dessen zum Reifen kommt,
> was die Stärke dieses Denkers ist.
> *Martin Heidegger*

4.1 Die Auseinandersetzung

Für Heidegger ist die Lektüre Nietzsches in der zweiten Hälfte der dreißiger Jahre vor allem eine *Aus-einander-setzung*, d.h. die Suche nach einer Bestimmung des Selbst durch die Absetzung vom Anderen. Es geht 1936 darum, die Auseinandersetzung zu beginnen, sich demjenigen zu stellen, mit dem man auf undurchdringliche Weise verbunden ist, um wieder zu sich selbst zu finden. Die Notwendigkeit, sich vom anderen zu lösen, wird von einer andauernden Furcht begleitet. Die Erfahrung der äußersten Nähe bei aller vermeintlichen Verschiedenheit wirkt erschreckend. Das Erschrecken besteht darin, dass sich das Geläufige plötzlich entzieht, dass es sich gleichzeitig als *befremdlich* und als *fesselnd* erweist.[1] Der Schreck ist die zögernde Scheu vor dem Übergang.[2]

Die Begegnung mit Nietzsche hatte Heidegger zu einer Identifikation geführt, die mit einer Verklärung endete. Sich Nietzsche anzunähern hatte bedeutet, ihn in die eigene Sprache zu übertragen, ihn zu übersetzen, um sich von seiner Fremdheit zu befreien.

Die Faszination war weniger von der einfachen Ähnlichkeit ausgelöst worden, als vielmehr durch die Unstimmigkeit mit einem, der weder vertraut noch fremd ist. Es war genau diese eigenartige Stellung Nietzsches, die Heidegger zur Auseinandersetzung veranlasste.

Im *Anhang* zur Vorlesung von 1936/37 verweist Heidegger zunächst auf die zweifache Verpflichtung, die eine solche Auseinandersetzung mit sich bringt: die Überprüfung der Maßstäbe der Nietzsche-Interpretationen der dreißiger Jahre[3] und die Abgrenzung der eigenen Position im Vergleich zu der Nietzsches. Die Aufgabe der als *Auseinandersetzung* angelegten Vorlesungen bestand also darin, in einer Zeit, in der jeder Nietzsche nach eigenem Belieben las, Interpretationsrichtlinien festzulegen.

---

1 | Vgl. Martin Heidegger: Beiträge zur Philosophie, S. 15.

2 | Martin Heidegger: Hölderlins Hymne »Andenken«, S. 123. In seinen Aufzeichnungen für die Nietzsche-Vorlesung des Jahres 1937 hatte Heidegger geschrieben: »Was nützen dicke Bücher ›über‹ ihn [Nietzsche], wenn keiner begreift, daß er sich als Übergang wußte und daß es gilt, mit ihm den Übergang zu vollziehen, d.h. *nicht* bei ihm als Gegenstand stehen zu bleiben oder gar ihn als Erfüllung zu nehmen und sich bei ihm zu beruhigen.« Vgl. Martin Heidegger: Nietzsche. Seminare 1937 und 1944, S. 54.

3 | Vgl. Karl Jaspers: Nietzsche. Einführung in das Verständnis seines Philosophierens; Karl Löwith: Nietzsches Philosophie der ewigen Wiederkunft des Gleichen; Alfred Baeumler: Nietzsche, der Philosoph und Politiker, Leipzig: Reclam 1931; Oswald Spengler: Der Untergang des Abendlandes, München: C.H. Beck 1918; Ernst Jünger: Der Arbeiter. Herrschaft und Gestalt, Stuttgart: Klett 1981; Ernst Bertram: Nietzsche. Versuch einer Mythologie; Ludwig Klages: Die psychologischen Errungenschaften Nietzsches, Bonn: Bouvier 1977; Ders.: Der Geist als Widersacher der Seele, Bonn: Bouvier 1960[4].

Heidegger zufolge konnte Nietzsche nur für all diejenigen der sein, der er wirklich war, die fähig waren, ihm ernsthaft im Bereich des Denkens und der Philosophie zu begegnen. Für diese seltenen und wenigen Unbekannten[4], die diesen Weg einschlagen würden, sei das Werk Nietzsches »Aufgabe der schärfsten Auseinandersetzung. Deshalb muß auf das Innerste und Äußerste dieser Philosophie gedrungen werden. Nur in der *Auseinandersetzung* erwächst die schöpferische Auslegung, diejenige, durch die Nietzsche auf sich selbst in seiner stärksten Stellung zu stehen kommt.«[5]

Diese Auseinandersetzung, die keine »Kritik« im Sinne einer »Bemängelung« oder einer »Polemik« ist[6], war für Heidegger der Akt, mit dem man sich seinen eigenen Gegner auswählt, mit dem man sich ihm, im Hinblick auf einen Wettkampf um die Bestimmung des Wesentlichen[7] stellt. In diesem Sinne darf in den Jahren nach 1936 der Dialog zwischen Heidegger und Nietzsche nicht als »Gespräch« zwischen Freunden verstanden werden.[8] Nietzsche steht nicht mehr neben sondern gegenüber von ihm. Er ist nicht mehr der philosophische Gefährte sondern ein besonderer Fremder, der nicht vollkommen fremd sondern in gewisser Weise vertraut ist. Doch weil seine Nähe nur partiell ist, erschüttert sie eher, als das sie ihn tröstet.

Die auf die Faszination der Begegnung folgende Verklärung Nietzsches entstand somit in Folge einer Abgrenzung, der die Nietzsche-Erfahrung einmal mehr geopfert wurde. Es handelt sich für Heidegger um eine

---

4 | Nietzsche paraphrasierend beschwört Heidegger in den *Beiträgen zur Philosophie* jene Seltenen, die von aller Neugier abgelassen haben, »ihr Suchen liebt den Abgrund, in dem sie den ältesten Grund wissen« (vgl. § 5 »Für die Wenigen – Für die Seltenen«, S. 13). Man kann natürlich nicht wissen, wer sie sind, doch mit Sicherheit haben sie den Mut zu jener Einsamkeit (ebd., S. 11), die Nietzsches philosophische Erfahrung charakterisiert hat.

5 | Martin Heidegger: Nietzsche: Der Wille zur Macht als Kunst, S. 275f.

6 | Ebd., S. 277ff.

7 | Vgl. Manfred Riedel: »Heimisch werden im Dunkeln. Heideggers Dialog mit Nietzsche«, in: ›Verwechselt mich vor Allem nicht!‹, S. 17-42. Zur Bedeutung des Wesentlichen bei Heidegger vgl. Rita Casale: »Il passaggio dall'essenziale all'eventuale nel Nietzsche di Heidegger«, in: Futuro anteriore 2 (1995), S. 116-122.

8 | Vgl. Martin Heidegger: Hölderlins Hymne »Andenken«, S. 161f.

regelrechte »Verblendung«, da er eine Ebene der Begegnung, die von der Reduktion des Anderen auf das Selbst, verschieden wäre, verkennt.[9]

4.2 Nietzsche als Erfahrung

Die Kennzeichnung der Auseinandersetzung ahmt die der Erfahrung nach, auf die Heidegger in seiner Konfrontation mit Hegel mehrmals zurückkam. Dass Hegels Phänomenologie der Erfahrung der modernen Metaphysik der Subjektivität zugeordnet wird, hat ihn nicht daran gehindert, ihre Begrifflichkeit zu gebrauchen.

Entsprechend der metaphysischen Bestimmung des hegelschen Begriffs der Erfahrung, setzt sich Heidegger mit dem Anderen auseinander. Er erfährt das Anders-Sein (Nietzsche) und hat Kenntnis vom Anderen jedoch nur vermittels der Anerkennung der eigenen Position im Vergleich zu der des anderen.

Eine erste Verbindung zwischen dem Akt der Erfahrung und dem Ausdruck *Sich-Auseinander-Setzen* findet sich in der Vorlesung *Einleitung in die Phänomenologie der Religion* aus den Jahren 1920/21.[10] Sie wird im Manuskript *Erläuterung der »Einleitung« zu Hegels »Phänomenologie des Geistes«* aus dem Jahre 1942 wieder aufgenommen und ausführlich thematisiert. Heidegger geht es in seinem Kommentar der »Einleitung« um das Verhältnis Schmerz-Erfahrung.[11] Dieser begriffliche Zusammenhang ist im Aufsatz *Hegels Begriff der Erfahrung*, der in dieselbe Zeit des Manuskripts (1942/43) fällt, eher zweitrangig, gleichzeitig aber die Voraussetzung dafür, dass die Auseinandersetzung zunehmend als Erfahrung charakterisiert werden kann. Die neun Punkte, mit denen Heidegger im Manuskript He-

---

9 | Vgl. Fawzia Asaad-Mikhail: »Heidegger interprète de Nietzsche«, in: Revue de Métaphysique et de Morale 73 (1968), S. 16-55. Für eine detaillierte Darstellung der Konfrontation vgl. den Beitrag von Fabio Polidori: »Un domandare che non risponde. Nota sul ›Nietzsche‹ di Heidegger«, in: aut-aut 265-266 (1995), S. 15-25.

10 | Martin Heidegger: Einleitung in die Phänomenologie der Religion, S. 9.

11 | Eine erste Umschreibung dieser Verbindung findet sich in Martin Heidegger: Erläuterung der »Einleitung« zu Hegels »Phänomenologie des Geistes«, S. 102. In diesem Zusammenhang weist Heidegger darauf hin, dass Hegel den Schmerz letztlich metaphysisch denkt, d.h. als Art, in der das Bewusstsein um das Andere, die Negativität, die Zerrissenheit weiß.

gels Begriff der Erfahrung zusammenfasst, beschreiben die Stufen, über die sich Heideggers Nietzsche-Erfahrung herauskristallisiert. In Hegels Phänomenologie der Erfahrung werden diejenigen Dimensionen erkundet, in denen der Prozess der Erfahrung als »Weg der Verzweiflung«[12] charakterisiert ist. Die Rekonstruktion von Heideggers Reise mit Nietzsche hat bereits wiederholt gezeigt, dass Heideggers Nietzsche-Erfahrung als ein *Fahren* (*pervagari*) in Erscheinung tritt: ein Durchmessen der Wege, indem sie durchlaufen werden.[13] Dieses Erfahren, das ausmisst, ist nicht den ausweglosen Straßen vorbehalten, sondern denjenigen, die den notwendigen *Übergang* ermöglichen.[14] Das macht diese Erfahrung zu einer *Auseinandersetzung* – genauer gesagt – zu einer dialektischen Erfahrung, insofern sie die Dualität zwischen dem Übergang und dem möglichen »Anderen« des Übergangs erkennen lässt.[15]

Diese Konfrontation sei ein Klären, ein »*Wägen*«, ein Probieren, das das Wahre vom Falschen zu *unterscheiden* vermag.[16] Sie ist notwendig entrückend (oder versetzend), weil sich der zu überquerende Weg als fremd erweist. In diesem Sinne besteht die Erfahrung in der Feststellung, dass die Notwendigkeit, überzugehen, keine Entscheidung des Selbst ist, sondern dass sie aus der Wahrnehmung des Anderen entsteht. Doch dieses *Wägen* des Durchgangs kann nur ein *Wagen* des Übergangs sein[17]: »Weg und Waage,/Steg und Sage/finden sich in einem Gang.//Geh und trage/

---

12 | Ebd., S. 103.
13 | Ebd., S. 101, 132 (vgl. auch »Helges Begriff der Erfahrung«, in: Holzwege, S. 185: »Das Erfahren ist das auslangend-erlangende Gelangen.«). Es handelt sich um die erste Bestimmung des hegelschen Begriffs der Erfahrung; wie sehr Heidegger sich diesen angeeignet hat, belegen die Vorträge, die er am 4. und 18. Dezember 1957 und am 7. Februar 1958 hielt: »*Erfahren* heißt nach dem genauen Sinn des Wortes: *eundo assequi*: im Gehen, unterwegs etwas erlangen, es durch den Gang auf einem Weg erreichen.« Vgl. Martin Heidegger: »Das Wesen der Sprache«, in: Unterwegs zur Sprache, GA, Abt. I, Bd. 12, S. 159, kursiv R. C.
14 | Martin Heidegger: Erläuterung der »Einleitung« zu Hegels »Phänomenologie des Geistes«, S. 133.
15 | Ebd.
16 | Ebd. Zur Bestimmung dieses metaphysischen Erfahrungsbegriffs vgl. Martin Heidegger: Beiträge zur Philosophie, S. 159-166.
17 | Martin Heidegger: Erläuterung der »Einleitung« zu Hegels »Phänomenologie des Geistes«, S. 134.

Fehl und Frage/deinen einen Pfad entlang.«[18] Das Wagen aber ist im Sinne Rilkes ein *Wagnis*, das aufgrund der internen Spaltung des Absoluten nicht ohne Schmerz ist.[19] »Der Reichtum der Erfahrung bestimmt sich aus der Kraft zum Leiden.«[20] Der Schmerz, verstanden als Angst, der den Gedanken, indem er ihn zerreißt, überhaupt erst möglich macht, ist die Bedingung der Erfahrung: Die Angst »kann aber keine Ruhe finden; es sei, daß sie in gedankenloser Trägheit stehen bleiben will; der Gedanke verkümmert die Gedankenlosigkeit, und seine Unruhe stört die Trägheit [...].«[21] Allein im Schmerz deutet sich die Erfahrung des Bewusstseins als ein zum Wissen tendierendes Umherirren an. Was ursprünglich vom Schmerz bewegt wird (von der hegelschen *Zerrissenheit* und Heideggers *Zerklüftung*) kann nur vermittels der Aufdeckung der falschen mutmaßlichen Einheit versuchen, zum Wissen zu gelangen. Der Widerstreit treibt auf den Weg zu einer höheren Einheit: »Jede Erfahrung ist, wesenhaft verstanden, eine Ent-täuschung.«[22]

Die Nietzsche-Frage als *Auseinandersetzung* – als *Erfahrung* – bildet die interne Spaltung, die nie endgültig aufgehobene Negativität, die Zerrissenheit im Denken Heideggers. Auf Heideggers Analyse der hegelschen Phänomenologie der Erfahrung aufbauend, lässt sich in seiner Auseinandersetzung mit Nietzsche eine Reihe von »Umkehrungen«[23] seines Bewusstseins ausmachen. Nietzsche wird »*die Sache* seines Denkens«[24], die das Denken bedrängt und erzwingt. Es gilt demnach für Nietzsche, was Heidegger 1957 über Hegel sagen wird: »Die Sache des Denkens ist das in sich Strittige eines Streites. Unser Wort Streit (ahd. Strit) meint vornehmlich nicht die Zwietracht sondern die Bedrängnis. Die Sache des Denkens

---

18 | Martin Heidegger: Aus der Erfahrung des Denkens, S. 5.
19 | Vgl. den Beitrag von Giorgio Agamben: »*Se. L'Assoluto e L'Ereignis«, in: aut-aut 187-188 (1982), S. 39-58.
20 | Martin Heidegger: Erläuterung der »Einleitung« zu Hegels »Phänomenologie des Geistes«, S. 134.
21 | Martin Heidegger: Hegels Begriff der Erfahrung, S. 122.
22 | Martin Heidegger: Erläuterung der »Einleitung« zu Hegels »Phänomenologie des Geistes«, S. 134.
23 | Martin Heidegger: Hegels Begriff der Erfahrung, S. 126.
24 | Martin Heidegger: Nietzsche, Bd. 1, S. 9.

bedrängt das Denken in der Weise, daß sie das Denken erst zu seiner Sache und von dieser her zu ihm selbst bringt.«[25]

4.3 Nietzsche als Fest des Denkens

Warum steht Nietzsche 1936 für *die* Auseinandersetzung, *die* Sache des Denkens, *die* Erfahrung? Wer ist Nietzsche? Für Heidegger geht es in dieser Auseinandersetzung unmittelbar um die Frage nach dem historischen *Dasein* des Abendlandes im Augenblick seines größten Reichtums und seiner größten Armut: die Erschöpfung all seiner Ressourcen zeitgleich mit ihrer äußersten Entfaltung in der letzten »Figur« des Willens zur Macht. Die Auseinandersetzung mit dieser letzten »Falte« des Abendlandes muss deshalb die Aufgabe übernehmen, »seinem Denken nachzudenken und es in seine wirkende Kraft, nicht in die Schwächen, zu verfolgen.«[26] Heidegger betont von Anfang an die Gefährlichkeit einer solchen Auseinandersetzung. Die geschichtliche Nähe zu Nietzsche kann verblenden: »Nietzsches Denken und Sagen ist uns noch zu gegenwärtig.«[27] Im Jahre 1936 ist Nietzsche nicht nur der Denker, der Heidegger bis zu diesem Augenblick eher stillschweigend begleitet hat und aus dessen verklärender Einverleibung[28]

---

25 | Martin Heidegger: »Die onto-theo-logische Verfassung der Metaphysik«, in: Identität und Denken, GA, Abt. I, Bd. 11, S. 53.

26 | Martin Heidegger: Der Wille zur Macht als Kunst, S. 6.; Ders.: Nietzsche, Bd. 1, S. 13.

27 | Ebd.

28 | Heidegger hat zu Nietzsche nicht nur eine begriffliche Affinität, sondern eine existenzielle Nähe gesucht. Mit Bezug auf Heideggers Brief an Karl Jaspers vom 16. Mai 1936 betont Beelmann Heideggers Begeisterung über die Entdeckung des aus Nietzsches Gymnasialzeit stammenden *Lebenslauf*s. Heidegger habe in Nietzsches Autobiographie Parallelen zur eigenen *Vita* gefunden: zwei sehr christliche Familienhäuser (trotz unterschiedlicher Konfessionen); der Abbruch des theologischen Studiums; die eindeutige Neigung zur mathematisch-wissenschaftlichen Forschung; die zunehmende philosophische *Umorientierung* und die Vorliebe für Hölderlin (vgl. Axel Beelmann: Heimat als Daseinsmetapher, S. 73ff.). Obwohl er sich gegen Ende der dreißiger Jahre von Nietzsche distanzierte, wird Heidegger die philosophische Figur Nietzsche auch nach dem Ende des Zweiten Weltkrieges weiter verehren. Dies bezeugt der Bericht von Frédéric de

er nun die Notwendigkeit verspürt, sich durch eine Selbstinterpretation zu befreien, sondern Nietzsche ist für ihn, wenngleich nur noch für kurze Zeit, der einzigartige Denker, der aus seinem einsamen Leben eine philosophische Übung gemacht hat.[29] Erst 1936 bemerkt Heidegger, dass sich

---

Towarnicki über seine Begegnung mit Heidegger. Der erste, der den Philosophen nach der deutschen Kapitulation im Schwarzwald besuchte, erzählt, er habe von Heidegger eine Darstellung Nietzsches gehört, die für ihn, den Franzosen, gänzlich unbekannt gewesen sei: »C'était là un langage complètement nouveau qui ne ressemblait en rien à ce que j'avais lu sur Nietzsche et dont je n'aurais pu restituer un seul mot. Heidegger perçut-il mon ambarras? Il se lève et me fait signe de le suivre. [...] De son tiroir, il sort alors une boîte noire qui contient un objet enveloppé de plusieurs couches de papier de soie qu'il déplie en souriant, avec la lenteur de qui veut faire une surprise. C'est une photo originale de Nietzsche, toute jaunie. Le regard y paraît incandescent, la moustache énorme. Nietzsche l'avait sans doute touchée de ses mains. Heidegger contemple la photo avec una grande attention. Songe-t-il à la solitude du penseur ? [...] ›C'est une vieille photo qui craint la lumière‹, dit-il, avant de la remettre soigneusement dans sa boîte. [...] Près du portail, Mme Heidegger me chuchote que son mari ne montre pas la photo de Nietzsche à tout le monde.« (Vgl. Frédéric de Towarnicki, À la rencontre de Heidegger. Souvenirs d'un messager de la Forêt-Noire, Paris: Gallimard 1993, S. 47f.) Der Bericht von de Towarnicki ist auch deshalb von einigem Interesse, weil er Hinweise darauf enthält, welche Wirkung Heideggers philosophische Persönlichkeit auf die französische Nachkriegskultur hatte. Diesbezüglich sei auf die emotionale Bipolarität hingewiesen, aufgrund derer sich de Torwarnicki hin und her gerissen fühlt zwischen Freiburg und Paris: In Paris hat er das Gefühl, Heideggers Denken sei ein Jahrhundert zurück, es könne das reale Sein nicht verstehen, außerdem überraschte ihn, dass Heidegger darüber erstaunt war, dass Sartre gleichzeitig ein Romanschriftsteller, Philosoph, Journalist, Theaterautor und politisch engagiert sein konnte. Andererseits überkommt ihn in Freiburg die komische Vorahnung, dass nur in der äußersten Distanz zur Geschwindigkeit der Maschinenrhythmus des Geschehens zu hören sein könnte.

29 | Marc Froment-Meurice setzt das Problem der Einsamkeit bei der Verbindung Übergang-Grenze an. Das Wort Einsamkeit bezeichnet die öden Orte, an denen die »Welt« endet und die Erfahrung des Eremiten möglich wird. Die Schwelle bildet jene seltsame Position, die eher eine *Deposition* ist, mit dem zweifachen Risiko der Entwurzelung oder der Verwurzelung. Nietzsches und Heideggers philosophische Einsamkeit steht bei Froment-Meurice eher für eine Verwurzelung,

Nietzsche der Besonderheit des Philosophierens als eines *modus essendi* wohl bewusst war. Er eröffnet die Vorlesung des Wintersemesters 1936/37 mit zwei Fragmenten Nietzsches, die die zwei Richtungen, die Heidegger in seiner thematischen Auseinandersetzung mit Nietzsche einschlägt, klar zum Ausdruck bringen. Mit dem ersten Fragment[30] rekapituliert er die Faszination für Nietzsches Philosophie, die er seit seiner Habilitationsschrift immer wieder zum Ausdruck gebracht hat. Mit dem zweiten Fragment[31] präsentiert er diese Philosophie als ein Denken, das das Geschick zeigt. Nietzsche sei der Philosoph *par exellence*: derjenige, der aus der Zeit der größten Gefahr geboren wird, der das Elend so sichtbar macht, dass er in den Notleidenden, die Mühe haben, ihr Schicksal zu erkennen, Ratlosigkeit erweckt. Er sei nicht der Philosoph der Spekulation, sondern derjenige, den er in der »Weltnacht«[32] getroffen habe.

Die Auseinandersetzung mit Nietzsche schließt demnach das Problem des Nihilismus, als epochale Krise und die philosophische Möglichkeit, diese Krise zu benennen, mit ein. Deshalb verlangt diese Auseinandersetzung die »größte Anstrengung«, die äußerste Anspannung des Denkens. Doch diese Anspannung und diese Anstrengung bedeuten keine »Müh-

---

denn für eine Entwurzelung, vgl. Marc Froment-Meurice: Solitudes de Rimbaud à Heidegger, Paris: Galilée 1989, S. 15f.; S. 107-134.

30 | »Ich will Niemanden zur Philosophie überreden: es ist nothwendig, es ist vielleicht auch wünschenswerth, daß der Philosoph eine seltene Pflanze ist. Nichts ist mir widerlicher als die lehrhafte Anpreisung der Philosophie, wie bei Seneca oder gar Cicero. Philosophie hat wenig mit Tugend zu thun. Es sei mir erlaubt zu sagen: daß auch der wissenschaftliche Mensch etwas Grundverschiedenes vom Philosophen ist. – Was ich wünsche, ist, daß der ächte Begriff des Philosophen in Deutschland nicht ganz und gar zu Grunde gehe [...].« Vgl. Friedrich Nietzsche: Nachgelassene Fragmente 1884, Fr. 26[252].

31 | »Es sind die Zeiten großer Gefahr, in denen die Philosophen erscheinen – dann wenn das Rad immer schneller rollt – sie und die Kunst treten an Stelle des verschwindenden Myhtus. Sie werden aber weit vorausgeworfen, weil die Aufmerksamkeit der Zeitgenossen erst langsam ihnen sich zuwendet. Ein Volk, daß sich seiner Gefahr bewußt wird, erzeugt den Genius.« Vgl. Friedrich Nietzsche, Nachgelassene Fragmente 1869-1874, Fr. 19[17].

32 | Vgl. dazu eine der ersten Untersuchungen zu Heideggers *Nietzsche*: Fritz Leist: »Heidegger und Nietzsche«, in: Philosophisches Jahrbuch 70 (1962-63), S. 363-394.

sal«, sie sind notwendig zur »Vorbereitung« eines Fests. Es handele sich um eine ununterbrochene Erwartung, das nietzscheanische *Ja* zum Sein, das die Erschließung der eigenen Geworfenheit und die Aneignung des eigenen epochalen Schicksals ermöglicht.

Selten hat Heidegger so ausgesprochen nietzscheansiche Töne angeschlagen wie zu Beginn seiner Auseinandersetzung mit Nietzsche. Der Zerrissenheit der Nietzsche-Erfahrung, ihrer Abgründigkeit hat es nie an der schmerzhaften Freude über die Kraft des eigenen Gegners gefehlt (»*Braust* mein Glück dem Sturme gleich«, könnte Heidegger in Anleihe an einen Vers Nietzsches sagen[33]). Heidegger wählt Nietzsche als einen Gegner, der ihn entblößt, der ihn zerreißt. Hegel paraphrasierend schreibt Heidegger am 21. Dezember 1934 an Elisabeth Blochmann: »Aber der Schmerz ist eine wesentliche Form des Wissens, gemäß der der Geist sich weiß.«[34] Die Lektüre Nietzsches erweist sich als entscheidend für die neue Bedeutung, die er dem Schmerz gibt. Jeder Form von Mitleid fremd ist der Schmerz die Kehrseite des Gefühls der Fülle, das man für den empfindet, den wir für würdig erachten, uns zu ent-täuschen. Deshalb erklärt er das sich selbst Erkennen zum Ziel der Auseinandersetzung, die sich auf diese Weise als ein »Fest des Denkens« präsentiert. Es handelt sich um eine Art Wettkampf, bei dem es um die Sache des Denkens geht: die *Seinsfrage* als Möglichkeit, den Nihilismus zu denken. Heidegger inszeniert dieses Fest mit der gebotenen Vorsicht. Er ist sich der notwendigen Vorbereitungen für das Gelingen des Fests bewusst, er ist sogar davon überzeugt, dass das ganze Fest in der Vorbereitung besteht. Deshalb zögert er nicht, zuzugeben: »Feste erfordern eine lange und sorgfältige Vorbereitung. Wir wollen uns in diesem Semester auf dieses Fest vorbereiten, selbst wenn wir nicht bis zur Feier gelangen und nur die Vorfeier des Festes des Denkens ahnen, und erfahren, was Besinnung ist und was das Heimischsein im echten Fragen auszeichnet.«[35] Bezeichnenderweise schickt Heidegger dieser Einladung zum Fest des Denkens einen präzisen Hinweis auf die wechselseitige Bestimmung des Fests und des Willens zur Macht bei Nietzsche voraus, indem er auf einen Abschnitt des Fragments 10 [165] vom Herbst 1887 verweist: »Im Fest ist einbegriffen: Stolz, Übermut, Ausgelassenheit;

---

33 | Friedrich Nietzsche: »An den Mistral«, in: KGW, Bd. V/2, S. 333.
34 | Martin Heidegger/Elisabeth Blochmann: Briefwechsel 1918-1969, S. 85.
35 | Martin Heidegger: Der Wille zur Macht als Kunst, S. 7; Ders.: Nietzsche, Bd. 1, S. 15.

der Hohn über alle Art Ernst und Biedermännerei; ein göttliches Jasagen zu sich aus animaler Fülle und Vollkommenheit – lauter Zustände, zu denen der Christ nicht ehrlich ja sagen darf. *Das Fest ist Heidentum par excellence.*«[36] Mit dem Verweis auf dieses Fragment macht Heidegger nicht nur deutlich, dass er in diesen Jahren Nietzsches Antichristentum teilt, vielmehr erkennt er im Antichristentum die Bedingung, aufgrund derer die Philosophie als »Fröhliche Wissenschaft«, als »Fest des Denkens« bestimmt werden kann.

Es handelt sich um die notwendige Selbstbestimmung der Philosophie, die jede Möglichkeit einer christlichen Philosophie ausschließt, genau wie das konstitutive Heidentum des Fests sich als unversöhnlich mit jedweder Christianisierung erweist.[37]

---

36 | Es handelt sich hier um eines der pointiertesten Fragmente Nietzsches gegen das Christentum, in dem die Korrespondenz von asketischer Praxis und christlichem Ritus dekonstruiert wird. Die Kirche habe durch den Missbrauch, den sie mit ihr betrieb, die *Askese* als »Willens-Erziehung«, das *Fasten*, als »Mittel die feine Genussfähigkeit aller guten Dinge aufrechtzuerhalten (z.B. zeitweise nicht lesen, keine Musik mehr hören, nicht mehr liebenswürdig sein; man muß auch Fasttage für seine Tugend haben)«; das *Kloster*, »die zeitweilige Isolation mit strenger Abweisung z.B. der Briefe«; die *Feste* und den *Tod verdorben* (vgl. Friedrich Nietzsche: Nachgelassene Fragmente 1887-1888, Fr. 10[165]). Für eine detaillierte Rekonstruktion des Festthemas innerhalb Nietzsches philosophischem Schaffen vgl. Jochen Zwick: Nietzsches Leben als Werk. Ein systematischer Versuch über die Symbolik der Biografie bei Nietzsche, Bielefeld: Aisthesis 1995, insb. Teil 1: »Das Fest als Paradigma der Kultur«, S. 31-84.

37 | Bereits mehrmals wurde auf die Verbindung zwischen der Selbstbestimmung der Philosophie und dem Atheismus hingewiesen, denn in diesem Zusammenhang spielt der Verweis auf Nietzsche eine wichtige Rolle. Deshalb ist der veränderte Ton, den Heidegger im Wintersemester 1942/43 in Bezug auf den Atheismus anschlägt von Bedeutung, nicht etwa, weil sich darin ein Verzicht auf den philosophischen Atheismus andeutet, sondern weil sich Heidegger damit ostentativ von nietzscheschen Motiven distanziert: »Der ›A-theismus‹, recht verstanden als die Götter-losigkeit, ist die seit dem Untergang des Griechentums die abendländische Geschichte übermächtigende Seinsvergessenheit, als der Grundzug dieser abendländischen Geschichte selbst. Der ›A-theismus‹, wesensgeschichtlich verstanden, ist keineswegs, wie man gern meint, das Produkt wildgewordener Freidenker. Der ›A-theismus‹ ist nicht der ›Standpunkt‹ sich hochmü-

Heidegger macht sich Nietzsches Programm vom »Fest des Denkens« zu eigen, die Philosophie ist für ihn also Selbstbestimmung und Selbstbegründung: »Sie betrifft jenen Sachverhalt, daß, was die Philosophie ist und wie sie jeweils ist, sich nur aus ihr selbst bestimmt, daß aber diese Selbstbestimmung nur möglich ist, indem sie sich schon selbst begründet hat. Ihr eigenes Wesen kehrt sich immer gegen sie selbst, und je ursprünglicher eine Philosophie ist, um so reiner schwingt sie in dieser Kehre um sich selbst; um so weiter hinausgedrängt, bis an den Rand des Nichts, ist dann auch der Umkreis dieses Kreises.«[38]

Die Vorbereitungen zum Fest des Denkens betrachtet Heidegger 1936 als Möglichkeit zur Öffnung auf die Zukunft. Auf diese Bestimmung wird er in der Vorlesung des Wintersemesters 1941/42, die Hölderlins Hymne *Andenken* gewidmet ist, zurückkommen. Hölderlins Hymne, deren Abfassung in die Jahre 1803/04 zurückreicht, wird eröffnet und durchzogen vom Windhauch des Mistral, dem der Hölderlin-Leser Nietzsche ein Tanzlied gewidmet hat.[39] Der Nordost-Wind ist der Wind des Grußes, seine

---

tig gebärdender ›Philosophen‹. Der ›A-theismus‹ ist vollends nicht das klägliche Gemächte der Machenschaft der ›Freimaurer‹. Die ›A-theisten‹ solcher Art sind selbst bereits nur der letzte Auswurf der Götter-losigkeit.« Vgl. Martin Heidegger: Parmenides, S. 166f.

38 | Martin Heidegger: Der Wille zur Macht als Kunst, S. 18f.; Ders.: Nietzsche, Bd. 1, S. 24. Vgl. dazu den kritischen Beitrag von Peter Köster: »Das Fest des Denkens. Ein polemisches Motto Heideggers und seine ursprüngliche Bedeutung in Nietzsches Philosophie«, in: Nietzsche-Studien 4 (1975), S. 227-262. Kösters Interpretation kritisiert das Motto »Das Fest des Denkens«, das Heidegger zum Programm seiner Lehrtätigkeit erhoben hat, aus theologischer Perspektive. Für Köster folgt Heideggers Auffassung von der Philosophie als Vorbereitung für das Fest des Denkens Nietzsches Kombination von Trunkenheit und Festlichkeit, in der sich die Bestimmung der Kunst mit der ursprünglichen nietzscheschen Gewalt des Dionysischen verbinde. Dieses Fest repräsentiere deshalb ein dionysisches und antichristliches Begräbnis. Es sei das Fest zum Tode Gottes, des letzten Menschen und zur Geburt des Übermenschen. Zur thematischen Entwicklung dieser stets aus theologischer Sicht vorgestellten Verbindung zwischen dem Tod Gottes, der Affirmation des Willens als Macht und der Zerstörung der menschlichen Persönlichkeit (vgl. Peter Köster: Der sterbliche Gott. Nietzsches Entwurf übermenschlicher Größe, Meisenheim/Glan: Anton Hain 1972).

39 | Friedrich Nietzsche: An den Mistral.

Bewegung ist die des Gedankens: »Indem der Wind geht, weht er; indem er weht, bleibt er.«⁴⁰ Doch das wehende Zurückkommen, das Schwanken zwischen Kommen und Gehen ist nur an den Festtagen möglich, an denen man aufhört zu arbeiten und zur Besinnung auf das Wesentliche übergeht. »›Feiern‹ bedeutet zuerst, aussetzen mit dem alltäglichen Tun, das Ruhenlassen der Arbeit. Das macht frei für anderes. Wofür? Das bestimmt eben dieses ›Feiern‹ selbst, gesetzt daß alles Feiern nicht das bloß Negative des Aufhörens mit der Arbeit ist, sondern noch aus eigener Wesenskraft stammt.«⁴¹ Als Niederlegen der Arbeit ist das Feiern bereits »Ansichhalten, ist Aufmerken, ist Fragen, ist Besinnung, ist Erwartung, ist der Überschritt in das wachere Ahnen des Wunders, des Wunders nämlich, daß überhaupt eine Welt um uns weltet, daß Seiendes ist und nicht vielmehr nichts, daß Dinge sind und wir selbst inmitten ihrer sind, daß wir selbst sind und doch kaum wissen, wer wir sind, und kaum wissen, daß wir dies alles nicht wissen.«⁴² Während des Fests, führt Heidegger weiter aus, gelangen wir an die Grenze der Meditation und damit in die Nähe dessen, was größere Würde verdient, zum Ungewöhnlichen, zur Pracht, die sich im Spiel und im Tanz offenbart.⁴³ Allein das Fest begründet in der Wechselwirkung zwischen Freude und Trauer⁴⁴ die Geschichte: »Das Ereignis ist die eigentliche Geschichte. Das Fest denkt Hölderlin als das Wesen der Geschichte. […] Das Ereignis ist das Festliche des Festes. […] Das Festliche, das das Fest begründet, ist das Heilige.«⁴⁵

Die Besinnung auf das Festliche, die von Nietzsche begonnen wurde, wird von Heidegger auf Hölderlins Text übertragen. In dieser Über-

---

40 | Martin Heidegger: Hölderlins Hymne »Andenken«, S. 48. Einer der ersten Kommentare zu Heideggers Interpretation der Hymne »Andenken«, der die Dimension des Festes in den Blickpunkt rückt, stammt von Jean Wahl: La pensée de Heidegger et la poésie de Hölderlin, Paris: Centre de Documentation Universitaire 1955. Für eine Rekonstruktion des gesamten Gesprächs Heideggers mit Hölderlin vgl. Susanne Ziegler: Heidegger, Hölderlin und die aletheia. Martin Heideggers Geschichtsdenken in seinen Vorlesungen 1934/35 bis 1944, Berlin: Duncker & Humblot 1991.
41 | Martin Heidegger: Hölderlins Hymne »Andenken«, S. 64.
42 | Ebd.
43 | Ebd., S. 64-67.
44 | Ebd., S. 71-73.
45 | Ebd., S. 77.

tragung wird eine Ambiguität deutlich, die in Heideggers Begriffsbildung wahrscheinlich nie endgültig aufgelöst worden ist. Es handelt sich um das Verhältnis zwischen dem Sein als *physis* (und somit nach dem Gesetz aus »heiligem Chaos«[46] hervorgehend) und dem Einfachen.[47]

---

46 | Vgl. Friedrich Hölderlin: Wie wenn am Feiertage, Vers 28, in: Ders.: Sämtliche Werke, Bd. 2, Stuttgart: Kohlhammer 1953, S. 122-124 und Hesiod: Theogonie, Sankt Augustin: Richarz 1985, Vers 116ff., S. 52-53; Martin Heidegger: Nietzsche, Bd. 1, S. 562ff.; Michel Serres: Genèse, Paris: Garsset 1992. Im Zusammenhang mit Hölderlins Vers bezieht sich Heideggers Kommentar auf die Vermittlung des Nomos und des Chaos: »Allein die Natur ist doch ›aus heiligem Chaos gezeugt‹. Wie gehen ›Chaos‹ und ›Nomos‹ (›Gesetz‹) zusammen? ›Chaos‹ bedeutet uns doch das Gesetzlose und Wirre. [...] Doch Chaos bedeutet zuerst das Gähnende, die klaffende Kluft, das zuvor sich öffnende Offene, worin alles eingeschlungen ist. Die Kluft versagt jeden Anhalt für ein Unterschiedenes und Gegründetes. Und deshalb scheint das Chaos für alle Erfahrung, die nur das Mittelbare kennt, das Unterschiedslose und somit das bloß Wirre zu sein. Das in solchem Sinne ›Chaotische‹ ist jedoch nur das Unwesen dessen, was ›Chaos‹ meint. Von der ›Natur‹ her gedacht, bleibt das Chaos jenes Aufklaffen, aus dem das Offene sich öffnet, damit es jedem Unterschiedenen seine umgrenzte Anwesung gewähre. Deshalb nennt Hölderlin das ›Chaos‹ und die ›Wirrnis‹ ›heilig‹.« Vgl. Martin Heidegger: Erläuterungen zu Hölderlins Dichtung, GA, Abt. I, Bd. 4, S. 61. Diese Erläuterung des hölderlinschen Chaos, die Vers 116 der *Theogonie* folgt, greift Heidegger in der Bestimmung der Figur der *Zerklüftung* in *Beiträge zur Philosophie* wörtlich auf: »*Eine* wesentliche Kluft ist das Sein in der Zurückgebogenheit [...].« (Vgl. §§ 127, 157/159, S. 281) Das *Chaos*, die *Zerklüftung* werden für Heidegger mögliche Namen, um den »vorspringenden Ursprung« als zerspaltene, aufklaffende Kluft anzuzeigen.

47 | Vgl. dazu die Arbeit von Marlène Zarader: Heidegger et les paroles de l'origine, Paris: Vrin 1986. Die Autorin interpretiert Heideggers Deutung der von Parmenides, Heraklit und Anaximander ausgesprochenen Ursprungswörter als eine »Geste der Aneignung«, die sich im Übergang vom Sein zur Zeit vollzieht (S. 209ff.). Einen ersten Versuch in diesem Sinne unternahm Heidegger, so Zarader, in der Beschreibung des Daseins als Geschichtlichkeit (S. 210ff.); einen zweiten Versuch mit der Thematisierung der Geschichte des Seins; einen dritten mit der Semantisierung der Zeit als *Ereignis*, durch die Überwindung der Griechen. Im ersten Versuch wird der Ursprung noch als Schwelle, Bedingung und

Ab den vierziger Jahren drängt sich in Heideggers philosophischer Entwicklung eine Begrifflichkeit auf, die das Sein bevorzugt als *das Einfache* bestimmt, das in gewisser Weise für das steht, was später mit dem Ausdruck »Wille zum Wesen« bezeichnet wird. In Bezug auf die Thematisierung des Festlichen bezieht sich das Problem des Einfachen auf die »Meditation des Wesentlichen«. Nietzsches Fragment über das Fest zitierend, beschwört Heidegger das »Fest des Denkens«. Dabei klingt die Frage nach dem Wesentlichen (das Aufgabe des Denkens ist) in den Dimensionen der Überheblichkeit, des Stolzes, der Fülle und der *Hybris* an. Unmittelbar könnte man meinen, dass sich die Dimension der *Hybris* und die Dimension des »Einfachen« oder des Wesentlichen gegenseitig ausschließen. Dennoch sind uns diese – zugegeben seltenen – »Augenblicke« nicht vollständig unbekannt, in denen wir, wenn wir jede besondere oder einseitige Bestimmung beiseitelassen, das Zusammenspiel begreifen, welches wir mit unserem Dasein bewirken. Auch wenn uns der Alltag zu Vereinfachungen, zur Einseitigkeit, zu Schmähreden und zur Parteilichkeit zwingt, und Gefühle von Hass, Beharrlichkeit und Groll erzeugt, so ist es dennoch nicht unmöglich, dass die seltenen »Feste des Denkens« uns die Wahrnehmung des »Ganzen« gewähren, nicht als das »Eine« sondern als dynamisches Gefüge. Was wäre das nietzscheanische *amor fati* anderes, als dieses Gefühl für die eigene ontologische Konstitution, die von allen Beschränkungen des Ichs befreite Seins-Fülle des eigenen *Selbst*?

Grund gedacht (S. 261ff.); im zweiten als Abwesenheit, Abgrund und Spur; im dritten Versuch als Differenz oder Mannigfaltigkeit des anderen Anfangs.

5. Die Verklärung des Willens zur Macht

5.1 WILLE ZUR ENTSCHLOSSENHEIT

> Wenn der Mensch nicht von Zeit zu Zeit
> souverän die Augen schlösse,
> hätte er bald nichts mehr,
> was betrachtet zu werden sich lohnt.
> *René Char*

Im Mittelpunkt der Thematisierung des Willens zur Entschlossenheit und des Willens zum Wesen stehen insbesondere diejenigen Aspekte, die Heidegger 1936/37 im Zusammenhang mit seinen Erläuterungen zu Nietzsches Willen zur Macht nahezu wörtlich wieder aufgreifen wird.

In Bezug auf die Kennzeichnung des Willens zur Entschlossenheit werde ich zunächst (1) die *Befindlichkeit*, daraufhin (2) die *Erschlossenheit* und schließlich (3) die *Entschlossenheit* charakterisieren. Diese Abfolge reflektiert die logische Struktur dieser Dimension, insofern in der Existentialanalyse von *Sein und Zeit*, die Entschlossenheit die Erschlossenheit und letztere wiederum die Befindlichkeit voraussetzt.[1]

---

1 | Zum Verhältnis von *Entschlossenheit* in der Formulierung von *Sein und Zeit*, und Heideggers Interpretation des Willens zur Macht, die er 1936/37 umreißt, vgl. den Beitrag von Wolfgang Müller-Lauter: »Das Willenswesen und der Übermensch. Ein Beitrag zu Heideggers Nietzsche-Interpretation«, in: Nietzsche-Studien 10 (1981), S. 132-192.

5.1.1 Befindlichkeit

In der Analyse der Befindlichkeit beziehe ich mich auf § 29 in *Sein und Zeit*, dessen Stellung innerhalb des Werks im Hinblick auf die Bedeutung der Befindlichkeit nicht gleichgültig ist. § 29 gehört zum fünften Kapitel des ersten Abschnitts (»Die vorbereitende Fundamentalanalyse des Daseins«) des ersten und einzig fertiggestellten Teils von *Sein und Zeit*. Die Analyse des fünften Kapitels bezieht sich auf das »In-Sein als solches« bzw. die Beschreibung der Grundverfassung des menschlichen Seins. Eines seiner konstitutiven Momente wird in § 29 skizziert.[2] Als konstitutives Moment des menschlichen Seins verweist die »Befindlichkeit« auf eine strukturelle Dimension des Verhältnisses zwischen dem Sein und dem Dasein. In der Befindlichkeit taucht die eigentliche Seinsverfassung auf, die eigene Situativität, deren Erkenntnis durch den erschließenden Charakter der Befindlichkeit möglich wird. Die Befindlichkeit erschließt uns die Geschichtlichkeit unseres Daseins, verstanden als singuläre Falte der Welt, insofern Erschlossenheit nicht ohne Weiteres zu erkennen ist (»Erschlossen besagt nicht, als solches erkannt«[3]). Indem ich Erschlossenheit mit dem nicht von Heidegger stammenden Ausdruck »Falte der Welt« charakterisiere[4], möchte ich die konstitutive Kraft des Daseins in Bezug auf das Sein hervorheben. Mit einer Metapher lässt sich dieses Verhältnis verdeutlichen: Denken wir einen Moment an das Verhältnis des Meeres zu seinen Wellen. Die Wellen sind nicht das Meer, sie sind das »Auftauchende«, seine Emergenz. Mit der Welle tauchen Meeresgrund und Oberfläche des Meeres auf, die Welle sammelt, was ansonsten verloren und deshalb unsichtbar bliebe. Das Auftauchende ist trotz seiner scheinbaren Unabhängigkeit nicht getrennt von seiner materiellen Konstitution zu denken. Nichts anderes macht die Falte, sie faltet eine Materie, einen Stoff, legt ihn zusammen und macht ihn dadurch erst sichtbar. Das Verstehen, die Befindlichkeit als konstitutive Struktur des Da, man könnte auch sagen der Falte, sind jene Weisen,

---

2 | Die existenziale Konstitution des Da besteht aus zwei Weisen, der *Befindlichkeit* (§ 29) und dem *Verstehen* (§ 31), die gleichursprünglich durch die *Rede* (§ 34) bestimmt werden.
3 | Martin Heidegger: Sein und Zeit, S. 134.
4 | Zum Begriff der Falte vgl. Gilles Deleuze: Foucault, Frankfurt a.M.: Suhrkamp 1992; Ders.: Die Falte. Leibniz und der Barock, Frankfurt a.M.: Suhrkamp 2000; Michel Foucault: La pensée du dehors, Montpellier: fata morgana 1986.

mit denen man sich das eigene Sein erschließt, die auf das allgemeine »In-der-Welt-sein« als Grundverfassung des Daseins verweisen.[5]

Mit der »Befindlichkeit« und dem »Verstehen« »durch die Rede«[6] taucht die Situativität auf, jene raum-zeitliche, historisch-geographische Verortung des Selbst, unseres eigentlichen Seins, die vom »Da« umschrieben wird.

Es ist kein Zufall, dass dieses Verhältnis der »sammelnden Situativität« sprachlich durch ein Substantiv, *Dasein*, zum Ausdruck kommt, das in der Umgangssprache eine Verortung anzeigt, ein Sich-befinden, ein da sein. Diese Situativität erschließt sich der Befindlichkeit entsprechend ihrer drei wesentlichen Bestimmungen.

5.1.2 Erschlossenheit

In der Analyse der drei Wesensbestimmungen der Befindlichkeit erweist sich die Erschlossenheit als dominanter und verbindender Charakterzug respektive als »Erschließen der Geworfenheit«, als »Erschließen des In-der-Welt-seins« und als »Umsicht«. Die erste Bestimmung der »Befindlichkeit« *erschließt* uns unser In-der-Welt-sein, wie es sich aus der spezifischen Weise unseres In-sie-Hineingeboren-seins ergibt: »*Die Befindlichkeit erschließt das Dasein in seiner Geworfenheit und zunächst und zumeist in der Weise der ausweichenden Abkehr.*«[7] Der zweite ontologische Charakter der Befindlichkeit erschließt dem Dasein, dem Selbst, die Untrennbarkeit seiner Existenz von den anderen Existenzen und der Welt im Ganzen: »Sie ist eine existenziale Grundart der *gleichursprünglichen Erschlossenheit* von Welt, Mitsein und Existenz, weil diese selbst wesenhaft In-der-Welt-sein ist.«[8] Schließlich ist die Befindlichkeit die Möglichkeit, sich umzusehen, wahrzunehmen, was entsteht, was uns entgegenkommt, was uns betrifft, anfällt, angreift, bedroht, was uns *angeht*[9]: »*In der Befindlichkeit liegt existenzial eine erschließende Angewiesenheit auf Welt, aus der her Angehendes be-*

---

5 | Martin Heidegger: Sein und Zeit, Zweites Kapitel.
6 | Ebd., S. 133.
7 | Ebd., S. 136.
8 | Ebd., S. 137.
9 | Die Verben anfallen, angreifen, bedrohen, überfallen, betreffen, auftauchen umfassen die Syntax des Verbs »angehen«, das Heidegger in der dritten Bestimmung in Form des Partizip Präsens verwendet.

gegnen kann.«[10] Diese drei Bestimmungen definieren also die eigentlichen Formen der Erschlossenheit der Befindlichkeit und bilden als solche die Voraussetzung der Entschlossenheit bzw. der Entschiedenheit für die eigene Situation.

5.1.3 Entschlossenheit

Mit der Thematisierung der Entschlossenheit[11] (§ 60 in *Sein und Zeit*) beschließe ich die Charakterisierung des ersten Aspekts der ›verklärenden Aneignung‹ des Willens zur Macht. Als abschließende Figur vervollständigt die Entschlossenheit die vorausgegangenen Bestimmungen und lässt deren strukturellen Konstitutionscharakter sichtbar werden. Der »Wille zur Entschlossenheit« nimmt im begrifflichen Übergang von § 29 zu § 60 Gestalt an. Es geht dabei insbesondere um den Übergang von der Verknüpfung *Befindlichkeit-Erschlossenheit* zu der Verknüpfung *Erschlossenheit-Entschlossenheit*.[12] In § 60 werden überraschenderweise alle Bestimmun-

---

10 | Martin Heidegger: Sein und Zeit, S. 137f.

11 | Zum Problem der Entschlossenheit in *Sein und Zeit* vgl. die Beiträge von Michael E. Zimmermann: Eclipse of the Self. The Development of Heidegger's Concept of Authenticity, London: Ohio University Press 1986; Jean-Luc Nancy: »La decision d'existence«, in: Ders.: Une pensée finie, Paris: Galilée 1990, S. 107-145 und Jean-Paul Larthomas: »La question de la repetition«, in: Jean Pierre Cometti/Dominique Janicaud (Hg.), »Être et temps« de Martin Heidegger. Questions de méthode et voies de recherche, Marseille: Sud 1989, S. 97-109 und S. 227-258.

12 | Voraussetzung für diesen Übergang ist innerhalb der Gesamtarchitektur von *Sein und Zeit* der Übergang von der Existenzialanalyse des Daseins, d.h. von der Bestimmung ihrer kategorialen Strukturen zur Verortung des Horizonts der Zeitlichkeit, d.h. die Übertragung des Kategorialen ins Zeitliche. § 60 (»Die existenziale Struktur des im Gewissen bezeugten eigentlichen Seinkönnens«) beschließt das zweite Kapitel (»Die daseinsmäßige Bezeugung eines eigentlichen Seinkönnens und die Entschlossenheit«) des Zweiten Abschnitts von *Sein und Zeit* (»Dasein und Zeitlichkeit«). Der Fundamentalanalyse des Daseins im Ersten Abschnitt, die Heidegger als einen »vorbereitenden« Moment präsentierte, folgt im Zweiten Abschnitt die Thematisierung des Daseins als Zeitlichkeit im Hinblick auf die Beschreibung des zeitlichen Horizonts. Allein innerhalb dieses Horizonts kann die Seinsfrage gestellt werden, deren Exposition die gesamte Einleitung

gen vorweggenommen, die in der Vorlesung von 1936/37 wiederkehren werden, Anklänge an Nietzsches Kapitel »Die stillste Stunde« am Ende des zweiten Teils von *Also sprach Zarathustra* sind deutlich zu erkennen. Im Hinblick auf die inzwischen bekannte Kennzeichnung der »Entschlossenheit in der Befindlichkeit« werde ich in diesem Paragraphen folgende Zusammenhänge analysieren: die Verknüpfung Erschlossenheit-Entschlossenheit; das nietzscheanische Echo in der Stille der Entschlossenheit; die Zusammengehörigkeit von dem, was entschlossen ist, und demjenigen, der es in der Entschlossenheit entschließt (dem wird die nietzscheanische Koinzidenz von Gewolltem und Wollendem im Wollen entsprechen); das Fehlen der Dimension des Vorstellens in der Entschlossenheit und den Führungscharakter des Entschlossenen (auch hier noch einmal als nietzscheanisches Echo).

Die Verknüpfung Erschlossenheit-Entschlossenheit, die ich als letzten Übergang der Charakterisierung des »Willens zur Entschlossenheit« angezeigt habe, kennzeichnet Heidegger nicht als eine einfache Beziehung sondern als eine Identifikation: »Die im Gewissen-haben-wollen liegende Erschlossenheit des Daseins wird demnach konstituiert durch die Befindlichkeit der Angst, durch das Verstehen als Sichentwerfen auf das eigenste Schuldigsein und durch die Rede als Verschwiegenheit. Diese ausgezeichnete, im Dasein selbst durch sein Gewissen bezeugte eigentliche Erschlossenheit – *das verschwiegene, angstbereite Sichentwerfen auf das eigenste Schuldigsein* – nennen wir die *Entschlossenheit*.«[13]

In diesem Zusammenhang ist es wichtig, die Bedeutung, die Heidegger dem Gewissen-haben-wollen zukommen lässt, besonders hervorzuheben. Es handelt sich dabei weniger um eine Bedingung der Erschlossenheit und der sich daraus ergebenden Entschlossenheit als vielmehr um eine Modalität der Erschlossenheit. Das Gewissen-haben-wollen drückt von der eigenen Befindlichkeit her das Verstehen der eigenen existenzialen Möglichkeiten aus: »Gewissen-haben-wollen ist als Sich-verstehen

---

von *Sein und Zeit* gewidmet ist. Es geht also im Zweiten Abschnitt darum, den Übergang von der Zeitlichkeit des Daseins zur Zeitlichkeit des Seins auszuführen. Dieser Übergang, der im zweiten, ungeschriebenen Teil von *Sein und Zeit* hätte verwirklicht werden sollen, bahnt sich in gewisser Weise im vorletzten Kapitel (»Zeitlichkeit und Geschichtlichkeit«) an.
13 | Martin Heidegger: Sein und Zeit, S. 296f.

im eigensten Seinkönnen eine Weise der *Erschlossenheit* des Daseins.«[14] Heideggers Gewissen-haben-wollen[15] scheint das, was Nietzsche in *Also sprach Zarathustra* »die stillste Stunde«[16] nennt, auf etwas nüchterne Weise zu paraphrasieren. Die stillste Stunde ist für Nietzsche der Name seiner »furchtbaren Herrin«, die ihn gen Abend ruft.

Gen Abend wäre zur Dämmerung? Die Stunde, in der das Nachdenken beginnt? Oder ist es das Ende des Tages, wenn die Abwesenheit der anderen, die Beendigung der Arbeit und aller Tätigkeit mir mein Selbst zurückbringt, ich mich in mir befinde, in meinen Möglichkeiten?

Der erste Hinweis, den Nietzsche liefert, ist allgemein gehalten: »Gestern gen Abend sprach zu mir meine *stillste* Stunde: das ist der Name meiner furchtbaren Herrin.«[17] Wir wissen also nicht genau wann, wir wissen nur, dass sie uns besitzt und dass ihr Ruf, wenn sie zu uns spricht (doch aufgepasst, es ist eine stille Rede) uns um alles bringt, was wir den Tag über gemacht haben. Der Tag verweist nicht auf den sonnigen Teil der täglichen Zeitspanne sondern jene Zeit, in der eine natürliche, übertriebene Helligkeit den Blick trübt, und in der die Offensichtlichkeit, die Selbstverständlichkeit, das Klischee ihre souveräne Herrschaft ausüben. Die Nacht, die manchmal auch tagsüber hereinbricht, quasi wie eine Zwischenzeitlichkeit in den Tag dringt, ist jene Zeit, in der Lichtmangel dazu einlädt, dazu zwingt, den Blick zu schärfen. Denken wir einen Augenblick an den Moment, in dem wir im Bett liegen und das Licht *ausmachen*. Manchmal kann es passieren, dass man nicht sofort einschläft. Ganz langsam *erschließt* sich uns eine neue Sicht. Anfangs scheinen die Konturen undefiniert, wir versuchen beharrlich die Umrisse dessen zu erkennen, was wir während des Tages problemlos hätten sehen können. Was wir jetzt zu sehen versuchen, war da, war ganz nahe oder genauer gesagt vor unseren Augen. Manchmal können wir es nur vage ausmachen. Doch jetzt, da uns der volle Einblick versperrt ist, spüren wir, dass wir es sehen müssen. Es ist, als wäre sein Anblick wichtiger als wir selbst. Die Notwendigkeit, zu sehen wo wir sind, wird zwingend.

---

14 | Ebd., S. 295.

15 | Zur allgemeinen Beschreibung der existenzialen Interpretation des Gewissens und ihrer Unterscheidung von der vulgären Gewissensauslegung vgl. *Sein und Zeit*, § 59 (S. 289-295).

16 | Friedrich Nietzsche: Also sprach Zarathustra, KGW, Bd. VI/1, S. 183-186.

17 | Ebd., S. 183.

Ich vergesse mein Ich. Ich muss mich nicht an es erinnern. Ich muss es nicht zur Schau stellen, damit die anderen bemerken, dass ich ein Ich bin. Ich kann es für einen Augenblick vergessen. Ich weiß nicht, ob es dabei um Angst geht. Vielleicht manchmal. Aber nicht immer.

Doch damit wird die zeitliche Angabe präziser. Es handelt sich nicht um die gewöhnliche Dämmerung, den Abend. Es handelt sich um den Augenblick, in dem das Sonnenlicht und jede andere Art von Licht weg ist. Es ist der Moment des Halbschlafs: »Kennt ihr den Schrecken des Einschlafenden? – Bis in die Zehen hinein erschrickt er, darob, dass ihm der Boden weicht und der Traum beginnt. [...] nie hörte ich solche Stille um mich: also dass mein Herz erschrak.«[18] In dieser Stille, in der Auflösung des Grundes[19], lädt die Stunde ohne Stimme, das Gewissen-haben-wollen dazu ein, mich nicht im »Trotz« verstecken zu wollen: »›Verstecke dich nicht in deinen Trotz!‹ – Und ich weinte und zitterte wie ein Kind und sprach: ›Ach, ich wollte schon, aber wie kann ich es! Erlass mir diess nur! Es ist über meine Kraft!‹ [...] ›Was liegt an dir, Zarathustra! Sprich dein Wort und zerbrich!‹ [...] ›Ach, ist es *mein* Wort? Wer bin *ich*?‹«[20] In dieser Stille, dieser totalen Herabsetzung alles dessen, was in sich selbst ruht, sich selbst unterliegt, wird derjenige, dem alles genommen wurde, auch zu demjenigen, der entschlossen ist. Entschlossen ist der, der sich in der Stille spürt. Zu dem, was sich in der Befindlichkeit erschließt, stehen wir in einem Verhältnis, das näher ist als die Intimität. Vielleicht kann man es nicht einmal mehr Verhältnis oder Beziehung nennen. Wir entscheiden, es entscheidet über uns, wer wir sind. Nicht in der Befindlichkeit selbst, sondern in der Aneignung, in der Erschlossenheit der Befindlichkeit bzw. in der Entschlossenheit gehören das, was entschieden wird, und derjenige, der es entscheidet, zusammen: »Die Entschlossenheit bringt das Sein des Da in die Existenz seiner Situation. Die Entschlossenheit aber umgrenzt die existenziale Struktur des im Gewissen bezeugten eigentlichen Seinkönnens, des Gewissen-haben-wollens. In ihm erkannten wir das angemessene Anrufverstehen. Daraus wird vollends deutlich, daß der Gewissensruf,

---

18 | Ebd.
19 | In den *Beiträgen zur Philosophie* (§ 127) wird Heidegger in einem Kontext, der einmal mehr starke Anklänge an Nietzsche aufweist, von »Zerklüftung« sprechen: »Die Innigkeit dieser Erzitterung bedarf der abgründigsten Zerklüftung, und in dieser läßt sich die Unerschöpflichkeit des Seyns ahnend erdenken.« (S. 244)
20 | Friedrich Nietzsche: Also sprach Zarathustra, S. 184.

wenn er zum Seinkönnen aufruft, kein leeres Existenzideal vorhält, sondern *in die Situation vorruft.*«[21] Ausgehend von der Zusammengehörigkeit dessen, was entschlossen und dessen der beschließt, beschreibt dieser Ruf in die Situation die Absetzung jeder auf der Vorstellung beruhenden Dimension[22] der Entschlossenheit: »Die Entschlossenheit stellt sich nicht erst, kenntnisnehmend, eine Situation vor, sondern hat sich schon in sie gestellt. Als entschlossenes *handelt* das Dasein schon.«[23]

Heidegger schreibt Nietzsches »stillste Stunde« in § 60 von *Sein und Zeit* vollständig um. Von dieser Art »zwischenzeitlicher« Erfahrung (in diesem Zusammenhang nicht als Phänomen der gewöhnlichen Zeitlichkeit verstanden) werden alle Momente, die das Geschehen ausmachen, angeführt: die Erschlossenheit als offenbarende Abgründigkeit, die Stille als Stimme des unerschöpflichen Seins, das Zerschellen des Ich im eigenen Sein und daraufolgend das »Wollen« oder das »Ja« zum Sein. Nietzsches Wollen des eigenen Seins ist also in *Sein und Zeit* und in den Jahren bis 1937 der andere Name für Heideggers Entschluss, den eigenen Möglichkeiten Rechnung zu tragen. Die metaphysische Kennzeichnung des Willens zur Macht, die sich bei Heidegger ab 1937 immer deutlicher abzeichnet, wird später der Vorstellungslogik der modernen Subjektivität einverleibt werden. Sowohl in *Sein und Zeit* als auch in *Der Wille zur Macht als Kunst* scheint die Verbindung von Nietzsches Willen mit der Vorstellung noch ausgeschlossen. Tatsächlich nimmt die 1927 aufgezeigte Zu-

---

21 | Martin Heidegger: Sein und Zeit, S. 300.

22 | Von besonderer Bedeutung ist in diesem Zusammenhang Heideggers Thematisierung der »vorlaufenden Entschlossenheit« in § 62 von *Sein und Zeit*, ihre strukturelle Verschiedenheit von jeder Form der Vorstellung. Das Vorlaufen als zeitlicher Modus, der auf die Zukunft gerichtet ist, setzt die Vorstellung der Ekstase voraus. Man läuft etwas voraus aufgrund von Voraussetzungen, die man sich vorstellt. In Heideggers Analytik bezieht sich das Vorlaufen jedoch auf keine inhaltliche Ebene. Die Analyse betrifft hier die transzendentale Ebene der Beschreibung des Daseins. Die strukturelle-transzendentale Thematisierung des Daseins hält die kategorialen Bestimmungen fest, die ihm schon immer zukommen. Das Vorlaufen ist ein Aneignen und weniger eine vorlaufende Vorstellung. Das endliche, sterbliche Sein ist nicht etwas, dass sich das Dasein vorstellt, sondern es ist etwas, das seiner Natur, insofern es ständig von ihm bedroht wird, strukturell zugehört.

23 | Martin Heidegger: Sein und Zeit, S. 300.

sammengehörigkeit von dem, was entschlossen ist, und demjenigen, der es in der Entschlossenheit entscheidet, das Interpretationsmuster, mit dem 1936/37 Nietzsches Koinzidenz von Gewolltem und Wollendem im Wollen umschrieben wird, im Wortlaut vorweg. 1927 bezieht sich Heidegger so vollständig auf Nietzsches Text, dass er sich in einem sehr ambivalenten Bereich sogar die »gesetzgebende« Funktion des Entschlossenen aneignet, der schließlich auf das eigene Ich verzichten will.[24] So korrespondiert schließlich Nietzsches »Du bist Einer, der das Gehorchen verlernt hat: nun sollst du befehlen!«[25] Heideggers in § 60 formulierter Gedanke: »Das entschlossene Dasein kann zum »Gewissen« der Anderen werden.«[26]

5.2 WILLE ZUM WESEN

Das Verhältnis zwischen Befindlichkeit, Erschlossenheit und Entschlossenheit, das zuvor in § 29 und § 60 aufgezeigt wurde, bewahrt in der Rektoratsrede von 1933 seine strukturelle Identität, obwohl sich die Bedeutung des Verhältnisses verändert. Die semantische Verschiebung verbleibt zwar einerseits innerhalb des in *Sein und Zeit* umrissenen, begrifflichen und

---

24 | Es bedürfte hier einer detaillierten Analyse der unterschiedlichen Diskurszusammenhänge bezüglich der gesetzgebenden Dimension von Heideggers »Entschlossenem« (oder Platons »Philosoph«) und Nietzsches »Auflöser«. Zu einigen Aspekten dieser Problematik vgl. in Bezug auf Nietzsche Volker Gerhardt: »Macht und Metaphysik. Nietzsches Machtbegriff im Wandel der Interpretation«, in: Nietzsche-Studien 10/11 (1981-82), S. 192-221; Werner Hamacker: »›Disgregation des Willens‹. Nietzsche über Individuum und Individualität«, in: Nietzsche-Studien 15 (1986), S. 306-336; in Bezug auf Heidegger vgl. Michel Haar: »L'enigme de la quotidiennité«, in: Jean Pierre Cometti/Dominique Janicaud (Hg.), »Être et temps« de Martin Heidegger, insb. S. 213-225; Ferruccio De Natale: Esistenza, filosofia, angoscia, insb. S. 295-356; speziell zum Vergleich Heidegger-Nietzsche vgl. Michel Haar: »La critique nietzscheenne de la subjectivité«, in: Nietzsche-Studien 12 (1983), S. 80-110; Ders.: Nietzsche et la métaphysique; Jacques Derrida: »Guter Wille zur Macht (II). Die Unterschriften interpretieren (Heidegger/Nietzsche)«, in: Philippe Forget (Hg.), Text und Interpretation, München: Wilhelm Fink 1984. S. 62-77.
25 | Friedrich Nietzsche: Also sprach Zarathustra, S. 185.
26 | Martin Heidegger: Sein und Zeit, S. 298.

analytischen Rahmens, also innerhalb der Fundamentalontologie, akzentuiert aber andererseits das auf ein ganz bestimmtes Kollektiv projizierte essentialistische Moment[27]. Bereits in § 74 von *Sein und Zeit* wird die Dimension, in der die Zeitlichkeit des Daseins die Ebene der analytisch-strukturellen Beschreibung übersteigt, um als Geschichtlichkeit vorgestellt zu werden, im Übergang von der einzelnen zur kollektiven Geschichtlichkeit abgehandelt. Die Überwindung der individuellen Dimension erfolgt durch das »Volk« – eine Konstante des heideggerschen Denkwegs.[28] So werden 1933 die Befindlichkeit oder das sich-befinden und die konsequente Entscheidung für die Situation, in der man ist, zum Willen, insofern man sich das Gesetz für die eigene Aufgabe gibt, bzw. zum Wesenswillen als Wollen des Wesens, das im spezifischen Fall das Wesen des deutschen Volkes ist: »Selbstbehauptung heißt doch: uns selbst die Aufgabe setzen, uns selbst Wege und Weise ihrer Verwirklichung zu bestimmen, um darin selbst zu

---

27 | Vgl. Dieter Thomä: Die Zeit des Selbst und die Zeit danach: zur Kritik der Textgeschichte Martin Heideggers 1910-1976; speziell für die Rektoratsrede vgl. Jean-Marie Vaysse: »Heidegger et l'essence de l'Université allemande«, in: Cahier de l'Herne 45 (1983), S. 379-385. Sowohl Vaysse als auch Thomä betonen den Essentialismus der heideggerschen Ontologie als »totalisierendes« Moment.

28 | Um zu verstehen, welche Bedeutung Nietzsches Reflexionen für den Auftrag und die Besonderheit des deutschen Volkes hatten oder Heidegger zufolge haben sollten, ist die äußerst politische Interpretation der *Zweiten Unzeitgemäßen Betrachtung*, die er im Wintersemester 1938/39 vorlegen wird, von besonderem Interesse. Die Einheit des deutschen Volkes kann 1938/39, nach dem Scheitern des Rektorats, nicht mehr mittels einer Institution wie der Universität erreicht werden. Nur eine Kultur, die, wie bei Nietzsche, als *Bildung* verstanden wird, kann sie noch gewährleisten; eine Kultur, die in der Lage ist, jene Synthese aus Innerlichkeit und Äußerlichkeit zu verwirklichen, die der französischen Tradition, für die Kultur nur eine Konvention sei, vollständig abgesprochen wird. Die Kultur im nietzscheschen Sinne der *Bildung* ist das Werk einiger Einzelner, die, ohne für oder gegen das Volk zu sein, selbst den Zweck eines Volkes bilden, das, was ihm historisch zur Einheit verhilft. Im Unterschied zu 1933 sollte die Führung durch die Genies des Volkes weder politisch noch anthropologisch sondern metaphysisch verstanden werden, vgl. Martin Heidegger: Zur Auslegung von Nietzsches Zweiter Unzeitgemäßer Betrachtung, GA, Abt. II, Bd. 46, S. 57f. und S. 116f. Für Heidegger präsentiert zunächst Nietzsche, später Hölderlin, die einzige Hoffnung auf Rettung der Größe des kulturellen Auftrags des deutschen Volkes trotz der politischen Niederlage.

sein, was wir sein sollen. Aber wissen wir denn, *wer wir selbst sind* [...]? *Können* wir das überhaupt wissen, ohne die ständigste und härteste *Selbstbesinnung*? [...] Die Selbstbehauptung der deutschen Universität ist der ursprüngliche, gemeinsame Wille zu ihrem Wesen. Die deutsche Universität gilt uns als die hohe Schule, die aus Wissenschaft und durch Wissenschaft die Führer und Hüter des Schicksals des deutschen Volkes in die Erziehung und Zucht nimmt. Der Wille zum Wesen der deutschen Universität ist der Wille zur Wissenschaft als Wille zum geschichtlichen geistigen Auftrag des deutschen Volkes als eines in seinem Staat sich selbst wissenden Volkes. Wissenschaft und deutsches Schicksal müssen *zumal* im Wesenswillen zur Macht kommen.«[29]

Dieser Textauszug aus der Rektoratsrede lässt erkennen, dass Heideggers Sprache zwar deutlich nietzscheanische[30] Züge annimmt, Nietzsches Syntax allerdings essentialistisch verzerrt wird. Aufgrund einer Kombination, die in Nietzsches Werken überhaupt nicht vorkommt, lässt sich der Wille zur Macht nur »im« und durch den »Willen zum Wesen« verfolgen. Diese besondere Aneignung des nietzscheschen Denkens seitens Heideggers erlaubt es, die nachfolgende Nietzsche-Auslegung anders zu interpretieren. Mit dem nietzscheanischen Ausdruck »Wille zur Macht« wird Heidegger ab 1937 mit immer stärkerem Nachdruck das Zeitalter der Technik kennzeichnen. Der technische Epilog des Abendlandes vollzieht sich vor seinen Augen als planetarische Zerstörung, als Herrschaft des Willens zur Macht. Heidegger zufolge fehlte dem Willen zur Macht, in dem der Nietz-

---

29 | Martin Heidegger: Die Selbstbehauptung der deutschen Universität, S. 9f.
30 | Vor seiner Distanzierung von Heideggers politischen Entscheidungen der dreißiger Jahre begrüßt der »Nietzscheaner« Jaspers Heideggers Rektoratsrede noch als Antrittsvorlesung von nietzscheanischem Geist: »Ich danke Ihnen für Ihre Rektoratsrede! [...] Sie kommen darin mit Nietzsche überein, aber mit dem Unterschied, daß man hoffen darf, daß Sie einmal philosophisch interpretierend verwirklichen, was Sie sagen.« (Jaspers in seinem Brief vom 23.8.1933 an Heidegger, vgl. Martin Heidegger/Karl Jaspers: Briefwechsel 1920-1963, hg. v. Walter Biemel und Hans Saner, Frankfurt a.M.: Klostermann und München-Zürich: Piper 1990, S. 155). In Jaspers' Anmerkung taucht ein anderes, gerade in Bezug auf Heideggers »verklärende Aneignung« äußerst interessantes Element auf. Es handelt sich um das Verhältnis zwischen der Philosophie und ihrer Verwirklichung, das bereits seit Heideggers Habilitationsschrift das Feld für die Nietzsche-Rezeption abgesteckt hat.

sche-Leser das Merkmal der totalen Mobilisierung erblickte, jene essentialistische Verwurzelung, die der Weltbewegung Richtung und Führung hätte vorgeben müssen. Ich kann in diesem Zusammenhang nicht darauf eingehen, dass Nietzsche die von Heidegger 1933 eingeführte Verbindung zwischen dem Willen zur Macht und dem Willen zum Wesen nicht zieht. Für die Interpretation der nietzscheschen Philosophie wäre dieser Unterschied jedoch von entscheidender Bedeutung.[31]

5.3 WILLE ZUR MACHT

Die dritte Gruppe von Texten, die hier analysiert werden soll, ist der Vorlesung *Der Wille zur Macht als Kunst* entnommen (vgl. die Kapitel: »Der Wille als Wille zur Macht«, »Der Wille als Affekt, Leidenschaft und Gefühl«); in ihr werden alle Fäden, die in *Sein und Zeit* zusammengefügt worden sind, wieder aufgenommen und in der Beschreibung des nietzscheschen Willens zur Macht neu miteinander verflochten. Die Thematisierung des Willens zur Macht in den Jahren 1936/37 ist, vor allem im Vergleich zur Arbeit von 1927, durch eine Art hermeneutischen Zirkel geprägt. Einerseits gibt Heidegger den Kontext der verschwiegenen Quellen einiger Begriffe aus *Sein und Zeit* preis, andererseits wird die Interpretation von Nietzsches Texten dem besonderen Gang seines Denkens angepasst. Die Verbindung von *Befindlichkeit*, *Erschlossenheit* und *Entschlossenheit* wird in der Kennzeichnung des Willens zur Macht als »ursprüngliche Affekt-Form, die eröffnet« wieder aufgegriffen.[32] Als solche wird Nietzsches Wille

---

31 | Nietzsche beschreibt die gesamte Entwicklung der genealogischen Dimension und der daraus resultierenden Entwurzelung des Willens zur Macht aus jedwedem metaphysischen Gründungsbereich in eben jenen nachgelassenen Fragmenten und in jenen letzten philosophischen Schriften, in denen Heidegger die ausgereifteste Ausführung des nietzscheschen Denkens erkennt, vgl. Friedrich Nietzsche: KGW, Bd. VI, VII, VIII.

32 | Eine Figur zwischen der Entschlossenheit der Befindlichkeit, wie sie in *Sein und Zeit* beschrieben wurde, und dem Willen zur Macht als großer Leidenschaft, wie sie in der Vorlesung des Wintersemesters 1936/37 thematisiert wurde, stellt das Dasein als *Überschwung* dar. Als solcher wurde es in der letzten Marburger Vorlesung konfiguriert. Untersuchungsgegenstand der *Metaphysischen Anfangsgründe der Logik* ist Leibniz' Monadologie, für deren Deutung die Existenzial-

zur Macht so bestimmt, als sei er zunächst wesentlich »Gefühl«, »Sichanalyse als Leitfaden fungiert (ebd., S. 107). Die Definition der Monade und im weiteren Sinn der Substanz erfolgt daher in Analogie zu der des Daseins. Die Monade (Dasein) bzw. das »authentische Seiende« wird auf der Basis der vis activa, verstanden als »Drang«, bestimmt (ebd., S. 103). Der einfache und vereinheitlichende Charakter der Monade (des Daseins) impliziert eine Vielfältigkeit, die sie vereinheitlicht. Die zu vereinheitlichende Vielfältigkeit bildet dagegen die der Monade innewohnende Motilität. Das Problem, der durch den »Drang« bewirkten Vereinigung, verweist auf das Problem des Grundprinzips. Leibniz, der Autor des Vernunftprinzips, hatte seine Metaphysik auf der Grundlage zweier Prinzipien aufgebaut: dem *principium contradictionis* und dem *principium rationis sufficientis seu determinationis*. Mittels der gängigeren Formulierung des *principium rationis*, d.h. dem »Nihil est sine ratione« setzt Heidegger das Prinzip in Beziehung zur *arché* und führt damit die Frage nach der Vernunft auf die Seinsfrage zurück: das Vernunftprinzip wird das Grundprinzip. Tatsächlich bringt es den Vorrang des »etwas gegenüber dem nichts«, des »dieses gegenüber jenem«, des »so und nicht anders« zum Ausdruck. In diesem Sinne ist es »Prinzip des eher als« (ebd., S. 142). Diese Wechselbeziehung aus Grund, *ratio* und Vorrang (*potius*) setzt die Verbindung Grund-Freiheit voraus. Bevor er diese Verbindung entwickelt, verweist Heidegger bedeutsamer Weise auf Platons Thematisierung des *pallon*, um zu zeigen, dass der Begriff »poitus« das Moment des Vorzugs impliziert (Platon: Der Staat, VII, 517b 8s; 517c 2; 517c 3; 517c 3-4). Es wird in jene Transzendenz des Daseins überführt, die die Struktur der Subjektivität bildet. In der weiteren Bestimmung der Transzendenz erfährt der heideggersche Denkweg von der Entschlossenheit zum Willen zur Macht gewiss eine seiner wichtigsten begrifflichen Prägungen. Die Transzendenz, verstanden als »In-Aussicht-auf«, ist, so präzisiert Heidegger, »in einem und für einen *Willen*« (Martin Heidegger: Metaphysische Anfangsgründe der Logik, S. 246). Nur in der Verbindung aus Transzendenz und Willen ergibt sich die Möglichkeit der Freiheit des *Daseins*, als Überschwung der zeitlichen Ekstasen, die sich verzeitlichen (ebd., S. 270). Bezüglich der bereits mehrfach angezeigten Verklärung des nietzscheschen Denkens durch Heideggers Selbstinterpretation verweise ich (1) auf die unterschiedliche Bewertung der leibnizschen *vis activa* in Bezug auf die mit Nietzsche vollendete moderne Metaphysik des Willens in *Wozu Dichter?* (S. 278) und in *Die Metaphysik als Geschichte des Seins* (S. 436ff.); (2) auf die Neuinterpretation des platonischen *agaton* in *Der europäische Nihilismus* (S. 223ff.); (3) auf die Aufstellung völlig neuer Parameter für die Transzendenz als Konstitutionsprinzip der Subjektivität in *Die seins-*

fühlen«[33]; ebenso wie die Entschlossenheit nur erklärt werden konnte, nachdem die »Befindlichkeit« vorausgesetzt worden war. Der Gefühlscharakter des Willens zur Macht verweist mittels der Untersuchung seiner Wesensbestimmungen (Affekt und Leidenschaft) unmittelbar auf seinen »Charakter des eröffnenden Offenhaltens«, ebenso wie die Analyse der »Befindlichkeit« mittels ihrer Seinsweisen auf ihre strukturelle Erschlossenheit verwies. Der erschließende Charakter des Sichfühlens zeigt sich folglich vorab im Affekt als passive Bestimmung des Willens zur Macht. In Bezug auf die Möglichkeit des Affiziertseins erscheint der Affekt (1) als »Erregtsein«, als »Über-sich-hinaus-sein« und (2) als »Angegriffensein«. Die eigentliche Bestimmung der »Erregung« ist das »Über-sich-Hinaussein«. Der Affekt als Erregung verhält sich wie ein Anfall, der unser ganzes Sein erfasst, so dass wir außer uns sind und nicht mehr Herr über uns selbst. Ein Beispiel für den Affekt ist der Zorn. Zur spezifischen Bestimmung des »Angegriffenseins« gehört das Überfallartige, das Bedrängende: »Das ist nur möglich, weil der Wille selbst – mit Bezug auf das Wesen des Menschen gesehen – der Anfall selbst ist, der es überhaupt macht, daß wir, ob so oder so, über uns hinaus sein können und es ständig auch sind.«[34]

In einem zweiten Moment manifestiert sich die Erschlossenheit des Sichfühlens »in dem gesammelt sein«, der »großen Leidenschaft«. Die

---

geschichtliche Bestimmung des Nihilismus; und (4) auf die vollständige Neubestimmung des Grundprinzips als Spiel in *Der Satz vom Grund*.

33 | Bereits in *Die Grundprobleme der Phänomenologie* hatte Heidegger die doppelte Struktur des Gefühls als »Gefühlhaben für« und »Sichfühlen« deutlich hervorgehoben im Zusammenhang mit der kantischen Definition der *personalitas moralis* als authentische Persönlichkeit (vgl. Immanuel Kant: Kritik der praktischen Vernunft, hg. v. K. Vorländer, Hamburg: Meiner 1985, 3. Hauptstück »Von den Triebfedern der reinen praktischen Vernunft«, S. 84-103) präzisiert er: »Zum Wesen des Gefühls überhaupt gehört es, daß es nicht nur Gefühl *für* etwas ist, sondern daß dieses Gefühl für etwas zugleich ein Fühlbarmachen des Fühlenden selbst und seines Zustandes, seines Seins im weitesten Sinne ist. [...] Im Gefühlhaben *für* etwas liegt immer zugleich ein *Sich*fühlen, und im *Sich*fühlen ein Modus des sich selbst Offenbarwerdens. Die Art und Weise, wie ich mir selbst im Fühlen offenbar werde, ist mitbestimmt durch das, wofür ich in diesem Fühlen ein Gefühl habe.« Vgl. Martin Heidegger: Die Grundprobleme der Phänomenologie, S. 187.

34 | Martin Heidegger: Nietzsche, Bd. 1, S. 57.

Leidenschaft deutet, im Gegenteil zum Affekt, auf ein Moment der Sammlung des Willens zur Macht. So wie der Affekt unseren Verlust zum Ausdruck bringt, so stellt die Leidenschaft unsere Sammlung vor. Liebe und Hass liefern in ihrer Polarität das Beispiel für die Entfernung, die zwischen der Blindheit des Affekts und der Hellsichtigkeit der Leidenschaft besteht. Heidegger stellt das Beispiel vor, indem er parallel auf die Unterscheidung zwischen Hass und Zorn und zwischen Liebe und Verliebtheit verweist: »Der Haß ist nie blind, sondern hellsichtig; nur der Zorn ist blind. Liebe ist nie blind, sondern hellsichtig; nur Verliebtheit ist blind, flüchtig und anfällig, ein Affekt, keine Leidenschaft.[35] Zu dieser gehört das weit Ausgreifende, *sich Öffnende*; auch im Hass geschieht das Ausgreifen, indem er das Gehasste ständig und überallhin verfolgt. Dieser Ausgriff in der Leidenschaft hebt uns aber nicht einfach über uns weg, er *sammelt* unser Wesen auf seinen eigentlichen Grund, er eröffnet diesen erst in dieser Sammlung, so daß die Leidenschaft jenes ist, wodurch und worin wir in uns selbst Fuß fassen und hellsichtig des Seienden um uns und in uns mächtig werden.«[36]

In Heideggers phänomenologischer Beschreibung erfolgt die Abhandlung der beiden Seinsweisen des Gefühls nicht parallel. Der Affekt und die Leidenschaft drücken nicht einfach zwei verschiedene Seinsweisen des Gefühls aus, sondern zwei unterschiedliche Grade desselben. Der Übergang zur vollständigen Erschlossenheit des Gefühls ist demnach der Übergang vom Affekt zur Leidenschaft. Wenn man dem Leitfaden der hei-

---

35 | Die Übereinstimmung von Heideggers Formulierung mit derjenigen von Thomas Mann ist überraschend: »Die innig-schwerste und fruchtbarste Erfahrung meiner Jugend war diese, daß Leidenschaft *hellsichtig* – oder ihres Namens nicht wert ist. Blinde Liebe, nichts als panegyrisch-apotheosierende Liebe – eine schöne [...] erkennende Hingabe, hellsichtige Liebe – das ist Passion.« (Vgl. Thomas Mann: Betrachtungen eines Unpolitischen, in: Ders.: Reden und Aufsätze, Gesammelte Werke, Frankfurt a.M.: Fischer 1990, Bd. 12, S. 73f.) In der Beschreibung der Leidenschaft als hellsichtig bezieht sich Mann begrifflich, ebenso wie Heidegger, auf Nietzsche.

36 | Martin Heidegger: Nietzsche, Bd. 1, S. 58f. Der hier skizzierte Begriff der Leidenschaft verweist auf den Begriff der Liebe, den Heidegger in seiner Freiburger Antrittsvorlesung im Jahre 1929 thematisiert hatte, vgl. Martin Heidegger: Was ist Metaphysik?; Ferruccio De Natale: Estenza, filosofia, angoscia, insb. den »Exkurs«: »...nella notte chiara del niente dell'angoscia«, S. 357-372.

deggerschen Analyse folgt, kommt man zu einer noch präziseren begrifflichen Bestimmung des Verhältnisses von Affekt und Leidenschaft: »Affekt: der blindlings aufregende Anfall. Leidenschaft: der hellsichtig sammelnde Ausgriff in das Seiende. Wir reden und blicken nur von außen, wenn wir sagen: ein Zorn flammt auf und verraucht, dauert kurz; ein Haß aber dauert länger. Nein; ein Haß oder eine Liebe dauert nicht nur länger, sondern bringt erst wahre Dauer und Beständigkeit in unser Dasein. Ein Affekt dagegen vermag solches nicht. Weil die Leidenschaft uns ins Wesen zurücknimmt, in seine Gründe befreit und lockert, weil die Leidenschaft zugleich der Ausgriff in die Weite des Seienden ist, deshalb gehört zur Leidenschaft – gemeint ist: zur großen – das Verschwenderische und Erfinderische, das Abgebenkönnen nicht nur, sondern das Abgebenmüssen und zugleich jene Unbekümmertheit darum, was mit dem Verschwendeten geschieht, jene in sich ruhende Überlegenheit, die den Willen kennzeichnet.«[37]

---

37 | Martin Heidegger: Nietzsche, Bd. 1, S. 50f. Diese in sich ruhende Überlegenheit hat einen Vorläufer in Schellings Hinweis auf das, was als »frei« verstanden werden muss: »denn frei ist, was nur den Gesetzen seines eignen Wesens gemäß handelt und von nichts anderem weder in noch außer ihm bestimmt ist.« (Friedrich Wilhelm Josef Schelling: »Philosophische Untersuchungen über das Wesen der menschlichen Freiheit und die damit zusammenhängenden Gegenstände [1809]«, Hamburg: Meiner 1997, S. 56) Die Thematisierung der schellingschen Freiheit als Freiheit des Guten und des Bösen erfolgt bei Heidegger (vgl. Martin Heidegger: Schelling: Vom Wesen der menschlichen Freiheit [1809], GA, Abt. II, Bd. 42; Ders.: Die Metaphysik des deutschen Idealismus. Zur erneuten Auslegung von Schelling: Philosophische Untersuchungen über das Wesen der menschlichen Freiheit und die damit zusammenhängenden Gegenstände [1809], GA, Abt. II, Bd. 49) unter der Voraussetzung einer Metaphysik des Bösen und der Liebe. Die schellingsche Zusammengehörigkeit des Guten und Bösen, der Liebe und des Bösen wird aus heideggerschem Blickwinkel zur Untrennbarkeit von Sein und Nichts. Die Transformation der Seinsfrage, die sich aus der Betrachtung der Abgründigkeit (des Nichts) des Seins ergibt, wird durch die Möglichkeit und effektive Realität des Bösen bei Schelling vorweggenommen. In diesem Kontext beschreibt Heidegger in Bezug auf Schelling die Gestalt des Guten als Weise der Entschiedenheit, die die gleichzeitige Gegenwart des Bösen vor allem dann zeigt, wenn die Entschiedenheit zum Guten in ihrer Entscheidung bis zu dem Punkt reicht, an dem sie sich ausgehend vom Absoluten selbst für dieses als solches entscheidet. Die höchsten Formen der Entschiedenheit sind für Heidegger im

Nur die »große Leidenschaft« gibt demnach Rechenschaft über die Besonderheit der Erschlossenheit des Gefühls oder der Befindlichkeit. Nur sie ermöglicht, dass sich der Wille als Entschlossenheit vollendet bzw. als jenes Gefühl, das »den Charakter des Eröffnens und des Offenhaltens und deshalb auch je nach seiner Art den des Verschließens hat.«[38] Das Gefühl, das eröffnet, ist also einmal mehr das Gefühl, das verschließt, das entschließt, das will. Doch die Modalität des Verschließens, die Weise, in der der Wollende ein bestimmt Gewolltes will, ist dem Wollen selbst nicht

---

Jahre 1936 der Enthusiasmus, der Heroismus und der Glaube. In der Beschreibung der Form des Heroismus zeigen sich alle Charakteristiken, die in der Beschreibung der »großen Leidenschaft« wiederkehren: »das klarste Wissen von der Einzigkeit des übernommenen Daseins; die längste Entschlossenheit, die Bahn dieses Daseins über ihren Scheitelpunkt zu bringen; die Sicherheit, die gegen die eigene Größe unempfindlich bleibt, und zuletzt und zuerst das Schweigenkönnen; nie jenes sagen, was der Wille eigentlich weiß und will.« (Martin Heidegger: Schelling: Vom Wesen der menschlichen Freiheit [1809], S. 272). Der Charakter der Entschiedenheit des Heroismus ist eine Variante der Annäherung an das Sein verstanden als Liebe bzw. der Perfektion des Absoluten. Diese Perfektion besteht darin, nur eine Sache wollen zu können und diese einzige Sache aus der Notwendigkeit seines eigenen Wesens heraus. Das Entschiedensein, verstanden als das Wesen der Liebe, wird, wie in Heideggers Analysen der nietzscheschen Schriften, der innerste Kern der absoluten Freiheit. Der begriffliche Schwerpunkt von Heideggers Verortung von Schelling und Nietzsche innerhalb der modernen Metaphysik des Willens kommt in dieser Thematisierung der Liebe als Entschlossenheit sicherlich beispielhaft zum Ausdruck. Der Wille als Liebe, erläutert Heidegger, bedeutet eigentlich »sich sammeln«, »zu-sich-selbst-kommen«, »sich-selbst-wollen«, »selbst-sein«.

Für eine umfassendere Thematisierung des Verhältnisses Heidegger-Schelling vgl. Valerio Verra: »Heidegger, Schelling e l'idealismo tedesco«, in: Archivio di Filosofia 42 (1974), »La filosofia della storia della filosofia. I suoi aspetti«, S. 51-71; Pietro De Vitiis: »Schelling secondo Heidegger«, in: Rivista di Filosofia Neoscolastica 67 (1975), S. 516-524; Costantino Esposito: Libertà dell'uomo e necessità dell'essere. Heidegger interpreta Schelling, Bari: Ecumenica Editrice 1988; Wayne J. Froman: »Schelinng's Treatise on the ›Essence of Human Freedom‹ and Heidegger's Thought«, in: International Philosophical Quarterly 30 (1990), S. 465-489.

38 | Martin Heidegger: Nietzsche, Bd. 1, S. 63.

fremd, ebenso wie in *Sein und Zeit* der Entschluss und der Entschlossene nichts anderes als die Entschlossenheit selbst waren: »Wenn der Wille aber ist: Über-sich-hinaus-Wollen, so liegt in diesem Über-sich-hinaus, daß der Wille nicht einfach über sich hinweggeht, sondern sich mit in das Wollen hineinnimmt. Daß der Wollende sich in seinen Willen hinein will, das besagt: im Wollen wird das Wollen selbst und in eins damit der Wollende und das Gewollte sich offenbar.«[39] In dieser Zusammengehörigkeit von Gewolltem, Wollenden und Wollen erkennt Heidegger das Wesen des Willens. Im Jahre 1937 ist das Wesentliche des Willens jene Entschlossenheit, die in *Sein und Zeit* für die Möglichkeit einer authentischen Zeitlichkeit stand, als Erschließung durch das Verstehen des eigenen Gestimmtseins.

Insofern präsentiert der nietzscheanische Wille zur Macht in der Interpretation Heideggers den Aspekt, der 1927 durch die drei Grundbestimmungen der Erschlossenheit charakterisiert wurde. »Im Wesen des Willens, in der Ent-schlossenheit, liegt, daß er sich selbst sich erschließt, also nicht erst durch ein dazukommendes Verhalten, durch ein Beobachten des Willensvorganges und ein Nachdenken darüber, *sondern der Wille selbst hat den Charakter des eröffnenden Offenhaltens*.«[40]

Diese in den drei untersuchten Textgruppen durchgängig zu konstatierende Verschiebung der Thematisierung der *Entschlossenheit* auf die Ebene des Willens zur Macht, der zuletzt nicht mehr ausdrücklich als Wesenswille verstanden wird, sondern als Gefühl, das in der großen Leidenschaft wohl am deutlichsten zum Ausdruck kommt, hätte eine andere Auseinandersetzung zwischen Heidegger und Nietzsche eröffnen können. Die Dimension der großen Leidenschaft, die nur ein anderer Name ist für das, was Nietzsche als »großen Stil«[41] bezeichnet, erlaubt es, die Seinsverfas-

---

39 | Ebd.
40 | Ebd., kursiv R.C.
41 | Vgl. Friedrich Nietzsche: KGW, Bd. VI/2, VII, VIII. Zum »großen Stile« bei Nietzsche vgl. Georges Bataille: Sur Nietzsche, Paris: Gallimard 1973; Gilles Deleuze: Nietzsche et la philosophie; Jacques Derrida: Éperons. Les styles de Nietzsche; Sarah Kofman: Nietzsche et la métaphore, Paris: Payot 1972, S. 149ff.; Hideo Akiyama: »Nietzsches Idee des Großen Stils«, in: Nietzsche-Studien 3 (1974), S. 105-114; Alexander Nehamas: Nietzsche: Life as Literature, Cambridge (Mass.): Harvard University Press 1985; James J. Winchester: Nietzsche's aesthetic Turn. Reading Nietzsche after Heidegger, Deleuze, Derrida, Albany: State University of New York Press 1994; Carlo Sini: Filosofia e scrittura, Rom-Bari:

sung einer Subjektivität als Falte zu denken, als ein Gefüge, dass nicht allein durch synthetisierende Entscheidungsprozesse entsteht, sondern durch Praktiken der Verschwendung und des Experimentierens.

Die Beschreibung des »großen Stils« stellt die gesamte Problematik des Willens zur Macht in den Kontext der Frage nach der Kunst. Die Thematisierung des Willens zur Macht als Kunst betrifft insbesondere die Bestimmung des Sensiblen bei Nietzsche.

Die Frage nach der Kunst bezieht sich bei Nietzsche nicht auf eine kulturelle Tatsache. In der Identifikation des Willens zur Macht mit der Kunst zeigt sich vielmehr die antinihilistische Tragweite der physiologischen Betrachtung des Kunstphänomens. Diese Definition wird von Heidegger durch eine in sechs Phasen unterteilte »Geschichte der Ästhetik« erläutert.[42] Die erste Phase markiert das Fehlen einer Ästhetik in der Zeit der großen griechischen Kunst. Die zweite Phase betrifft die Geburt der Ästhetik in Folge des Verfalls der großen Kunst und der großen Philosophie in der Zeit Platons und Aristoteles', die mit der Unterscheidung zwischen Stoff und Form einsetzt. Diese Unterscheidung war durch die platonische Betrachtung des Seienden hinsichtlich seines Aussehens (*eidos, idea*) begründet worden, die eine klare Entgegensetzung von *techne* und *physis* (das, was zwanglos aufgeht) mit sich brachte. Vor der Unterscheidung zwischen Form und Stoff stand die *techne* für den Versuch des Menschen, Stellung zu beziehen, sich inmitten des Seienden einzurichten. »Das Wesen der *techne* erfährt nun mit dem Aufkommen der Unterscheidung von Stoff und Form eine bestimmt gerichtete Auslegung und verliert die ursprüngliche und weite Bedeutungskraft«[43], sie steht im Bereich der Ästhetik schließlich immer mehr für die Herstellung schöner Dinge. Die dritte Phase ist dem Beginn der Ästhetik in der Neuzeit gewidmet, in der die Kunst zu einem kulturellen Phänomen wurde. Die vierte Phase beschreibt das absolute Ende der Kunst in der Moderne.[44] Auf diese Phase folgte im

---

Laterza 1994, S. 108ff.; Gianni Vattimo: »Nietzsche 1994«, in: aut-aut 265-266 (1995), S. 3-14.

42 | Martin Heidegger: Der Wille zur Macht als Kunst, S. 89-108; Ders.: Nietzsche, Bd. 1, S. 91-109.

43 | Martin Heidegger: Der Wille zur Macht als Kunst, S. 96; Ders.: Nietzsche, Bd. 1, S. 97.

44 | Hegels *Vorlesungen über Ästhetik* thematisieren die Kunst als »ein Vergangenes« (Georg Wilhelm Friedrich Hegel: Vorlesungen über die Ästhe-

19. Jahrhundert eine fünfte, in der Wagner mit dem »Gesamtkunstwerk« auf den Tod der Kunst zu reagieren versucht. Die letzte Phase ist durch Nietzsches Werk charakterisiert, das Wagners »verlogenes moralisierendes Christentum, vermischt mit Brunst und Taumel«[45] zurückwies und die antihegelianische Antwort des »Gesamtkunstwerks« durch eine »Physiologie der Kunst«, die er als Gegenbewegung zum Nihilismus verstand, radikalisierte: »Was Hegel hinsichtlich der Kunst aussprach – daß sie die Macht als maßgebende Gestaltung und Verwahrung des Absoluten eingebüßt habe – erkannte Nietzsche hinsichtlich der ›obersten Werte‹, Religion, Moral, Philosophie: das Ausbleiben und Fehlen der schöpferischen Kraft und Bindung in der Gründung des menschlich-geschichtlichen Daseins auf das Seiende im Ganzen.«[46] Zwischen der Kunst verstanden als Gegenbewegung zum Nihilismus und der Kunst, die als Gegenstand der Physiologie konzipiert wird, besteht laut Heidegger nur scheinbar ein Gegensatz. Stattdessen könne die Kunst als Gegenstand der Physiologie zum letzten Anzeichen des Nihilismus erklärt werden.

Heideggers Thematisierung der physiologischen Dimension der Kunst bei Nietzsche beginnt mit der Betrachtung des Rausches als ästhetischem Grundzustand und der Beschreibung des Dionysischen und Apollinischen als der beiden Weisen, in denen sich dieser ästhetische Zustand zeigt. In Bezug auf das Dionysische und Apollinische präzisiert Heidegger: »In seiner ersten Schrift ›Die Geburt der Tragödie aus dem Geiste der Musik‹ (1872) hat Nietzsche diesen Unterschied und Gegensatz entwickelt. Auch hier wird gleich zu Anfang der Unterschied des Apollinischen und Dionysischen zu den ›physiologischen Erscheinungen‹ von ›Traum‹ und ›Rausch‹ in Entsprechung gebracht.«[47] Die Auflösung der Entgegensetzung von Traum (das Apollinische) und Rausch (das Dionysische) setzt voraus, dass man versteht, was beiden gemeinsam ist bzw. was ihnen erlaubt ein ästhetischer Grundzustand zu sein: das Gefühl.

---

tik, Werke in zwanzig Bänden, Bd. 13, Frankfurt a.M.: Suhrkamp 1969ff., S. 23.

45 | Martin Heidegger: Der Wille zur Macht als Kunst, S. 104; Ders.: Nietzsche, Bd. 1, S. 106.

46 | Martin Heidegger: Der Wille zur Macht als Kunst, S. 107; Ders.: Nietzsche, Bd. 1, S. 108.

47 | Martin Heidegger: Der Wille zur Macht als Kunst, S. 115; Ders.: Nietzsche, Bd. 1, S. 116.

Durch eine klare Erläuterung des Begriffs des Gefühls gelingt es Heidegger aufzuzeigen, auf welche Weise Nietzsche die Kunst als physiologischen Gegenstand zu betrachten vermag: »Das Gefühl als das *Sichfühlen* ist gerade die Weise, wie wir leiblich sind; leiblich sein heißt nicht, daß einer Seele noch ein Klotz, genannt Leib, angehängt sei, sondern im Sichfühlen ist der Leib im vorhinein einbehalten in unser Selbst, und zwar so, daß er in seiner Zuständlichkeit uns selbst durchströmt. Wir ›haben‹ einen Leib nicht so, wie wir das Messer in der Tasche tragen; der Leib ist auch nicht ein Körper, der uns nur begleitet und den wir dabei zugleich, ausdrücklich oder nicht, als auch vorhanden feststellen. *Wir ›haben‹ nicht einen Leib, sondern wir ›sind‹ leiblich*. Zum Wesen dieses Seins gehört das Gefühl als das Sichfühlen. Das Gefühl leistet im vorhinein den einbehaltenden Einbezug des Leibes in unser Dasein.«[48]

Die Begrifflichkeit des Gefühls erinnert an die Argumentation aus § 29 in *Sein und Zeit*. Der Rausch als Gefühl ist die »Stimmung«, mit der der Mensch auf der Welt ist.

Aus der Kennzeichnung des Rausches als ästhetischem Grundzustand, als Stimmung, die in sich sowohl das Dionysische als auch das Apollinische umfasst, leitet Heidegger die »*Unumgänglichkeit des Rausches für die Kunst*«

---

48 | Martin Heidegger: Der Wille zur Macht als Kunst, S. 116f.; Ders.: Nietzsche, Bd. 1, S. 118, kursiv R.C. Heideggers Paraphrasierung von *Also sprach Zarathustra* ist unmittelbar zu erkennen: »Leib bin ich ganz und gar, und Nichts ausserdem; und Seele ist nur ein Wort für ein Etwas am Leibe.« (Friedrich Nietzsche: Also sprach Zarathustra, S. 35) Ich möchte an dieser Stelle die präzise Thematisierung der Leiblichkeit hervorheben, an deren Ende die Analyse des Willens zur Macht als Gefühl steht. Es handelt sich dabei um eine Dimension, die in der Existenzialanalyse von *Sein und Zeit*, abgesehen von dem Verweis auf die »Räumlichkeit des In-der-Welt-seins« (§ 23), ganz fehlt. Als ihn Medard Boss an Sartres Vorwurf erinnert, dass die leibliche Dimension in *Sein und Zeit* fehle (»Andere nahmen den Vorwurf von Jean Paul Sartre auf, der sich darüber wunderte, daß Sie im ganzen *Sein und Zeit* nur sechs Zeilen über den Leib geschrieben haben.«), antwortet Heidegger in den Zollikoner Seminaren: »Sartres Vorwurf kann ich nur mit der Feststellung begegnen, daß das Leibliche das Schwierigste ist und daß ich damals eben noch nicht mehr zu sagen wußte.« (Vgl. Martin Heidegger: Zollikoner Seminare, S. 292ff.) Es ist nicht auszuschließen, dass Heideggers Entdeckung der philosophischen Bedeutung des Leibes mit seiner intensiver werdenden Auseinandersetzung mit Nietzsche eng verbunden ist.

ab.⁴⁹ Die Notwendigkeit des Rausches für die Kunst wird anhand der nietzscheanischen Bestimmung des »Schönen« erklärt. Heidegger gesteht zu, dass man auf Anhieb versucht sei, Nietzsches Begriff des Schönen mit der Kritik an Kants Analytik des Schönen, die Schopenhauer im dritten Buch von *Die Welt als Wille und Vorstellung* entwickelt, in Zusammenhang zu bringen. Diese Kritik bezieht sich auf die Bestimmung des Schönen als des Interesselosen. Heideggers Ansicht nach verdeutlicht diese Interpretation nicht, dass der Ausdruck »ohne alles Interesse« als »freie Gunst« zu verstehen ist, dank derer der schöne Gegenstand ans Licht kommt. Er selbst betont deshalb, dass die kantische Konzeption des Schönen, als Gegenstand der freien Gunst, in einem gewissen Einklang steht mit Nietzsches Konzeption des Schönen, insofern es als gemessene Bestimmtheit, als maßgebliches Element, das es erlaubt, sich über sich selbst zu erheben, begriffen wird. In diesem Sinne ist Nietzsches Ästhetik für Heidegger eine Ästhetik der Schöpfung, das rauschhafte Hervorbringen des Schönen im Werk, sowohl seitens derer, die das Kunstwerk schaffen als auch seitens derer, die es betrachten und wahrnehmen. In *Götzendämmerung* wird diese Schöpfung mit dem Vorgang des »Idealisierens« verglichen.⁵⁰ »Die Form bestimmt und umgrenzt erst den Bereich, in dem der Zustand der steigenden Kraft und der Fülle des Seienden sich selbst erfüllt. Die Form begründet den Bereich, in dem der Rausch als solcher möglich wird. Wo Form als höchste Einfachheit der reichsten Gesetzlichkeit waltet, da ist Rausch. Der Rausch meint nicht das nur aufschäumende und durcheinanderbrodelnde Chaos, die Trunkenboldigkeit des bloßen Sichgehenlassens und Taumels. Wenn Nietzsche ›Rausch‹ sagt, hat dieses Wort bei ihm den entgegengesetzten Klang und Sinn zu dem, was Wagner damit meint.«⁵¹

Nietzsche thematisiert die Form nicht vom Kunstwerk her. Deshalb bezieht sich das, was er »Formgesetzlichkeit« nennt nicht auf das Kunstwerk, sondern auf die reine »*Lebenszuständlichkeit*«. Nietzsches Weg führt vom »Idealisieren« zur Form als der Lust am Geordneten, als Grundbedingung des physiologischen Lebens. Zwei subjektive Bestimmungen bilden

---

49 | Martin Heidegger: Der Wille zur Macht als Kunst, S. 123; Ders.: Nietzsche, Bd. 1, S. 125.

50 | Friedrich Nietzsche: Götzendämmerung oder Wie man mit dem Hammer philosophiert, KGW, Bd. VI/3, S. 110.

51 | Martin Heidegger: Der Wille zur Macht als Kunst, S. 138f.; Ders.: Nietzsche, Bd. 1, S. 140f.

die tragenden Säulen der nietzscheanischen Ästhetik: der Rausch und die Schönheit. Sogar Kants Ästhetik sei aufgrund ihres vermeintlichen Subjektivismus in die Fänge des modernen Subjekts verwickelt geblieben. Heideggers Absicht geht in eine ganz andere Richtung: »Trotz allem müssen wir auch bei Nietzsche, über ihn hinaus, das Wesentliche ausdrücklicher machen. Der Rausch als Gefühlszustand sprengt gerade die Subjektivität des Subjekts. Im Gefühl-haben für die Schönheit ist das Subjekt über sich hinaus gekommen, also nicht mehr subjektiv und Subjekt. Umgekehrt: [...] Die Schönheit durchbricht den Kreis des weggestellten, für sich stehenden ›Objekts‹ und bringt dieses in die wesenhafte und ursprüngliche Zugehörigkeit zum ›Subjekt‹. Schönheit ist nicht mehr objektiv und Objekt. Der ästhetische Zustand ist weder etwas Subjektives noch etwas Objektives.«[52] Diese Überwindung des Subjektiven und des Objektiven verwirklicht sich in der Betrachtung der Kunst als »großer Stil«.[53] Allein im »großen Stil« gelangt die Kunst (der Wille zur Macht) zu ihrem Wesen. Als Maß, Ruhe und Strenge der Klassik, Vereinfachung, Abkürzung, Konzentration und höchstes Gefühl der Macht, erfüllt der »große Stil« die Bedingungen dafür, dass die Kunst die Gegenbewegung zum Nihilismus sein kann: »Kunst als Gegenbewegung zum Nihilismus soll aber doch einen Grund legen für die Ansetzung neuer Maße und Werte, also Rang, Unterscheidung und Entscheidung sein.«[54] Allein durch die Bestimmung des großen Stils, als Einheit der Wechselseitigkeit von Rausch und Schönheit, Schaffen-Empfangen und Form, ist es möglich, zu verstehen, dass die Kunst, verstanden als Gegenbewegung zum Nihilismus und die Kunst, die als Gegenstand der physiologischen Ästhetik konzipiert wird, notwendig zusammengehören, obwohl sie anfänglich so gegensätzlich erschienen. Diese Versöhnung macht deutlich, auf welche Weise Nietzsche die Kunst zur Bedingung des Lebens selbst machen kann: »Die Kunst des großen Stils ist die einfache Ruhe der bewahrenden Bewältigung der höchsten Fülle des Lebens. Zu ihr gehört die ursprüngliche Entfesselung des Lebens, aber gebändigt; die

---

52 | Martin Heidegger: Der Wille zur Macht als Kunst, S. 143f.; Ders.: Nietzsche, Bd. 1, S. 145.

53 | Martin Heidegger: Der Wille zur Macht als Kunst, S. 145-169; Ders.: Nietzsche, Bd. 1, S. 146-162.

54 | Martin Heidegger: Der Wille zur Macht als Kunst, S. 147; Ders.: Nietzsche, Bd. 1, S. 148.

reichste Gegensätzlichkeit, aber in der Einheit des Einfachen, die Fülle des Wachstums, aber in der Dauer des Langen und Wenigen.«[55]

Trotz dieser Absicht wird der exegetische Bruch, den Heidegger vollzieht, ihn in den nachfolgenden Jahren daran hindern, Nietzsche und den Nietzsche-Effekt im Deutschland der Zwischenkriegszeit auseinanderzuhalten.

Doch kehren wir noch einmal zum großen Stil zurück; er wird mit einer klassischen Geste in Verbindung gebracht, die nicht dem Klassizismus verfällt. Wenn man von Hölderlin absieht, so ist Nietzsche der erste, der das »Klassische« aus der »Mißdeutung des Klassizistischen und Humanistischen« befreit hat.[56] Die Klassizität von Nietzsches großem Stil besteht in der Einheit aus Chaos und Gesetz, dem *nomos* des Chaos: »nicht die bloße Bezwingung des Chaos in einer Form, sondern jene Herrschaft, die die Urwüchsigkeit des Chaos und die Ursprünglichkeit des Gesetzes widerwendig zueinander und gleich notwendig unter einem Joch gehen läßt: die freie Verfügung über dieses Joch [...]. Wo die freie Verfügung über dieses Joch das sich bildende Gesetz des Geschehens ist, da ist der große Stil; wo der große Stil ist, da ist die Kunst in der Reinheit ihrer Wesensfülle wirklich.«[57] Das Natürliche, auf das sich die physiologische Ästhetik

---

55 | Martin Heidegger: Der Wille zur Macht als Kunst, S. 148; Ders.: Nietzsche, Bd. 1, S. 148f. Es scheint beinahe so, als habe Heidegger die Gefahr der Entfaltung von Nietzsches Willen zur Macht verspürt, die einem strengen Paradigma folgt, das gleichzeitig poietisch, formgebend und vereinheitlichend ist. In der Thematisierung des Willens zur Macht als Kunst endet Heideggers Versuch, Nietzsche aus den Missdeutungen der Epoche zu befreien, damit, dass er die nietzscheschen Texte vor allem im Sinne der von Baeumler, Spengler und Jünger vorgelegten Interpretationen verdreht. Heidegger selbst betont: »*Es bedarf einer großen Spannweite des Denkens und eines freien Hinwegsehens über das Verhängnisvolle alles Zeitgenössischen in Nietzsche, um dem Wesenswillen seines Denkens nahe zu kommen und ihm nahe zu bleiben.*« (Ebd.)

56 | Martin Heidegger: Der Wille zur Macht als Kunst, S. 149; Ders.: Nietzsche, Bd. 1, S. 150.

57 | Martin Heidegger: Der Wille zur Macht als Kunst, S. 150; Ders.: Nietzsche, Bd. 1, S. 151. In der Thematisierung des »großen Stils« wird die begriffliche Reichweite der Auseinandersetzung zwischen Wagner und Nietzsche deutlich. Genauer gesagt, die Bestimmung des großen Stils impliziert tatsächlich nicht nur die Auseinandersetzung mit Wagners Musik, sondern mit der Musik im Allge-

bezieht, ist nicht das Natürliche des Klassizismus, also nicht das »Harmlo-

meinen. Dieses Verhältnis zwischen Musik und großem Stil wird im Manuskript von 1936/37 (GA, Abt. II, Bd. 43) im Vergleich zur veröffentlichten Überarbeitung aus dem Jahre 1961 ausführlicher besprochen. Dem Band 43 der Ausgabe von 1961 fehlen die Seiten 151-152, die das gesamte Zitat von Nietzsches Fragment 14[61] »›Musik‹ und der große Stil« aus dem Frühjahr 1888 (vgl. Friedrich Nietzsche: Nachgelassene Fragmente 1888-1889) enthalten; die Seiten 155-160, die sich auf die von Nietzsche vollzogene paradigmatische Transformation der Kunst beziehen, sowie die Anmerkungen zum Verhältnis von Musik und großem Stil. Die Nietzscheanische Kunst, verstanden als *stimulans* des Lebens, ist nicht die bloße Umkehrung der schopenhauerschen Ästhetik. Vielmehr impliziert diese Umkehrung die Umwandlung der Kunst als Emblem für die Schaffung des Gesetzes. Im Vergleich zur überarbeiteten Ausgabe von 1961, wird Nietzsches Umwandlung der Kunst in der Vorlesung von 1936/37 sehr viel deutlicher hervorgehoben als die Umkehrung von Schopenhauers Ästhetik. Was die Musik betrifft, so stellt Heidegger klar, dass Nietzsche von der Musik her zur Meditation über die Kunst gekommen sei. Nicht etwa, weil er Wagner getroffen habe, vielmehr habe ihm sein bereits auf dem Wegsein zu einem bestimmten Fragen erlaubt, Wagner zu begegnen. Als er Wagner kennenlernte, war Nietzsches Denken tatsächlich schon auf die Unterscheidung zwischen Dionysischem (als *Rausch*) und Apollinischem (als *Gesetz*) ausgerichtet. In seiner Antwort auf die Nachfrage eines Studenten bezüglich des fehlenden Verweises auf Bach im Aphorismus 842 in *Der Wille zur Macht* betont Heidegger, dass der fehlende Verweis auf die Musik Bachs als Musik des großen Stils rein zufällig sei, da Nietzsche sehr wohl gewusst habe, wer Bach war (vgl. Friedrich Nietzsche: Ecce homo, »Warum ich so klug bin«, § 7). Die Musik Bachs ist für Heidegger die »Kunst der Fuge«, wobei Fuge sowohl für die musikalische Fuge steht, als auch für die Verbindungsstelle, das Gefüge. In diesem Zusammenhang zeigt sich, dass Heidegger Nietzsches Lektion über die Musik als großer Stil auf eine besondere Weise rezipiert hat, d.h. als Kompositionsgesetz. Die *Beiträge zur Philosophie*, Heideggers Hauptwerk, das bis 1989 unveröffentlicht blieb, aber in jenen Jahren verfasst wurde, präsentieren sich wie eine bachsche Fuge aus nietzscheschen Aphorismen. Auch die Vorlesung des Wintersemesters 1955/56 *Der Satz vom Grund*, die ausgehend von Heraklits Spiel der Thematisierung von Leibniz' Grundprinzip gewidmet ist, enthält einen langen Abschnitt aus einem Brief Mozarts, in dem auf die Komposition als *principium individuationis* der Zeit Bezug genommen wird (in Kapitel 3.3. habe ich auf die Möglichkeit hingewiesen, den Augenblick als Komposition zu deuten).

se«, das »von selbst sich Verstehende«, »das für eine scheinbar ungestörte und für sich gültige Menschenvernunft Berechenbare und Eingängliche«, sondern es ist jene natürliche Kraft, die die griechischen Tragiker *deimon*, das »Furchtbare« nannten.[58] In diesem Zusammenhang hatte Heidegger zuvor mit Rilkes Versen aus der *Ersten Duineser Elegie* betont: »Denn das Schöne ist nichts/als des Schrecklichen Anfang, den wir noch grade ertragen/und wir bewundern es so, weil es gelassen verschmäht,/uns zu zerstören.«[59] In hölderlinschen Tönen setzt Heidegger die Interpretation des »großen Stils« fort. Er hebt deutlich hervor, dass das unter ein Joch bringen nicht als Auslöschung des Chaos betrachtet werden darf, sondern als Urwüchsigkeit des Chaos zu verstehen ist und die Ursprünglichkeit der Gesetzgebung nicht mit einer formalen Regel verwechselt werden darf, sondern als sich bildendes Gesetz des Chaos verstanden werden muss.

Die Klassizität ist die Antithese zum Romantischen. Die romantische Kunst entspringt aus der Unzufriedenheit, aus der Entbehrung, aus dem »Von-sich-weg-wollen«: »Wollen aber ist seinem eigentlichen Wesen nach: sich-selbst-Wollen, ›sich‹ jedoch nie als das nur Vorhandene und gerade so Bestehende, sondern ›sich‹ als das, was erst werden will, was es ist. Eigentliches Wollen ist nicht ein Von-sich-weg, wohl aber ein Über-sich-hinweg, wobei in diesem sich-Überholen der Wille den Wollenden gerade auffängt und in sich mit hineinnimmt und verwandelt. Von-sich-weg-wollen ist daher im Grunde ein Nichtwollen. Wo dagegen der Überfluß und die Fülle, d.h. das sich entfaltende Offenbaren des Wesens sich selbst unter das Gesetz des Einfachen bringt, will das Wollen sich selbst in seinem Wesen, *ist Wille. Dieser Wille ist Wille zur Macht; denn Macht ist nicht Zwang und nicht Gewalt. Echte Macht ist noch nicht dort, wo sie sich nur aus der Gegenbewegung gegen das noch-nicht-Bewältigte aufrecht halten muß. Macht ist erst, wo die Einfachheit der Ruhe waltet, durch die das Gegensätzliche in der Einheit der Bogenspannung eines Joches aufbewahrt, d.h. verklärt wird.*«[60]

Nachdem er von der Bestimmung des Rausches als ästhetischer Grundstimmung zur Schönheit, die den Rausch ermöglicht, von der Schönheit

---

58 | Martin Heidegger: Der Wille zur Macht als Kunst, S. 150; Ders.: Nietzsche, Bd. 1, S. 151.

59 | Martin Heidegger: Der Wille zur Macht als Kunst, S. 135; Ders.: Nietzsche, Bd. 1, S. 137.

60 | Martin Heidegger: Der Wille zur Macht als Kunst, S. 167f.; Ders.: Nietzsche, Bd. 1, S. 161, kursiv R.C.

zu dem, was sie ins Maß setzt (Schaffen und Empfangen) und vom Schaffen zur Form überging, hat Heidegger im großen Stil das Wirklich-werden des Wesens der Kunst ausgemacht, in der Wechselseitigkeit von Rausch und Schönheit, von Schaffen, Empfangen und Form. Nachdem also die Begrifflichkeit des großen Stils geklärt ist, beginnt Heidegger die Grundthese zu erörtern, auf der die Identifikation des Willens zur Macht als Kunst, verstanden als Ausweg aus dem Nihilismus basiert. Es handelt sich dabei um die von Nietzsche behauptete Überlegenheit der Kunst gegenüber der Wahrheit.

Es geht zunächst darum zu begreifen, was man unter Wahrheit zu verstehen hat und in einem zweiten Schritt darum, was Nietzsche mit der Wahrheit anzeigen will. In der Geschichte der abendländischen Metaphysik hat man unter dem Begriff Wahrheit sowohl die »Allgemeingültigkeit« als auch »die Wesentlichkeit des Wesens in der historischen Wandelbarkeit« verstanden.[61]

Bezüglich dieser Tradition bestimmt Nietzsche die Wahrheit als »Wesentlichkeit des Wesens«. Indem er dasselbe Wesen der Wahrheit voraussetzt, das seit Platon die abendländische Entwicklung der Philosophie charakterisierte, hat Nietzsche für Heidegger die Erörterung des Wesens der Wahrheit ausgelassen. Die Erkenntnis als Angleichung ist Voraussetzung sowohl für eine platonische als auch für eine positivistische Auffassung von Wahrheit. Für den Platonismus gilt: »Das Erkennen ist vorstellendes Sichanmessen an das Übersinnliche.«[62] Für die positivistische Auffassung von der Wahrheit besteht die Erkenntnis im vorstellenden Sichanmessen an das Sinnliche. Heideggers Urteil zufolge ist Nietzsches Philosophie, von seinen Anfängen bis zur *Götzendämmerung* ein *umgedrehter Platonismus*[63], der in der Verkehrung der platonischen Hierarchie von Sinnlichem und Übersinnlichem besteht. Das Sinnliche, das vom Nichtseienden verschieden ist, wird hier einfach nur ein etwas, das, um seiend genannt zu

---

61 | Martin Heidegger: Der Wille zur Macht als Kunst, S. 178-181; Ders.: Nietzsche, Bd. 1, S. 172-174.
62 | Martin Heidegger: Der Wille zur Macht als Kunst, S. 184; Ders.: Nietzsche, Bd. 1, S. 177.
63 | Martin Heidegger: Der Wille zur Macht als Kunst, S. 187f.; Ders.: Nietzsche, Bd. 1, S. 180.

werden, sich am Übersinnlichen messen muss.⁶⁴ Das Sinnliche wird also in dieser Umdrehung das Wahre.

Nietzsches Verhältnis zum Platonismus muss aus der historischen Erfahrung des Nihilismus verstanden werden: »Die Grunderfahrung Nietzsches ist die wachsende Einsicht in die *Grundtatsache unserer* Geschichte. Diese ist für ihn der Nihilismus«⁶⁵, den er auf die Formel bringt: »Gott ist tot«. Nachdem die Wahrheit in der Umdrehung der platonischen Hierarchie von Sinnlichem und Übersinnlichem in der Epoche des Nihilismus als »Wahrheit der Erkenntnis« bestimmt wurde, kommt es nun darauf an, zu überprüfen, in welchem Maße die vermeintliche Überlegenheit der Kunst gegenüber der Wahrheit dieser Verkehrung des Platonismus, die als nihilistische Grunderfahrung der abendländischen Geschichte verstanden wird, eingeschrieben ist.⁶⁶

Der platonische Kontext der Bestimmung dessen, was wir Kunst nennen, führt Heidegger aus, steht in Beziehung zu den Begriffen *techne* (Kunst als die Fähigkeit zu etwas, als Wissen); *melete* (Kunst als Vermögen zur Ausführung) und *poiesis* (Kunst als Ergebnis eines Herstellens). Die Frage nach dem Verhältnis von Kunst und Wahrheit wird von Platon im *Staat*, im *Symposion* und im *Phaidros* gestellt. Im *Staat* wird die Kunst als *mimesis* bewertet, also von der Wahrheit (*idea*) unterschieden. Ihre Stellung im Staat bestimmt sich am Wesen und tragenden Grund des Staates und im Verhältnis zum Wissen von der Wahrheit. Die Distanz der Kunst zur Wahrheit kommt im Verweis auf drei Typen von »Herstellern« des Seienden zum Ausdruck: Gott, dem Handwerker und dem Maler. Jede dieser Figuren bringt im *Staat* das Seiende auf einer je unterschiedlichen Realitäts- also Wahrheitsstufe zum Ausdruck. Gott ist derjenige, der die Idee produziert, aus der die vielfältigen Dinge ihre Existenzberechtigung ziehen; der Handwerker könnte praktisch den Tisch bauen, doch wenn er nicht die Idee von einem Tisch hätte, so könnte er ihn auch nicht herstellen. Der Handwerker ist damit derjenige, der die Idee reproduziert; im Verhältnis zu seinem Schaffen kann der Maler sich nur darauf beschrän-

---

64 | Ebd.
65 | Martin Heidegger: Der Wille zur Macht als Kunst, S. 190; Ders.: Nietzsche, Bd. 1, S. 182, kursiv R.C.
66 | Martin Heidegger: Der Wille zur Macht als Kunst, S. 199f.; Ders.: Nietzsche, Bd. 1, S. 189-198.

ken, sie ein zweites Mal nachzuahmen.⁶⁷ Im *Staat* besteht also zwischen der Kunst und der Wahrheit kein Zwiespalt, sondern nur ein Abstand von qualitativer Art, eine einfache Unterordnung (die Wahrheit zählt mehr als die Kunst), insofern unter Zwiespalt keine »Kluft«, kein »Gegensatz« oder eine einfache »Entzweiung« gemeint ist⁶⁸: »Der Zwiespalt ist das Auseinanderklaffen von Zweien, die entzweit sind.«⁶⁹ Es handelt sich um eine Entzweiung von zweien, zwischen denen auch ein Einklag sein könnte, zwischen zweien, die derselben Sache zugehören und die sogar dieselbe Notwendigkeit und denselben Rang haben.

Dieser Zwiespalt wird von Platon im *Phaidros* thematisiert, in dem die Frage nach der Kunst in Bezug auf das Schöne abgehandelt wird: »Das Schöne wird im Umkreis der Kennzeichnung des Verhältnisses des Menschen zum Seienden als solchem erörtert.«⁷⁰ Der Mensch wird im *Phaidros* als das einzige Wesen betrachtet, das die Möglichkeit hat, sich auf das Seiende als solches zu beziehen. Das Verhältnis zum Seienden gestattet ihm sein Bezug zum Sein. Dennoch ist der Seinsblick des Menschen in den Leib gebannt. Er ist meistens getrübt und abhängig von dem Seienden, das ihm von Mal zu Mal zufällig begegnet. Nur das Schöne, das aufleuchtet und glänzt, ist fähig dazu, den Menschen aus seiner Verdunkelung mittels der bindenden Kraft dessen, was blendet, herauszuholen: »Sobald der Mensch sich in seinem Blick auf das Sein durch dieses binden läßt, wird er über sich hinaus entrückt, so daß er gleichsam sich zwischen sich und dem Sein erstreckt und außer sich ist. Dieses Über-sich-hinweg-gehoben- und vom Sein selbst Angezogenwerden ist der *Eros*. Nur soweit das Sein in bezug auf den Menschen die ›erotische‹ Macht zu entfalten vermag, nur so weit vermag der Mensch an das Sein selbst zu denken und die Seinsvergessenheit zu überwinden. [...] Das Schöne ist jenes, was am unmittelbarsten auf uns zukommt und uns berückt. Indem es uns als Seiendes trifft, entrückt es uns zugleich in den Blick auf das Sein. Das Schöne ist dieses in sich Gegenwendige, das in den nächsten Sinnenschein sich einläßt und

---

67 | Martin Heidegger: Der Wille zur Macht als Kunst, S. 209-230; Ders.: Nietzsche, Bd. 1, S. 198-217.
68 | Martin Heidegger: Der Wille zur Macht als Kunst, S. 233f.; Ders.: Nietzsche, Bd. 1, S. 219f.
69 | Ebd.
70 | Martin Heidegger: Der Wille zur Macht als Kunst, S. 236f.; Ders.: Nietzsche, Bd. 1, S. 223.

dabei zugleich in das Sein forthebt: das Berückend-Entrückende. Also ist es das Schöne, was uns aus der Vergessenheit des Seins herausreißt und den Seinsblick gewährt.«[71] Im *Phaidros* gibt es demnach keinen Zwiespalt zwischen Wahrheit und Schönheit, sondern Einklang. Indem sie dem Sein Ausdruck verleihen, gehören Schönheit und Wahrheit zusammen, sie entzweien sich erst in dem Moment, in dem das Schöne zum Kunstgegenstand, d.h. zum Sinnlichen wird.

Die Abschweifung zum Einklang zwischen Schönheit und Wahrheit im *Phaidros* zielt darauf ab, das Spektrum der Fragen aufzuzeigen, die an das Verhältnis zwischen Kunst und Wahrheit anknüpfen und auf die historisch-ontologische Bedeutung der vermeintlichen Überlegenheit der Kunst bei Nietzsche zurückzukommen. In Wirklichkeit interessiert sich Heidegger einmal mehr für den Zusammenhang zwischen der *Seinsfrage* und dem Nihilismus, hier in der spezifischen Bestimmung des Zusammenhangs zwischen dem Sein und dem Sinnlichen. Obwohl die Analyse des *Phaidros* die Möglichkeit eines Einklangs der Schönheit mit der Wahrheit gezeigt hat, bleibt bei Platon jene Unterordnung des Sinnlichen unter das Übersinnliche bestehen, die im Verhältnis Kunst-Wahrheit hervortritt. Aufgrund der begrifflichen Haltung, die Nietzsche gegenüber dieser Hierarchie einnimmt, lässt sich einschätzen, inwiefern sein Verhältnis zum Platonismus als Umkehrung oder mindestens als ein erster Schritt zur

---

71 | Martin Heidegger: Der Wille zur Macht als Kunst, S. 227f.; Ders.: Nietzsche, S. 226ff. In gewisser Weise hatte Heidegger bereits in *Was ist Metaphysik?* die Frage nach dem Verhältnis zwischen dem Schönen und dem Sein gestellt und zwar in Bezug auf die Beziehung zwischen Liebe und Sein, wobei die Übertragung des Schönen in die Liebe im Zeichen des Lichts erfolgte. Das Schöne und die Liebe werden von Heidegger im Sinne Plotins als dasjenige aufgegriffen, das ein Licht wirft, das aus der blinden und indifferenten Identifikation einer Sache errettet, das Konsistenz zurückgibt, das die zugleich bindende und befreiende Kraft des Seins aufzwingt. Vgl. dazu »Zu einem Vers von Mörike. Ein Briefwechsel mit Martin Heidegger von Emil Steiger«, in: Cahier de l'Herne 45 (1983), S. 79-96. Auch die gesamte in *Der Ursprung des Kunstwerks* in Bezug auf das Verhältnis Kunst-Wahrheit abgehandelte Problematik findet ihre Inspiration in der Auseinandersetzung mit Nietzsche. Die Schlussfolgerungen bringen den Versuch zum Ausdruck, die Zusammengehörigkeit von Kunst und Wahrheit in der Schönheit, jenseits einer Unterordnung des Sinnlichen, zu denken: »So gehört das Schöne in das Sichereignen der Wahrheit.« (Ebd., S. 69)

Überwindung des Platonismus, der »Wurzel« des Nihilismus, interpretiert werden kann.

Heidegger zögert im Wintersemester 1936/37 nicht, anzuerkennen, dass sich Nietzsche im letzten Jahr seines philosophischen Schaffens tatsächlich vom Platonismus emanzipierte, wenngleich dieser Distanzierung der Wahn des Denkers folgte: »In der Zeit, als für Nietzsche die Umdrehung des Platonismus zu einer Herausdrehung aus ihm wurde, überfiel ihn der Wahnsinn.«[72]

Umsichtig fügt Heidegger hinzu, dass diese »Umdrehung« nicht durch die Zusammenstellung des Buches *Der Wille zur Macht* begriffen werden kann, da diesem Text eine chronologische Abfolge der Fragmente fehlt; stattdessen sei sie in einem Abschnitt der *Götzendämmerung* nachweisbar, der die Überschrift trägt »Wie die ›wahre Welt‹ endlich zur Fabel wurde«. Nietzsche lässt in diesem Text die sechs wichtigsten Kapitel der Geschichte des abendländischen Denkens auf prägnante Weise Revue passieren: (1) Die wahre Welt als Übersinnliches (platonische Auffassung der Wahrheit und konsequente Abwendung vom Sinnlichen); (2) die wahre Welt als Versprechen (das Christentum); (3) die wahre Welt als unerreichbare, unbeweisbare Welt, aber als Imperativ (Kant); (4) das Verschwinden der wahren Welt auf eine unkreative Weise (Positivismus); (5) die »wahre Welt« als unnötige, widerlegbare und deshalb abzuschaffende Idee (der erste Schritt auf Nietzsches philosophischem Weg: Die »wahre Welt« ist bereits schon kein nietzscheanischer Ausdruck mehr, deshalb steht er in Anführungszeichen. Aber es handelt sich immer noch um die Morgenröte oder den Morgen, es bleibt der Spalt zwischen oben und unten der platonischen Konstruktion); (6) jenseits der »wahren Welt« und der scheinbaren Welt. Kapitel VI, schreibt Heidegger, wurde von Nietzsche hinzugefügt, um die Notwendigkeit anzuzeigen, dass man über sich selbst, über die Verneinung des Übersinnlichen hinwegkommen muss. Die in den sechs Kapiteln umrissenen Metamorphosen der wahren Welt stehen auch für die korrelativen Metamorphosen des Menschen selbst. Im sechsten Kapitel wird deshalb die Antithese zwischen Übermensch und letztem Mensch eingeführt. Die große Gefahr, die Nietzsche bereits erahnte, besteht darin, dass es beim Morgen, beim letzten Menschen bleibt. Mit der wahren Welt fällt somit auch die scheinbare Welt. Man könnte meinen, alles fällt ins

---

[72] | Martin Heidegger: Der Wille zur Macht als Kunst, S. 251; Ders.: Nietzsche, Bd. 1, S. 233.

Nichts, doch Nietzsche will nicht das Nichts, er tendiert mit aller Kraft zur Überwindung des Nihilismus. Heidegger erklärt, worum es im Sinne Nietzsches geht: »Es gilt, den Weg zu einer neuen Auslegung des Sinnlichen, insgleichen die Übersteigerung des Übersinnlichen zu beseitigen.«[73] Der Ausweg aus dem Nihilismus »gelingt erst und nur dann, wenn das Obere überhaupt als solches beseitigt wird, wenn die vorgängige Ansetzung eines Wahren und Wünschbaren unterbleibt, wenn die wahre Welt – im Sinne des Ideals – abgeschafft wird.«[74] Der Schlüssel zum Verständnis einer neuen Auslegung des Sinnlichen bei Nietzsche findet sich in dem, was als ästhetischer Zustand schlechthin bezeichnet wurde, im Rausch. Er ist der Zustand, der dem Sinnlichen seine Form gibt und aus einer Perspektive wirkt, die jene Kräfte ausschließt, die seiner Steigerung entgegenwirken. Als »durchblickender Vorblick« hebt der Rausch eine Bestimmung des Wesens hervor, das als »perspektivisch und wahrnehmend«, als »sinnlich« verstanden wird.[75] Außerdem zeigt der Rausch, als Voraussetzung für jedes künstlerische Schaffen, dass die Kunst mehr als die Wahrheit dazu geeignet ist, das Gesetz der Existenz sichtbar werden zu lassen, insofern sie das perspektivische Wesen der Wirklichkeit enthüllt und die »Fixierung« der Wahrheit auf ideale Hypothesen demaskiert. Unter diesem Blickwinkel betrachtet dürfen, so Heidegger, Nietzsches Worte, »*die Wissenschaft unter der Optik des Künstlers zu sehn, die Kunst aber unter der des Lebens*«[76], nicht so interpretiert werden, als ginge es um eine »Verharmlosung« der Wissenschaft[77] mittels eines künstlerischen Bezugs auf das Leben, wie es in den Jahren 1909-1914 geschah. Der doppelte Verweis auf die Optik, in Bezug auf die Kunst und den Künstler, zeige einerseits, dass der perspektivische Charakter bereits zu einer wesentlichen Bestimmung des Seins

---

73 | Martin Heidegger: Der Wille zur Macht als Kunst, S. 260; Ders.: Nietzsche, Bd. 1, S. 242.

74 | Martin Heidegger: Der Wille zur Macht als Kunst, S. 251; Ders.: Nietzsche, Bd. 1, S. 233.

75 | Vgl. Martin Heidegger: Der Wille zur Macht als Kunst, S. 264; Ders.: Nietzsche, Bd. 1, S. 245.

76 | Martin Heidegger: Der Wille zur Macht als Kunst, S. 272; Ders.: Nietzsche, Bd. 1, S. 253.

77 | Der Begriff Wissenschaft wird hier so gebraucht, dass er mit dem Begriff der Wahrheit austauschbar ist.

wurde und andererseits, dass die Kunst (in der Gleichsetzung mit dem Künstler) als Schöpfung im großen Stil betrachtet werden müsse.[78]

Am Ende des Wintersemesters 1936/37, das der Thematisierung von Nietzsches Willen zur Macht als Kunst gewidmet ist, ist Heidegger geneigt, die platonische Umdrehung als Herausdrehung aus dem Platonismus, d.h. als Ausgang aus dem Nihilismus, zu interpretieren. Diese Deutung beruht auf einer neuen Bestimmung des Biologischen, die das Leben als Sein kennzeichnet: »›Leben‹ meint hier weder das nur tierische und pflanzenhafte Sein, noch aber auch jenen unmittelbar greiflichen und dringlichen Umtrieb des Alltags, sondern ›Leben‹ ist der Titel für das Sein in der neuen Auslegung, der gemäß es ein Werden ist. ›Leben‹ ist weder ›biologisch‹ noch ›praktisch‹ gemeint, sondern metaphysisch. Die Gleichsetzung von Sein und Leben ist auch keine Übersteigerung des Biologischen, obzwar es oft so aussieht, sondern eine verwandelte Auslegung des Biologischen aus einem höher begriffenen Sein; dieses freilich unbewältigt im alten Schema: ›Sein und Werden‹«.[79]

In den *Beiträgen zur Philosophie* (§ 234) beharrt Heidegger auf die Frage: »*Die Frage nach der Wahrheit (Nietzsche)*«. Hier ist Nietzsche der letzte, der leidenschaftlich nach der Wahrheit gesucht hat. Dass er sich dazu bekannte, die Wahrheit abzulehnen, darf nicht zu der Annahme verleiten, er hätte sich die Frage nicht gestellt. Wie im Wintersemester von 1936/37 angesprochen, hat Nietzsche die Frage nach der Wahrheit aus der Nähe betrachtet, wenngleich er in vielerlei Hinsicht an (1) eine vitalistische Sicht (die Wahrheit als *Bestandsicherung* des Lebens), (2) eine platonische Thematisierung (Korrespondenz zwischen dem Sein als dem Beständigen und der Wahrheit als dem Übersinnlichen) und (3) eine aristotelische Bestimmung (die Wahrheit als Bestimmung des Denkens und Vorstellens) gebunden blieb.[80] In der Gleichsetzung der Wahrheit mit der Funktion der *Bestandsicherung* des Lebens, so dass sie das Leben »in seinen unüberholbaren Möglichkeiten« freigibt, sieht Heidegger »ein[en] Schritt in Nietzsches Denken, dessen Ausmaß wir noch nicht ermessen, weil wir ihm zu nah sind und deshalb gezwungen, alles zu sehr in *dem* Gesichtskreis (›des Le-

---

78 | Martin Heidegger: Der Wille zur Macht als Kunst, S. 272; Ders.: Nietzsche, Bd. 1, S. 253.
79 | Martin Heidegger: Der Wille zur Macht als Kunst, S. 273; Ders.: Nietzsche, Bd. 1, S. 253.
80 | Martin Heidegger: Beiträge zur Philosophie, S. 362.

bens‹) zu sehen, den Nietzsche im Grunde überwinden wollte. Umso notwendiger wird es für uns, ursprünglicher zu fragen und so gerade nicht in die Irrmeinung zu verfallen, das Fragen Nietzsches sei damit ›erledigt‹.«[81] Zweifellos birgt die Möglichkeit der Thematisierung von Nietzsches Wahrheit als »Wesung der Wahrheit« oder als »Da-Sein«, d.h. »inmitten der Lichtung des Sichverbergenden zu stehen und daraus Grund und Kraft des Menschseins zu schöpfen«[82] beträchtliche begriffliche Schwierigkeiten. Allerdings hat Nietzsche in der *Genealogie der Moral* auf die Frage »Was ist Wahrheit?« geantwortet, dass sie einerseits der Wille zur Macht als »Bestandssicherung« und somit Widerwille des Lebens sei; andererseits aber, als *Wille zum Schein*, die erhöhende Verklärung des Lebens. In der zweiten Bedeutung gelangt man von der Wahrheit als Bedingung zur Wahrheit als Wert, insofern die Entscheidung das Leben selbst angeht. Wenn aber erst einmal der Wille als ein Über-sich-hinaus Wollen gesetzt ist, dann wird die Wahrheit die Bedingung des Willens zur Macht: »Das Über-sich-hinaus, wenn nicht nur eine zahlenmäßige Steigerung, sondern Eröffnung und Gründung, verlangt die Offenheit des Zeit-Raums.«[83] Im Zusammenhang mit der Thematik der *Gründung* neigt Heidegger in den *Beiträgen zur Philosophie* also zu einem genealogischen Verständnis der nietzscheanischen Wahrheit als einem räumlich-zeitlichen Gefüge, in dem sich das Leben entfaltet. Heidegger erkennt demnach in Nietzsches Thematisierung des Verhältnisses von Kunst und Wahrheit nicht nur eine begriffliche Möglichkeit, aufgrund derer die Wahrheit im Horizont der Zugehörigkeit zu Sein und Zeit gedacht werden könnte, sondern er beschließt die Vorlesung von 1936/37 indem er Nietzsches Projekt des künstlerischen Schaffens (das hölderlinsche *Stiften*) als großen Stil aufgreift, mit dem man *Ja* sagt zum Sein: »Das Schaffen selbst aber gilt es nach der Ursprünglichkeit abzuschätzen, mit der es in das Sein hinabreicht, weder als bloße Leistung des einzelnen noch als Vergnügen für die Vielen. Das Schätzenkönnen, d.h. das Handelnkönnen nach der Maßgabe des Seins ist selbst das höchste Schaffen, denn es ist das Bereiten der Bereitschaft für die Götter, das Ja

---

[81] | Ebd., S. 363.
[82] | Ebd.
[83] | Ebd., S. 365.

zum Sein. ›Der Übermensch‹ ist der Mensch, der das Sein neu gründet – in der Strenge des Wissens und im großen Stil des Schaffens.«[84]

Die Schlussfolgerung ist ganz im Sinne Nietzsches: das Zusammentreffen im Schaffen, im Wirken und im Stiften der Freiheit und Notwendigkeit. Die damit verbundene Subjektivität ist als eine »Falte« zu denken, die geschichtlich bestimmend und zugleich bestimmt ist. Im Falten faltet sich der Stoff im Verhältnis zur Weite, zur Entschiedenheit, zur Begrenztheit und zur Anstrengung der Falte selbst. Ebenso bemerkt man – um auch die zuvor verwendete Metapher noch einmal aufzugreifen – wenn man das Meer aus der Nähe betrachtet, eine Unendlichkeit, die sich auf keine Wesenheit reduzieren lässt, selbst nach einem Sturm nicht, wenn das Meer in seiner unendlichen Weite ruhig und gleichmäßig erscheint und die Wellen abgeebbt sind. Man kann kaum sagen, ob das Meer eine Farbe hat. Tatsächlich hat es keine. Es hat nur die seines Grundes, jenes Grundes, der in Folge häufiger Stürme, wenn die Meeresoberfläche aufbricht, Ausschnitte seiner selbst sichtbar werden lässt.

Heideggers Auseinandersetzung mit Nietzsche hat jedoch nicht diesen Weg eingeschlagen. Es wäre interessant gewesen, hätte er auf seinem sich anschließenden Denkweg, in Erinnerung der nietzscheanischen Zerstö-

---

84 | Martin Heidegger: Der Wille zur Macht als Kunst, S. 274; Ders.: Nietzsche, Bd. 1, S. 254. In der Version der Gesamtausgabe (vgl. GA, Abt. II, Bd. 43, S. 274) erscheint eine weitere Erklärung zum nietzscheschen *Übermenschen*, die in der 1961 veröffentlichten Ausarbeitung der Vorlesung nicht abgedruckt ist. In aller Deutlichkeit betont Heidegger hier, dass sentimentale Träumer nicht zu begreifen vermögen, wer der »Übermensch« sei. Nur ein Wissen, das aus den ursprünglichen Gründen und Fragen kommt, sei in der Lage, die Wahrheit des »Übermenschen«, d.h. den sicheren Blick und die Entschlossenheit gegen die gefährlichen Kräfte des Nihilismus zu bewahren (»jene nämlich, die sich hinter dem bürgerlichen Kulturbetrieb und den künstlichen religiösen Erneuerungsbewegungen versteckt halten«). Er führt weiter aus: Die Wahrheit des nietzscheschen »Übermenschen« kann nicht von denen verstanden werden, die den innersten Grund leugnen, die Notwendigkeit des Schaffens nicht verspüren, weil es ihnen nicht gelingt, dem Wesentlichen auf den Grund zu gehen (»Das ist ein Zerstören-Müssen.«). Abschließend stellt Heidegger fest: Nietzsche gehört als derjenige, der das Wissen um den Tod Gottes mit dem Wissen um das Schicksal der Schaffenden zusammengedacht hat, nicht zu den Zeitgenossen, sondern zum Werden des Seins.

rung jeder Metaphysik, die Frage nach dem Sein ohne essentialistische Eindämmungen gedacht, doch dazu wäre eine andere Entwicklung notwendig gewesen, eine die sich den in der Auseinandersetzung »erschlossenen« Horizont angeeignet hätte.

6. Die ewige Wiederkehr als Denken der Krisis

Das größte Schwergewicht. Wie, wenn dir eines Tages oder Nachts ein Dämon in deine einsamste Einsamkeit nachschliche und dir sagte: ›Dieses Leben, wie du es jetzt lebst und gelebt hast, wirst du noch einmal und noch unzählige Male leben müssen; und es wird nichts Neues daran sein, sondern jeder Schmerz und jede Lust und jeder Gedanke und Seufzer und alles unsäglich Kleine und Große deines Lebens muß dir wiederkommen. [...] Die ewige Sanduhr des Daseins wird immer wieder umgedreht – und du mit ihr, Stäubchen vom Staube!‹ – Würdest du dich nicht niederwerfen und mit den Zähnen knirschen und den Dämon verfluchen, der so redete? Oder hast du einmal einen ungeheuren Augenblick erlebt, wo du ihm antworten würdest: ›du bist ein Gott und nie hörte ich Göttlicheres!‹ Wenn jener Gedanke über dich Gewalt bekäme, er würde dich, wie du bist, verwandeln und vielleicht zermalmen; die Frage bei allem und jedem: ›willst du dies noch einmal und noch unzählige Male?‹ würde als das größte Schwergewicht auf deinem Handeln liegen! Oder wie müßtest du dir selber und dem Leben gut werden, um nach nichts mehr zu verlangen als nach dieser letzten ewigen Bestätigung und Besiegelung?

Friedrich Nietzsche

6.1 Wiederholung und Augenblick als Entschlossenheit

In *Sein und Zeit* wird der Zusammenhang von Entschlossenheit und Augenblick der Zeitlichkeit der Wiederholung eingeschrieben, die sowohl mit Kierkegaard als auch mit Nietzsche gedacht wird. Das Schwanken zwischen den beiden Philosophen beschreibt Heideggers Anstrengung, den Augenblick als Zusammengehörigkeit der zeitlichen Ekstasen zu denken, ohne dabei

Nietzsches Antihegelismus vollständig zu akzeptieren, vielmehr zeigt sich eine stillschweigende Affinität zu den hegelschen Motiven Kierkegaards. Einerseits wird in § 62 in *Sein und Zeit* die Situation der Entschlossenheit durch eine Reihe von Aussagesätzen skizziert, die auf sehr nüchterne Weise den frenetischen Rhythmus nachahmen, in dem Nietzsche in *Die Fröhliche Wissenschaft* jene ›dämonische Erfahrung‹ des »ungeheuren Augenblicks« beschreibt, in dem unser Staub-Sein (das heideggersche Nichts-Sein), das uns unauslöschlich eingeschrieben ist, als Besiegelung unserer abgründigen *Macht* verstanden wird. Andererseits erscheint die Entschlossenheit im Gewand der kierkegaardschen Wiederholung, die im Unterschied zur Hoffnung[1] und zur Erinnerung[2], »ein unzerschleißbares Kleid [ist], das fest und doch zart anschließt, weder drückt noch schlottert.«[3]

Aus § 62 habe ich bereits die Akzentuierung der nietzscheanischen Verbindung des Willens mit der Freiheit zum Tode, die von Heidegger als Verknüpfung zwischen dem Vorlaufen und der Entschlossenheit eingeführt wird, betont, jedoch ohne in diesem Zusammenhang Kierkegaards Einmischung in Heideggers Begegnung mit Nietzsche in der Bestimmung des Seins zum Tode explizit darzustellen. Um dieser dreifachen Verflechtung treu zu bleiben, müsste ich behaupten, dass Heidegger sich in Bezug auf die Lehre vom Sein-zum-Tode zum Jünger Nietzsches macht, während der Philosoph von *Sein und Zeit*, wenn es darum geht, die Erfahrung des Todes mit der Erfahrung der Zukunft zusammenzubringen, zu Kierkegaard neigt.[4]

---

1 | »Die Hoffnung ist ein neues Kleid, steif und straff und glänzend, doch hat man es nie getragen, und weiß deshalb nicht, wie es einem stehen wird, oder wie es sitzt.« Vgl. Søren Kierkegaard: Die Wiederholung, Hamburg: Meiner 2000, S. 4.
2 | »Die Erinnerung ist ein abgelegtes Kleidungsstück, das, so schön es auch ist, doch nicht paßt, weil man aus ihm herausgewachsen ist.« (Ebd.)
3 | Ebd.
4 | Kierkegaard fragt sich: »Weshalb ist nie jemand von den Toten zurückgekehrt? Weil das Leben nicht zu fesseln versteht, wie der Tod es versteht, weil das Leben nicht die Überredungskunst hat, wie der Tod sie hat. Ja, der Tod überredet ganz ausgezeichnet, wenn man ihm nur nicht widerspricht, sondern ihn das Wort führen läßt, dann überzeugt er im selben Augenblick, so daß nie jemand ein Wort einzuwenden gehabt hat oder sich nach der Redegewandtheit des Lebens gesehnt hätte.« (Ebd., S. 49f.)

Kierkegaards im Augenblick gelebte Ewigkeit[5] wird bei Heidegger zur Zusammengehörigkeit der drei zeitlichen Ekstasen, angefangen beim Primat der Zukunft als Sein zum Tode. Bezüglich des Zusammenhangs zwischen Entschlossenheit und Augenblick unterstreicht Heidegger zunächst, dass beständig in der Entschlossenheit zu sein bedeutet sich in Gegenwart der ursprünglichen Wahrheit der Existenz zu befinden, für die das Dasein sowohl das »Enthüllen« als auch das »Enthülltsein«[6] ist. Dieses sich in Gegenwart der Wahrheit Halten impliziert in *Sein und Zeit*, was Heidegger 1939 Nietzsche nochmals vorhalten wird: »Zur Wahrheit gehört ein ihr je entsprechendes Für-wahr-halten. Die ausdrückliche Zueignung des Erschlossenen bzw. Entdeckten ist das Gewiß*sein*.«[7] Dieses Gewiss-sein verlangt ein Sich-halten, ein Sich-behaupten, ein Sich-aufhalten in der Erschlossenheit der Entschlossenheit.

In der Vorlesung des Sommersemesters 1939 schlägt Heidegger das Begriffspaar Entschlossenheit-Wahrheit erneut als Verbindung des Willens zur Macht mit der Wahrheit vor. Dieser Ansatz kommt bereits im Titel zum Ausdruck, unter dem die Auseinandersetzung mit Nietzsche in dieser Vorlesung steht (»Nietzsches Lehre vom Willen zur Macht als Erkenntnis«). Wenn man den Spuren von Heideggers eigener Interpretation seiner Auseinandersetzung mit Nietzsche folgt, so scheint mir, dass die vorgeschlagene Erklärung des Willens zur Macht aus der Wahrheit[8] eher jenem Denkweg nachgeht und Beachtung schenkt, den er in *Sein und Zeit* und noch weit in die dreißiger Jahre hinein verfolgte, und weniger der komplexen Entmystifizierung der Wahrheit, die in Nietzsches Schriften ins Werk gesetzt wird. Da ich mich in diesem Zusammenhang mit der Bestimmung der Wahrheit

---

5 | Vgl. in Kierkegaards *Die Wiederholung* wie z.B. in der Erfahrung der Liebe die Ewigkeit in die Gegenwart zurückfließt.

6 | Vgl. Martin Heidegger: Sein und Zeit, S. 307.

7 | Ebd.

8 | »Unser Vorhaben bleibt, Nietzsches einzigen Gedanken vom Willen zur Macht zu denken und das zunächst auf dem Wege der Besinnung auf das Wesen der Erkenntnis. Wenn Erkenntnis nach Nietzsche Wille zur Macht ist, dann muß bei einer hinreichend klaren Einsicht in das Wesen der Erkenntnis auch das Wesen des Willens zur Macht aufleuchten. Erkenntnis aber gilt als Erfassen des Wahren. Die Wahrheit ist das Wesentliche an der Erkenntnis. Demnach muß das Wesen der Wahrheit auch unverhüllt das Wesen des Willens zur Macht zeigen.« (Martin Heidegger: Nietzsche, Bd. 1, S. 508.)

nur in Bezug auf ihre spezifische Bedeutung innerhalb der Bewegung der Wiederholung, entsprechend ihrer Beschreibung in § 62 in *Sein und Zeit*, beschäftigen möchte, werde ich ausschließlich auf den wahrscheinlich durch Nietzsche geprägten Ausdruck »Für-wahr-halten« aus Heideggers Text von 1927 und seine Neubestimmung im Jahre 1939 eingehen.

Die Analyse von 1939 konzentriert sich auf ein Fragment aus dem Frühjahr-Herbst 1887[9], das Heidegger buchstäblich Absatz für Absatz durchgeht. Er unterstreicht vor allem, dass für Nietzsche die Wahrheit eine »Illusion«, einen »Irrtum« und dergestalt einen »Wert« darstelle. Er betont nicht, dass diese nietzscheanische Semantisierung der Wahrheit als »Illusion-Wert« in den begrifflichen Kontext einer hermeneutischen Untersuchung und eines historisch-lebensphilosophischen Horizonts gehört, von dem aus die spezifische nietzscheanische Bestimmung des Werts erst verständlich wird; stattdessen betont er deren Verortung innerhalb der abendländischen Metaphysik des Vorstellens. Nietzsche markiert für Heidegger den Extrempunkt auf der historischen Parabel des Abendlandes. Diese nahm ihren Ausgang bei Platon. Im weiteren Verlauf der Parabel sei die Wahrheit zu einer Illusion geworden, ihre Gültigkeit stehe im Zusammenhang mit der Fähigkeit zur Lebenserhaltung. Nietzsche habe an der Auffassung, die Wahrheit sei die Richtigkeit des Vorstellens, auch im Falle des Irrtums, festgehalten. Die Wahrheit als einen notwendigen Irrtum auszuweisen, habe für ihn demnach nicht bedeutet, den endgültigen Zerfall der Vorstellung zu denken, sondern sie auf einen »Glauben«, ein »Für-wahr-halten« zu beschränken.[10]

---

9 | »*»Die Wertschätzung‹ ›ich glaube, daß Das und Das so ist‹* als *Wesen* der ›*Wahrheit*‹. In den Wertschätzungen drücken sich *Erhaltungs-* und *Wachstums-Bedingungen* aus. Alle unsere *Erkenntnisorgane* und *Sinne* sind nur entwickelt in Hinsicht auf Erhaltungs- und Wachstums-Bedingungen. Das *Vertrauen* zur Vernunft und ihren Kategorien, zur Dialektik, also die *Wertschätzung* der Logik, beweist nur die durch Erfahrung bewiesene *Nützlichkeit* derselben für das Leben: *nicht* deren ›Wahrheit‹. Daß eine Menge *Glauben* da sein muß; daß *geurteilt* werden darf; daß der Zweifel in Hinsicht auf alle wesentlichen Werte *fehlt*: – das ist Voraussetzung alles Lebendigen und seines Lebens. Also daß etwas <u>für wahr gehalten</u> werden *muß*, ist notwendig, – *nicht*, daß etwas wahr *ist*.« (Friedrich Nietzsche: Nachgelassene Fragmente 1885-1887, Frag. 9 [38], Unterstreichung R.C.).

10 | Vgl. Martin Heidegger: Der Wille zur Macht als Kunst, S. 458; Ders.: Nietzsche, Bd. 1, S. 514.

In *Sein und Zeit* verweist der nietzscheanische Ausdruck »Für-wahrhalten«, dem Heidegger durch seine Übertragung in das ontologische Register der Existenzialanalyse eine negative Bedeutung zukommen lässt, auf das Sich-halten in dem, was die Entschlossenheit erschließt. Während für Nietzsche das »Für-wahr-halten« die Bedingungen der historischen Möglichkeiten des Lebens beschrieb, steht bei Heidegger dieses Sich-halten für die eigentliche Möglichkeit der Zurücknahme in die Entschlossenheit. »Die Gewißheit des Entschlusses bedeutet: *Sichfreihalten für* seine mögliche und je faktisch notwendige *Zurücknahme*. Solches Für-wahr-halten der Entschlossenheit (als Wahrheit der Existenz) lässt jedoch keineswegs in die Unentschlossenheit zurückfallen. Im Gegenteil: dieses Für-wahr-halten als entschlossenes Sich-frei-halten für die Zurücknahme ist die *eigentliche Entschlossenheit zur Wiederholung ihrer selbst.*«[11]

Heidegger beschreibt diese Wechselbeziehung zwischen Wiederholung und Entschlossenheit im Kontext des Übergangs von der Existenzialanalyse zur Fundamentalontologie als Beschreibung der Zeitlichkeit. An diesem zentralen Punkt von *Sein und Zeit* geht es für Heidegger darum, auf jene existenziellen Phänomene hinzuweisen, die im Sinne Jaspers als Grenzsituationen verstanden werden, in denen die Zeit in ihrem *proprium* deutlich wird. In der Verknüpfung von Wiederholung und Entschlossenheit sucht Heidegger nach dem ›Eigennamen‹ der Zeit. Allein die Entfaltung der Zusammengehörigkeit der drei zeitlichen Ekstasen in der Dimension der eigentlichen Gegenwart kann in der Wechselseitigkeit von Wiederholung und Entschlossenheit die Zeit im eigentlichen Sinne benennen: »Die in der eigentlichen Zeitlichkeit gehaltene, mithin *eigentliche Gegenwart* nennen wir den *Augenblick.*«[12]

Mit der Verortung des Augenblicks (§ 68) zwischen der Freiheit zum Tode (§ 53) und Nietzsches dreigeteilter Betrachtung der Historie (§ 76) entscheidet sich Heidegger für Nietzsches Lehre und verwirft jene von Kierkegaard. Durch seine radikale Unterscheidung vom »Jetzt«, dadurch, dass er nicht die abgeleitete sondern die ursprüngliche Form der Zeit vorstellt, »trennt und schneidet«, »zerreißt« der Augenblick das Vorhandene.

---

11 | Martin Heidegger: Sein und Zeit, S. 307f.
12 | Martin Heidegger: Sein und Zeit, S. 338. Wenn sich die eigentliche Gegenwart durch ihre Offenheit und Entschlossenheit charakterisiert, so wird die uneigentliche Gegenwart als ein wesentlich »*augenblicklos-unentschlossene(s)*« Gegenwärtigen verstanden.

Als »Dekomposition der gegenwärtigen Präsenz« konstituiert der Augenblick »den Einbruch der Zeitlichkeit«[13]. Der Augenblick ist, betont Heidegger, tatsächlich im aktiven Sinn der Ekstase zu verstehen, insofern er die »ekstatische Einheit« des sich in der Entschlossenheit gewollten und gehaltenen Daseins bestimmt. Die Differenz zu Kierkegaard ist eindeutig, Heidegger bringt sie in der Fußnote[14] deutlich zum Ausdruck: »Das Phänomen des Augenblicks kann *grundsätzlich nicht* aus dem *Jetzt* aufgeklärt werden.«[15] Das zeitliche Phänomen des »Jetzt«, aus dem die herkömmlichen Zeitauffassungen von Aristoteles bis Bergson begriffen wurden, betrifft die »Innerzeitigkeit«. Die Stellung des Augenblicks ist also im Vergleich zur ontischen Ebene der Ereignisse in ihrer alltäglichen Abfolge etwas vollkommen anderes. Vielmehr bildet der Augenblick selbst die Möglichkeit der Zeit: »›Im Augenblick‹ kann nichts vorkommen, sondern als eigentliche Gegen-wart läßt er *erst begegnen* was als Zuhandenes oder Vorhandenes ›in einer Zeit‹ sein kann.«[16]

Als Bedingung der Zeit wird der Augenblick zum Ursprung der Geschichte. Von der Zukunft her ist er die Zeitigung der eigentlichen Gewesenheit als Erwartung, in der der eigentliche Sinn der Wiederholung liegt: »Das eigentliche Gewesen-*sein* nennen wir die *Wiederholung*.«[17]

Die Fäden dieser Bestimmung des Augenblicks, die in § 62 und § 66 als augenblickliche Bewahrung der Gewesenheit ausgehend von der vorrangigen ekstatischen Erschlossenheit der Zukunft ausgelegt wurden, werden in § 74, d.h. anlässlich der Behandlung der Geschichtlichkeit als konkreteste Ausarbeitung der Zeitlichkeit zusammengeführt. Die Definition der Geschichtlichkeit, die in § 74 ausgehend von der augenblicklichen Bewahrung erfolgt, führt einerseits zurück auf Nietzsches Bedeutung der Geschichtlichkeit als Entfaltung des unzeitgemäßen Elements als desjenigen Elements, das auf der Schwelle zum Augenblick zu verweilen vermag; andererseits zur Wiederaufnahme des Unzeitgemäßen als Weltanschauung, von der sich Heidegger im Vortrag *Der Begriff der Zeit* (1924) distanziert hatte. Heidegger beabsichtigte keine thematische Ausarbeitung der Geschichtlichkeit auf der Ebene einer *Weltanschauung*. Allerdings kenn-

---

13 | Vgl. Henri Birault : Heidegger et l'expérience de la pensée, S. 12ff.
14 | Martin Heidegger: Sein und Zeit, S. 338.
15 | Ebd.
16 | Ebd.
17 | Ebd., S. 339.

zeichnet der Rückgriff auf Begriffe wie »Überlieferung«, »Erbschaft« und »Geschick«/»Schicksal« die Untersuchung der Zeitstruktur auf eine Weise, die eine scharfe Trennung der Analyse der Geschichtlichkeit von einer historischen Zeitdiagnose unmöglich erscheinen lässt. Bei der Thematisierung der Geschichtlichkeit zeigt Heidegger *malgré lui*, dass die phänomenologische Dimension der Analyse der Zeitlichkeit von ihrer historischen Konkretion nicht zu trennen ist. Die phänomenologische Beschreibung kann nur das Sagbare einer tatsächlichen historischen Situation ausdrücken. In ihrem Versuch, die transzendentalen Prinzipien der Existenzialanalyse aufzuzeigen, erfährt sich die Fundamentalontologie als historisch kontaminiert, sie ist auf diesem Gebiet durch die Auseinandersetzung mit Nietzsche notwendigerweise vorbelastet.

Die Darstellung der Geschichtlichkeit gerät in § 74 in die Fänge des »Geschicks«, der Historisierung der Gemeinschaft des Volkes, das im jasperschen Sinn im Kampf sich sein allgemeines Schicksal aneignet (»In der Mitteilung und im Kampf wird die Macht des Geschickes erst frei.«[18]). Die Zusammengehörigkeit von Schicksal und Augenblick, aus dem die Geschichte als Schicksal allererst hervorgeht, definiert sich somit allein in der Wiederholung des Sichüberliefems: »Das in der Entschlossenheit liegende vorlaufende Sichüberliefern an das *Da des Augenblicks* nennen wir Schicksal.«[19]

Die Nähe zu Nietzsche im Hinblick auf die Geschichtlichkeit als dem unzeitgemäß Möglichen und bezüglich des Augenblicks, der das Unzeitgemäße möglich macht, lässt bereits in § 74, noch vor der offen eingestandenen Affinität (§ 76), erkennen, dass das schwierige, teilweise von völligem Unverständnis geprägte Gespräch, misslingt. In diesem Paragraphen wird der nietzscheanische Augenblick der Erfüllung explizit in den Augenblick der Entschlossenheit übersetzt: »*Nur Seiendes, das wesenhaft in seinem Sein zukünftig ist, so daß es frei für seinen Tod an ihm zerschellend auf sein faktisches Da sich zurückwerfen lassen kann, das heißt nur Seiendes, das als zukünftiges gleichursprünglich gewesen ist, kann, sich selbst die ererbte Möglichkeit überliefernd, die eigene Geworfenheit übernehmen und augenblicklich sein für ›seine Zeit‹. Nur eigentliche Zeitlichkeit, die zugleich endlich ist, macht so etwas wie Schicksal, das heißt eigentliche Geschichtlichkeit möglich.*«[20] In

---

18 | Ebd., S. 384.
19 | Ebd., S. 386, kursiv R.C.
20 | Ebd., S. 385.

diesem Übergang zeigt sich die Verbindung Entschlossenheit-Augenblick also im Zusammenhang mit der Wiederholung als Überlieferung (»Die *Wiederholung ist die ausdrückliche Überlieferung*, das heißt der Rückgang in Möglichkeiten des dagewesenen Daseins.«[21]), die sich ihre Helden zu wählen weiß[22]. Diese Verknüpfung zwischen der augenblicklichen Wiederholung und der Möglichkeit, sich seine eigenen Helden zu wählen, bildet eine der Voraussetzungen für die Verbindung zwischen dem *Übermenschen* und Nietzsches Lehre von der ewigen Wiederkehr, die Interpretation der hölderlinschen *Halbgötter* und die Definition der *Zukünftigen* in den *Beiträgen zur Philosophie*.

Diese von der Überlieferung ausgehende Umschreibung des Augenblicks wird in Heideggers letzter, im Sommersemester 1928 in Marburg gehaltenen Vorlesung *Metaphysische Anfangsgründe der Logik* noch einmal aufgegriffen. Der Augenblick taucht hier im Zusammenhang mit der Rolle der geschichtlichen Erinnerung für die Struktur des Philosophierens auf. Die Philosophie kann für Heidegger nur ausgehend von einer geschichtlichen Erinnerung charakterisiert werden. Diese Erinnerung aber ist nur lebendig »im augenblicklichen Selbstverstehen und das heißt im eigenen freien, produktiven Ergreifen der Aufgabe, die die Philosophie in sich birgt«[23]. Heidegger greift zu Beginn der Vorlesung in seinem Vorschlag bezüglich einer Definition der Besonderheit der Philosophie auf die begrifflichen Ergebnisse, die in *Sein und Zeit* vollständig entwickelt wurden, zurück; diese waren jedoch bereits in der Habilitationsschrift 1915 antizipiert worden. In ihr war der Hinweis auf die philosophische Persönlichkeit Nietzsches im Zusammenhang mit der Beschreibung des zu schaffenden Verhältnisses zwischen der Philosophie und der Geschichte der Philosophie aufgetaucht.[24]

---

21 | Ebd.
22 | Ebd., S. 385.
23 | Martin Heidegger: Metaphysische Anfangsgründe der Logik, S. 10.
24 | Vgl. Kapitel 1.6. in diesem Band.

6.2 Der »schweigende Nebel« der Langeweile und der Augenblick der Entscheidung

> Das ›keine Zeit haben‹, das so aussieht
> wie der strengste Ernst,
> ist vielleicht die größte Verlorenheit
> an die Banalität des Daseins.
> *Martin Heidegger*

In der Vorlesung des Jahres 1929/30 fährt Heidegger mit der Erläuterung und Entwicklung der begrifflichen Ergebnisse, zu denen er in *Sein und Zeit* gekommen war, fort. Nachdem er bereits unmittelbar nach der Veröffentlichung im Sommersemester 1927[25] damit begonnen hatte, geht es für ihn im Wintersemester 1929/30 darum, den Nietzsche-Effekt sichtbar zu machen, der im Werk, das er der Beschreibung der Fundamentalontologie als Existenzialanalyse gewidmet hatte, in gewisser Weise noch maskiert war. Nietzsches zentrale Stellung innerhalb der Vorlesung, die Gadamer und Pöggeler[26] als Beginn der entscheidenden Intensivierung der heideggerschen Auseinandersetzung mit Nietzsches Philosophie betrachten, fügt sich in ein hochkompliziertes Begriffsgeflecht, das unter dem Einfluss einer offensichtlichen Faszination für den *Zarathustra* entstand: Philosophie als Metaphysik[27]; ihre Verknüpfung mit der Frage

---

25 | Vgl. Martin Heidegger: Die Grundprobleme der Phänomenologie.

26 | Zu Nietzsches besonderer Stellung innerhalb dieser Vorlesung vgl. Otto Pöggeler: »Den Führer führen? Heidegger und kein Ende«, in: Philosophische Rundschau 32 (1985), S. 26-67.

27 | Unter Metaphysik versteht Heidegger in dieser Vorlesung »ein Fragen, in dem wir in das Ganze des Seienden hineinfragen und so fragen, daß wir selbst, die Fragenden, dabei mit in die Frage gestellt, in Frage gestellt werden«, durch philosophische Begriffe, die als »Inbegriffe« aufgefasst werden.« (Martin Heidegger: Die Grundbegriffe der Metaphysik, S. 13, 36) Im Zusammenhang mit dem metaphysischen Erbe, an dem Heidegger in dieser Vorlesung weiter festhält, ist die Bestimmung des Seienden von Aristoteles' *physis* her, die ursprünglicher ist als die Begriffe Natur und Geschichte, besonders bedeutsam. Heidegger unterstreicht den doppelten, örtlichen und ontologischen Charakter der *physis* bei Aristoteles, bevorzugt aber selbst die kategoriale Bestimmung, die physis als »das sich selbst bildende Walten des Seienden im Ganzen« (ebd., S. 38). Eigentliches

nach der Zeit; die Verteidigung der Autonomie des Philosophierens, das nietzscheanisch als »Hämmern« des Begriffs verstanden wird[28]; die Wahl des Zeitfilters zur Interpretation der historischen Lage; das Hervortreten der Zeit aus der Analyse der *Stimmungen*, die als umhüllender »schweigender Nebel«[29] vorherrschend werden; die transzendentale Definition des menschlichen Seins durch die Unterscheidung vom tierischen Sein aufgrund der *Grundstimmungen*[30]; schließlich die Zusammenführung der

---

Philosophieren ist »das Fragen nach dem Seienden im Ganzen und in eins damit das Fragen nach dem Sein« (ebd., S. 50). Das eigentliche Philosophieren folgt der Metaphysik verstanden als Protophilosophie. Diese aristotelische Bestimmung der Metaphysik geriet im Mittelalter und in der Neuzeit auf Abwege. Heidegger stellt die drei Etappen des [überlieferten Metaphysik-Begriffs] als »Veräußerlichung«, »Verworrenheit« und »Problemlosigkeit« vor, er folgt damit der begrifflichen Auffassung von Metaphysik bei Thomas v. Aquin und Franz Suarez. Nach den mittelalterlichen und neuzeitlichen Missverständnissen habe allein Kant zum ersten Mal einen wirklichen Beitrag dazu geleistet, »die Metaphysik selbst zum Problem zu machen.« (Ebd., S. 33-88)

28 | Zu Beginn der Vorlesung präzisiert Heidegger, dass die Philosophie nicht von irgendeinem anderen aus, sondern nur aus sich selbst heraus und in sich selbst zu definieren ist; dass sie also ein »autonomes« und »letztes« Suchen ist. In Bezug auf dieses Suchen fügt er hinzu: »Wir kennen das noch gar nicht – diese elementare Bereitschaft für die Gefährlichkeit der Philosophie.« (Vgl. Martin Heidegger: Die Grundbegriffe der Metaphysik, S. 29). So gesehen kann die Philosophie nicht durch einen Vergleich mit der Kunst, der Religion oder der philosophischen Geschichtswissenschaft bestimmt werden. Indem Heidegger die Definition des Philosophischen über Umwege ablehnt, wiederholt er einerseits die »Anmaßung« des Denkens, die er im Namen Nietzsches im Sommersemester 1925 erhob, andererseits aber nimmt er die Töne vorweg, die er im Wintersemester 1936/37 in Bezug auf den Beginn seiner jahrzehntelangen Auseinandersetzung mit Nietzsche anschlagen wird. Doch bleiben wir im Jahre 1929/30, denn in dieser Abgrenzung der Philosophie gegenüber anderen Forschungsverfahren, akzeptiert Heidegger ein romantisches Vorurteil, das für die erste Phase von Nietzsches philosophischem Schaffen zentral ist (1869-1876): die Kunst als alleinige Schwester der Philosophie.

29 | Martin Heidegger: Die Grundbegriffe der Metaphysik, S. 115.

30 | Die Bestimmung des Menschen von seinen *Grundstimmungen* her befreit nicht aus der Zweideutigkeit, die zwischen der Menschheit und der Philosophie

menschlichen Entscheidung mit der eigentlichen Zeitlichkeit des Augenblicks. Im Versuch, die Entwicklung der Begrifflichkeit des Augenblicks zu verfolgen, die von der Wiederholung in *Sein und Zeit* bis zur ewigen Wiederkehr, als historischer Entscheidung in der Vorlesung *Nietzsches metaphysische Grundstellung im abendländischen Denken: Die ewige Wiederkehr des Gleichen* im Sommersemester des Jahres 1937 reicht, werde ich jene Elemente bevorzugt analysieren, die dazu bestimmt sind, in der thematischen Auseinandersetzung mit Nietzsche zusammenzufließen. Es wird also darum gehen, den Faden der historischen Analyse der Zeit (1. Die Langeweile als geschichtlicher Riss der Entgegensetzung von Apollo und Dionysos: Leben und Geist) mit demjenigen der hermeneutisch-phänomenologischen Analyse der Zeit, sowie den anthropologischen Voraussetzungen zu verbinden, mittels derer Heidegger sich die nietzscheanische Figur des *Übermenschen* aneignet (2. Das Ersticken in der Leere: die Langeweile).

6.2.1 Die Langeweile als geschichtlicher Riss

Der Übergang von der phänomenologischen Analyse der Zeit zur Analyse der historischen Lage erfolgt durch die Einführung des Gefühlszustandes der Langeweile. Sie wird als Figur vorgestellt, die die Ebene der Existentialanalyse mit der hermeneutischen Ebene zu verketten vermag. So sehr die Stimmung einerseits »zum Sein des Menschen gehört«[31], so sehr beschreibt sie andererseits die Art, in der Menschen miteinander sind[32]; sie gebe, so Heidegger, unserer Weise zu sein, den Ton an[33], sei eine Art Atmosphäre, »in die wir je erst eintauchten und von der wir dann durchstimmt

---

besteht: »Es wird dann erst deutlich, daß das Philosophieren jedem Menschen von Grund aus zu eigen ist, daß gewisse Menschen nur das merkwürdige Schicksal haben können oder müssen, für die anderen eine Veranlassung dafür zu sein, daß in diesen das Philosophieren erwacht.« (Martin Heidegger: Die Grundbegriffe der Metaphysik, S. 19)
31 | Martin Heidegger: Die Grundbegriffe der Metaphysik, S. 96.
32 | Ebd., S. 100.
33 | Ebd., S. 101.

würden.«[34] Durch den doppelten Status[35] der *Stimmung*[36] versichert sich Heidegger sowohl der Vorzeitigkeit der Stimmung, in der man sich befindet, als auch der menschlichen Fähigkeit, ihr entsprechend gestimmt zu sein: man kann die Stimmung, in der man ist, nur so feststellen, wie sie sich als Erfahrung im Seelenzustand konkretisiert, gleichzeitig aber kann man sie wecken; man kann wach machen, was schläft, man kann es wachwerden lassen[37]. Auf der Grundlage dieser heraklitisch-nietzscheanischen Anregung[38], bereitet sich Heidegger darauf vor, die ihm gegen-

---

34 | Ebd., S. 100.

35 | Mit dem doppelten Status der *Stimmung* beschäftigt sich Harita Valavanidis-Wybrands: »Stimmung et Passivité«, in: Exercices de la patience 3-4 (1982), S. 35-48. Er hebt hervor, dass das Denken in der Stimmung einer radikalen Veränderung unterworfen ist, die er der von Maurice Blanchot und Michel Foucault beschriebenen ›Macht des Draußen‹ gleichstellt.

36 | Die Unmöglichkeit den Begriff *Stimmung* zu übersetzen betonte auch Jean-Pierre Charcosset: »›Y‹. Notes sur la Stimmung«, in: Exercices de la patience, S. 49-63, in Anlehnung an die Arbeiten von Leo Spitzer: Classical and Christian Ideas of World Harmony. Prolegomena to an Interpretation of the Word »Stimmung«, Baltimore : The John Hopkins Press 1964 (insb. S. 5ff.); von Michel Haar: »La Pensée et le Moi chez Heidegger: les dons et les épreuves de L'Etre«, in: Revue de Métaphysique e de Morale 4 (1975), S. 446ff. und von Otto Friedrich Bollnow: Les Tonalité affectives, Neuchatel: La Baconnière 1953.

37 | Martin Heidegger: Die Grundbegriffe der Metaphysik, S. 91.

38 | Vgl. Heraklit, Frag. 1, 21, 26, in: Hermann Diels (Hg.): Die Vorsokratiker, Hamburg: Rowohlt 1957, S. 23, 25. Mit dieser Anregung, insbesondere mit dem Verweis auf das »trunkene Lied« aus dem *Zarathustra* beschließt Heidegger die Vorlesung von 1929/30. Bezüglich des Wachseins unterstreicht Heidegger die Gefährlichkeit des Entsetzens, die die »Seligkeit des Staunens« ausmacht – »jene wache Hingerissenheit, die der Odem alles Philosophierens ist, und was die Größten der Philosophen den Enthusiasmus nannten, den der Letzte der Großen – Friedrich Nietzsche – in jenem Lied Zarathustras gekündet hat, das er das ›trunkene Lied‹ nennt [...]: Oh Mensch! Gieb Acht!/Was spricht die tiefe Mitternacht?/›Ich schlief, ich schlief –,/›Aus tiefem Traum bin ich erwacht: –/›Die Welt ist tief,/›Und tiefer als der Tag gedacht./›Tief ist ihr Weh –,/›Lust – tiefer noch als Herzeleid:/›Weh spricht: Vergeh!/›Doch alle Lust will Ewigkeit –,/›– will tiefe, tiefe Ewigkeit!‹« (Vgl. Martin Heidegger: Die Grundbegriffe der Metaphysik, S. 531f.). Zur Affinität zwischen Nietzsche und Hölderlin vgl. den Beitrag von Sa-

wärtige Stimmung, die vom Seelenzustand der Langeweile geprägt ist, zu beschreiben: noch nicht in ihrer phänomenologischen Gestalt, sondern als geschichtlichen Riss des Verhältnisses zwischen dem Apollinischen und dem Dionysischen zugunsten eines apollinischen Zeitalters des Rationalismus. In der Verklärung des Verstandes erscheint der Untergang des Lebens als ein Verlust der zeitlichen Intensität und als Triumph des nivellierenden Kalküls. Die Abhandlung zur Langeweile wird durch den Verweis auf vier Interpretationen der historischen Krisensituation eingeführt, die, einer bestimmten Nietzsche-Darstellung folgend, die *Stimmung* der Zeit, in der Heidegger seine Vorlesung hält, beschreiben, wenngleich auf eine nicht ganz zufriedenstellende Art und Weise. Der Verweis auf diese Interpretationen, die als Variationen des nietzscheschen Gegensatzes vom Apollinischen und Dionysischen vorgestellt werden, verrät, dass Heidegger den Nietzsche-Auslegungen seiner Zeit eine besondere Aufmerksamkeit zukommen ließ, gleichzeitig wird immer deutlicher, in welchem besonderen Bereich seine Auseinandersetzung mit Nietzsche stattfindet. Die Interpretation von Nietzsches Dionysischem und Apollinischem ist in diesem Zusammenhang charakteristisch. Es handelt sich um eine im Wesentlichen politische Interpretation, in der das Verhältnis zwischen Hölderlin und Nietzsche vereinfacht wird.

Die erste nietzscheanische Zeitdiagnose, auf die sich Heidegger bezieht, stammt von Spengler. Für diese käme die aktuelle Lage im Schlagwort vom »Untergang des Abendlandes« zum Ausdruck, mit dem der Verlust des Lebens zugunsten des Geistes, verstanden als aufklärerische Vernunft, angezeigt wird.[39]

In der zweiten Interpretation der »heutigen Lage« zeigt sich der Niedergang des Lebens nicht als Vorhersage des Untergangs der Kultur durch den Geist, sondern als Absage an den Geist. Der Geist, der als Widersacher der Seele angesehen wird, verhindere das Leben völlig: »Befreiung vom Geist heißt hier: Zurück zum Leben! Leben wird aber hier genommen im Sinne des dunkelnden Brodelns der Triebe, was zugleich als der Nährboden des Mythischen gefaßt wird. Diese Meinung wird durch die Popularphilosophie

---

rah Kofman: »Nietzsche und die Dunkelheit des Heraklit«, in: Sigrid Bauschinger/Susan L. Cocalis/Sara Lennox (Hg.), Nietzsche heute. Die Rezeption seines Werkes nach 1968, Bern und Stuttgart: Francke Verlag 1988, S. 75-104.
39 | Martin Heidegger: Die Grundbegriffe der Metaphysik, S. 105ff.

von *Ludwig Klages* gegeben. Sie ist wesentlich bestimmt durch *Bachofen* und vor allem durch *Nietzsche*.«[40]

---

40 | Ebd., S. 105. Vgl. insbesondere Ludwig Klages: Der Geist als Widersacher der Seele, München-Bonn: Bouvier 1960 und Ders.: Die psychologischen Errungenschaften Nietzsches, Bonn: Bouvier 1977[4]. In der Nietzsche-Interpretation, die Klages in seiner psychologischen Metaphysik vorgelegt hat, findet man dieselbe technokratische und intellektualistische Kennzeichnung des Willens zur Macht, die nach 1939 in der Auslegung Heideggers auszumachen sein wird. Seine Einschätzung, wonach Nietzsches Philosophie eine Übergangsrolle zukommt, findet ihre Bestärkung in Klages' Werken; nach Klages zeichnet sich die nietzschesche Philosophie zwar einmal mehr durch die Anerkennung des Lebensflusses aus, allerdings im Hinblick auf einen erneuerten vitalistischen Sokratismus. Der psychologische Aufbau von *Der Geist als Widersacher der Seele* ließ die schwelende »geschichtliche« Thematisierung des Nihilismus, als Zeitalter der Herrschaft des Willens, in den Hintergrund geraten. Heidegger akzeptiert Klages' Diagnose des Willens zur Macht (vgl. dazu Federico Vercellone: Il nichilismo, Bari: Laterza 1992, S. 91ff.) und versucht sie von ihren psychologischen Verkrustungen zu befreien. In Bezug auf einen von Klages am 14. Mai 1919 im Bernouillianum der Universität Basel gehaltenen Vortrag und auf zentrale Teile seines Werkes *Die psychologischen Errungenschaften Nietzsches* scheinen mir in diesem Zusammenhang einige Hinweise angebracht, sie gelten der »biblischen Feierlichkeit« Zarathustras, die von Heidegger, wenngleich mit unterschiedlichen Akzentuierungen, beschworen werden wird (S. 16ff.); der Unmöglichkeit, die philosophische Figur Nietzsche auf die eines Dichters zu reduzieren (S. 208-216; ein anderer zentraler Aspekt der heideggerschen Nietzsche-Auslegung) und der Kennzeichnung des Nihilismus als Übergang vom Antiken zum Modernen, d.h. vom metaphysischen Primat der Seele zur modernen Vorherrschaft des Geistes. Der intellektualistischen Dialektik von Subjekt und Objekt hält Klages das erneuerte Vermögen der Seele entgegen, sie gilt ihm als Instanz, die fähig ist, dem rhythmischen Werden des kosmischen Lebens treu zu bleiben. In diesem Zusammenhang wird Nietzsche, als Vertreter einer auf den Geist gegründeten Philosophie, als eine intellektuelle Persönlichkeit betrachtet, die trotz der expliziten antichristlichen Erklärungen an die christliche Welt gebunden bleibt. Bedeutsam für Heideggers spätere Deutung ist, dass sich für Klages in der nietzscheschen Philosophie die Konvergenz von Metaphysik und Nihilismus als wichtigstes Ereignis der Herrschaft des Modernen realisiert. Als »Seelenforscher« hat Nietzsche die Schichtungen des Geistes in der Seele ausgelotet. In diesem Sinne ist der Wille

Die dritte Variante des Verhältnisses zwischen Dionysischem und Apollinischem, auf die verwiesen wird, ist diejenige Schelers, in der weniger die Gegenüberstellung von Seele (Leben) und Geist betont, als vielmehr der Ausgleich zwischen beiden gesucht wird.[41]

---

zur Macht das eindeutigste Beispiel für die Entfesselung der Hybris des Geistes (S. 158-175). Zur historischen und theoretischen Verortung Klages vgl. Armin Mohler: Die konservative Revolution in Deutschland 1918-1932, Darmstadt: Wissenschaftliche Buchgesellschaft 1994[4], S. 308 und George L. Mosse: The Crisis of German Ideology: Intellectual Origins of the Third Reich, New York: Grosset & Dunlap, 1964, S. 211f. Eine ausführliche Bibliographie zum Werk Klages findet sich bei Hans Kasdorff: Ludwig Klages – Werk und Wirkung. Kommentierte Bibliographie, Bd. 2, Bonn: Bouvier 1974. Von den philosophischen Interpretationen Klages möchte ich in diesem Zusammenhang auf folgende Arbeiten verweisen: Max Scheler: Die Stellung des Menschen im Kosmos, Bern: A. Francke 1962[6] und Karl Löwith: »Nietzsche im Licht der Philosophie von Ludwig Klages (1927)«, in: Sämtliche Schriften, Bd. 6, Stuttgart: Metzler 1986, S. 7-52.

41 | Martin Heidegger: Die Grundbegriffe der Metaphysik, S. 105f. Heideggers Anspielung auf Scheler in diesem Zusammenhang und die impliziten Verweise in der gesamten Vorlesung verraten mehr über eine Übereinstimmung der Ansichten, einen Dialog zwischen Heidegger und Scheler als aus etwaigen ausdrücklichen Erklärungen zu erfahren wäre. Schelers Rolle hinsichtlich der Bestimmung des Verhältnisses Leben-Geist ist vor allem in Bezug auf die Unterscheidung zwischen dem tierischen und dem menschlichen Leben wichtig. Noch der Nekrolog, den Heidegger im Sommersemester 1928 zu Schelers Tod hält (Martin Heidegger: Metaphysische Anfangsgründe der Logik, S. 62ff.), zeigt trotz wiederholter Distanzierungen, dass der Dialog zwischen beiden zuletzt intensiver geworden war und Heideggers Nietzsche ohne den christlichen Nietzsche von Scheler nur schwer zu verstehen ist.
Die schelersche Betrachtung des Lebens besteht in einer genauen Bestimmung der Stellung des Menschen im Kosmos. Gegenstand der Untersuchung ist »das Wesen des Menschen im Verhältnis zu Pflanze und Tier, ferner die metaphysische Stellung des Menschen« (Max Scheler: »Die Stellung des Menschen im Kosmos«, in: Späte Schriften, Bern: A. Francke 1976, S. 11). Im Leben der Pflanze erscheint das »Urphänomen des Lebens« als »Ausdruck«, allerdings ohne begleitende »Kundgebungsfunktionen«, die dagegen sowohl beim Tier als auch bei den Menschen präsent sind (ebd., S. 15). Scheler kritisiert insbesondere die Theorie des *homo faber*, die kein ausgezeichnetes Verhältnis des Menschen als solchem

Auch Leopold Zieglers Bemühungen galten der Überwindung des Kontrasts zwischen »Leben und Geist«. In seinem Buch *Der europäische Geist*

zum Weltgrund zulasse. Zwischen Mensch und Tier gebe es keinen einfachen graduellen Unterschied, dieser sei vielmehr eine »Wesenstatsache« (ebd., S. 31). Das Eigentliche des Menschen sei sein »Ideendenken«, zu dem eine bestimmt Art der »Anschauung« gehöre, die von Urphänomenen oder Wesensinhalten, sowie eine bestimmte Klasse *volitiver und emotionaler Akte*, wie Güte, Liebe, Reue, Respekt, Verwunderung, Seligkeit, Verzweiflung und die freie Entscheidung. »*Person*« bezeichnet bei Scheler das Aktzentrum, in dem der Geist innerhalb endlicher Seinssphären erscheint, »in scharfem Unterschied zu *allen funktionellen Lebenszentren*, die nach *innen* betrachtet auch ›seelische Zentren‹ heißen« (ebd., S. 32). Die wesentliche Charakteristik eines geistigen Wesens ist »*seine existenzielle Entbundenheit vom Organischen*« und damit von der Abhängigkeit vom »Leben« (ebd., 32). Beim Tier geht jede Handlung und Reaktion, auch die »intelligente« von einem physiologischen Zustand seines Nervensystems aus, mit dem auf der psychischen Seite Instinkte, Triebimpulse und sinnliche Wahrnehmungen verbunden sind. Ferner liegt alles, was das Tier in seiner Umwelt beobachten und auffassen kann, in den strengen Grenzen seiner *Umweltstruktur*. Dagegen sei das Verhalten eines Wesens, das Geist hat, vom *puren Sosein* der zum Gegenstand erhobenen Anschauungs- und Vorstellungskomplexe »motiviert«, unabhängig vom physiologischen und psychischen Zustand des menschlichen Organismus, von seinen Triebimpulsen und den sinnlichen Außenseiten der Umwelt (ebd., S. 33). Außerdem ist das menschliche Verhalten für Scheler durch den »Hemmungsakt« charakterisiert, der aus dem Zentrum des Geistes, der *Person*, vollzogen wird (ebd., S. 42). Im Vergleich zum Tier, das immer »ja« sagt zur konkreten Wirklichkeit – auch wenn es vor ihr zurückschreckt und sie flieht – ist der Mensch der »Neinsagenkönner«, der »*Asket des Lebens*«, der »ewige Protestant gegen alle bloße Wirklichkeit« (ebd., S. 44); ausgehend von seiner »Weltoffenheit«, der Fähigkeit der Umkehrung der Umweltmacht, vom Besitz der Ding- und Substanzkategorien (ebd., S. 36) und von der Fähigkeit, das Wesen vom Dasein zu unterscheiden (ebd., S. 42). »Der Mensch ist das X, das sich in unbegrenztem Maße ›weltoffen‹ verhalten kann.« (Ebd. S. 33) Das Tier hat dagegen keine Gegenstände, es lebt ekstatisch in seiner Umwelt, es hört und sieht, »aber ohne zu wissen, *daß* es hört und sieht« (ebd.). Obwohl Scheler mit Husserls »Reduktion« nicht *in toto* übereinstimmt, muss er doch zugeben, dass in ihr der besondere menschlichen Geist angezeigt ist (ebd., S. 42). Der Geist, der zur »Lenkung« fähig ist, hat dennoch nicht die Macht irgendwelche Triebkräfte zu erzeugen oder

führte er eine neue historische Kategorie ein: das Mittelalter. Unter »Mittelalter« verstand Ziegler keine Epoche der Vergangenheit, sondern eine, die den Charakter einer Übergangszeit ausdrücken und zu einer Überwindung des Gegensatzes zwischen Leben und Geist führen sollte.[42]

---

zu unterdrücken (ebd., S. 49). Indem er auf diese Weise die Parameter seiner Opposition zu Klages absteckt, führt Scheler den Willen, den nietzscheansichen Geist, auf notwendige Funktionen des Lebens selbst zurück. Ein religiöser Nietzsche passt in das Begriffsfeld eines Philosophen wie Scheler, der die Zentralität des Menschen im Kosmos aus dem Verhältnis zu Gott ableitete. Der Mensch, der Gott nicht sucht, bleibt für Scheler für immer ein *homo naturalis*, d.h. ein Tier, eine spezielle Klasse der Wirbeltiere. Derjenige aber, der Gott sucht, gehört mit seinen wesentlichen Eigenschaften zu einer neuen objektiven Seinsklasse, zum Reich der »Personen«. Die nietzscheanische Undefinierbarkeit der Person führt Scheler auf die Tatsache zurück, dass der Mensch in seinem Sein von der unendlichen Person Gottes bestimmt wird. Dieselbe christliche Neubestimmung vollzieht Scheler in Bezug auf das nietzscheanische Tragische, verstanden als das Moment, das aus der Gegenüberstellung positiver Werte hervorgeht. Scheler betont, dass es in einer Welt ohne Werte zwar Seelenruhe, Trauer, Erhabenheit, Würde, nicht aber das Tragische geben kann (Max Scheler: »Zum Phänomen des Tragischen«, in: Vom Umsturz der Werte, Bern: A. Francke Verlag 1955, S. 149-170). Zu diesem Argument vgl. auch Helmuth Plessner: Die Stufen des Organischen und der Mensch. Einleitung in die philosophische Anthropologie, Berlin/New York: De Gruyter 1975³.
42 | Vgl. Martin Heidegger: Die Grundbegriffe der Metaphysik, S. 106. Im Zusammenhang mit dem Buch von Leopold Ziegler: Der europäische Geist, Darmstadt: Otto Reichl Verlag 1929 muss Heideggers besondere Akzentuierung des Übergangscharakters dieses neuen Mittelalters, das durch fortlaufende Hinweise auf den augustinischen Gottesstaat beschworen wird, hervorgehoben werden. Zieglers Text zeichnet einen Weg nach, der von der Beschreibung des Dramas des Christentums (S. 7-48) zur modernen Verwissenschaftlichung des Geistes (S. 49-86) führt, die in Nietzsche ihren mutigen »Reiter« (S. 93) gefunden habe und das gegenwärtige Stadium Europas charakterisiere und damit einen radikalen Bruch des geschichtlichen Menschen mit seiner eigentlichen Vergangenheit und eine tiefgreifende geistige Verwandlung markiere. Das »neue Mittelalter« (S. 87-126) beabsichtigt nicht, auf die Errungenschaften der Verwissenschaftlichung des Geistes zu verzichten, aber es will sich nicht von ihnen korrumpieren lassen. Das neue Mittelalter, schließt Ziegler, bildet die *aletheia*, das »Nicht-Vergessene«

Dass alle vier Interpretationen ein nietzscheanisches Grundmuster aufweisen, wird von Heidegger ausdrücklich hervorgehoben: »So gehen denn auch alle vier Deutungen auf diese gemeinsame Quelle, auf *Nietzsche* und eine bestimmte Nietzsche-Auffassung zurück. Alle vier Deutungen sind nur möglich unter einer bestimmten Aufnahme der nietzscheschen Philosophie.«[43]

Heidegger betont nicht nur, dass man es im Falle der Variationen des von Spengler, Klages, Scheler und Ziegler vorgestellten Verhältnisses zwischen Leben und Geist mit einer ganz bestimmten Nietzsche-Auslegung zu tun hat, sondern er hebt das Element der nietzscheschen Philosophie hervor, das in der Deutung der europäischen Dämmerstimmung zum argumentativen Schwerpunkt erhoben wird. Als Tochter Griechenlands, sah sich das deutsche Europa erneut im Niedergang begriffen, insofern das Dionysische, das Leben, der wissenschaftlichen Modernität unterworfen wurde. In Bezug auf Nietzsches Gegenüberstellung des Dionysischen und Apollinischen war Spenglers und Schelers, vor allem aber Klages' und Zieglers Haltung ausgesprochen ambivalent. Zu Recht betont Heidegger, dass ihre Deutungen Nietzsches Philosophie voraussetzen. Doch Nietzsche, »Sprecher« und »Fürsprecher«[44] des Lebens, war zugunsten eines apollinischen modernen Willens zum Verleumder des Lebens geworden. Diese Ambiguität lässt sich, ohne allzu leichtfertig mögliche irrationale Vitalismen romantischen Ursprungs beiseitezuschieben, nur unter der Voraussetzung auflösen, dass der entscheidende Unterschied, der zwischen diesen Varianten der Nietzsche-Auslegung und der vitalistisch/dionysischen Konzeption Nietzsches besteht, erkannt wird. Paradoxerweise werden die von Klages und Ziegler gegen Nietzsche erhobenen Anklagen wegweisend für eine Aufarbeitung des vitalistischen Moments bei Nietz-

---

oder das »Nie-Vergessene« unserer Epoche: den Geist Europas. Zur Verortung Zieglers innerhalb der »konservativen Revolution« vgl. Stefan Breuer: Anatomie der konservativen Revolution, Darmstadt: Wissenschaftliche Buchgesellschaft 1993, S. 30f.

43 | Martin Heidegger: Die Grundbegriffe der Metaphysik, S. 107. Zum Begriffspaar Kultur-Zivilisation verweise ich auf den Beitrag von Elisabeth Kuhn: »Culture, Civilisation, die Zweideutigkeit des Modernen«, in: Nietzsche-Studien 18 (1989), S. 600-627.

44 | Martin Heidegger: »Wer ist Nietzsches Zarathustra?«, in: Vorträge und Aufsätze, Pfullingen: Neske 1954, S. 98.

sche, das sich nicht auf einen Begriff des »*nicht charakterisierten*« Lebens reduzieren lässt. Unter diesem Gesichtspunkt liefert die historische Betrachtung des Dionysischen aufklärende Elemente.

In *Dionysos. Urbild des unzerstörbaren Lebens* erklärt Karl Kerényi, dass Dionysos bereits in den ersten kretischen Darstellungen des Dionysoskults als Gott des Lebens betrachtet wurde, verstanden als *bios* und nicht als *zoé*: »Die Bedeutung von zoé ist das näher *nicht charakterisierte* Leben. Wird hingegen bios ausgesprochen, so ›tönt‹ darin etwas anderes. Es werden gleichsam die Konturen, die charakteristischen Züge eines bestimmten Lebens sichtbar, die Umrisse, die eine Existenz von einer anderen unterscheiden: es ›tönt‹ *das charakterisierte Leben*. Bios ist dementsprechend im Griechischen der ursprüngliche Name auch für Biographie.«[45] Dionysos ist in der Version Nietzsches und Walter Friedrich Ottos[46], auf die Heidegger in seiner Vorlesung von 1937[47] verweist, nicht der Gott der vorübergehenden Trunkenheit, sondern der Gott des schaffenden Wahns, der als Begleiter der höchsten Gesundheit[48] gilt und der, im Unterschied zur *zoé*, die nur durch ihren absoluten Gegenpart *thanatos* herausgefordert wird, der Träger eines Lebens ist, das eine Einheit bildet aus »lebendiger Fülle und tödlicher Macht« oder, um es in den Worten Heideggers zu sagen, die Einheit aus Leben und Tod.[49] Die Verteidigung des Lebens, die Verherrli-

---

45 | Karl Kerényi: Dionysos. Urbild des unzerstörten Lebens, München-Wien: A. Langen, G. Müller Verlag 1976, S. 14.
46 | Vgl. Walter F. Otto: Dionysos. Mythos und Kultus, Frankfurt a.M.: Klostermann 1933.
47 | Martin Heidegger: Nietzsche, Bd. 1, S. 468.
48 | Karl Kerényi: Dionysos, S. 117.
49 | Auch in Schellings Philosophie der Mythologie bilden Dionysos und Ades eine einzige Gottheit, »Überbringer der fröhlichen Botschaft, zugleich Herr im Todtenreich« (vgl. Friedrich Wilhelm Joseph Schelling: »Die Gottheiten von Samotrake«, in: Schriften von 1813-1830, Darmstadt: Wissenschaftliche Buchgesellschaft 1968, S. 150-282, hier S. 162). Ferner erinnere ich in Bezug auf Schellings Version auf die Charakterisierung Dionysos' als den Gott, »der in sich selbst doppelt und widersprechend zugleich ist«, von einer Widersprüchlichkeit, die nicht zu einer Überwindung des Gegensatzes tendiert, sondern auf die »Steigerung zum Widerspruch«, er ist somit der Gott der »Zerreißung« und der »Zerstückung« (»Prinzip, vor dem nichts Individuelles seyn und bestehen könnte.«). Es handelt sich um eine Bestimmung, die in Nietzsches Formulierung des Dionysischen wie-

chung seiner dionysischen Dimension wird bei Nietzsche nicht von seiner historischen Prägung und Bestimmung unterschieden.

In diesem Zusammenhang ist sowohl Nietzsches philosophische Entwicklung selbst als auch die in ihrem Verlauf sich abzeichnende Neubestimmung des Verhältnisses zwischen dem Apollinischen und dem Dionysischen von Bedeutung. Der Übergang von der tragischen Philologie zur Aufklärung als »Fröhliche Wissenschaft« und schließlich zur Genealogie der Kräfteverhältnisse entspricht dem Übergang von der Gegenüberstellung Dionysos/Apollo oder Dionysos/Sokrates, die vor allem schopenhauer-wagnerianischen Ursprungs ist, zu derjenigen zwischen Dionysos/ Christus bis hin zur Identifikation des Dionysos mit Zarathustra.

Nachdem Heidegger die möglichen Interpretationslinien des nietzscheanischen Dionysischen aufgezeigt hat, ist man gezwungen seiner weiteren Argumentation zu folgen, in der er dem Problem des Dionysischen nur wenige Seiten widmet.

Diese Art des heideggerschen Vergessens des Dionysischen verrät ein fast krampfhaftes Verschweigen, insbesondere angesichts der Intensität, mit der das Problem abgehandelt wird und in Anbetracht der Bedeutung der Thematik für Heideggers Vergleich zwischen Nietzsche und Hölderlin, vor allem aber in Bezug auf die Übertragung des Dionysischen auf das Leben, die in den *Beiträgen zur Philosophie* zunächst angekündigt und in der Vorlesung *Nietzsches Lehre vom Willen zur Macht als Erkenntnis* aus dem Jahre 1939 dann ausführlich thematisiert wird.

Zu einigen wichtigen Fragen in Bezug auf die Gegenüberstellung zwischen dem Apollinischen und Dionysischen äußert sich Heidegger in der Vorlesung 1929/30 eindeutig: das Gegensatzpaar Dionysos/Apollo nimmt in der gesamten Entwicklung Nietzsches eine zentrale Stellung ein; diese Gegenüberstellung verändert sich auf Nietzsches Weg von der Philologie zur Philosophie; Heideggers analytisches Interesse konzentriert sich auf die letzte von Nietzsche gegebene Version: »Dieser Gegensatz Dionysos-Apollo trägt und führt von früh an *Nietzsches* Philosophieren. Er selbst wußte das. Dieser Gegensatz, aus der Antike entnommen, mußte sich dem jungen klassischen Philologen, der mit seiner Wissenschaft brechen wollte, auftun. Er wußte aber auch, daß dieser Gegensatz, so sehr er sich

---

der auftauchen wird, gemeinsam mit derjenigen der Untrennbarkeit des Dionysos von Apollo (vgl. Friedrich Wilhelm Joseph Schelling: Philosophie der Mythologie, Bd. 2, Darmstadt: Wissenschaftliche Buchgesellschaft 1957, S. 364, 368).

in seinem Philosophieren durchhält, für ihn mit seinem Philosophieren sich gewandelt hat. Er selbst wußte: ›Nur wer sich wandelt, ist mit mir verwandt.‹ Ich möchte mit Absicht die letzte Deutung heranziehen, die er in seinem *großen und entscheidenden Werk* gegeben hat, in jenem Werk, das er nicht vollenden durfte, wie er es in sich trug: ›Der Wille zur Macht‹. Die Überschrift des zweiten Abschnittes des IV. Buches lautet: ›Dionysos‹.[50]

Als Leser von *Der Wille zur Macht* liefert Heidegger nur diese Hinweise. Obwohl ihm bewusst war, dass die Formulierung, mit der Nietzsche in der letzten Phase seines philosophischen Schaffens die Entgegensetzung Dionysos-Apollo beschrieb, nicht die einzige gewesen ist, hält sich Heidegger an diese, meistens in der von Peter Gast und Elisabeth Förster-Nietzsche festgelegten Reihenfolge der Fragmente. Leitfaden der Vorlesung ist zweifellos die Langeweile als Stimmung, die ermöglicht, die Welt metaphysisch zu begreifen bzw. als Totalität des Seienden, doch die *Variation* des Apollinischen und des Dionysischen bildet durch den Verweis auf Spengler, Klages, Scheler und Ziegler das entscheidende Moment, aufgrund dessen diese bestimmte Stimmung die Welt in ihrer gegenwärtigen Lage erschließt. Dass sich Heidegger auf jene Interpretationen stützt, denen er selbst die Verkennung der wirklichen Entgegensetzung Apollo-Dionysos bescheinigt, versperrt ihm die Analyse des Zusammenhangs von Wahrheit und Leben bei Nietzsche. In diesen Jahren hat er (1) nie Nietzsche und seine Interpretationen *thematisch* auseinandergehalten; (2) nie die reale Anstrengung der nietzscheanischen Entwicklung von der wagnerianisch-schopenhauerischen Metaphysik zur Genealogie betrachtet, sondern stattdessen (3) den »frühen« Nietzsche als reinen Vorläufer zu *Der Wille zur Macht* und zu *Zarathustra* angesehen.

Heidegger verweist daher auf die Fragmente Nr. 1005[51], 1049[52], 1050[53] und 1052[54] aus dem Korpus *Der Wille zur Macht*, um ausgehend von diesen, das Problem angemessen anzugehen. Mit dem Fragment Nr. 9 [42]

---

50 | Martin Heidegger: Die Grundbegriffe der Metaphysik, S. 108, zweites Kursiv R.C.
51 | Fragment 9[42] vom Herbst 1887 (KGW, Bd. VIII/2).
52 | Fragment 2[106] vom Herbst 1886 (KGW, Bd. VIII/1).
53 | Fragment 14[14] aus dem Frühjahr 1888 (KGW, Bd. VIII/3).
54 | Fragment 14[489] aus dem Frühjahr 1888 (ebd.).

vom Herbst 1887[55] verdeutlicht Heidegger, dass die letzte Formulierung des Dionysischen im Wesentlichen aus Nietzsches Distanzierung von Schopenhauer und Wagner hervorgegangen ist. Dieser Hinweis, den Heidegger in verschiedenen Kontexten wiederholen wird, zielt darauf ab, durch Nietzsches Emanzipation von Wagner und Schopenhauer, die Ausarbeitung eines Dionysischen hervorzuheben, die sich von der Interpretation einer krankhaften und vom Verfall bedrohten Empfindsamkeit unterscheidet und den Abstand von einer mit der christlichen Sicht zu vereinbarenden Konzeption des Dionysischen unterstreicht.[56]

---

55 | »Gegen 1867 hatte ich den Schrecken, mein ganzes bisheriges Wollen *compromittirt* zu sehen, als ich begriff, wohin es jetzt mit Wagner hinauswollte [...]. Um dieselbe Zeit schien ich mir wie unauflöslich *eingekerkert* in meine Philologie und Lehrtätigkeit [...]. Um dieselbe Zeit begriff ich, dass mein Instinkt auf das Gegenteil hinauswollte als der Schopenhauer's: auf eine *Rechtfertigung des Lebens*, selbst in seinem Furchtbarsten, Zweideutigsten und Lügenhaftesten: – dafür hatte ich die Formel ›*dionysisch*‹ in den Händen. [...] [Schopenhauer] war an das moralisch-christliche Ideal gebunden geblieben.«

56 | Vgl. hierzu Heideggers Ausführungen in der ersten Nietzsche gewidmeten thematischen Vorlesung von 1936/37 (Martin Heidegger: Nietzsche: Der Wille zur Macht als Kunst, S. 104); anders als in der Ausarbeitung von 1961 zitiert er in ihr aus *Nietzsche gegen Wagner* die Bemerkung »Wagner, Apostel der Enthaltsamkeit« (ebd., S. 105-106). In diesem Zusammenhang verweist Heidegger seine Zuhörer auf das Werk von Kurt Hildebrandt: Wagner und Nietzsche. Ihr Kampf gegen das 19. Jahrhundert, Breslau: Ferdinand Hirt 1924. Hildebrandts Arbeit gibt eine Gesamtdarstellung der Werke Wagners und Nietzsches im Hinblick auf ihr Unzeitgemäßes und ihren Kampf gegen das eigene Jahrhundert. Die Gunst, die Hildebrandt in diesem Zusammenhang Nietzsche gewährt, beruht auf einigen Optionen, die bei Heidegger als Probleme wieder auftauchen und das Verhältnis zwischen Nietzsche und Hölderlin betreffen. Hildebrandt führt in seiner Untersuchung Nietzsches Distanz zu Schopenhauer und Wagner auf das hölderlinsche Erbe in der Formulierung des Dionysischen zurück. Er sah in Hölderlin, dem Lieblingsdichter des Studenten Nietzsche, die Quelle von Nietzsches Dionysischem (S. 195). Wie bei Hölderlin (und in den nachfolgenden Rekonstruktionen Heideggers) bezieht sich der Gegensatz Apollo-Dionysos auf das Problem der Klassizität. Nun ist aber in der Neubestimmung dieser Gegenüberstellung, die Nietzsche im *Zarathustra* gibt, das Dionysische, entsprechend der klassischen Definition, nicht länger das dem Apollinischen entgegengesetzte Element, sondern seine

Der Verweis auf Fragment 2 [106] vom Herbst 1886 erfolgt noch im Hinblick auf die Beschreibung des nietzscheschen Übergangs von einer rein künstlerischen zu einer metaphysischen Betrachtung des Dionysischen. Der Bezug auf Fragment 14 [14] aus dem Frühjahr 1888 bildet dagegen den zentralen Knotenpunkt der Argumentation. Es handelt sich dabei um einen der seltenen Abschnitte, in denen sich Heidegger hinsicht-

---

Erfüllung (S. 495ff.). Die Anerkennung der Verflechtung zwischen der schopenhauerschen und der wagnerschen Metaphysik ist eine Konstante in allen Werken Nietzsches, die ausdrücklich Wagner gewidmet sind. Nietzsches Versuch gilt einer Neubestimmung des Lebens als Neubestimmung des Physiologischen und des Ästhetischen. Das ist der Grund, weshalb Heidegger das Verhältnis Schopenhauer-Wagner-Nietzsche in der Vorlesung abhandelt, die sich mit dem Willen zur Macht als Kunst beschäftigt. In Nietzsches *Vierter Unzeitgemäßen Betrachtung: Richard Wagner in Bayreuth* (KGW, Bd. IV/1) »stehen zwei aufeinanderfolgende Phasen einer tumultuösen Entwicklung auf schmerzhafte Weise nebeneinander.« (Vgl. Giorgio Colli: Scritti su Nietzsche, Milano: Adelphi 1993[3], S. 63). Das Apollinische und das Dionysische werden als Lebensweisen des Künstlers vorgestellt, die dazu bestimmt sind, im Kunstwerk ihre Synthese zu erleben. In *Der Fall Wagner. Ein Musikanten-Problem* wird die Überwindung des schopenhauer-wagnerianischen Vermächtnisses des Willens als Kunstwerk von Nietzsche als Schicksal angezeigt: die Überwindung der *décadence* als ausgezeichnete Chiffre des eigenen Zeitalters. In der Gegenüberstellung des Sensualismus von Bizets *Carmen* und Wagners Erlöserdrama reift in Nietzsche im Kraftfeld der Physiologie der Übergang von der Krankheit und Neurose der nihilistischen Modernität, die von der »Lüge des großen Stiles« geprägt wurde, zum Dionysischen des Lebens heran. Dabei betont Nietzsche ausdrücklich, dass seine Opposition zu Wagner und Schopenhauer das Dionysische direkt betrifft, d.h. die Ästhetik verstanden als Physiologie. Zu diesen Fragen vgl. die Beiträge von Georges Goedert: »Nietzsche und Schopenhauer«, in: Nietzsche-Studien 7 (1978), S. 1-26; Klaus Kropfinger: »Wagners Musikbegriff und Nietzsches ›Geist der Musik‹«, in: Nietzsche-Studien 14 (1985), S. 1-12; Jean-Etienne Marie: »Nietzsche et la musique«, in: Dominique Janicaud (Hg.), Nouvelles lectures de Nietzsche. Lausanne: L'âge d'Homme 1985, S. 160-175; Guido Morpurgo Tagliabue: Nietzsche contro Wagner, Pordenone: Edizioni Studio Tesi 1984 und insb. Wolfgang Müller-Lauter: »Artistische décadence als physiologische décadence: zu Friedrich Nietzsches später Kritik an Richard Wagner«, in: Über Freiheit und Chaos. Berlin; New York: de Gruyter 1999, S. 1-23.

lich der wichtigen Frage des Ursprungs ganz als Nietzscheaner bezeichnet: »Es folgt ein Absatz, in dem Nietzsche nun wohl in der schönsten und entscheidenden Form diesen Gegensatz auslegt und ihn mit der Quelle in Zusammenhang bringt.«[57] In diesem Fragment interpretiert Nietzsche seine eigene Formulierung der Entgegensetzung »Dionysos-Apollo« in *Die Geburt der Tragödie*. Er versucht, allerdings nicht so ausdrücklich wie an anderer Stelle, wo er nicht zögert, seine ästhetischen Voraussetzungen, die die Grundlage seiner Frühschrift zur Tragödie waren, zu diskreditieren, die Prämissen der späten Formulierung des Dionysischen hervorzuheben. In der Betrachtung des Dionysischen werden sie bestimmt als außerpersönliches *principium individuationis*, als Annahme des Ganzheitscharakters des Lebens, als Einbeziehung der Verneinung der Schöpfung (in der heideggerschen Version als Zusammengehörigkeit von Sein und Nichts), als das Asiatische im Griechischen; in der Deutung des Apollinischen als »Freiheit unter dem Gesetz« und in der Gegenüberstellung »Apollo-Dionysos« als Gegensatz im Sinne Heraklits.[58]

Die Thematisierung des Dionysischen als Ursprung scheint im Rahmen der Vorlesung besondere Aufmerksamkeit erregt zu haben, zumindest auf Seiten der an dieser Frage interessierten Zuhörer. Der »Schüler« Eugen Fink war sicherlich einer von diesen, Heidegger widmete später die Veröffentlichung der Vorlesung seinem Andenken. Die Neuformulierung des Dionysischen, die Fink in seinem Buch *Nietzsches Philosophie* (1960)

---

57 | Martin Heidegger: Die Grundbegriffe der Metaphysik, S. 109.
58 | »Mit dem Wort ›dionysisch‹ ist ausgedrückt: ein Drang zur Einheit, ein Hinausgreifen über Person, Alltag, Gesellschaft, Realität, als Abgrund des Vergessens, das leidenschaftlich-schmerzliche Überschwellen in dunklere vollere schwebende Zustände; ein verzücktes Jasagen zum Gesammt-Charakter des Lebens, als dem in allem Wechsel Gleichen, Gleich-Mächtigen, Gleich-Seligen; die große pantheistische Mitfreudigkeit und Mitleidigkeit, welche auch die furchtbarsten und fragwürdigsten Eigenschaften des Lebens gutheißt und heiligt, aus einem ewigen Willen zur Zeugung, zur Fruchtbarkeit, zur Ewigkeit heraus: als Einheitsgefühl von der Nothwendigkeit des Schaffens und Vernichtens ... Mit dem Wort apollinisch ist ausgedrückt: [...] die Freiheit unter dem Gesetz. [...] Das Maßlose, Wüste, Asiatische liegt auf seinem Grunde: die Tapferkeit des Griechen besteht im Kampfe mit seinem Asiatismus: die Schönheit ist ihm nicht geschenkt, sowenig als die Logik, als die Natürlichkeit der Sitte – sie ist erobert, gewollt, erkämpft – sie ist sein Sieg ...« (KGW, Bd. VIII/3, Fragment 14[14]).

einführt, ist wahrscheinlich das anschaulichste Beispiel für eine nietzscheanische Interpretation des heideggerschen Seins.[59]

59 | Vgl. Eugen Fink: Nietzsches Philosophie, Stuttgart: Kohlhammer 1992[6], S. 108: »Die Mitte des Seins wird im Gleichnis des güldenen Wunders angesprochen. Der Herr des Nachens aber ist Dionysos, der Gott des Rausches, der Liebe und des Todes – und der Gott des Spiels. Er ist der Herr der Tragödie und Komödie, der Herr des tragischen und zugleich heiteren Spiels der Welt. Aber er ist kein Gott, der in einer abgegrenzten binnenweltlichen Gestalt *in* der Welt erscheint; er hat keine Epiphanie in einem festen Umriß; er ist der gestaltlose Gestaltende, ist das Spiel des Seins selbst. Und er ist der Herr der Rebe, ist Dionysos Bacchos, – er befreit den Weinstock von der Drängnis nach dem erlesenen Winzermesser; er ist der Schnitt der Zeit selbst, die alles nimmt, was sie gebracht hat, – die schenkt und raubt, baut und zerstört, fügt und bricht. Dionysos ist das Schenkende und das Raubende der ewigen Wiederholung.« Doch Fink ist nicht nur in Bezug auf das Dionysische von Heidegger beeinflusst. Interessant wäre es, den Spuren seiner im Werk über Nietzsche vorgestellten Definition der ontologischen Differenz als »Lichtblick« nachzugehen, die Heidegger in der Vorlesung (Martin Heidegger: Die Grundbegriffe der Metaphysik, S. 529), einen schellingschen Ausdruck paraphrasierend, präsentiert hatte (vgl. Friedrich Wilhelm Joseph Schelling: Philosophische Untersuchungen über das Wesen der menschlichen Freiheit und die damit zusammenhängenden Gegenstände [1809], Hamburg: Meiner, S. 34) Fink überträgt Schellings Metapher des Lichtblicks in diejenige Nietzsches vom »kürzesten Schatten«. Er geht, einen in der ganzen *Vorlesung* nie offen ausgesprochenen Vorschlag aufnehmend, von der Voraussetzung aus, dass der innerste Gedanke des nietzscheschen *Zarathustra* der Zeit galt (vgl. Eugen Fink: Nietzsches Philosophie, S. 82), und gelangt damit zu einer nietzscheanischen Interpretation des Problems der ontologischen Differenz. Bezüglich der Frage nach der ontologischen Differenz bei Nietzsche hat Heideggers Schüler mehr begriffen als Heidegger selbst je die Verwegenheit gehabt hätte zu schauen, zu verengt war sein introspektiv und retrospektiv auf die Geschichte der abendländischen Metaphysik gerichteter Blick. Die Abschaffung der ontologischen Unterscheidung zwischen »wirklich« und »scheinbar«, zwischen »wahrer Welt« und »scheinbarer Welt« ist für Nietzsche, betont Fink, der »Höhepunkt der Menschheit«, als »Mittag« der »Augenblick des kürzesten Schattens, Ende des längsten Irrtums« (ebd., S. 146). Doch Fink fragt weiter: »Leugnet Nietzsche in der Tat den erörterten ontologischen Unterschied schlechthin – oder nimmt er ihn in einer neuen und doch uralten Weise wieder auf? Nietzsche kämpft gegen die *theologische*

Das Fragment 14 [489] aus dem Frühjahr des Jahres 1888, auf das Heidegger zuletzt verweist, vervollständigt die Beschreibung der letzten Fassung des Dionysischen: Dionysos gegen das »Kreuz«. Mit der dionysischen Entgegensetzung zum Christentum[60] endet schließlich Heideggers kurze Abschweifung zum Dionysischen. Gleichzeitig beginnt damit innerhalb der heideggerschen philosophischen Entwicklung eine Phase, die sich mindestens bis zum Anfang der vierziger Jahre hinziehen wird und in der die christlichen Voraussetzungen seines Lebenswegs ernsthaft in Frage gestellt werden. Pöggeler hat darauf verwiesen, dass Nietzsche für ihn in dieser Zeit zum »Helden« wird. Heidegger wiederholt in der Interpretation der Geschichte der abendländischen Philosophie Nietzsches Diagnose von den Gemeinsamkeiten zwischen platonischer Philosophie und Christentum. Er erkennt, im Einklang mit Nietzsche, in der christlich-platonischen Verflechtung der abendländischen Metaphysik jenen Bereich, aus dem die Genealogie des modernen Nihilismus abgeleitet werden muss.

Bevor ich zur Phänomenologie der Langeweile übergehe, die, wie wir gesehen haben, durch die Beschreibung der »heutigen Lage« als »aktuel-

---

Form des ontologischen Unterschieds und macht den Versuch, ihn *kosmologisch* zu fassen. Denn er bleibt ja nicht einfach bei der einen Gegenseite zur angeblich ›wahren Welt‹ stehen, eben beim Sinnlichen, bei den Dingen, bei dem Kommen und Gehen der Dinge und ihren Veränderungen, beim Einzelnen, räumlich und zeitlich Begrenzten; er verabsolutiert nicht die Sphäre der endlichen Dinge, sondern denkt in einer neuen Weise in ihren Grund, indem er die Bewegtheit alles endlich Seienden versteht als Wille zur Macht und das In-der-Zeit-sein überhaupt als Ewige Wiederkunft des Gleichen.« (Ebd., S. 146f.) Wille zur Macht und ewige Wiederkehr sind nicht etwas einfach Gegenwärtiges, fährt Fink fort, sondern etwas, was sich nur einem wesentlichen Denken offenbart. Wille zur Macht und ewige Wiederkehr deuten nicht auf ein von der Erscheinung verschiedenes Wesen, sondern auf »das *wesende Wesen* des Irdischen, Vergänglichen, Endlichen.« Für Fink entzieht Nietzsche damit die Seinsfrage der »Hinterwelt« und unterstellt, die ontologische Differenz sei »das Walten der Welt selbst, das große Gegenspiel von Bauen und Zerstören, von Aufgang, Untergang und Wiederkehr, das alle Dinge aufs Spiel setzt und ins Spiel bringt« (ebd., S. 147).

60 | Salaquarda betont, dass »Antichrist« ein anderer Name für Nietzsches Gott Dionysos sei und erst in der Darstellung des Dionysos als Antichrist die vollständige Abgrenzung von Schopenhauer und Wagner erfolge, vgl. Jörg Salaquarda: »Der Antichrist«, in: Nietzsche-Studien 2 (1973), S. 91-136.

le« *Variation* des Dionysischen und Apollinischen vorweggenommen und eingeführt wurde, möchte ich ein Element hervorheben, das im Verweis auf das Dionysische in der Vorlesung zur ewigen Wiederkehr im Jahre 1937 wieder auftauchen wird und zeigen, dass Heideggers Thematisierung des Dionysischen dabei in einem ganz bestimmten thematischen Kontext steht. Es handelt sich um die Verbindung zwischen der phänomenologischen Analyse der Zeit und der Hermeneutik der Zeit angesichts der epochalen Krisenstimmung.

Bezüglich der Vorlesung von 1929/30 wurde mit der Betrachtung des Dionysischen die Analyse der Interpretationen zum Untergang des Abendlandes abgeschlossen. In Folge der Herrschaft des Geistes oder des kalkulierenden Verstandes wird Dionysos 1937 als der Gott der ewigen Wiederkehr und damit als Nietzsches Grundgedanke in einem Zusammenhang erscheinen, in dem Heidegger die ewige Wiederkehr als »historische Entscheidung« begreifen wird bzw. als denjenigen Gedanken, der einer Zeit, die jegliches Gewicht verloren hat, neues Gewicht verleiht.

Ich habe wiederholt darauf aufmerksam gemacht, dass die Beschreibung des Dionysischen auf Heideggers Interpretation der Auseinandersetzung Nietzsche-Hölderlin verweist. Obwohl diese thematische Auseinandersetzung bereits Mitte der dreißiger Jahre stattfindet, möchte ich an dieser Stelle erneut auf die Verbindung hinweisen, insofern es dabei um Fragen geht, die das Dionysische direkt betreffen. Dieser Hinweis erscheint mir u.a. durch die Feststellung gerechtfertigt, dass der Beginn der »denkerischen Auseinandersetzung« mit Hölderlins Dichtung im Wintersemester 1934/35[61] nicht nur für die Hervorhebung der politischen Stimmung[62] steht, die die gesamte philosophische Untersuchung der Vor-

---

61 | Martin Heidegger: Hölderlins Hymnen »Germanien« und »Der Rhein«, GA, Abt. II, Bd. 39, S. 6.

62 | Diese politische Stimmung zeigt sich gegen Mitte der dreißiger Jahre in der gleichzeitigen Auseinandersetzung mit Hölderlin und Nietzsche in der Behauptung eines »stiftenden« (Martin Heidegger: Hölderlins Hymnen »Germanien und »Der Rhein«, S. 113) oder »kreativen« Charakters der Kunst (Martin Heidegger: Nietzsche: Der Wille zur Macht als Kunst; Ders.: »Der Ursprung des Kunstwerks«, in: Holzwege, S. 1-74). In *Der Ursprung des Kunstwerks* wird deutlich, dass die Auflösung der griechischen Antithese ein wesentlich politisches Problem ist, insofern unter Politik der Ort für die Einrichtung (als *Stiftung*) der Geschichte betrachtet wird. Das Kunstwerk/die Schaffung eines Staates (nicht als Konvention,

lesung des Jahres 1929/30 prägt, sondern ebenso für die erneute Betrachtung der Verbindung zwischen »historischer Zeit« und »Grundbefindlichkeit«[63]. Inwiefern diese Verbindung zwischen der Grundbefindlichkeit und der historischen Zeit das Verhältnis Nietzsche-Hölderlin hinsichtlich der Entgegensetzung »Apollo-Dionysos« betrifft, wird in der Vorlesung im Jahre 1936/37 erläutert. Heidegger führt Nietzsches Entdeckung eines Gegensatzes im Herzen der griechischen Existenz, der mit den Namen

sondern als *polis*, *Pol*: Sammlung zum Gipfel der Bewegung, (vgl. Martin Heidegger: Hölderlins Hymne »Der Ister«, GA, Abt. II, Bd. 53, S. 97-114) stiftet die Wahrheit, indem sie das Dionysische bildet, d.h. es in apollinischer Weise realisiert. Bezüglich der Stiftung der Wahrheit einer Welt im Kunstwerk vgl. den Beitrag von David Sobrevilla: »Offene Probleme in Heideggers Philosophie der Kunst«, in: Zur philosophischen Aktualität Heideggers, Bd. 3, S. 73-86. Für Sobrevilla lässt die Thematisierung des Kunstwerks mindestens drei Arten von Problemen offen: 1. das Methodenproblem; 2. den Ausschluss des musikalischen Kunstwerks, der niederen und populären Kunst; 3. die Modalität der Verbindung von Wahrheit und Kunst. Zu diesen Fragen vgl. Meyer Schapiro: »The Still Life as a Personal Object. A Note on Heidegger and Van Gogh«, in: The Reach of Mind, New York: Springer 1968, S. 203-209; Jacques Derrida: »Restitutions de la verité en peinture«, in: La verité en peinture, Paris : Flammarion 1978, S. 291-436; Joseph Kockelmans : Heidegger on Art and Art Works, Dordrecht: M. Nijhoff 1985.

63 | Die Veränderung der Stimmung trotz gleichbleibender begrifflicher Struktur ist außergewöhnlich. War es 1929/30 noch die Langeweile, die die Stimmung des kollektiven Seins bestimmte und aus der man erwachen musste, um dem eigentlichen Sein zu entsprechen, so teilt Heidegger nach 1933 in der Hölderlinvorlesung des Wintersemesters 1934/35 mit dem »deutschen Volk« die Trauer. Im zweiten Kapitel von *Hölderlins Hymnen »Germanien« und »Der Rhein«* (»Grundstimmung der Dichtung und Geschichtlichkeit des Daseins«, S. 78-151), entwickelt Heidegger in der Erörterung der hölderlinschen Hymne »Germanien« das Verhältnis zwischen der vorherrschenden Stimmung der Dichtung und der Geschichtlichkeit des Daseins. Trauer und Betrübnis, die gemeinsam mit dem Vaterland zu erleidende Tragik, die Seinsvergessenheit und die Erfahrung der Flucht der Götter nach der endgültigen Ermordung Gottes, lässt die »Bereitschaft«, das »Bereit-Sein« zum Sein Gestalt annehmen. In Trauer sein, präzisiert Heidegger, ist etwas anderes als ein Gefühl erfahren: es ist die Möglichkeit, sich von dem, was in seiner epiphänomenalen Zufälligkeit den Ort des großen Schmerzes neutralisiert, zurückzuziehen (ebd., S. 82).

»apollinisch« und »dionysisch« bezeichnet wird, unmittelbar auf die Vorlesungen zurück, die Burkhardt zur griechischen Kultur an der Universität Basel gehaltenen hat und die Nietzsche die Gelegenheit hatte, zu hören; aber auch auf Hölderlin, obwohl Nietzsche selbst dieser Einfluss nicht bewusst gewesen sein dürfte.[64] Heidegger bezieht sich auf die Formulierung der griechischen Entgegensetzung, die sich in einem Brief findet, den Hölderlin am 4. Dezember 1801, kurz vor seiner Abreise nach Frankreich an seinen Freund Böhlendorff schrieb: »Dieser Gegensatz ist nicht als eine gleichgültige historische Feststellung zu verstehen. Er zeigt sich vielmehr der unmittelbaren Besinnung auf das Schicksal und die Bestimmung der Deutschen. [...] Genug, wenn wir ahnend aus diesem Hinweis entnehmen, daß der verschieden benannte Widerstreit des Dionysischen und des Apollinischen, der heiligen Leidenschaft und der nüchternen Darstellung, ein verborgenes Stilgesetz der geschichtlichen Bestimmung der Deutschen ist und uns eines Tages bereit und vorbereitet finden muß zu seiner Gestaltung. Dieser Gegensatz ist keine Formel, mit Hilfe deren wir nur ›Kultur‹ beschreiben dürfen. *Hölderlin und Nietzsche haben mit diesem Widerstreit ein Fragezeichen vor der Aufgabe der Deutschen aufgerichtet, geschichtlich ihr Wesen zu finden. Werden wir dieses Zeichen verstehen? Eines ist gewiß: die Geschichte wird sich an uns rächen, wenn wir es nicht verstehen.*«[65]

6.2.2 Die Langeweile als Ersticken im Leeren

Wie versucht Heidegger 1929/30 diesen Gegensatz zu verstehen, der das historische Schicksal der Deutschen und damit des Abendlandes bestimmt?

Rückblickend kann man bezüglich der im Winter 1936/37 abgegebenen Erklärung in der Entschlossenheit (vgl. Kapitel 6.1.), die aus der Verbindung von Augenblick und Wiederholung folgt, den ersten Versuch einer Antwort erkennen.

---

64 | Heidegger merkt dazu an: »Was freilich Nietzsche nicht wissen konnte, trotzdem er seit seiner Jugend klarer als seine Zeitgenossen wußte, wer Hölderlin war, das ist die Tatsache, daß Hölderlin diesen Gegensatz bereits in einer noch tieferen und edleren Weise gesehen und begriffen hatte.« (Martin Heidegger: Nietzsche, Bd. 1, S. 123f.)
65 | Martin Heidegger: Nietzsche, Bd. 1, S. 124, kursiv R.C.

In der *Vorlesung* 1929/30 tendiert Heideggers Argumentation im Vergleich zu *Sein und Zeit* zu einer verstärkten Problematisierung des historischen Kontexts. Zwar fehlten in *Sein und Zeit* keine Verweise auf die historische Krisenstimmung, doch dämmt die Analyse der Angst (§ 40), als diejenige Stimmung, in der man zu sich selbst kommt, die alles durchdringende Kraft der Zerstreuung ein. Im Gegensatz zur Angst, markiert der schweigende Nebel Anfang der dreißiger Jahre verstärkt den entpersonalisierenden Charakter und die Zähflüssigkeit einer möglicherweise nie mehr endenden Stimmung. Während sich die Angst nicht ohne Schmerz durchsetzt und nach einem Ausweg verlangt, begleitet die Langeweile das menschliche Leben auf gemeine und stillschweigende Weise. Das alltägliche Leben, das von der Langeweile dominiert wird, gerät in einen Kreislauf und bleibt so auch gegenüber der Möglichkeit, sich nicht mehr zu langweilen, gleichgültig. Die Langeweile gleicht mehr als die Angst jener von Nietzsche mit dem Begriff des Nihilismus beschriebenen historischen Stimmung: kein Riss, kein Schmerz, nur ein Zustand permanenter Unduldsamkeit.

Es scheint, als sei die heideggersche Parabel von einem voluntaristischen Dezisionismus zur historischen Betrachtung des Nihilismus durch eine fortschreitende Feststellung der Beschaffenheit der realen Prozesse gekennzeichnet. Die geschichtliche Bestimmtheit des Alltags drängt denjenigen, der die historische Beschaffenheit seiner Subjektivität verkennt, unweigerlich ins Abseits.

Die phänomenologische Beschreibung der Langeweile bildet somit den Übergang vom Augenblick, wie er in *Sein und Zeit* beschrieben wird, zum Augenblick, wie er 1937 im Zusammenhang mit Nietzsches ewiger Wiederkehr abgehandelt wird. Der heimtückischere Charakter der Langeweile im Vergleich zur Angst verlangt sozusagen, dass der Übergang vom Verlust des Selbst zum Augenblick der Entscheidung, d.h. die Aneignung der eigenen Zeit durch eine umfassende Darstellung des Phänomens beschrieben wird. Voraussetzung dafür ist die Charakterisierung der Langeweile als zeitliches Phänomen, als Königsweg zur Abhandlung des Zeitproblems. Die Langeweile, erläutert Heidegger, ist »ein *Verhältnis zur Zeit*, eine Art, wie wir zur Zeit stehen, ein Zeitgefühl.«[66]

Im Anschluss an diese Charakterisierung entwickelt sich die Argumentation anhand einer dreifachen Bestimmung des Phänomens der Lan-

---

66 | Martin Heidegger: Die Grundbegriffe der Metaphysik, S. 120.

geweile, in einer Art *crescendo* von der Hingehaltenheit zur Leergelassenheit. In der Erzählung dieses Übergangs wird die zeitliche Variation, die den verschiedenen Formen der Langeweile innewohnt, durch ein scheinbar zweitrangiges Element beleuchtet: den Zeitvertreib, der eine regelrechte »*Auseinandersetzung mit der Zeit*«[67] führt. Im Übergang vom Zustand geringer Langeweile zu einem Zustand größerer Langeweile verliert der Zeitvertreib an Bedeutung.[68]

In dieser Erzählung von der Langeweile als einer Krankheit der Zeit zeigt sich die erste Form zeitlicher Veränderung als eine Unterbrechung, Verlängerung, Verzögerung, Zeitschwankung, die als ein Zustand der Leere deutlich wird.[69] Diese Unterbrechung nimmt man wahr, wenn man von etwas gelangweilt wird. Gegen diese Form der Zeitunterbrechung hilft der Zeitvertreib, er tendiert dazu, die Zeit schneller vergehen zu lassen[70], diesen Zustand der Leere, von dem man sich aufgrund der Langsamkeit der Zeit unterdrückt fühlt[71], auszufüllen. Wenn man durch eine Verspätung gelangweilt wird, verhindert die Verspätung, dass man die Zeit erlebt: man kann nichts anderes machen als warten. Doch in diesem Warten ohne Zeit, in dieser Zeitleere, eignet sich das, was uns umgibt, dazu, angenommen zu werden. Ein Buch, eine Zeitschrift, ein Musikstück, ein Telefonanruf, eine Plauderei scheinen die Besucher dieser von nichts besetzten, leeren Zeit. Diese ambivalenten Besucher sind bestimmbar, sie haben einen Namen, manchmal erscheinen sie immer wieder, wenn sich Situationen der Verspätung, der zeitlichen Unterbrechung wiederholen. Dennoch gibt es Situationen der Langeweile, in denen der Zeitvertreib nicht zu erkennen ist. Das heißt nicht, dass es keinen gibt. Doch seine eigentümliche Gegenwart steht in einem anderen Verhältnis zur Zeit. Es handelt sich um die Situation, in der man sich absichtlich über etwas langweilt, das man doch

---

67 | Ebd., S. 145.
68 | Zu einem möglichen Vergleich zwischen der heideggerschen Analyse des Zeitvertreibs und Pascals Analyse des *divertissement* vgl. den Beitrag von Jean Paumen: »Ennui et nostalgie chez Heidegger«, in: Revue internationale de Philosophie 168 (1989), S. 103-130.
69 | Ebd., S. 130: »Das Langweilende, Langweilige ist das Hinhaltende und doch Leerlassende.«
70 | Ebd., S. 146.
71 | Ebd., S. 152.

entschlossen ist, zu tun.⁷² In dieser zweiten Form der Langeweile wird die gesamte Situation, in die man, quasi zufällig, quasi getrieben von einer unaufhaltsamen Trägheit, geraten ist, zum Zeitvertreib. Die heimtückische und alles durchdringende Kraft der Langeweile wird stärker. Sie bezieht sich nicht mehr auf ein externes Vorkommnis wie eine Verspätung, eine Verschiebung eines Termins, sondern auf die Beziehung, die man mit seinem eigenen zeitlichen Wesen eingeht. Der Zeitvertreib erscheint in Gestalt einer »Trägheit«, die dazu verführt, sich dem zu überlassen, was passiert, in einer Art konstantem Vergessen des Selbst: man lebt.⁷³ In diesem Vergessen, das zuletzt beinahe zur Gewöhnung wird, nehmen wir uns Zeit: »Von der Zeit, die uns beschieden ist, nehmen wir uns Zeit; von der Zeit, der unser ganzes Dasein anheimgegeben ist, von der Zeit, über deren Ausmaß wir überdies gar nicht gewiß sind.«⁷⁴ In dieser noch abgründigeren Form der Leere, vergeht man, verbraucht man sich, verliert man Zeit entsprechend einer Modalität, die in *Sein und Zeit* als »Vorstellung« angezeigt wird. In der »Vorstellung« ist die Gegenwart als Augenblick durch ihr Verhältnis zur Vergangenheit und zur Zukunft »abgeschnitten«. Das Beschnittensein der eigenen Gewesenheit und der eigenen Zukunft deutet nicht auf ihr totales Fehlen hin, sondern sie »modifizieren sich in der eigentümlichen Weise des Sichverkettens in der bloßen Gegenwart, d.h. im bloßen gegenwärtigen Mittun. Dadurch gerade kommt die Zeit, während der wir so Gegenwart sind, zum Stehen [...]. Das Währen des Jetzt ist nunmehr gegen die Vergangenheit abgeriegelt. Das Jetzt kann sich nicht mehr als das Frühere zeigen; mit der vergessenen Gewesenheit ist der mögliche *Horizont für jedes Früher* verschlossen. Das Jetzt kann nur Jetzt bleiben. Das Jetzt kann sich aber auch nicht als das Spätere zeigen, als solches, was noch kommt. Es kann nichts kommen, weil der *Horizont der Zukunft* abgebunden ist. *Abriegelung* der Vergangenheit und *Abbindung* der Zukunft beseitigen nicht das Jetzt, aber sie nehmen ihm die Möglichkeit des Überganges vom Noch-nicht zum Nicht-mehr, das Fließen. Abgeriegelt und abgebunden an beiden Seiten, staut es sich in seinem bleibenden Stehen, und in seinem Stauen *dehnt es sich*. Ohne die Möglichkeit des Übergangs bleibt ihm nur das Bestehen – es muß *stehen* bleiben.«⁷⁵ Durch diese wun-

---

72 | Ebd., S. 160ff.
73 | Ebd., S. 180.
74 | Ebd., S. 185.
75 | Ebd., S. 188.

dervolle Beschreibung der Kristallisation der Gegenwart im Jetzt wird auf die strukturelle Einheit der beiden Typen der Langeweile verwiesen, die im gegenwärtigen »Zum-Stehen-bringen der genommenen Zeit« gründet.[76] Die Abriegelung der Zeit war in *Sein und Zeit* mit der Phänomenologie des Verfallens verankert. Aber auch die Blockade der Zeit ist noch Zeit: die des Zeitvertreibs. Die Ausreden funktionieren noch, sie geben einen Anschein von Sinn. Doch je intensiver der Dialog mit Nietzsche in Folge des in der gegenwärtigen Epoche vorherrschenden Nihilismus wird, desto deutlicher zeigt sich, dass auch die in *Sein und Zeit* so wirklichkeitsnah beschriebenen Phänomene wie das Gerede, das Missverständnis oder die Neugier in die binäre Argumentation der Eigentlichkeit und der Uneigentlichkeit eingeschlossen sind. Im Gerede funktioniert der Allgemeinplatz noch immer als Sinnerzeuger; die Neugier lenkt den Blick weiterhin auf das Krankhafte; die Sensationsnachricht bannt die Aufmerksamkeit; im Missverständnis bewahrt die geborgte Wahrheit ihren mahnenden Wert. Doch wenn der Nihilismus, im Sinne Nietzsches, als jene epochale Situation verstanden wird, in der der Wertverlust so vollständig ist, dass er nicht nur die Welt betrifft, der die Flucht der Götter vorausging, sondern auch die Welt der Götzen, die ihnen nachgefolgt sind, dann hält sich sogar der Verbrauch der Zeit, ihre Aushöhlung, nicht mehr im Seienden. Im Nihilismus wird nicht nur das Sein entwertet, sondern auch das Seiende wird der totalen Gleichgültigkeit anheimgestellt.

Im Unterschied zu dem, was Heidegger 1940 behaupten wird, war Nietzsches Diagnose des Nihilismus dadurch, dass er den Prozess der Vernichtung des Seins mit der Herrschaft des Seienden verbunden hat, nicht verfehlt, vielmehr hat er ein außerordentlich wichtiges Element ins Zentrum gerückt: die Gleichgültigkeit gegenüber jedwedem Seienden, die Zerstörung alles Wünschenswerten, sogar des Auswurfs. Heidegger scheint die außerordentliche Bedeutung dieses Moments für das Verständnis der gegenwärtigen Lage nach seiner fehlgeschlagenen Begegnung mit Nietzsche zu entgehen, es drängt sich jedoch in der Beschreibung der dritten Form der Langeweile, die als »tiefe Langeweile« bezeichnet wird, in den Vordergrund.

---

76 | Ebd., S. 191.

Zu Recht fragt sich Heidegger in diesem Zusammenhang: »Ist der Mensch am Ende sich selbst langweilig geworden?«[77] In der »tiefen Langeweile« wird der Mensch ein gleichgültiger Niemand, es gibt keinen Zeitvertreib, der ihn ablenkt oder auf das Seiende lenkt. Die tiefe Langeweile ist der andere Name für den Nihilismus: die Gleichgültigkeit. Es handelt sich um eine absolute Indifferenz »*der Dinge und unserer selbst mit ihnen*«[78]; um eine Gleichgültigkeit ohne jede Verzweiflung[79].

Heidegger erfährt diese Situation als äußersten Notstand, der erlebt wird, ohne die Beklemmung der Leere. Dennoch seien die »Kraft und die Stärke« dieser Beklemmung trotz des Versuchs, sie zu ersticken, so stark, dass sie vom Menschen eine Entscheidung verlangten. Dieses Mal ist es Heidegger, der mehr noch als Nietzsche die Überschreitung des Nihilismus an ein Seiendes bindet. Freilich geht es dabei um ein privilegiertes Seiendes: der Mensch als lebendiges Sein. Die Aneignung des eigenen Lebens, des niezscheanischen *bios*, ersetzt Heidegger mit der Kraft der eigenen Entscheidung des Menschen als Menschen. Nietzsches Zarathustra hat zehn Jahre lang in der Einsamkeit gelebt, dann erst entscheidet er sich, durch die Städte und Wälder zu wandern, um den Menschen aufzufordern, nach dem letzten Gott auch den letzten Menschen zu verlassen (»So will ich ihnen vom Verächtlichsten sprechen: das aber ist der letzte Mensch«[80]). Im Unterschied zum Heiligen, der aufgehört hat, den Menschen zu dienen, um Gott zu verehren, macht das Bewusstsein vom Tod Gottes Zarathustra den Menschen gegenüber großzügig. Ihn treibt die Notwendigkeit, ihnen von jener Krankheit zu sprechen, von der er selbst nur ein Genesender ist. Während seines Umherirrens von einer Einsamkeit in die nächste wird Zarathustra jedoch nur den jungen Hirten treffen, der riskiert hat, in der Leere zu ersticken. Zarathustra vertraut, wenngleich nur für kurze Zeit, bezüglich der Schau des Augenblicks auf den Zwerg, um dann mit seinen Tieren allein zu bleiben. Er hat auch zu den Seefahrern gesprochen, zu jenen also, denen die Weiten und Tiefen vertraut sind.

---

77 | Ebd., S. 241. Vgl. in diesem Zusammenhang die Definition von Indifferenz in Friedrich Wilhelm Joseph Schelling: Philosophische Untersuchungen über das Wesen der menschlichen Freiheit, S. 78.

78 | Martin Heidegger: Die Grundbegriffe der Metaphysik, S. 208.

79 | Ebd., S. 211: »Diese Langeweile führt nie ohne eine wesentliche Verwandlung ihrer selbst, in der sie in eine andere Stimmung überspringt, zur Verzweiflung.«

80 | Friedrich Nietzsche: Also sprach Zarathustra, »Vorrede«, KGW, Bd. VI/1, § 5.

Vom einzelnen Menschen fordert Zarathustra keine Entscheidung; er ist großzügig mit ihm (»er schenkt immer und will sich nicht bewahren«[81]), aber er misstraut den Menschen insgesamt (»›Da stehen sie‹ – sprach er zu seinem Herzen, ›da lachen sie: sie verstehen mich nicht, ich bin nicht der Mund für diese Ohren‹«[82]). Er weiß, dass der letzte Mensch sich selbst langweilig geworden ist und, dass dieses Gelangweiltsein ihn an seine Langeweile bindet, fast als wäre er mit einem Schwergewicht verbunden. Aber er verzweifelt nicht. Er fährt fort, zu den Menschen zu sprechen. Auf seiner einsamen Suche nach dem, was den Menschen dazu gebracht hat, sich von der Leere ersticken zu lassen, wünscht er sich sehnlichst Gefährten, wünscht er sich, den Menschen aus der Beklemmung zu befreien. Der erste Gefährte, den er trifft, ist ein Seiltänzer, ein Mensch, der die Gefahr zu seinem Beruf gemacht hat.[83] Doch diese Gefahr hat ihn das Leben gekostet. Zarathustra wird also nur von einem Toten begleitet. Er verzweifelt nicht, obwohl er sich selbst sagt: »Gefährten brauch ich und lebendige – nicht todte Gefährten und Leichname, die ich mit mir trage, wohin ich will. Sondern lebendige Gefährten brauche ich, die mir folgen, weil sie sich selber folgen wollen [...].«[84] Er kennt keine Verzweiflung, aber er hat das Bewusstsein dafür, wie schwer die Situation für den letzten Menschen ist, wie schwierig sein Tod. Der Weg zum anderen Menschen oder zum Übermenschen könnte auch unendlich sein, gewiss aber kann er nicht der Entscheidung des letzten Menschen anvertraut werden. Der letzte Mensch ist in seiner Langeweile nicht in der Lage, zu entscheiden. Er schleppt sich blind vorwärts. Diese Erfahrung wird später auch Heidegger machen.

In den Jahren 1929/30 vertraut er auf den Blick der Entschlossenheit, der im Augenblick den Menschen vom Zustand des Erstickens im Leeren ablenkt: »Der Augenblick ist nichts anderes als der *Blick der Entschlossenheit*, in der sich die volle Situation eines Handelns öffnet und offenhält.«[85]

Die Nietzsche-Lektüre nagt an ihm. Er weiß, dass der Mensch gegenüber der Leere an sich gleichgültig bleibt und, dass er sich in einigen Fällen

---

81 | Ebd., »Vorrede«, § 4.
82 | Ebd., »Vorrede«, § 5.
83 | Ebd., »Vorrede«, § 6.
84 | Ebd., »Vorrede«, § 9.
85 | Martin Heidegger: Die Grundbegriffe der Metaphysik, S. 224.

darauf beschränkt, über die Misere des Lebens zu klagen.[86] Aber er fordert die Entscheidung: »Der Mensch muß sich erst wieder zu dieser Zumutung entschließen. Die Notwendigkeit dieses Entschlusses ist der Inhalt des versagten und zugleich angesagten Augenblickes unseres Daseins.«[87] Dieser Zumutung entgegentreten bedeutet, eine Bürde auf sich zu nehmen (»Nur wer sich wahrhaft eine Bürde geben kann, ist frei.«[88]), eine Last, die Nietzsche das größte Schwergewicht des gewichtlosen Zeitalters genannt hatte. Heidegger wird darauf 1937 zurückkommen.

Mit Nietzsche teilt Heidegger[89] das Bewusstsein, dass im Zeitalter des Erstickens im Leeren jede Bürde, sogar die Bürde der eigenen Existenz, im beständigen schwindelerregenden Fall ins Nichts schwerer wird. Nur die Erleichterung, die Schwächung scheinen das Verweilen im Leeren, das weder eine Oberfläche noch eine Tiefe kennt, zu erlauben.

Ohne Nietzsche fordert Heidegger die *Gegenbewegung* der Entschlossenheit[90], zu der er mittels einer Bestimmung des Menschen von seinen Grundstimmungen her, gelangt. Diese Übertragung des schelerschen Personalismus[91] offenbart eine begriffliche Schwäche Heideggers, die in Nietzsches Diagnose des Nihilismus fehlt. Die Krankheit des Nihilismus

---

86 | Ebd., S. 247.
87 | Ebd.
88 | Ebd., S. 248.
89 | »Daß bei dieser Forderung und bei der Anstrengung, ihm [der Bürde der eigenen Existenz] näherzukommen, dem heutigen Normalmenschen und Biedermann bange wird und zuweilen vielleicht schwarz vor Augen, so daß er sich um so krampfhafter an seine Götzen klammert, ist vollkommen in der Ordnung.« (Ebd., S. 255) Bereits zuvor hatte Heidegger in der Kritik am »ewige[n] Durchschnitt« des Normalmenschen oder des »letzten Menschen« behauptet: »Dieser Normalmensch nimmt seine kleinen Vergnüglichkeiten zum Maßstab dessen, was als Freude gelten soll. Dieser Normalmensch nimmt seine dünnen Furchtsamkeiten zum Maßstab dessen, was als Schrecken und Angst gelten darf. Dieser Normalmensch nimmt seine satten Behäbigkeiten zum Maßstab dessen, was als Sicherheit bzw. als Unsicherheit gelten kann.« (Ebd., S. 32)
90 | »[...] der Grundcharakter der Existenz, des Existierens des Menschen [liegt] in der *Entschlossenheit* [...]« (ebd., S. 427).
91 | In einem Abschnitt dieser Vorlesung wird die Nähe zu Schelers Personalismus, den Heidegger andernorts durchaus schon streng kritisiert hatte, deutlich: »Alles Verhalten aber ist nur möglich in der Verhaltenheit, Verhaltung, und Hal-

greift nicht nur die Dinge, die Sinneinheiten und die Motivationen an, sondern das, woher die Dinge, der Sinn und die Motivationen kommen. Das Fehlen der Eigenschaft, als unterscheidendes Merkmal des gegenwärtigen Menschen, betrifft nicht nur die äußere Hülle des Menschen. Darum fordert Nietzsche den Übermenschen, einen Menschen, der noch nicht definiert oder definierbar ist, der nicht unversehrt aus den Trümmern steigen kann, sondern die Zeichen tödlicher Verletzungen an sich trägt. Nur der zum Tode verurteilte Mensch kann der Übermensch sein. Im zum Tode Verurteilten liegt die Möglichkeit des Übermenschen beschlossen, jedoch nicht bevor er vollständig dekonstruiert worden ist, zum Zwecke einer möglichen Austreibung der Krankheit quasi viviseziert.

Auch Heidegger fordert in dieser Vorlesung den Übergang, behauptet, mit dem Nietzsche des *Zarathustra*, dass der Mensch selbst ein Übergang sei[92]. Doch es handelt sich für Heidegger und trotz aller Anstrengungen seiner Existenzialanalyse noch immer um den Menschen an sich.[93]

---

tung gibt es nur, wo ein Seiendes den Charakter des Selbst, wie wir auch sagen, der Person hat.« (Ebd., S. 397f.)

92 | Ebd., S. 8, 10, 18. Obwohl Heidegger noch zögert, die radikal geschichtliche Tragweite des Menschen als Übergang zu verstehen, fehlt es in dieser Vorlesung nicht an Abschnitten, in denen ein Bewusstsein dafür zum Ausdruck kommt: »So geworfen im Wurf ist der Mensch ein *Übergang*, Übergang als Grundwesen des Geschehens. Der Mensch ist Geschichte, oder besser, die Geschichte ist der Mensch.« (Ebd., S. 531)

93 | »Das Dasein des Menschen bringt je schon in sich selbst die Wahrheit über sich mit.« (Ebd., S. 407)

6.3 Der Gedanke der ewigen Wiederkehr ist »eine geschichtliche Entscheidung – eine Krisis«

> Diejenigen, die von Grund aus verstehen,
> d.h. die Gedanken selbst schöpferisch wiederdenken,
> sind nie gleichzeitig mit dem jeweils ersten Denker eines Gedankens;
> es sind auch nicht die,
> die sich mit dem neu aufkommenden Gedanken
> als einem »modernen« sogleich beschäftigen:
> denn diese sind die Bodenlosen,
> die nur mit dem jeweils »modernen« sich füttern;
> die eigentlich Verstehenden sind immer die,
> die weither kommen aus eigenem Grund und Boden,
> die viel mitbringen, um viel zu verwandeln.
>
> *Martin Heidegger*

In der Vorlesung des Sommersemesters 1937 *Nietzsches metaphysische Grundstellung im abendländischen Denken: Die ewige Wiederkehr des Gleichen* greift Heidegger das Problem des Augenblicks, der Entscheidung und der Bestimmung des Menschen aus einer Perspektive auf, die in Bezug auf seine philosophische Entwicklung und seine Auseinandersetzung mit Nietzsche außergewöhnlich erscheint.

Versteht man unter Begegnung eine Dimension, in der der Dialog nicht mehr aus zwei verschiedenen, voneinander unterscheidbaren Stimmen besteht, sondern sich in eine Aufeinanderfolge von Aussagesätzen verwandelt, denen keine Eigennamen zugeordnet werden können, so kann man Heideggers Vorlesung von 1937 als Ort der begrifflichen Begegnung mit Nietzsche betrachten. Damit wird keinesfalls zur Auslöschung der individuellen Charakteristiken im philosophischen Denken Heideggers und Nietzsches aufgefordert, vielmehr soll jene seltene Situation angedeutet werden, in der die philosophische Auseinandersetzung mit einer solchen Radikalität in die fragliche Sache eindringt, dass die unmittelbare persönliche Identifikation verloren gehen kann.

Trotz Heideggers ostentativen Versuchen, sich von der abgründigen philosophischen Erfahrung Nietzsches zu distanzieren, bildet seine Vorlesung über die ewige Wiederkehr den Höhepunkt der Nietzsche-Rezeption. Bei der Lektüre dieser Vorlesung, in der Heideggers Vertrautheit mit

Nietzsche auf eine Zerreißprobe gestellt wird, spürt man, dass er eine gewisse Vorsicht, eine Art Selbstschutz gegenüber Nietzsches philosophischer Erfahrung walten lässt. Bereits im vorausgegangenen Semester hatte sich Heidegger über die Notwendigkeit, Nietzsche vor Missverständnissen zu schützen, ausgelassen. Es handelt sich um ein Opfer Nietzsches, für das sich Heidegger in mancherlei Hinsicht als Urheber fühlt. Zu verschiedenen Gelegenheiten kommt er auf die Schwierigkeit zurück, Nietzsche wirklich zu begegnen und betont gleichzeitig die Notwendigkeit, das Ungedachte dieses Denkens zuzulassen. Für Heidegger steht Nietzsches philosophische Erfahrung für die Möglichkeit, den Nihilismus als epochale Krisenerfahrung des Abendlandes zu verstehen: »In der Erfahrung der Tatsache des Nihilismus wurzelt und schwingt die ganze Philosophie Nietzsches; zugleich aber führt sie dahin, die Erfahrung des Nihilismus allererst deutlich und in ihrer Tragweite zusehends durchsichtiger zu machen. Mit der Entfaltung von Nietzsches Philosophie wächst zugleich die Tiefe der Einsicht in das Wesen und die Macht des Nihilismus, steigert sich die Not und Notwendigkeit seiner Überwindung.«[94]

Nietzsche steht für die Möglichkeit, den Nihilismus philosophisch als Krankheit zu diagnostizieren, in einer Sprache, die trotz der Auflösung des philosophischen Systems[95], ihre Ausdrucksstärke nicht verloren hat. Durch beständiges Zerren und Verfeinern hat Nietzsche die Sprache seinen Gedanken angepasst. Schon in seiner Habilitationsschrift hatte der Sprachphilosoph Heidegger seine ganze Bewunderung für die plastische Kraft der nietzscheschen Sprache zum Ausdruck gebracht, die nie in den Jargon der Eigentlichkeit verfällt, ohne an Poesie zu verlieren.

In Bezug auf die Lehre von der ewigen Wiederkehr kommt Heidegger nicht umhin, darauf aufmerksam zu machen, wie sich Nietzsches denkerisches Dichten und der schwerste Gedanke wechselseitig ergänzen: »Nietz-

---

94 | Martin Heidegger: Nietzsche, Bd. 1, S. 435.

95 | In *Schellings Abhandlung über das Wesen der menschlichen Freiheit (1809)* bestimmt Heidegger zunächst das »System« als entscheidende *Aufgabe* der Philosophie des Deutschen Idealismus bis hin zu Schellings Versuch eines »Systems der Freiheit«, um sodann an Nietzsches Misstrauen gegenüber dem System (vgl. Friedrich Nietzsche: Götzendämmerung, »Sprüche und Pfeile«, Aph. 26; Ders., Nachgelassene Fragmente 1887-88, Frag. 9[188], 10[146]) als ausgereiftesten Ausdruck der nihilistischen Krise zu erinnern (vgl. Martin Heidegger: Schelling: Vom Wesen der menschlichen Freiheit (1809), S. 38f.).

sches denkerisches Dichten hat in diesem schwersten Gedanken für seine weitesten Ausschläge das Pendel, das ihm das ständige Zustreben auf die Mitte sichert und in allem Aufruhr des Fragens und Forschens die heitere Ruhe des leidgewohnten Siegers gibt.«[96]

Heideggers Anstrengungen sind darauf ausgerichtet, zu zeigen, dass der Gedanke der ewigen Wiederkehr der »Gedanke der Gedanken«, der »Hauptgedanke« Nietzsches[97] ist und als solcher im Verhältnis zum Nihilismus eine historische »Entscheidung« vorstellt.

Sogar in der Zeit zwischen 1884 und 1888, von der Nietzsches Interpreten und vor allem die Herausgeber von *Der Wille zur Macht* behaupten, Nietzsche habe den Gedanken der ewigen Wiederkehr aufgegeben und ihn mit dem des Willens zur Macht ersetzt, bleibt der Wiederkunftgedanke für Heidegger zentral.[98] »Der Wille zur Macht ist insofern ›Voraussetzung‹ für die ewige Wiederkunft des Gleichen, als vom Willen zur Macht her erst erkannt werden kann, was ewige Wiederkunft des Gleichen heißt. Weil die ewige Wiederkunft des Gleichen der Sache nach der Grund und das Wesen des Willens der Macht ist, deshalb kann dieser als Grund und Ausgang für den Einblick in das Wesen der ewigen Wiederkunft des Gleichen angesetzt werden.«[99]

Das Verhältnis zwischen Wille zur Macht und ewiger Wiederkehr entspricht dem Verhältnis zwischen dem *was* und dem *wie*[100], zwischen der

---

96 | Martin Heidegger: Nietzsche, Bd. 1, S. 409.

97 | In diesem Kontext müsste Heideggers Polemik mit Baeumler und Jaspers entwickelt werden, ohne dabei einige bedeutungsvolle exegetische Übereinstimmungen zwischen Heideggers und Baeumlers Nietzsche-Auslegung aus den Augen zu verlieren. Dazu verweise ich auf die Beiträge von Wolfgang Müller-Lauter: »›Der Wille zur Macht‹ als Buch der ›Krisis‹ philosophischer Nietzsche-Interpretation«, in: Nietzsche-Studien 24 (1995), S. 223-260; Richard Lowell Howey: Heidegger and Jaspers on Nietzsche. A Critical Examination of Heidegger's and Jasper's Interpretations of Nietzsche, The Hague: M. Nijhoff 1973; Peter Pütz: »The Problem of Force in Nietzsche and his Critics«, in: Volker Dürr/Reinhold Grimm/Kathy Harms (Hg.), Nietzsche. Literature and Values, Madison: The University of Wisconsin Press 1988, S. 14-28.

98 | Martin Heidegger: Nietzsche, Bd. 1, S. 409.

99 | Ebd., S. 427.

100 | Ebd.

»Verfassung« des Seienden und seiner »Weise zu sein«.[101] Die drei Pole, um die die Form der Lehre von der ewigen Wiederkehr kreist, sind die drei Titel, die sich in Nietzsches letzter Phase der philosophischen Produktion, in der Planung seines vermeintlichen Hauptwerks abwechseln: die ewige Wiederkehr, der Wille zur Macht und die Umwertung aller Werte.[102] Die ewige Wiederkehr ist demnach der Gedanke der Gedanken, während der Wille zur Macht nur »ein letztes Faktum« bildet, das der Notwendigkeit, dem Gedanken der Gedanken eine Form zu geben, Rechnung trägt.[103]

Die heideggersche Untersuchung zum Thema Wiederkunftslehre bezieht sich auf Nietzsches zu Lebzeiten veröffentlichte und postum erschienene »Mitteilungen«. Heidegger, der zu dieser Zeit im Nietzsche-Archiv arbeitet, betont mehrmals die Notwendigkeit einer chronologischen Anordnung der Fragmente zum Verständnis des Gedankens der ewigen Wiederkehr. Seine Analyse folgt der Genese der Wiederkunftslehre: die erste Erwähnung findet sich im Aphorismus 341 in *Die fröhliche Wissenschaft*, die zweite in *Also sprach Zarathustra*, die dritte im Aphorismus 56 in *Jenseits von Gut und Böse*, es folgen vier Anmerkungen im August des Jahres 1881, weitere in der Periode des *Zarathustra* (1883/84) und schließlich die Notizen aus der Zeit von *Der Wille zur Macht* (1884/1888). In jedem dieser Übergänge erfährt die Konfiguration der ewigen Wiederkehr eine spezifische Bestimmung. Doch nur das Buch *Zarathustra* wird als das Buch der ewigen Wiederkehr angesehen. In der Darstellung sowohl der unveröffentlichten Anmerkungen als auch der veröffentlichten Mitteilungen, dreht sich der Schwerpunkt der Argumentation beständig um den *Zarathustra*, er steht für die *mise en intrigue*[104] der ewigen Wiederkehr.

Warum kann allein Zarathustra der Meister der ewigen Wiederkehr sein? Wer ist Zarathustra? Zarathustra ist der »Held« der ewigen Wieder-

---

101 | Ebd., S. 463f. Zum Verhältnis zwischen dem Willen zur Macht und der ewigen Wiederkehr verweise ich auf die Arbeit von Günter Abel: Nietzsche. Die Dynamik der Willen zur Macht und die ewige Wiederkehr, Berlin: de Gruyter 1984.
102 | Martin Heidegger: Nietzsche, Bd. 1, S. 430.
103 | Ebd., S. 417.
104 | Ich verwende den Ausdruck hier im Sinne von Paul Ricœur: Zeit und Erzählung, Bd. 1: Zeit und historische Erzählung, München: Fink 1988, S. 75, 105, d.h. als jene »Synthese des Heterogenen«, die Erzählung und Metapher einander annähert; als Kongruenz der Dissonanz und als Weg zur Strukturierung der Mannigfaltigkeit der zeitlichen Erfahrung.

kehr, derjenige, der in einer Zeit ohne Helden, die Schwere dieses Gedankens zu tragen vermag.

Heidegger bemerkt Nietzsches Sorge, die auf der Erkenntnis beruht, dass der Mensch, so wie er bisher war, nicht in der Lage wäre, die Lehre von der ewigen Wiederkehr zu denken. Deshalb erschafft Nietzsche zunächst den Helden, der die Schwere des ewigen Gedankens tragen kann, dann erst stellt er die Lehre vor. Zarathustra selbst wird zu Beginn seines Wegs als letzter Mensch vorgestellt, der auf seinem Gang lernen muss, was er ist.[105]

Zarathustra ist der Denker der Einsamkeit. Mit der Erschaffung Zarathustras, so Heidegger, gestattet sich Nietzsche einen Raum der »einsamsten Einsamkeit«[106]. Das Buch über Zarathustras Wanderung trägt eine Widmung, die die Einsamkeit zum Ausdruck bringt: »Nietzsche hat dem Werk des Titels ›Also sprach Zarathustra‹ einen Untertitel mitgegeben, der lautet: ›Ein Buch für Alle und Keinen‹. Was das Buch sagt, ist an jeden gerichtet, an Alle; aber jeder hat nie, so wie er gerade ist, das Recht, das Buch wahrhaft zu lesen, wenn er sich nicht zuvor und zugleich verwandelt; d.h. das Buch ist für Keinen von uns allen, so wie wir gerade sind: Ein Buch für Alle und Keinen, mithin ein Buch, das niemals geradehin ›gelesen‹ werden kann und darf.«[107]

Zarathustras Einsamkeit ist keine der Formulierung der Wiederkunftslehre äußerliche Dimension. Sie bringt vielmehr ein ganz bestimmtes Verhältnis zum Ausdruck, das sich zwischen dem Gedanken und dem, der denkt, einstellt. Diese Zusammengehörigkeit von Gedanken und Denker ergibt sich für Heidegger auf exklusive Weise in Nietzsches Metaphysik, insofern bei diesem Denker der Gedanke die Totalität des Seienden denkt; insofern Nietzsche derjenige Denker ist, bei dem sich die Totalität des Seienden zu einer Bestimmung entfaltet, die so einzigartig ist, dass sie von der Perspektive desjenigen, der sie ausspricht, nicht zu trennen ist.

Einerseits lehnt Heidegger, ausgehend von den Voraussetzungen seiner Existenzialanalyse die nietzschesche Betrachtung des Menschen als »demjenigen, der in einer Ecke steht«, als möglichen Ausdruck einer letzten Anthropomorphisierung des Seienden und symmetrisch dazu, einer

---

105 | Martin Heidegger: Nietzsche, Bd. 1, S. 286.
106 | Ebd.
107 | Ebd., S. 288f.

extremen Naturalisierung der Welt¹⁰⁸, ab. Andererseits kommt er nicht umhin, anzumerken, dass Nietzsches autobiographische Rückblenden und Ausschauen »immer nur Vorblicke in seine Aufgabe« waren. Heidegger selbst, als Mitglied des Nietzsche-Archivs verantwortlich für die Veröffentlichung der nietzscheschen Schrift *Mein Leben. Autobiographische Skizze des jungen Nietzsche*, betont: »Die Berichte sind, so sehr zuweilen der Anschein dagegen spricht, für ihn [Nietzsche] das Schwerste gewesen, denn sie gehören zur Einmaligkeit seiner und nur seiner Sendung. Diese besteht mit darin, in einer Zeit des Verfalls, der Verfälschung von allem, der bloßen Betriebsamkeit in allem durch die eigene Geschichte sichtbar zu machen, daß das *Denken großen Stils* ein echtes *Handeln* ist, und zwar in seiner mächtigsten, wenngleich *stillsten* Gestalt. Hier hat die sonst geläufige Unterscheidung zwischen ›bloßer Theorie‹ und nützlicher ›Praxis‹ keinen Sinn mehr. Nietzsche wußte aber auch, daß es die schwere Auszeichnung der Schaffenden ist, nicht erst die Anderen zu brauchen, um von dem eigenen kleinen Ich loszukommen.«¹⁰⁹

Zarathustra ist der Meister der ewigen Wiederkehr. Von den ersten Anmerkungen an, stellt sich der Wiederkunftgedanke als eine Lehre dar, die eines besonderen Lehrmeisters bedarf.¹¹⁰ Dieser Meister muss, um seine Lehre mitteilen zu können, sie sich zunächst selbst aneignen. Heidegger betont aus der ersten Anmerkung vom August des Jahres 1881¹¹¹ das Datum, es enthülle den außerordentlichen inhaltlichen Charakter der Anmerkung; die Tatsache, dass die Doktrin im Hinblick auf die Lehre und denjenigen, der sie lehrt, konzipiert wurde; die Bezeichnung der Wiederkunftslehre als

---

108 | Ebd., S. 378ff.
109 | Ebd., S. 261.
110 | Vgl. dazu Roland Duhamel: Nietzsches Zarathustra, Mystiker des Nihilismus: eine Interpretation von Friedrich Nietzsches »Also sprach Zarathustra – ein Buch für Alle und Keinen«, Würzburg: Königshausen & Neumann 1991 und Thomas Busch: Die Affirmation des Chaos. Zur Überwindung des Nihilismus in der Metaphysik Friedrich Nietzsches, St. Ottilien: EOS 1989.
111 | »Anfang August 1881 in Sils Maria, 6000 Fuß über dem Meer und viel höher über allen menschlichen Dingen!« (Friedrich Nietzsche: Nachgelassene Fragmente 1881-1882, KGW, Bd. V/2, Aph. 11[141].

das neue »Schwergewicht«[112], als *Zäsur*[113] und die obsessive Wiederkehr des Begriffs »Einverleibung«, der im Buch von der ewigen Wiederkehr aufgegriffen wird, als Zarathustras Genesung beginnt, eben weil er sich den Grundgedanken einverleibt hat.[114] Heidegger präzisiert: »Das Einverleibende ist jenes, was den Leib – das Leiben – fest und stehend und sicher macht, es ist zugleich das, womit wir fertig geworden sind und was uns künftig bestimmt, der Saft, woraus wir die Kräfte ziehen. Einverleibung des Gedankens heißt hier: das Denken des Gedankens so vollziehen, daß er im vorhinein die Grundstellung zum Seienden im Ganzen wird und als solche jeden einzelnen Gedanken im voraus durchherrscht. Erst wenn der Gedanke zur Grundhaltung alles Denkens geworden ist, ist er seinem Wesen gemäß in Besitz genommen, ein-verleibt.«[115]

---

112 | Vgl. Friedrich Nietzsche: Fröhliche Wissenschaft, Aph. 341. In Bezug auf diesen Aphorismus, Nietzsches erste öffentliche Mitteilung des Wiederkunftgedankens, versucht Heidegger zunächst die Bedeutung des Ausdrucks »Das größte Schwergewicht« zu erklären: »Der Gedanke als *Schwergewicht!* Was stellen wir uns bei dem Wort »Schwergewicht« vor? Ein Schwergewicht verhindert das Schwanken, bringt eine Ruhe und Festigkeit, zieht alle Kräfte auf sich zusammen, sammelt sie und gibt ihnen Bestimmtheit. Ein Schwergewicht zieht zugleich nach unten und ist daher der ständige Zwang, sich oben zu halten, es ist aber auch die Gefahr, nach unten zu gleiten und unten zu bleiben. Ein Schwergewicht ist so ein Hindernis, das verlangt, ständig genommen und übersprungen zu werden. Ein Schwergewicht schafft jedoch nicht neue Kräfte, indes verwandelt es ihre Bewegungsrichtung und schafft so neue Bewegungsgesetze der verfügbaren Kraft.« (Martin Heidegger: Nietzsche, Bd. 1, S. 272)
113 | In der dritten (ebenso wie in der vierten) Anmerkung »Zum Entwurf einer neuen Art zu leben« aus dem Jahre 1881 kommt zum Ausdruck, dass der Gedanke der ewigen Wiederkehr auf ein neues Leben verweist: »Mittag und Ewigkeit. Fingerzeig zu einem neuen Leben. Zarathustra, geboren am See Urmi, verliess im dreissigsten Jahre seine Heimat, gieng in die Provinz Aria und verfasste in den zehn Jahren seiner Einsamkeit im Gebirge den Zend-Avesta. Die Sonne der Erkenntniß steht wieder einmal im Mittag: und geringelt liegt die Schlange der Ewigkeit in ihrem Lichte – es ist *eure* Zeit, ihr Mittagsbrüder!« (Friedrich Nietzsche: Nachgelassen Fragmente 1881-1882, KGW, Bd. V/2, Aph. 11[195] – 11[196]).
114 | Zur nietzscheanischen Figur des Genesenden vgl. Martin Heidegger: Nietzsche, Bd. 1, S. 302ff.
115 | Ebd., S. 331.

Zarathustra, der Gottlose, ist der Denker des Gottes Dionysos im Zeitalter der *Götterlosigkeit*.[116]

Aus § 56 von *Jenseits von Gut und Böse*[117], der dritten Mitteilung zur ewigen Wiederkehr, macht Heidegger die Religiosität von Nietzsches schwerstem Gedanken deutlich. Nietzsche, der Meister der ewigen Wiederkehr, der Verkündung von Gottes Tod, der Gottlose, lebt selbst nicht auf der Flucht vor den Göttern. Die *Götterlosigkeit* betrifft ihn nicht. Die Tötung Gottes bezieht sich für Heidegger bei Nietzsche ausschließlich auf den moralischen, christlichen Gott, auf den Vater, zu dem man Zuflucht sucht, dem man sich anvertraut, auf den »Richter« und »Belohner«. Heidegger erinnert da-

---

116 | Martin Heidegger: Beiträge zur Philosophie, Abschnitt VII: »Der letzte Gott«, S. 403-417. Das Problem des »letzten Gottes« wird ausführlich und sehr genau abgehandelt bei Giuseppina Strummiello: L'altro inizio del pensiero. I »Beiträge zur Philosophie« di Martin Heidegger, Bari: Levante 1995, S. 237-327. Mit diesem Problem haben sich ebenfalls beschäftigt Rainer Thurnher: »Gott und Ereignis – Heideggers Gegenparadigma zur Onto-Theologie«, in: Heidegger Studies 8 (1992), S. 81-102 und Costantino Esposito: Heidegger. Storia e fenomenologia del possibile, Bari: Levante 1992, S. 243-270.

117 | »Wer, gleich mir, mit irgend einer räthselhaften Begierde sich lange darum bemüht hat, den Pessimismus in die Tiefe zu denken und aus der halb christlichen, halb deutschen Enge und Einfalt zu erlösen, mit der er sich diesem Jahrhundert zuletzt dargestellt hat, nämlich in Gestalt der Schopenhauerischen Philosophie; wer wirklich einmal mit einem asiatischen und überasiatischen Auge in die weltverneinendste aller möglichen Denkweisen hinein und hinunter geblickt hat – jenseits von Gut und Böse, und nicht mehr, wie Buddha und Schopenhauer, im Bann und Wahne der Moral –, der hat vielleicht eben damit, ohne dass er es eigentlich wollte, sich die Augen für das umgekehrte Ideal aufgemacht: für das Ideal des übermüthigsten lebendigsten und weltbejahendsten Menschen, der sich nicht nur mit dem, was war und ist, abgefunden und vertragen gelernt hat, sondern es, *so wie es war und ist*, wieder haben will, in alle Ewigkeit hinaus, unersättlich *da capo* rufend, nicht nur zu sich, sondern zum ganzen Stücke und Schauspiele, und nicht nur zu einem Schauspiele, sondern im Grunde zu Dem, der gerade dies Schauspiel nöthig hat – und nöthig macht: weil er immer wieder sich nöthig hat – und nöthig macht – Wie? Und dies wäre nicht – *circulus vitiosus deus?*« Vgl. Friedrich Nietzsche: Jenseits von Gut und Böse, Aph. 56.

ran, dass für Nietzsche Gott tot sei, weil er an der Kleinkrämerei der Moral und der Theologie erstickte.[118]

Sowohl die ausgereifteste Formulierung des Wiederkunftgedankens, wie sie im Aphorismus 56 in *Jenseits von Gut und Böse* zum Ausdruck kommt, als auch die Verbindung zwischen der ewigen Wiederkehr und dem *Amor fati* vorwegnehmend, hatte der neunzehnjährige Nietzsche am Schluss einer im September 1863 verfassten Darstellung seines Lebenslaufs, geschrieben: »So kann ich auf fast Alles, was mich getroffen, sei es Freude, sei es Leid, dankbar zurückschauen, und die Ereignisse haben mich bis jetzt wie ein Kind geleitet. Vielleicht wird es Zeit, selbst die Zügel der Ereignisse zu ergreifen und in das Leben hinauszutreten. Und so entwächst der Mensch allem, was ihn einst umschlang; er braucht nicht die Fesseln zu sprengen, sondern unvermerkt, wenn ein Gott es gebeut, fallen sie ab; und wo ist der Ring, der ihn endlich noch umfaßt? Ist es die Welt? Ist es Gott? –.«[119] In diesem Fragen, in dem die Frage nach dem Religiösen eine Frage bleibt, wird die Welt selbst Gott, jedoch nicht, so betont Heidegger, in Form eines billigen Atheismus[120]. Die ewige Wiederkehr hat ihren Gott, Dionysos, den Fürsprecher des Tragischen, das den charakteristischen Zug des Lebens ausmacht.

Die Lehre von der ewigen Wiederkehr, ein Denken, das in Dionysos seinen Gott findet, geht der Geburt des neuen Tragischen voraus. Erst nachdem das »größte Schwergewicht« (*Die fröhliche Wissenschaft*, Aph. 341) angenommen wurde, *incipit tragoedia* (*Die fröhliche Wissenschaft*, Aph. 342).

Gewöhnlich wird das Tragische als Schuld und Untergang, als Ende und Hoffnungslosigkeit interpretiert.[121] Doch »Nietzsches Begriff des Tra-

---

118 | Friedrich Nietzsche: Nachgelassene Fragmente 1882-84, Fr. 3[7].

119 | Friedrich Nietzsche: »Mein Leben«, in: Nachgelassene Aufzeichnungen 1862-1864, KGW, Bd. I/3, S. 192 (vgl. Martin Heidegger: Nietzsche, Bd. 1, S. 288).

120 | Vgl. Pierre Klossowski: »Un si funeste désir«, in: Nietzsche, le polithéisme et la paradie«, S. 185-228.

121 | Friedrich Nietzsche: Nachgelassene Fragmente 1887-1888, Aph. 9[107]; Ders.: Nachgelassene Fragmente 1888-1889, Fr. 14[89]. Heidegger macht darauf aufmerksam, dass sich Nietzsches Hinweis in der ersten Mitteilung des Wiederkunftgedankens (Die fröhliche Wissenschaft, Fr. 341), vor allem auf die tragische Erkenntnis und den tragischen Charakter des Seienden überhaupt bezieht. Außerdem vergisst er nicht, darauf hinzuweisen, dass der Inhalt dieser er-

gischen und der Tragödie ist ein anderer, ein wesentlich tieferer. Das Tragische in Nietzsches Sinn ist *gegen* die ›Resignation‹, wenn es überhaupt noch nötig hat, gegen etwas zu sein. Das Tragische im Sinne Nietzsches hat nichts zu tun mit der bloßen Verdüsterung eines sich selbst zerstörenden Pessimismus, aber ebensowenig mit dem blinden Taumel eines nur in bloßen Wünschen verlorenen Optimismus [...].«[122]

Was lehrt Zarathustra, der Held und einsame Meister des dionysischen Denkens?

Er lehrt vor allem, dass die Wiederkunftslehre eine *Gegenbewegung*, ein Gegen-Gedanke ist. Es handelt sich um einen Gegen-Gedanken, der nicht zurückweist, wogegen er opponiert, sondern darauf abzielt es umzukehren. Was Nietzsche umkehren möchte, betont Heidegger, ist nicht eine Denkbewegung, ein philosophisches System, sondern das Abendland als platonisch-nihilistisches Ganzes. Als Gegen-Gedanke zum Nihilismus kann die ewige Wiederkehr nur der Gedanke des Augenblicks sein.[123]

An diese Bestimmung des Wiederkunftgedankens knüpft sich die gesamte begriffliche Entwicklung der heideggerschen Thematisierung der Zusammengehörigkeit von Sein und Zeit als *Seinsfrage* im Zeitalter des vollendeten Nihilismus. Aus Heideggers Sicht ist der Augenblick der ewigen Wiederkehr ein vom flüchtigen Jetzt unterschiedener zeitlicher Moment: »Das ist das Schwerste und Eigentliche an der Lehre von der ewigen Wiederkunft, daß die Ewigkeit im Augenblick *ist*, daß der Augenblick nicht das flüchtige Jetzt ist, nicht der für einen Zuschauer nur vorbeihuschende Moment, sondern der Zusammenstoß von Zukunft und Vergangenheit. In ihm kommt der Augenblick zu sich selbst. Er bestimmt, wie alles wiederkehrt.«[124]

Nachdem der Augenblick als Möglichkeit zur phänomenologischen Benennung der Zeit definiert wurde (»Er bestimmt, wie alles wiederkehrt«), erfolgt der Übergang zu seiner Identifikation mit dem »Unzeitigen«, dem »Überhistorischen« und mit der »Geschichtlichkeit«: »Als ›Augenblick‹

---

sten Mitteilung im Vergleich zu Nietzsches unveröffentlichten Anmerkungen, die in denselben Zeitraum fallen, »*in einem großen Mißverhältnis zu dem schon Gedachten und Gewußten*« steht (vgl. Martin Heidegger: Nietzsche, Bd. 1, S. 403).
122 | Martin Heidegger: Nietzsche, Bd. 1, S. 317.
123 | Vgl. dazu den Beitrag von Jörg Salaquarda: »Der ungeheure Augenblick«, in: Nietzsche-Studien 18 (1989), S. 317-337.
124 | Martin Heidegger: Nietzsche, Bd. 1, S. 311f.

bestimmen wir jene Zeit, in der Zukunft und Vergangenheit sich vor den Kopf stoßen, in der sie entscheidungsmäßig vom Menschen selbst bewältigt und vollzogen werden, indem der Mensch in der Stelle dieses Zusammenstoßes steht, je sie selbst *ist*. Die Zeitlichkeit der Zeit *der* Ewigkeit, die in der ewigen Wiederkunft des Gleichen zu denken verlangt wird, ist die Zeitlichkeit, in der vor allem und, so weit wir wissen, allein der Mensch steht, indem er, dem Künftigen ent-schlossen, das Gewesene bewahrend, das Gegenwärtige gestaltet und erträgt.«[125]

Es geht nun darum, den Zusammenhang zu verstehen, der die ewige Wiederkehr als *Gegen-Gedanke* des Nihilismus, den Augenblick als Name der Zeit (und somit als heideggersche Variation des *Ereignisses*) und den Augenblick als Geschichtlichkeit und damit als Entscheidung zusammenhält. D.h. die Phänomenologie des Augenblicks muss in eine Hermeneutik der Zeit übergehen, aus der hervorgeht, dass eine solche Phänomenologie der Zeit, verstanden als Augenblick oder *Ereignis*, und des Menschen, als demjenigen, dem die Entscheidung obliegt, als »kritischer Punkt«, die Begrifflichkeit, das Sagbare einer bestimmten Epoche ausmacht.

Deshalb leitet der Gedanke der ewigen Wiederkehr, wenn er erst einmal einverleibt wurde, eine andere *Geschichte* ein (»Von dem Augenblicke an, wo dieser Gedanke da ist, ändert sich alle Farbe, und es giebt eine andere *Geschichte*.«[126])

Der Gedanke der ewigen Wiederkehr bringt historisch die für den letzten Menschen unbekannte Notwendigkeit zum Ausdruck, in jedem Augenblick ein »ständig entscheidungsmäßiges Fragen« in das Seiende zu legen; die Wiederkunftslehre ist der »kritische« Punkt zwischen der gewichtlosen Zeit und dem Zeitalter, das neue Gewichte sucht, »die eigentliche Krisis«.[127]

Die Menschen, die dem Augenblick ausweichen, sind »die Flüchtigen«, d.h. diejenigen, die, weil sie unfähig sind, den Augenblick zu leben, auch nicht zu warten wissen. »Sie wollen das nächste Glück greifbar und

---

125 | Ebd., S. 356f.
126 | Friedrich Nietzsche: Nachgelassene Fragmente 1881-1882, KGW, Bd. V/2, Aph. 12[226].
127 | Martin Heidegger: Nietzsche, Bd. 1, S. 421f. Zur Verbindung des Wiederkunftgedankens und dem Nihilismus vgl. Friedrich Nietzsche: Nachgelassene Fragmente 1885-1887, Fr. 5[71]/1-16.

rechtzeitig ein Wohlbefinden darin haben.«[128] Obwohl es den gegenteiligen Anschein hat: »Gerade die flüchtigen Menschen taugen am wenigsten dazu, die eigentlichen Übergangsmenschen zu sein [...] da ›Übergang‹ ein Verschwinden bedeutet.«[129]

Die ewige Wiederkehr ist zugleich der Gedanke des Übergangs und des Untergangs: »Untergang bedeutet hier ein Doppeltes: 1. Weggang als Übergang, 2. Hinuntergang als Anerkennung des Abgrundes.«[130] Für Heidegger kann allein der Untergang den Menschen des Übergangs ein Bewusstsein geben für die Beschaffenheit des Vergänglichen, des Augenblicks. Doch die Flüchtigen denken nicht an ihre Flüchtigkeit, sie entscheiden sich nicht für ihre Flüchtigkeit. Sie sind im Übergang, ohne dass sie sich ihn aneignen können.

Den Übergang denken bedeutet, auf den Übergang *drängen*: »Der Gedanke ›wirkt‹ nicht erst in der Weise, daß er in späteren Zeiten gewisse Folgen zurückläßt, sondern: indem er gedacht wird, indem der ihn Denkende sich in diese Wahrheit des Seienden im Ganzen stellt, indem die solcher Art Denkenden *sind*, verwandelt sich auch schon das Seiende im Ganzen.«[131]

Allerdings präzisiert Heidegger, dass ein solches Fragen einer eigenen Stellung im »Augenblick« selbst, d.h. in der Zeit und in seiner Zeitlichkeit bedarf. Es reicht nicht, neben ihm zu stehen, hingekauert wie der Zwerg des Zarathustra. Der Zwerg versteht nicht den Zusammenstoß zwischen Vergangenheit und Zukunft, den die Ewigkeit des Augenblicks impliziert. Der Sieg des Zarathustra ist, erinnert Heidegger, vor allem ein Sieg über den Zwerg. Zarathustra weiß, dass er stärker ist als der Zwerg, dennoch ist über seinen Sieg noch nicht entschieden, er muss ihn noch erringen. Je mehr er sich seinem Gedanken annähert, desto mehr Angst hat Zarathustra. Er hört einen Hund aufheulen. Die Situation ist spiegelverkehrt zu der, in der ihm der Wiederkunftgedanke gekommen ist. Es ist nicht Mittag, sondern Mitternacht. Es gibt ein Licht, es ist das des Mondes, aber es ist nicht das des kürzesten Schattens. Zarathustra sieht den Hund »gesträubt, den Kopf nach oben, zitternd, in stillster Mitternacht, wo auch Hunde an

---

128 | Martin Heidegger: Nietzsche, Bd. 1, S. 394.
129 | Ebd.
130 | Martin Heidegger: Nietzsche, Bd. 1, S. 314.
131 | Ebd., S. 394.

Gespenster glauben.«[132] Mit der Vision des Hundes wird Zarathustra noch einmal ein kleiner Junge. Der kleine Junge hat Erbarmen und Mitleid mit dem Hund. Es handelt sich um jenes Gefühl von Mitleid, das denjenigen erfasst, dem eine Art des angemessenen Umgangs mit dem Schmerz fehlt, der offene Blick auf das Ganze des Seienden. Obwohl er kein kleiner Junge mehr ist, verfällt Zarathustra in Mitleidsstimmung.[133]

In der Trostlosigkeit dieses Lichtscheins sieht Nietzsche/Zarathustra einen Menschen am Boden liegen. Es ist irgendein Mensch, der zufällig auf dem Boden liegt. Es ist ein junger Mensch, der kaum die Kindheit hinter sich hat, vielleicht, mutmaßt Heidegger, Zarathustra selbst: »Einen jungen Hirten sah ich – erzählt Zarathustra – sich windend, würgend, zuckend, verzerrten Antlitzes, dem eine schwarze schwere Schlange aus dem Mund hing.« Dieses Bild der schwarzen schweren Schlange steht im Gegensatz zu jener Schlange, die sich im Mittag um den Hals des kreisenden Adlers ringelt, der sich leicht in der Höhe hält[134]: »Die schwarze

---

132 | Friedrich Nietzsche: Also sprach Zarathustra, KGW, Bd. VI/1, »Vom Gesicht und Rätsel«, S. 193f.

133 | Das Mitleid, als Stimmung von der aus die Welt zu betrachten ist, geht für Heidegger auf die Jahre 1874-1881 zurück, jene Jahre in denen die Loslösung von Wagner und Schopenhauer (die bereits in der dritten und vierten *Unzeitgemäßen Betrachtung* erfolgte) noch nicht bedeutet hatte, aus dem Mitleiden für das Nichts aufzuwachen. Schopenhauer und Wagner lehrten »beide in je verschiedener Weise einen Pessimismus [...] und schließlich die Flucht in die Auflösung, in das Nichts, in das reine Verschweben und Schlafen, die ein Aufwecken verkündeten, um desto besser weiterschlafen zu können.« Vgl. Martin Heidegger: Nietzsche, Bd. 1, S. 440.

134 | In Heideggers Interpretation des nietzscheschen *Zarathustra* gelten die Schlange und der Adler als Symbole für die ewige Wiederkehr und die Art des Wissens, die dem Lehrmeister vom abgründigsten Gedanken zukommt. Heidegger erinnert daran, dass Zarathustra den Adler und die Schlange zum ersten Mal im hellsten Licht des Mittags getroffen hat. Der Adler schwang sich kreisend in die Höhe. Die Schlange, die er nicht wie eine Beute in den Krallen hielt, umringelte frei seinen Hals und schraubte sich im gemeinsamen Schwung mit dem Adler ebenfalls in die Höhe. Der Adler, das stolzeste Tier, symbolisiert die Sicherheit des Sich-nicht-mehr-verwechselns, eine Sicherheit, die nicht mit Überheblichkeit oder Einbildung durcheinander gebracht werden darf. Die Schlange, das schlaueste Tier, symbolisiert die Klugheit. Sowohl der Adler als auch die Schlange sind

Schlange ist das Düstere, Immergleiche und im Grunde Ziel- und Sinnlose des Nihilismus, ist dieser selbst. Der Nihilismus hat sich in dem jungen Hirten festgebissen, im Schlaf; die Macht dieser Schlange konnte sich nur daran machen, sich in den Mund des jungen Hirten zu schleichen, d.h. sich ihm einzuverleiben, weil er nicht wach war.«[135]

Sobald Zarathustra den jungen Hirten erblickt, versucht er, wie aus einer alten Gewohnheit heraus, ihm die Schlange zu entreißen. Doch der Versuch erweist sich als nutzlos: »Das will sagen: der Nihilismus läßt sich nicht von außen überwinden, dadurch, daß man ihn wegzureißen und wegzuschieben versucht, indem man nur an die Stelle des christlichen Gottes ein anderes Ideal, die Vernunft, den Fortschritt, den wirtschaftlich-gesellschaftlichen ›Sozialismus‹, die bloße Demokratie setzt. Bei einem solchen Beseitigenwollen der schwarzen Schlange beißt sie sich nur fester.«[136]

Die schwarze Schlange droht sich die Menschen vollständig einzuverleiben, allerdings kann sie nur von demjenigen, der selbst in Gefahr, der selbst involviert ist, getötet und außer Gefecht gesetzt werden: »Alles Gezerre und Gemache von außen, alle zeitweiligen Abhilfen, alles bloße Wegschieben und Verschieben und Aufschieben ist umsonst. Alles ist hier umsonst, wenn der Mensch nicht selbst in die Gefahr hineinbeißt, und zwar nicht irgendwo und blindlings: der *Kopf* muß der schwarzen Schlange abgebissen werden, das eigentlich Maßgebende und Leitende, das, was vorne und oben ist. Der Nihilismus wird nur überwunden, wenn er von Grund aus überwunden, wenn er an seinem Kopf gefaßt wird, wenn die

---

keine Haustiere, sondern Tiere der Einsamkeit. Der Stolz, die Klugheit und die Fähigkeit zur Einsamkeit stehen demnach für die Art des Wissens, das den Lehrmeister der ewigen Wiederkehr auszeichnet (vgl. Martin Heidegger: Nietzsche, Bd. 1, S. 298ff.). Eine Deutung der Tiere Zarathustras als Symbole des Dionysischen und Apollinischen findet sich bei David S. Thatcher: »Eagle and Serpent in Zarathustra«, in: Nietzsche-Studien 6 (1977), S. 240-260. Für Thatcher verkörpert der Adler alle Charakteristiken Apollos (ein sonniges und männliches Sein, das Gute, das Göttliche, die Vertikalität, die Leichtigkeit, die Seele, den Logos, die Vernunft, die Seite des Bewusstseins, den Tag) und die Schlange all jene des Dionysos (das Dämonische, das Böse, das Horizontale, die Nacht, das Dunkle, den Eros, die Energie, den Körper, das Unbewusste).
135 | Martin Heidegger: Nietzsche, Bd. 1, S. 442.
136 | Ebd., S. 443.

Ideale, die er setzt und aus denen er herkommt, der ›Kritik‹, d.h. der Abgrenzung und Überwindung verfallen.«[137]

Die Überwindung erfolgt, wenn der Betroffene die Schlange beißt. Nachdem der Hirte die Schlange gebissen hatte, fährt Heidegger in seiner Kommentierung des *Zarathustra* fort, war er kein Mensch mehr, sondern ein Verwandelter, ein Umleuchteter, der lachte.

Dies sei die Fröhlichkeit, auf die Nietzsche in *Die fröhliche Wissenschaft* verweist, eine Fröhlichkeit, die aus einem Wissen kommt, das einen würgt. Der Gedanke, fügt Heidegger im Bild bleibend hinzu, »*ist* nur als jener Biß«. Bevor der Biß nicht vollzogen wird, kann der Augenblick als historische Entscheidung nicht gedacht werden.

In der Rekonstruktion von Heideggers *Zarathustra* habe ich mich der Interpretation nahezu enthalten. Bereits zu Beginn dieses Kapitels habe ich vorweggenommen, dass sich in dieser Vorlesung ein besonderer Dialog zwischen Heidegger und Nietzsche/Zarathustra verwirklicht. Deshalb habe ich versucht, diesen Dialog mit einer bestimmten begrifflichen Spannung zu erzählen: die Begegnung Heideggers mit Nietzsche.

In Nietzsches Lehre von der ewigen Wiederkehr als Gedanke des Nihilismus wurde eine klare Korrespondenz zu Heideggers Thematisierung des Augenblicks deutlich. In Bezug auf diese Korrespondenz wurde eine Konvergenz zwischen der heideggerschen Philosophie des *Ereignisses* und Nietzsches Philosophie der Zeit gesucht. Diese Konvergenz, die der heimliche Antrieb der hermeneutischen Bemühungen dieser Arbeit war, hat für mich etwas Verblüffendes. Der Zweifel darüber, dass sich sogar im Moment von Heideggers größter begrifflicher Nähe zu Nietzsche, im Moment der ›Begegnung‹, die eindringlichste heideggersche Verklärung Nietzsches versteckt, drängt mich fast dazu, die Analyse noch weiter zu treiben.

Ich kann mit Sicherheit behaupten, dass der Nihilismus den Horizont bildet, innerhalb dessen die heideggersche Philosophie des *Ereignisses* und Nietzsches Philosophie der Zeit ihre begriffliche Gestalt annehmen, doch kann ich mit derselben Sicherheit behaupten, dass Nietzsches Diagnose des Nihilismus mit derjenigen Heideggers übereinstimmt? Die Frage ist nicht philologischer Natur. Es geht um die Frage des Nichts.

Zum Abschluss des Wintersemesters 1937, bevor er sich anschickt, gegenüber Nietzsche erstmals entschieden auf Abstand zu gehen, erinnert Heidegger an Nietzsches Verdienst, das Nichts dem bloßen Gerede ent-

137 | Ebd.

zogen zu haben: »Und das Gemeine am Nichts ist nur dieses, daß es die verführerische Macht hat, sich scheinbar durch das bloße Gerede – das Nichts ist das Nichtigste – beseitigen zu lassen. Das Nichts des Seienden folgt dem Sein des Seienden wie die Nacht dem Tag. Wann würden wir jemals den Tag als Tag sehen und erfahren können, wenn die Nacht nicht wäre! Daher ist es der härteste, aber auch untrüglichste Probierstein auf die denkerische Echtheit und Kraft eines Philosophen, ob er sogleich und von Grund aus im Sein des Seienden die Nähe des Nichts erfährt. Wem dies versagt bleibt, der steht endgültig und ohne Hoffnung außerhalb der Philosophie.«[138]

Ist Nietzsche wirklich der Philosoph des Nichts? Oder ist es die letzte Falle, mit der Heidegger noch einmal versucht, Nietzsche einer Ontologie einzuverleiben, die von der Existentialanalyse bis zur Philosophie des *Ereignisses* an der Abhängigkeit des Seins vom Nichts festgehalten hat? Welche Stellung nimmt das Nichts in Nietzsches Genealogie der Mannigfaltigkeit ein?

Vielleicht war es genau diese Frage, in deren Umkreis ab den sechziger Jahren des 20. Jahrhunderts eine ganz andere begriffliche Erfahrung der nietzscheschen Philosophie möglich wurde. Indem sie Nietzsche aus seiner Gefangenschaft in die Geschichte der abendländischen Metaphysik befreiten, öffneten Deleuze, Derrida und Foucault den Raum für eine Philosophie im Sinne einer historischen Genealogie der Differenzen.[139]

---

138 | Ebd., S. 460.
139 | Rita Casale: »Il tragico corpo nietzscheano di G. Deleuze«, in: Paradigmi 4 (1996), S. 555-592; Dies.: »Die Verwandlung der Philosophie in eine historische Diagnostik der Differenzen«, in: Helma Lutz/Norbert Wenning (Hg.), Unterschiedlich verschieden, Opladen: Leske+Budrich 2001, S. 9-30.

Literatur

Abkürzungen:

GA: Martin Heidegger: Gesamtausgabe, Frankfurt a.M.: Klostermann 1975ff.

KGW: Friedrich Nietzsche: Werke. Kritische Gesamtausgabe, Berlin: de Gruyter 1967ff.

KGB: Sämtliche Briefe. Kritische Studienausgabe, hg. von G. Colli und M. Montinari, München: de Gruyter 1975ff.

Abel, Günter: Nietzsche. Die Dynamik der Willen zur Macht und die ewige Wiederkehr, Berlin: de Gruyter 1984.

Adorno, Theodor W: Kierkegaard. Konstruktion des Ästhetischen, Frankfurt a.M.: Suhrkamp 1962.

Agamben, Giorgio: »Se. L'Assoluto e L'Ereignis«, in: aut-aut 187-188 (1982), S. 39-58.

Akiyama, Hideo: »Nietzsches Idee des Großen Stils«, in: Nietzsche-Studien 3 (1974), S. 105-114.

Althaus, Horst: Friedrich Nietzsche. Eine bürgerliche Tragödie, München: Nymphenburger 1985.

Ansén, Reiner: »Bewegtheit«: zur Genesis einer kinetischen Ontologie bei Heidegger, Cuxhaven: Junghans 1990.

Arendt, Hannah/Stern, Günther: »Rilkes ›Duineser Elegien‹«, in: Neue Schweizer Rundschau 23 (1930), S. 855-871; wieder abgedruckt in: Fülleborn, Ulrich/Engel, Manfred (Hg.): Rilkes ›Duineser Elegien‹, Bd.2: Forschungsgeschichte, Frankfurt a.M.: Suhrkamp 1982, S. 45-65.

Arendt, Hannah/Heidegger, Martin: Briefe 1925-1975, Frankfurt a.M.: Klostermann 1998.

Arendt, Hannah: Der Liebesbegriff bei Augustin. Versuch einer philosophischen Interpretation, Berlin-Wien: Philo 2003.

Aristoteles:
- Metaphysik, Hamburg: Meiner, zweite verb. Aufl. 1982, 2 Bde.
- Physik, Hamburg: Meiner 1987.

Artaud, Antonin: Van Gogh, der Selbstmörder durch die Gesellschaft und andere Texte und Briefe über Baudelaire, Coleridge, Lautréamont und Gérard de Nerval, ausgew. u. übers. von Franz Loechler, München: Matthes & Seitz 1993.

Asaad-Mikhail, Fawzia: »Heidegger interprète de Nietzsche«, in: Revue de Métaphysique et de Morale 73 (1968), S. 16-55.

Augustinus: Confessiones/Bekenntnisse, lat./dt., Übers. v. Wilhelm Thimme, Düsseldorf-Zürich: Artemis und Winkler 2004.

Babolin, Albino: La ricerca filosofica del giovane Martin Heidegger nella critica d'oggi. Introduzione a Martin Heidegger: Scritti filosofici 1912-1917, Padua: La Garangola 1972, S. 7-127.

Baeumler, Alfred: Nietzsche, der Philosoph und Politiker, Leipzig: Reclam 1931.

Barash, Jeffrey A.: »Existence et Histoire. La critique heideggérienne de Jaspers dans les années 1919-1920«, in: Cahiers de philosophie 3-4 (1982), »Exercices de la patience«, S. 85-95.

Barletta, Giuseppe: Chronos. Figure filosofiche del tempo, Bari: Dedalo 1992.

Barth, Karl: Der Römerbrief, Zürich: Theologischer Verlag 1985.

Bataille, Georges: Sur Nietzsche, Paris: Gallimard 1973.

Battaglia, Felice: Heidegger e la filosofia dei valori, Bologna: il Mulino 1967.

Becker, Oskar: Para-Existenz. Menschliches Dasein und Dawesen, in: Pöggeler, Otto: Heidegger. Perspektiven zur Deutung seines Werks, S. 261-285.

Beelmann, Axel: Heimat als Daseinsmetapher. Weltanschauliche Elemente im Denken des Theologiestudenten Martin Heidegger, Wien: Passagen 1994.

Bergson, Henri: Schöpferische Entwicklung, Jena: Diederichs 1921.

Bernasconi, Robert: »Heideggers Nietzsche wieder in seinen Kontext stellen. Der Beitrag der englischsprachigen Forschung«, in: Heidegger-Jahrbuch 2 (2005), S. 348-353.

Bertram, Ernst: Nietzsche. Versuch einer Mythologie, Berlin: Bondi 1920.

Bianco, Franco: »Max Weber e l'ermeneutica«, in: Archivio di Filosofia (1980), Bd. II, S. 49-65.

Biemel, Walter: »Heidegger e la fenomenologia«, in: Rivista di filosofia 1 (1992), S. 3-24.
Birault, Henri: Heidegger et l'expérience de la pensée, Paris: Gallimard 1978.
Blanchot, Maurice:
- Faux pas, Paris: Gallimard 1943.
- L'Entrétien infini, Paris: Gallimard 1969.
- Le pas au-delà, Paris: Gallimard 1973.
- Das Todesurteil, Frankfurt a.M.: Suhrkamp 1990.
Bollnow, Otto Friedrich: Les tonalités affectives, Neuchatel: La Baconnière 1953.
Bonaventura: Itinerarium mentis in Deum – Der Pilgerweg des Menschen zu Gott, lat./dt., Übers. v. Marianne Schlosser, München: Lit 2004.
Bonola, Massimo: »Essere il tempo. Genesi del concetto di tempo negli anni di Heidegger a Marburg (1923-28)«, in: Filosofia 3 (1988), S. 315-33.
Bosio, Franco: »Scienza dello spirito e filosofia dello storicismo di Dilthey«, in: aut-aut 91 (1966).
Bourdieu, Pierre: Die politische Ontologie Martin Heideggers, Frankfurt a.M.: Suhrkamp 1988.
Bourg, Dominique: »Heidegger et les métamorphoses de la subjectivité«, in: Penser après Heidegger, Paris: L'Harmattan 1992, S. 41-48.
Braig, Carl: Der Modernismus und die Freiheit der Wissenschaft, Freiburg i.Br.: Herder 1911.
Brandes, Georg: »Aristokratischer Radikalismus. Eine Abhandlung über Friedrich Nietzsche«, in: Deutsche Rundschau LXIII (1890), S. 67-81.
Brandner, Rudolf: Heideggers Begriff der Geschichte und das neuzeitliche Geschichtsdenken, Wien: Passagen 1994.
Brentano, Franz: Von der mannigfachen Bedeutung des Seienden nach Aristoteles, Freiburg i.Br. 1862, fotomechanischer Nachdruck, Darmstadt: Wissenschaftliche Buchgesellschaft 1960.
Breuer, Stefan: Anatomie der konservativen Revolution, Darmstadt: Wissenschaftliche Buchgesellschaft 1993.
Brihat, Denise: De l'être ou rien. Heidegger et la philosophie de l'être, Paris: Tequi 1988.
Brisart, Robert: La phénoménologie de Marburg ou la résurgence métaphysique chez Heidegger à l'époque de Sein und Zeit, Brüssel: UFSL 1991.

Bubnoff, Nicolai von: Zeitlichkeit und Zeitlosigkeit. Ein grundlegender theoretisch-philosophischer Gegensatz in seinen typischen Ausgestaltungen und in seiner Bedeutung für die modernen philosophischen Theorien, Heidelberg: Carl Winter 1911.

Burdach, Konrad: »Faust und die Sorge«, in: Deutsche Vierteljahresschrift für Literaturwissenschaft und Geistesgeschichte 1 (1923), S. 1-60.

Burkhardt, Jacob: Weltgeschichtliche Betrachtungen, Berlin-Stuttgart: Spemann 1905.

Busch, Thomas: Die Affirmation des Chaos: zur Überwindung des Nihilismus in der Metaphysik Friedrich Nietzsches, St. Ottilien: EOS 1989.

Cacciari, Massimo:
- »Sulla genesi del pensiero negativo«, in: Contropiano 1 (1969), S. 131-200.
- »Il problema del sacro in Heidegger«, in: Archivio di filosofia 57 (1989), S. 203-217.

Camera, Francesco: Il problema del tempo nel primo Heidegger (1912-24), Casale Monferrato: Marietti 1984.

Campo, Mariano: Psicologia, logica e ontologia nel primo Heidegger, in: »Rivista di filosofia neoscolastica« 31 (1939), S. 474-491.

Caputo, John D.: »Phenomenology, Mysticism and the ›Grammatica speculativa‹: A Study of Heidegger's Habilitationsschrift«, in: Journal of the British Society for Phenomenology 5 (1974), S. 101-117.

Casale, Rita:
- »Il passaggio dall'essenziale all'eventuale nel Nietzsche di Heidegger«, in: Futuro anteriore 2 (1995), S. 116-122.
- »Il tragico corpo nietzscheano di G. Deleuze«, in: Paradigmi 4 (1996), S. 555-592.
- »Die Verwandlung der Philosophie in eine historische Diagnostik der Differenzen«, in: Lutz, Helma/Wenning, Norbert (Hg.), Unterschiedlich verschieden, Opladen: Leske+Budrich 2001, S. 9-30.

Casini, Leonardo: La riscoperta del corpo. Schopenhauer/Feuerbach/Nietzsche, Rom: Studium 1990.

Casper, Bernhard: »Martin Heidegger und die Theologische Fakultät Freiburg 1909-1923«, in: Freiburger Diözesan Archiv 100 (1980), S. 534-541.

Cassirer, Ernst: Das Erkenntnisproblem in der Philosophie und Wissenschaft der neueren Zeit, Bd. 3, Hamburg: Meiner 2000.

Cera, Giovanni: Materialismo e filosofie della storia, Bari: De Donato 1976.
Cesarone, Virgilio: »Die Hauptzüge der Rezeption von Heideggers Nietzsche-Interpretation in Italien«, in: Heidegger-Jahrbuch 2 (2005), S. 354-362.
Charcosset, Jean-Pierre: »›Y‹. Notes sur la Stimmung«, in: Exercices de la patience, S. 49-63.
Charles, Daniel: »Nietzsche et la postmodernité«, in: Janicaud, Dominique: Nouvelle lectures de Nietzsche, S. 138-159.
Chytry, Josef: »Zur Wiedergewinnung des Kosmos. Karl Löwith contra Martin Heidegger«, in: Papenfuss/Pöggeler: Zur philosophischen Aktualität Heideggers, Bd. 2: Im Gespräch der Zeit, S. 87-99.
Colli, Giorgio: Scritti su Nietzsche, Mailand: Adelphi 1993³.
Colony, Tracy: »Die deutschsprachige Rezeption von Heideggers Nietzsche-Interpretation«, in: Heidegger-Jahrbuch 2 (2005), S. 339-347.
Cometti, Jean Pierre/Janicaud, Dominique (Hg.): »Être et temps« de Martin Heidegger. Questions de méthode et voies de recherche, Marseille: Sud 1989.
Courtine, Jean-François: Heidegger et la phénoménologie, Paris: Vrin 1990.
Couturier, Fernand: Monde et être chez Heidegger, Montréal: Presses de l'Université de Montréal 1971.
Cristin, Renato (Hg.): Fenomenologia. Storia di un dissidio (1927), Mailand: Unicopoli 1986.
Curtius, Ludwig: Deutscher und antiker Geist, Stuttgart: Deutsche Verlagsanstalt 1950.
Dastur, Françoise: Heidegger et la question du temps, Paris: PUF 1990.
De Feo, Nicola Massimo:
- »Il principio di identità e il tempo nell'ontologia di Heidegger«, in: Annali della Facoltà di Lettere e Filosofia di Bari (1962), S. 223-267.
- Kierkegaard, Nietzsche, Heidegger: l'ontologia fondamentale, Mailand: Silva 1964.
- L'autonomia del negativo tra rivoluzione politica e rivoluzione sociale, Manduria: Lacaita 1992.
De Natale, Ferruccio:
- »Alle origini della fenomenologia husserliana« in: De Natale, Ferruccio/Semerari, Giuseppe: Skepsis. Studi husserliani, Bari: Dedalo 1989, S. 17-44.

- Esistenza, filosofia, angoscia. Tra Kierkegaard e Heidegger, Bari: Adriatica 1995.
- De Launay, Marc: Heideggers Nietzsche und seine Rezeption in Frankreich, in: Heidegger-Jahrbuch 2 (2005), S. 363-372.
- De Towarnicki, Frédéric: À la rencontre de Heidegger. Souvenirs d'un messager de la Forêt-Noire, Paris: Gallimard 1993.
- De Vitiis, Pietro: »Schelling secondo Heidegger«, in: Rivista di Filosofia Neoscolastica 67 (1975), S. 516-524.
- Del Negro, Walter: »Von Brentano über Husserl zu Heidegger«, in: Zeitschrift für philosophische Forschung VII (1953), S. 571-585.
- Deleuze, Gilles:
  - »Faille et feux locaux. Kostas Axelos«, in: Critique XXVI/275 (1970), S. 344-51.
  - Nietzsche und die Philosophie, München: Rogner 1976.
  - Foucault, Frankfurt a.M.: Suhrkamp 1987.
  - Spinoza. Praktische Philosophie, Berlin: Merve 1988.
  - Kants Kritische Philosophie. Die Lehre der Vermögen, Berlin: Merve 1990.
  - Differenz und Wiederholung, München: Fink 1992.
  - Logik des Sinns, Frankfurt a.M.: Suhrkamp 1993.
  - »L'immanence: une vie...«, in: Philosophie 47 (1995), S. 3-7.
  - »Ein verkannter Vorläufer Heideggers: Alfred Jarry«, in: Kritik und Klinik, Frankfurt a.M.: Suhrkamp 2000, S. 124-135.
  - Die Falte. Leibniz und der Barock, Frankfurt a.M.: Suhrkamp 2000.
- Deleuze, Gilles/Guattari, Félix: Tausend Plateaus, Berlin: Merve 1992.
- Deleuze, Gilles/Guattari, Félix: Was ist Philosophie, Frankfurt a.M.: Suhrkamp 1996.
- Demmerling, Christoph: »Logica trascendentale e ontologica fondamentale: Emil Lask e Martin Heidegger«, in: Rivista di filosofia LXXXIII/2 (1992), S. 241-261.
- Derrida, Jacques:
  - Die Schrift und die Differenz, Frankfurt a.M.: Suhrkamp 1972.
  - Éperons. Les styles de Nietzsche, Paris: Flammarion 1978.
  - La verité en peinture, Paris: Flammarion 1978.
  - »Nietzsches Otobiographie oder Politik des Eigennamens. Die Lehre Nietzsches«, in: Frank, Martin/Kittler, Friedrich A./Weber, Samuel(Hg.), Fugen. Deutsch-Französisches Jahrbuch für Text-Analytik 1980, Olten/Freiburg i.Br.: Walter 1980, S. 64-98.

- »Guter Wille zur Macht (II). Die Unterschriften interpretieren (Heidegger/Nietzsche)«, in: Forget, Philippe (Hg.), Text und Interpretation, München: Fink 1984. S. 62-77.
- Geschlecht (Heidegger), Graz/Wien: Ed. Passagen 1988.
- Vom Geist. Heidegger und die Frage, Frankfurt a.M.: Suhrkamp 1988.

Diels, Hermann (Hg.): Die Vorsokratiker, Hamburg: Rowohlt 1957.

Dilthey, Wilhelm: Einführung in die Geisteswissenschaften. Versuch einer Grundlegung für das Studium der Gesellschaft und der Geschichte, Gesammelte Schriften, Göttingen: Vandenhoeck & Ruprecht 1959.

Dostojevskij, Fjodor M.:
- Der Idiot, München: dtv klassik 1976.
- Die Dämonen, Sämtliche Werke in zehn Bänden, München: Piper 1980.

Duhamel, Roland: Nietzsches Zarathustra, Mystiker des Nihilismus: eine Interpretation von Friedrich Nietzsches »Also sprach Zarathustra – ein Buch für Alle und Keinen«, Würzburg: Königshausen & Neumann 1991.

Duras, Marguerite:
- Écrire, Paris: Gallimard 1993.
- Die Krankheit Tod. La Maladie de la mort, Frankfurt a.M.: Fischer 2000.

Emad, Parvis: »Nietzsche in Heideggers Beiträge zur Philosophie«, in: Gander: »Verwechselt mich vor Allem nicht!«, S. 178-196.

Esposito, Costantino:
- Libertà dell'uomo e necessità dell'essere. Heidegger interpreta Schelling, Bari: Ecumenica Editrice 1988.
- Heidegger. Storia e fenomenologia del possibile, Bari: Levante 1992.
- »Quaestio mihi factus sum. Heidegger di fronte ad Agostino«, in: Alici, Luigi/Piccolomini, Remo/Pieretti, Antonio (Hg.), Ripensare Agostino: interiorità e intenzionalità (Atti del IV Seminario internazionale del Centro di Studi Agostiniani di Perugia), Rom: Institutum Patristicum Augustinianum 1993, S. 229-259.
- »Heidegger e la storia del nichilismo«, in: Il nuovo areopago 3 (1995), »Aspetti del nichilismo«, S. 17-42.

Ettinger, Elisabeth: Hannah Arendt-Martin Heidegger. Eine Geschichte, München: Piper 1995.

Fabro, Cornelio: »Introduzione«, in: Kierkegaard, Søren: Timore e tremore, übers. v. Cornelio Fabro, Mailand: Rizzoli 1994, S. 5-19.

Farías, Victor: Heidegger und der Nationalsozialismus, Frankfurt a.M.: Fischer 1989.
Faye, Emmanuel: Heidegger. Die Einführung des Nationalsozialismus in die Philosophie, Berlin: Matthes & Seitz 2009.
Ferraris, Maurizio:
- Nietzsche e la filosofia del Novecento, Mailand: Bompiani 1989.
- La filosofia e lo spirito vivente, Rom-Bari: Laterza 1991.

Figl, Johann: »Nietzsche und die philosophische Hermeneutik des 20. Jahrhunderts. Mit besonderer Berücksichtigung Diltheys, Heideggers und Gadamers«, in: Nietzsche-Studien 10/11 (1981-82), S. 408-441.
Fink, Eugen:
- »Nouvelle expérience du monde chez Nietzsche«, in: Nietzsche aujord'hui?, Bd. 2: Passion, Paris: U.G.E. 1973, S. 345-364.
- Nietzsches Philosophie, Stuttgart: Kohlhammer 1992^6.

Foucault, Michel:
- Wahnsinn und Gesellschaft, Frankfurt a.m.: Suhrkamp 1973.
- »Theatrum Philosophicum«, in: Deleuze, Gilles/Foucault, Michel: Der Faden ist gerissen, Berlin: Merve 1977, S. 21-58.
- La pensée du dehors, Montpellier: fata morgana 1986.

Franzen, Winfried: Von der Existenzialontologie zur Seinsgeschichte. Eine Untersuchung über die Entwicklung der Philosophie Martin Heideggers, Meisenheim am Glan: Verlag Anton Hain 1975.
Froman, Wayne J.: »Schelling's Treatise on the Essence of Human Freedom and Heidegger's Thought«, in: International Philosophical Quarterly 30 (1990), S. 465-489.
Froment-Meurice, Marc: Solitudes de Rimbaud à Heidegger, Paris: Galilée 1989.
Gadamer, Hans-Georg:
- Das Problem der Geschichte in der neueren deutschen Philosophie (1943), in: Kleine Schriften, Bd. 1, Tübingen: Mohr 1967, S. 1-10.
- Wahrheit und Methode, Tübingen: Mohr 1960.
- Philosophische Lehrjahre, Frankfurt a.M.: Klostermann 1977.
- »Phänomenologie, Hermeneutik, Metaphysik (1983)«, in: Gesammelte Werke, Bd. 10, Tübingen: Mohr 1993, S. 100-109.
- »Zurück von Syrakus«, in: Altwegg, Jürg (Hg.), Die Heidegger Kontroverse, Frankfurt a.M.: Athenäum 1988, S. 176-180.
- »Erinnerungen an Heideggers Anfänge«, in: Dilthey-Jahrbuch 4 (1986-87), S. 13-26.

- »Heideggers ›theologische‹ Jugendschrift«, in: Dilthey-Jahrbuch 6 (1989), S. 228-269.
- »Selbstdarstellung«, in: Gesammelte Werke, Bd. 2, S. 479-508.
- »Destruktion und Dekonstruktion«, in: Wahrheit und Methode, Bd. 2, S. 361-372.
- Die phänomenologische Bewegung, in: Gesammelte Werke, Bd. 3, S. 142-146.
- »Subjektivität und Intersubjektivität. Subjekt und Person«, in: Gesammelte Werke, Bd. 10, S. 87-99.

Gander, Hans-Helmuth:
- (Hg.), »Verwechselt mich vor Allem nicht!« Heidegger und Nietzsche, Frankfurt a.M.: Klostermann 1994.
- Selbstverständnis und Lebenswelt. Grundzüge einer phänomenologischen Hermeneutik im Ausgang von Husserl und Heidegger, Frankfurt a.M.: Klostermann 2001.

Garulli, Enrico: Problemi dell'Ur-Heidegger, Urbino: Argalia 1969.

Gebert, Sigbert: Negative Politik. Zur Grundlegung der politischen Philosophie aus der Daseinsanalytik und ihrer Bewährung in den politischen Schriften Martin Heideggers von 1933-34, Berlin: Duncker & Humblot 1992.

Gerhardt, Volker: »Macht und Metaphysik. Nietzsches Machtbegriff im Wandel der Interpretation«, in: Nietzsche-Studien 10/11 (1981-82), S. 192-221.

Gethmann, Carl Friedrich: »Philosophie als Vollzug und als Begriff. Heideggers Identitätsphilosophie des Lebens in der Vorlesung vom Wintersemester 1921/22 und ihr Verhältnis zu Sein und Zeit«, in: Dilthey-Jahrbuch 4 (1986-87), S. 27-53.

Gillespie, Michael A.: »Temporality and History in the Thought of Martin Heidegger«, in: Revue internationale de Philosophie 168 (1989), S. 33-51.

Gino, Jacques: »Le Dasein à la recherche de sa problématique unité«, in: Cometti/Janicaud: »Être et temps« de Martin Heidegger, S. 187-199.

Givone, Sergio:
- Dostojevskij e la filosofia, Rom-Bari: Laterza 1983.
- La questione romantica, Rom-Bari: Laterza 1992.
- Storia del nulla, Rom-Bari: Laterza 1995.

Goedert, Georges: »Nietzsche und Schopenhauer«, in: Nietzsche-Studien 7 (1978), S. 1-26.

Goethe, Johann Wolfgang von:
- Faust, in: Goethes Werke, Band 3, Hamburg 1948ff.
- Die Wahlverwandtschaften, München: dtv Klassik 1980.

Gogh, Vincent van: Briefe an seinen Bruder, Köln: Anaconda 2006.

Grau, Gerd-Günther: »Nietzsche und Kierkegaard. Wiederholung einer unzeitgemäßen Betrachtung«, in: Nietzsche-Studien 1 (1972), S. 297-333.

Gröber, Conrad: »Der Altkatholizismus in Meßkirch. Die Geschichte seiner Entwicklung und Bekämpfung«, in: Freiburger Diözesan Archiv XIII (1912).

Grondin, Jean: Le tournant dans la pensée de Martin Heidegger, Paris: PUF 1987.

Gründer, Karlfried: Zur Philosophie des Grafen Paul Yorck von Wartenburg. Aspekte und neue Quellen, Göttingen: Vandenhoeck & Ruprecht 1970.

Gunderson, Dörte: Denken wie der Wald – von Stifter zu Heidegger, Frankfurt a.M.: Peter Lang 1995.

Guzzoni, Alfredo (Hg.):
- Neunzig Jahre philosophische Nietzsche-Rezeption, Königstein/Ts.: Hain 1979.
- Hundert Jahre philosophische Nietzsche-Rezeption, Frankfurt/M: Athenäum 1991.

Haar, Michel:
- »La Pensée et le Moi chez Heidegger: les dons et les épreuves de L'Etre«, in: Revue de Métaphysique e de Morale 4 (1975), S. 456-484.
- »La critique nietzscheenne de la subjectivité«, in: Nietzsche-Studien 12 (1983), S. 80-110.
- Le chant de la terre, Paris: L'Herme 1987.
- Heidegger et l'essence de l'homme, Grenoble: Jérôme 1990.
- »Heidegger: une lecture ambivalente«, in: magazine littéraire 298 (1992), S. 94-96.
- Nietzsche et la métaphysique, Paris: Gallimard 1993.
- La fracture de l'Histoire, Grenoble: Millon 1994.
- »La métaphysique dans Sein und Zeit«, in: Exercices de la patience, S. 97-112.
- L'enigme de la quotidienneté, in: Cometti/Janicaud: »Être et temps« de Martin Heidegger, S. 213-225.

Habermas, Jürgen: Der philosophische Diskurs der Moderne, Frankfurt a.M.: Suhrkamp 1988.

Hamacker, Werner: »›Disgregation des Willens‹. Nietzsche über Individuum und Individualität«, in: Nietzsche-Studien 15 (1986), S. 306-336.

Heftrich, Eckhard: Nietzsche im Denken Heideggers, in: Vittorio Klostermann (Hg.), Durchblicke, Frankfurt a.m.: Klostermann 1970, S. 331-349.

Hegel, Georg Wilhelm Friedrich: Vorlesungen über die Ästhetik, in: Werke in zwanzig Bänden, Frankfurt a.m.: Suhrkamp 1969ff., Bde. 3.

Heidegger, Martin:
- Frühe Schriften, GA, Abt. I, Bd. 1.
- Erläuterungen zu Hölderlins Dichtung, GA, Abt. I, Bd. 4.
- Holzwege, GA, Abt. I, Bd. 5.
- Was heißt Denken?, GA, Abt. I, Bd. 8.
- Wegmarken, GA, Abt. I. Bd. 9.
- Identität und Differenzen, GA, Abt. I, Bd. 11.
- Unterwegs zur Sprache, GA, Abt. I, Bd. 12.
- Aus der Erfahrung des Denkens, GA, Abt. I, Bd. 13.
- Zur Sache des Denkens, GA, Abt. I, Bd. 14.
- Reden und andere Zeugnisse eines Lebensweges, GA, Abt. I, Bd. 16.
- Platon: Sophistes, GA, Abt. II, Bd. 19.
- Prolegomena zur Geschichte des Zeitbegriffs, GA, Abt. II, Bd. 20.
- Phänomenologische Interpretation von Kants Kritik der reinen Vernunft, GA, Abt. II, Bd. 25.
- Metaphysische Anfangsgründe der Logik im Ausgang von Leibniz, GA, Abt. II, Bd. 26.
- Die Grundbegriffe der Metaphysik. Welt-Endlichkeit-Einsamkeit, GA, Abt. II, Bd. 29/30.
- Hegels Phänomenologie des Geistes, GA, Abt. II, Bd. 32.
- Hölderlins Hymnen »Germanien« und »Der Rhein«, GA, Abt. II, Bd. 39.
- Einführung in die Metaphysik, GA, Abt. II, Bd. 40.
- Schelling: Vom Wesen der menschlichen Freiheit, GA, Abt. II, Bd. 42.
- Nietzsche: Der Wille zur Macht als Kunst, GA, Abt. II, Bd. 43.
- Nietzsches metaphysische Grundstellung im abendländischen Denken: Die ewige Wiederkehr des Gleichen, GA, Abt. II, Bd. 44.
- Grundfragen der Philosophie. Ausgewählte »Probleme« der »Logik«, GA, Abt. II, Bd. 45.
- Zur Auslegung von Nietzsches II. Unzeitgemäßer Betrachtung, GA, Abt. II, Bd. 46.

- Die Metaphysik des deutschen Idealismus. Zur erneuten Auslegung von Schelling: Philosophische Untersuchungen über das Wesen der menschlichen Freiheit und die damit zusammenhängenden Gegenstände, GA, Abt. II, Bd. 49.
- Hölderlins Hymne »Andenken«, GA, Abt. II, Bd. 52.
- Hölderlins Hymne »Der Ister«, GA, Abt. II, Bd. 53.
- Parmenides, GA, Abt. II, Bd. 54.
- Heraklit, GA, Abt. II, Bd. 55.
- Zur Bestimmung der Philosophie, GA, Abt. II, Bd. 56/57.
- Grundprobleme der Phänomenologie, GA, Abt. II, Bd. 58.
- Phänomenologie der Anschauung und des Ausdrucks. Theorie der philosophischen Begriffsbildung, GA, Abt. II, Bd. 59.
- Phänomenologie des religiösen Lebens, GA, Abt. II, Bd. 60.
- Phänomenologische Interpretationen zu Aristoteles, GA, Abt. II, Bd. 61.
- Ontologie. Hermeneutik der Faktizität, GA, Abt. II, Bd. 63.
- Der Begriff der Zeit, GA, Abt. III, Bd. 64.
- Beiträge zur Philosophie (Vom Ereignis), GA, Abt. III, Bd. 65.
- Nietzsche. Seminare 1937 und 1944, GA, Abt. IV, Bd. 87.
- Vorträge und Aufsätze, Pfullingen: Neske 1954.
- Der Satz vom Grund, Pfullingen: Neske 1957.
- Gelassenheit, Pfullingen: Neske 1959.
- Unterwegs zur Sprache, Pfullingen: Neske 1959.
- Nietzsche, Pfullingen: Neske 1961. Bde. 2.
- Zur Sache des Denkens, Tübingen: Niemeyer 1969.
- Was heißt Denken?, Tübingen: Niemeyer 1971.
- Die Selbstbehauptung der deutschen Universität. Das Rektorat 1933/34, Frankfurt a.M.: Klostermann, 1983.
- Zollikoner Seminare, hg. v. Medard Boss, Frankfurt a.M.: Klostermann 1987.
- Phänomenologische Interpretationen zu Aristoteles Anzeige der hermeneutischen Situation«, in: Dilthey-Jahrbuch 6 (1989), S. 235-274.
- Sein und Zeit, Tübingen: Niemeyer 1993^{17}.
- »Wilhelm Diltheys Forschungsarbeit und der gegenwärtige Kampf um eine historische Weltanschauung«, in: Dilthey-Jahrbuch 8 (1992-93), S. 143-179.

- Die Armut, unveröffentlichtes Manuskript, Jahresgabe der Martin-Heidegger-Gesellschaft 1992, jetzt auch in: Heidegger Studies 10 (1994), S. 5-11.
- Das Wesen des Menschen (Gedächtnis im Ereignis), unveröffentlichtes Manuskript, Jahresgabe der Martin-Heidegger-Gesellschaft 1993.
- »Existenzialismus«, unveröffentlichtes Manuskript, Jahresgabe der Martin-Heidegger-Gesellschaft 1995.

Heidegger, Martin/Blochmann, Elisabeth: Briefwechsel 1918-69, hg. v. Stork, Joachim W., Marbach am Neckar: Deutsche Schillergesellschaft 1989.

Heidegger, Martin/Jaspers, Karl: Briefwechsel 1920-1963, hg. v. Biemel, Walter/Saner, Hans/Sauer, Hans, München-Zürich Piper 1990.

Heidegger, Martin/Rickert, Heinrich: Briefe 1912-1933, Klostermann: Frankfurt a.M. 2002.

Heinz, Marion: Zeitlichkeit und Temporalität im Frühwerk Martin Heideggers, Würzburg: Königshausen & Neumann 1982.

Hermann, Friedrich-Wilhelm von:
- Subjekt und Dasein, Frankfurt a.M.: Klostermann 1974.
- Wege und Methode. Zur hermeneutischen Phänomenologie des seinsgeschichtlichen Denkens, Frankfurt a.M.: Klostermann 1990.
- Heideggers »Grundprobleme der Phänomenologie«. Zur »zweiten Hälfte« von »Sein und Zeit«, Frankfurt a.M.: Klostermann 1991.
- Wege ins Ereignis, Frankfurt a.M.: Klostermann 1994.

Hesiod: Theogonie, Sankt Augustin: Hans Richarz 1983.

Hildebrandt, Kurt: Wagner und Nietzsche. Ihr Kampf gegen das 19. Jahrhundert, Breslau: Ferdinand Hirt 1924.

Hobe, Konrad: »Zwischen Rickert und Heidegger. Versuch über eine Perspektive des Denkens von Emil Lask«, in: Philosophisches Jahrbuch 78 (1971), S. 360-376.

Hobe, Konrad/Pugliese, Orlando: »La logica de E. Lask como transiciòn entre la teoria del juicio en H. Rickert y el concepto de verdad en Martin Heidegger«, in: Cuadernos de Filosofia 11/15-16 (1971), S. 105-136.

Hölderlin, Friedrich: Gedichte nach 1800, in: Sämtliche Werke, Bd. 2, Stuttgart: Kohlhammer 1953.

Howey, Richard Lowell: Heidegger and Jaspers on Nietzsche. A Critical Examination of Heidegger's and Jasper's Interpretations of Nietzsche, Den Haag: M. Nijhoff 1973.

Husserl, Edmund:
- Philosophie als strenge Wissenschaft, hg. v. Berlinger, Rudolpf, Frankfurt a.m.: Klostermann 1965.
- »Phänomenologie«, Husserliana, Gesammelte Werke, Bd. IX, Den Haag: M. Nijhoff 1966, S. 237-254.
- Zur Phänomenologie des inneren Zeitbewusstseins, hg. v. Boehm, Rudolf, Husserliana, Gesammelte Werke, Bd. X, Den Haag: M. Nijhoff 1969.
- Prolegomena zur reinen Logik, Husserliana, Gesammelte Werke, Bd. XVIII, Den Haag: M. Nijhoff, 1975.
- Logische Untersuchungen, Husserliana, Gesammelte Werke, Bd. XIX/1, Den Haag: M. Nijhoff 1984.
- »Phänomenologie und Anthropologie«, in: Aufsätze und Vorträge (1922-1937), hg. v. Nenon, Thomas und Sepp, Hans R., Husserliana, Gesammelte Werke, Bd. XXVII, Den Haag: M. Nijhoff 1989, S. 164-181.
- Notes sur Heidegger, Paris: Minuit 1993.

Irigaray, Luce: Ethik der sexuellen Differenz, Frankfurt a.M.: Suhrkamp 1991.

Jamme, Christoph: »Heideggers frühe Begründung der Hermeneutik«, in: Dilthey-Jahrbuch 4 (1986-87), S. 73-90.

Janicaud, Dominique:
- (Hg.), Nouvelle lectures de Nietzsche, Lausanne: L'Age d'homme 1985.
- »L'analytique existentielle et la queston de la subjectivité«, in: Cometti/Janicaud: »Être et temps« de Martin Heidegger, S. 45-47.

Janicaud, Dominique/Mattéi, Jean-François: La métaphysique à la limite, Paris: PUF 1983.

Janz, Curt Paul: Friedrich Nietzsche. Biographie, München-Wien: Hanser 1993, Bde. 3.

Jaspers, Karl:
- Psychologie der Weltanschauungen, Berlin: Verlag Julius Springer 1925.
- Max Weber. Eine Gedenkrede, Tübingen: Mohr 1926.
- Nietzsche. Einführung in das Verständnis seines Philosophierens, Berlin: de Gruyter 1947.
- Strindberg und Van Gogh, Bremen: Johannes Storm Verlag 1949.
- Philosophische Autobiographie, München: Piper 1984.

Jünger, Ernst: Der Arbeiter. Herrschaft und Gestalt, Stuttgart: Klett 1981.

Junghanns, Albert: Der Freiburger Dogmatiker Engelbert Krebs (1881-1950): Ein Beitrag zur Theologiegeschichte, Freiburg i.Br.: Albert-Ludwigs-Universität 1979.
Kang, Hak-Soon: Die Bedeutung von Heideggers Nietzsche-Deutung im Zuge der Verwindung der Metaphysik, Frankfurt a.M.: Peter Lang 1990.
Kant, Immanuel:
- Die Kritik der reinen Vernunft, Hamburg: Meiner 1956.
- Kritik der praktischen Vernunft, hg. v. K. Vorländer, Hamburg: Meiner 1985.
Kapferer, Norbert: »Entschlossener Wille zur Gegen-Macht. Heideggers frühe Nietzsche-Rezeption 1916-1936«, in: Althaus, Gabriele/Staeuble, Irmingard: Streitbare Philosophie. Margherita von Brentano zum 65. Geburtstag, Berlin: Metropol 1988, S. 193-213.
Kasdorff, Hans: Ludwig Klages – Werk und Wirkung. Kommentierte Bibliographie, Bd. 2, Bonn: Bouvier 1974.
Kaufmann, Walter: Nietzsche, Heidegger, and Buber. Discovering the Mind, Bd. 2, New York: McGraw-Hill 1980.
Keller, Erwin: Conrad Gröber 1872-1948: Erzbischof in schwerer Zeit, Freiburg i.Br.: Herder 1981.
Kerényi, Karl: Dionysos. Urbild des unzerstörten Lebens, München-Wien: A. Langen, G. Müller Verlag 1976.
Kierkegaard, Søren:
- Der Begriff der Angst, Düsseldorf-Köln: Diederichs Verlag 1958.
- Furcht und Zittern, Düsseldorf-Köln: Diederichs Verlag 1962.
- Die Wiederholung, Hamburg: Meiner 2000.
Kisiel, Theodore:
- »Das Entstehen des Begriffsfeldes ›Faktizität‹ im Frühwerk Heideggers«, in: Dilthey-Jahrbuch 4 (1986-87), S. 90-119.
- »A Philosophical Postscript: On the Genesis of ›Sein und Zeit‹«, in: Dilthey-Jahrbuch 8 (1992-93), S. 226-232.
Klages, Ludwig:
- Der Geist als Widersacher der Seele, München-Bonn: Bouvier 1960[4].
- Die psychologischen Errungenschaften Nietzsches, Bonn: Bouvier 1977[4].
Klossowski, Pierre:
- Un si funeste désir, Paris: Gallimard 1963.
- Nietzsche et le cercle vicieux, Paris: Mercure de France 1969.

Kockelmans, Joseph: Heidegger on Art and Art Works, Dordrecht: M. Nijhoff 1985.
Kofman, Sarah:
- Nietzsche et la métaphore, Paris: Payot 1972.
- »Nietzsche und die Dunkelheit des Heraklit«, in: Bauschinger, Sigrid/Cocalis, Susan L./Lennox, Sara (Hg.), Nietzsche heute. Die Rezeption seines Werkes nach 1968, Bern-Stuttgart: Francke Verlag 1988, S. 75-104.

Köster, Peter:
- Der sterbliche Gott. Nietzsches Entwurf übermenschlicher Größe, Meisenheim/Glan: Anton Hain 1972.
- »Das Fest des Denkens. Ein polemisches Motto Heideggers und seine ursprüngliche Bedeutung in Nietzsches Philosophie«, in: Nietzsche-Studien 4 (1975), S. 227-262.

Krebs, Engelbert:
- »Der Logos als Heiland im ersten Jahrhundert«, Freiburg i.Br.: Herdersche Verlagshandlung 1910.
- Grundfragen der kirchlichen Mystik, Freiburg i.Br.: Herder 1921.

Krell, David Farrell:
- »Heidegger, Nietzsche, Hegel«, in: Nietzsche-Studien 5 (1976), S. 255-262.
- »Heidegger/Nietzsche«, in: Cahier de l'Herne 45 (1983), S. 161-180.

Kropfinger, Klaus: »Wagners Musikbegriff und Nietzsches ›Geist der Musik‹«, in: Nietzsche-Studien 14 (1985), S. 1-12.

Kuhn, Ann: Das Wertproblem in den Frühwerken M. Heideggers und Sein und Zeit, Dissertation an der Philosophischen Fakultät der Universität München, 1969.

Kuhn, Elisabeth: »Culture, Civilisation, die Zweideutigkeit des Modernen«, in: Nietzsche-Studien 18 (1989), S. 600-627.

Kuhn, Helmut: Begegnung mit dem Nichts. Ein Versuch über die Existenzphilosophie, Tübingen: Mohr 1950.

Külpe, Oswald:
- Die Philosophie der Gegenwart in Deutschland, Leipzig: Teubner 1902.
- Erkenntnistheorie und Naturwissenschaft, Leipzig: S. Hirzel 1910.
- Die Realisierung. Ein Beitrag zur Grundlegung der Realwissenschaften, Leipzig: S. Hirzel 1912-23, Bde. 4.

- Zur Kategorienlehre, München: Verlag der Königlich-Bayerischen Akademie der Wissenschaften 1915.

Lacoue-Labarthe, Philippe: Dichtung als Erfahrung. Die Fiktion des Politischen, Musica ficta (Figuren Wagners), Basel/Weil am Rhein: Urs Engeler Edition 2009.

Lämmert, Eberhard: »Nietzsches Apotheose der Einsamkeit«, in: Nietzsche-Studien 16 (1987), S. 47-69.

Lange, Friedrich Albert: Geschichte des Materialismus und Kritik seiner Bedeutung in der Gegenwart (1865), Frankfurt a.M.: Suhrkamp 1974.

Larthomas, Jean-Paul: »La question de la répétition«, in: Cometti/Janicaud: »Être et temps« de Martin Heidegger, S. 97-109.

Lehmann, Karl:
- Vom Ursprung und Sinn der Seinsfrage im Denken Martin Heideggers. Versuch einer Ortsbestimmung, Rom: Pont. Univ. Gregoriana 1962.
- »Metaphysik, Transzendentalphilosophie und Phänomenologie in den ersten Schriften Martin Heideggers 1912-1916«, in: Görresgesellschaft LXXXI (1963-64), S. 331-357 und in: Philosophisches Jahrbuch 71 (1963-64), S. 331-357.
- »Christliche Geschichtserfahrung und ontologische Frage beim jungen Heidegger«, in: Philosophisches Jahrbuch 74 (1966), S. 126-153 und in: Pöggeler: Heidegger. Perspektiven zur Deutung seines Werks, S. 140-168.

Leidlmair, Karl: »Carl Braig« in: Coreth, Emerich (Hg.), Christliche Philosophie im katholischen Denken des 19. und 20. Jahrhunderts, Bd. 1, Graz-Wien-Köln: Styria 1987, S. 409-419.

Leist, Fritz: »Heidegger und Nietzsche«, in: Philosophisches Jahrbuch 70 (1962-63), S. 363-394.

Leopardi, Giacomo: Gedichte und Prosaschriften, Berlin: Hertz 1889.

Löwith, Karl:
- Nietzsches Philosophie der ewigen Wiederkunft des Gleichen, Berlin: Verlag die Runde 1935.
- Von Hegel zu Nietzsche, Hamburg: Meiner 1950.
- »Nietzsche et sa tentative de récupération du monde«, in: Cahiers de Royaumont. Nietzsche, Paris: Minuit 1967, S. 45-84.
- Gott, Mensch und Welt in der Metaphysik von Descartes bis zu Nietzsche, Stuttgart: Metzler 1986.

- »Nietzsche im Licht der Philosophie von Ludwig Klages (1927)«, in: Sämtliche Schriften, Bd. 6, Stuttgart: Metzler 1986, S. 7-52.
- Auslegung von Nietzsches Selbst-Interpretation und von Nietzsches Interpretation, unveröff. Diss. Phil., München 1923 (eine Zusammenfassung in: Sämtliche Schriften, Bd. 6, Stuttgart: Metzler 1986, S. 535-538).
- Mein Leben in Deutschland vor und nach 1933, Stuttgart: Metzler 2007.

Lotz, Johannes B.: Vom Sein zum Heiligen: metaphysisches Denken nach Heidegger, München: Knecht 1990.

Lotze, Hermann: Logik, Leipzig: Meiner 1912.

Lyotard, Jean-François: Das postmoderne Wissen: Ein Bericht, Graz-Wien: Ed. Passagen 1986.

Macomber, William B.: The Anatomy of Disillusion. Martin Heidegger's Notion of Truth, Evanston: Northwestern University Press 1967.

Makkreel, Rudolf A.: »Heideggers ursprüngliche Auslegung der Faktizität des Lebens: Diahermeneutik als Aufbau und Abbau der geschichtlichen Welt«, in: Papenfuss/Pöggeler: Zur philosophischen Aktualität Heideggers, Bd. 2: Im Gespräch der Zeit, S. 179-188.

Maletta, Sante: »La salvezza come lode. Nota al saggio arendtiano del 1930 sulle ›Elegie duinesi‹ di Rilke«, in: aut-aut 239/240 (1990), S. 185-193.

Mann, Thomas: Betrachtungen eines Unpolitischen, in: Reden und Aufsätze 4, Gesammelte Werke, Bd. 12, Frankfurt a.M.: Fischer 1990.

Marie, Jean-Etienne: »Nietzsche et la musique«, in: Janicaud, Dominique (Hg.), Nouvelles lectures de Nietzsche, S. 160-175.

Marini, Alfredo:
- (Hg.), Schopenhauer ieri e oggi, Genua: il melangolo 1991.
- »Il problema del tempo. Critica del presente ed esercizio ontologico in Nietzsche, Dilthey, Husserl e Heidegger«, in: Monti: Nietzsche: verità-interpretazioni, S. 101-144.

Martineau, Emmanuel: »Conception vulgaire, et conception aristotélicienne du temps. Notes sur Grundprobleme der Phänomenologie«, in: Archives de Philosophie 43 (1980), S. 99-120.

Masini, Ferruccio: »Il divino come ›seconda innocenza‹ in Friedrich Nietzsche«, in: Paradigmi 1 (1983), S. 55-74.

Masullo, Aldo:
- »Il fenomeno del repentino e la paticità del tempo«, in: Paradigmi 28 (1992), S. 39-77.

- Il tempo e la grazia, Rom: Donzelli 1995.

Mattéi, Jean-François: L'ordre du monde. Platon-Nietzsche-Heidegger, Paris: PUF 1989.

Mazzarella, Eugenio:
- »Presentazione«, in: Martin Heidegger: La fenomenologia dello spirito di Hegel, Neapel: Guida 1988, S. 4-8.
- »Volontà di fondazione e filosofia della storia. Heidegger e la politica«, in: Risposta a colloquio con Martin Heidegger, tr. it. C. Tatasciore, Neapel: Guida 1992, S. 5-36.

Mehring, Reinhard: Heideggers Überlieferungsgeschick: eine dionysische Selbstinszenierung, Würzburg: Königshausen & Neumann 1992.

Mohler, Armin: Die konservative Revolution in Deutschland 1918-1932, Darmstadt: Wissenschaftliche Buchgesellschaft 1994[4].

Mongis, Henri: Heidegger et la critique de la notion de valeur. La destruction de la fondation metaphysique, avec Lettre-préface de Martin Heidegger, Den Haag: M. Nijhoff 1976.

Montanari, Mazzino (Hg.): Carteggio Nietzsche-Burkhardt, Turin: Boringhieri 1961.

Monti, Aldo (Hg.): Nietzsche: verità-interpretazioni, Genua: Tilgher 1983.

Morpurgo Tagliabue, Guido: Nietzsche contro Wagner, Pordenone: Edizioni Studio Tesi 1984.

Mosse, George L.: The Crisis of German Ideology: Intellectual Origins of the Third Reich, New York: Grosset & Dunlap, 1964.

Müller, Max: Existenzphilosophie. Von der Metaphysik zur Metahistorik, Freiburg-München: Alber 1986[4].

Müller-Lauter, Wolfgang:
- Möglichkeit und Wirklichkeit bei Martin Heidegger, Berlin: de Gruyter 1961.
- »Der Organismus als innerer Kampf. Der Einfluß von Wilhelm Roux auf Friedrich Nietzsche«, in: Nietzsche-Studien 7 (1978), S. 189-235.
- »Das Willenswesen und der Übermensch. Ein Beitrag zu Heideggers Nietzsche-Interpretation«, in: Nietzsche-Studien 10 (1981), S. 132-192.
- »›Der Wille zur Macht‹ als Buch der ›Krisis‹ philosophischer Nietzsche-Interpretation«, in: Nietzsche-Studien 24 (1995), S. 223-260.
- Über Freiheit und Chaos. Berlin-New York: de Gruyter 1999.
- Heidegger und Nietzsche, Berlin: de Gruyter 2000.

Murgia, Adolfo: Zweideutige Radikalität. Analyse der heideggerschen Philosophieauffassung, Essen: Die Blaue Eule 1994.

Nancy, Jean-Luc:
- La decision d'existence, in: Une pensée finie, Paris: Galilée 1990, S. 107-145.
- Die herausgeforderte Gemeinschaft, Berlin-Zürich: Diaphanes 2007.

Nehamas, Alexander: Nietzsche Life as Literature, Cambridge (Mass.): Harvard University Press 1985.

Nietzsche, Friedrich:
- Nachgelassene Aufzeichnungen 1858-1862, KGW, I/2.
- Nachgelassene Aufzeichnungen 1862-1864, KGW, I/3.
- Vorlesungsaufzeichnungen 1870/71-1874/75, KGW, II/4.
- Die Geburt der Tragödie. Unzeitgemäße Betrachtungen I-III (1872-1874), KGW, III/1.
- Nachgelassene Schriften 1870-1873, KGW, III/2.
- Nachgelassene Fragmente 1869-1872, KGW, III/3.
- Nachgelassene Fragmente Sommer 1872-Ende 1874, KGW, III/4.
- Richard Wagner in Bayreuth (Unzeitgemäße Betrachtungen IV). Nachgelassene Fragmente 1875-1876, KGW, IV/1.
- Menschliches, Allzumenschliches. Nachgelassene Fragmente 1876-1877, KGW, IV/2.
- Menschliches, Allzumenschliches. Nachgelassene Fragmente 1878-1879, KGW, IV/3.
- Morgenröthe. Nachgelassene Fragmente 1881, KGW, V/1.
- Idyllen aus Messina. Die fröhliche Wissenschaft. Nachgelassene Fragmente 1881-1882, KGW, V/2.
- Also sprach Zarathustra. Ein Buch für Alle und Keinen (1883-1885), KGW, VI/1.
- Jenseits von Gut und Böse. Zur Genealogie der Moral (1886-1887), KGW, VI/2.
- Der Fall Wagner. Götzen-Dämmerung. Nachgelassene Schriften 1888-1889. Der Antichrist. Ecce homo. Dionysos-Dithyramben. Nietzsche contra Wagner, KGW, VI/3.
- Nachgelassene Fragmente 1882-1883-1884, KGW, VII/1.
- Nachgelassene Fragmente 1884, KGW, VII/2.
- Nachgelassene Fragmente 1885-1887, KGW, VIII/1.
- Nachgelassene Fragmente 1887-1888, KGW, VIII/2.
- Nachgelassene Fragmente 1888-1889, KGW, VIII/3.
- Briefwechsel, KGB, III/5.
- Briefwechsel, KGB, III/6.

Nolte, Ernst: Martin Heidegger: Politik und Geschichte im Leben und Denken, Frankfurt a.M.: Propyläen 1992.

Novalis: Fragmente, Dresden: Wolfgang Jess Verlag 1929.

Ohmann, Fritz (Hg.): Kants Briefe in Auswahl, Leipzig: Insel 1911, erschienen in: Literarische Rundschau für das katholische Deutschland XXXIX/74 (1913).

Orth, Ernst Wolfgang:
- »Das Problem der Generalisierung bei Dilthey und Husserl als Frage nach Gegenwart und Zeitlichkeit«, in: Dilthey-Jahrbuch 6 (1989), S. 327-350.
- Heidegger e il neokantismo, in: Franco Bianco (Hg.), Heidegger in discussione, Mailand: Angeli 1992, S. 275-294.

Otsuru, Tadashi: »Gerechtigkeit und Dike«: der Denkweg als Selbst-Kritik in Heideggers Nietzsche-Auslegung, Würzburg: Königshausen & Neumann 1992.

Ott, Hugo:
- »Gröber, Conrad«, in: Bernd Ottnad (Hg.), Badische Biographien, Bd. 1, Stuttgart: Kohlhammer 1982, S. 144-148.
- »Der junge Martin Heidegger. Gymnasial-Konviktszeit und Studium«, in: Freiburger Diözesan-Archiv 104 (1984), S. 323-325.
- »Der Habilitand Martin Heidegger und das von Schaetzler'sche Stipendium. Ein Beitrag zur Wissenschaftsförderung der katholischen Kirche«, in: Freiburger Diözesanarchiv 108 (1986), S. 141-160.
- »Zu den katholischen Wurzeln im Denken Martin Heideggers. Der Theologische Philosoph«, in: Christoph Jamme/Karsten Arries (Hg.), Martin Heidegger. Kunst-Politik-Technik, München: Fink 1992, S. 225-239.
- Martin Heidegger. Unterwegs zu seiner Biographie, Frankfurt a.M.: Campus 1992.

Otto, Rudolf: Das Heilige. Über das Irrationale in der Idee des Göttlichen und sein Verhältnis zum Rationalen, München: O. Beck 1936.

Otto, Walter F.: Dionysos. Mythos und Kultus, Frankfurt a.M.: Klostermann 1933.

Paci, Enzo: »Kierkegaard e la dialettica della fede«, in: Archivio di Filosofia (1953), S. 9-44.

Papenfuss, Dietrich/Pöggeler, Otto: Zur philosophischen Aktualität Heideggers. Symposium der Alexander von Humboldt-Stiftung vom 24.-28.

April 1989 in Bonn-Bad Godesberg, Frankfurt a.M.: Klostermann 1990, Bde. 3.

Park, Chankook: Die seinsgeschichtliche Überwindung des Nihilismus im Denken Heideggers, Dissertation an der III Philosophischen Fakultät der Julius Maximilians Universität Würzburg 1993.

Paumen, Jean: »Ennui et nostalgie chez Heidegger«, in: Revue internationale de Philosophie 168 (1989), S. 103-130.

Penzo, Giorgio:
- F. Nietzsche nell'interpretazione heideggeriana, Bologna: Patron 1976.
- Nietzsche allo specchio, Rom-Bari: Laterza 1993.

Pflug, Günther: »Die Bergson-Rezeption in Deutschland«, in: Zeitschrift für philosophische Forschung 45 (1991), S. 257-266.

Philonenko, Alexis: Schopenhauer. Une philosophie de la tragédie, Paris: Puf 1980.

Platon:
- Des Sokrates Apologie, Werke, Bd. 2, Darmstadt: Wissenschaftliche Buchgesellschaft 1990.
- Phaidon, Werke, Bd. 3, Darmstadt: Wissenschaftliche Buchgesellschaft 1990.
- Das Gastmahl, Werke, Bd. 3, Darmstadt: Wissenschaftliche Buchgesellschaft 1990.
- Der Staat, Werke, Bd. 4, Darmstadt: Wissenschaftliche Buchgesellschaft 1990.
- Der Sophist, Werke, Bd. 6, Darmstadt: Wissenschaftliche Buchgesellschaft 1990.
- Timaios, Werke, Bd. 7, Darmstadt: Wissenschaftliche Buchgesellschaft 1990.

Plessner, Helmuth: Die Stufen des Organischen und der Mensch. Einleitung in die philosophische Anthropologie, Berlin-New York: de Gruyter 1975.

Plotin: Enneaden, Jena: Diederichs 1905.

Pöggeler, Otto:
- »Sein als Ereignis. Martin Heidegger zum 26.9.1959«, in: Zeitschrift für philosophische Forschung XIII (1959), S. 597-632.
- »Zeit und Sein bei Heidegger«, in: Orth, Ernst Wolfgang (Hg.), Zeit und Zeitlichkeit bei Husserl und Heidegger, Freiburg-München: Alber 1983, S. 152-191.

- Heidegger. Perspektiven zur Deutung seines Werks, Königstein/Ts.: Athenäum 1984.
- »Den Führer führen? Heidegger und kein Ende«, in: Philosophische Rundschau 32 (1985), S. 26-67.
- »Heideggers Begegnung mit Dilthey«, in: Dilthey-Jahrbuch 4 (1986/87), S. 121-160.
- »Temporale Interpretation und hermeneutische Philosophie«, in: Revue internationale de Philosophie 168 (1989), S. 5-32.
- »Heideggers logische Untersuchungen«, in: Forum für Philosophie (Hg.), Martin Heidegger: Innen- und Außenansichten, Frankfurt a.M.: Suhrkamp 1989, S. 75-100.
- Der Denkweg Martin Heideggers, 3. u. erw. Auflage, Pfullingen: Neske 1990.
- Neue Wege mit Heidegger, Freiburg-München: Alber 1992.
- Friedrich Nietzsche und Martin Heidegger, Bonn: Bouvier 2002.

Polidori, Fabio: »Un domandare che non risponde. Nota sul ›Nietzsche‹ di Heidegger«, in: aut-aut 265-266 (1995), S. 15-25.

Ponsetto, Antonio: »L'influsso della filosofia nietzscheana sul pensiero di Max Weber«, in: Monti: Nietzsche: verità-interpretazioni, S. 15-32.

Poulat, Emile: Histoire, dogme et critique dans la crise moderniste, Paris: Tournai 1962.

Pütz, Peter: »The Problem of Force in Nietzsche and his Critics«, in: Dürr, Volker/Grimm, Reinhold/Harms, Kathy (Hg.), Nietzsche. Literature and Values, Madison: The University of Wisconsin Press 1988, S. 14-28.

Reale, Giovanni: »Il significato e l'importanza teorica e storico-ermeneutica del libro di Franz Brentano. Sui molteplici significati dell'essere secondo Aristotele e alcune osservazioni critiche di complemento«, in: Brentano, Franz: Sui molteplici significati dell'essere secondo Aristotele, Mailand: Vita e pensiero 1995, S. XIII-LXVI.

Regina, Umberto: »La semantizzazione dell'essere nel giovane Heidegger«, in: Fenomenologia e società 1 (1993), S. 7-34.

Rentsch, Thomas: Martin Heidegger. Das Sein und der Tod. Eine kritische Einführung, München: Piper 1989.

Rhiel, Alois: »Schopenhauer und Nietzsche – Zur Frage des Pessimismus«, in: Zur Einführung in die Philosophie der Gegenwart. Acht Vorträge, Leipzig: Teubner 1908³, S. 234-250.

Rickert, Heinrich:
- Die Grenzen der naturwissenschaftlichen Begriffsbildung, Freiburg i.Br.-Leipzig: Mohr 1896.
- »Das Eine, die Einheit und die Eins. Bemerkungen zur Logik des Zahlbegriffes«, in: Logos II (1911-12).
- Die Philosophie des Lebens. Darstellung und Kritik der philosophischen Modeströmungen unserer Zeit, Tübingen: Mohr 1920.

Ricœur, Paul: Zeit und Erzählung, 3 Bde., München: Fink 1988-1991.

Riconda, Giuseppe: Il »criticismo compiuto« di Arthur Schopenhauer, in: Marini, Schopenhauer ieri e oggi, S. 317-330.

Riedel, Manfred: »Heimisch werden im Dunkeln. Heideggers Dialog mit Nietzsche«, in: Gander: »Verwechselt mich vor Allem nicht!«, S. 17-42.

Riedlinger, Helmut: »Weber, Simon«, in: Lexikon für Theologie und Kirche X (1965).

Rigobello, Armando: »Heideggers Kritik des Begriffs Wert und die praktische Bedeutung von Eigentlichkeit«, in: Papenfuss/Pöggeler: Zur philosophischen Aktualität Heideggers, Bd.1, S. 197-206.

Rilke, Rainer Maria:
- Gedichte, in: Sämtliche Werke, Bd. 1, Frankfurt a.M.: Insel 1966.
- Die Aufzeichnungen des Malte Laurids Brigge, in: Sämtliche Werke, Bd. 6., Frankfurt a.M.: Insel 1966,
- Briefe 1919-1926, hg. v. H. Nalewski, Frankfurt a.M.: Insel 1991, Bde. 2.

Rockmore, Tom:
- On Heidegger's Nazism and Philosophy, Berkeley: University of California Press 1992.
- Heidegger and French Philosophy. Humanism, Antihumanism and Being, London-New York: Routledge 1995.

Rodi, Frithjof:
- »Die Bedeutung Diltheys für die Konzeption von ›Sein und Zeit‹. Zum Umfeld von Heideggers Kasseler Vorträgen (1925)«, in: Dilthey-Jahrbuch 4 (1986-87), S. 161-177.
- »Zur Einführung«, in: Dilthey-Jahrbuch 8 (1992-93), S. 123-130.

Rosales, Alberto: Transzendenz und Differenz. Ein Beitrag zum Problem der ontologischen Differenz beim frühen Heidegger, Den Haag: M. Nijhoff 1967.

Ross, Werner: Der ängstliche Adler, Stuttgart: Deutsche Verlags Anstalt 1980.

Rossi, Paolo: »Lo storicismo tedesco contemporaneo«, in: Fulvio Tessitore: Introduzione allo storicismo, Bari: Laterza 1991.

Roux, Wilhelm: Über das Wesen des Organischen, in: Gesammelte Abhandlungen über Entwicklungsmechanik der Organismen, Bd. 1, Leipzig: Wilhelm Engelmann 1895, S. 387-416.

Rovatti, Pier Aldo: »Esistenzialismo«, in: Rossi, Paolo (Hg.), La filosofia, Bd. IV, Turin: UTET 1995, S. 85-115.

Safranski, Rüdiger: Ein Meister aus Deutschland. Heidegger und seine Zeit, München-Wien: Hanser 1994.

Salaquarda, Jörg:
- »Der Antichrist«, in: Nietzsche-Studien 2 (1973), S. 91-136.
- »Studien zur zweiten unzeitgemäßen Betrachtung«, in: Nietzsche-Studien 13 (1984), S. 1-45.
- »Der ungeheure Augenblick«, in: Nietzsche-Studien 18 (1989), S. 317-337.

Schaeffler, Richard: Frömmigkeit des Denkens. Martin Heidegger und die katholische Theologie, Darmstadt: Wissenschaftliche Buchgesellschaft 1978.

Schapiro, Meyer: »The Still Life as a Personal Object. A Note on Heidegger and Van Gogh«, in: Simmel, Marianne (Hg.), The Reach of Mind, New York: Springer 1968, S. 203-209.

Scheler, Max:
- »Versuche einer Philosophie des Lebens«, in: Vom Umsturz der Werte. Abhandlungen und Aufsätze, Gesammelte Werke, Bd. 3, Bern-München: Francke 1955, S. 311-339.
- »Das Ressentiment im Aufbau der Moralen«, in: Vom Umsturz der Werte, S. 32-147.
- Zum Phänomen des Tragischen, in: Vom Umsturz der Werte, S. 149-170.
- Die Stellung des Menschen im Kosmos, in: Gesammelte Werke, Bd. 9, Bern-München: Francke 1976.

Schell, Hermann:
- Der Katholizismus als Prinzip des Fortschritts, Würzburg: Andreas Göbeln 1897.
- Die neue Zeit und der alte Glaube, Würzburg: Andreas Göbel 1898.
- Apologie des Christentums, Bd. 1: Religion und Offenbarung, Paderborn: Ferdinand Schöningh 1902.

- Die Einheit des Seelenlebens aus den Prinzipien der Aristotelischen Philosophie entwickelt, 1873, Neuauflage Frankfurt a.M.: Minerva 1967.
- Das Wirken des Dreieinigen Gottes, Mainz 1885, unveränd. Nachdr. Frankfurt a.M.: Minerva 1968.

Schelling, Friedrich Wilhelm Joseph:
- Philosophie der Mythologie, Bd. 2, Darmstadt: Wissenschaftliche Buchgesellschaft 1957.
- Die Gottheiten von Samotrake, in: Schriften von 1813-1830, Darmstadt: Wissenschaftliche Buchgesellschaft 1968, S. 150-282.
- Philosophische Untersuchungen über das Wesen der menschlichen Freiheit und die damit zusammenhängenden Gegenstände [1809], Hamburg: Meiner 2005.

Schlaffer, Heinz: »Das Dichtergedicht im 19. Jahrhundert. Topos und Ideologie«, in: Jahrbuch der Deutschen Schillergesellschaft 10 (1966), S. 297-335.

Schnädelbach, Herbert: Philosophie in Deutschland 1831-1933, Frankfurt a.M.: Suhrkamp 1983.

Schneider, Arthur: Beiträge zur Psychologie Albert des Grossen, Münster: Aschendorff 1900.

Scholtz, Gunter: »Hermeneutische Philosophie« in: Dilthey-Jahrbuch 8 (1992/93), S. 93-119.

Schopenhauer, Arthur:
- Über die vierfache Wurzel des Satzes vom zureichenden Grunde, in: Sämtliche Werke, Bd. 1, Darmstadt: Wissenschaftliche Buchgesellschaft 1968.
- Die Welt als Wille und Vorstellung, in: Sämtliche Werke, Bd. 1, Darmstadt: Wissenschaftliche Buchgesellschaft 1968.
- Über die Universitäts-Philosophie, in: Parerga und Paralipomena. Kleine philosophische Schriften. Sämtliche Werke, Bd. 4, Darmstadt: Wissenschaftliche Buchgesellschaft 1963, S. 171-242.

Schürmann, Reiner:
- Maitre Eckhart ou la joie errante, Paris: Seuil 1972.
- Le principe d'anarchie. Heidegger et la question de l'agir, Paris: Seuil 1982.
- »Que faire à la fin de la métaphysique?«, in: Cahier de l'Herme 45 (1983), S. 477-496.

Schulz, Walter:
- »Über den philosophiegeschichtlichen Ort Martin Heideggers«, in: Pöggeler, Heidegger. Perspektiven zur Deutung seines Werks, S. 291-301.
- Subjektivität im nachmetaphysischen Zeitalter, Pfullingen: Neske 1992.

Seigfried, Hans: »Zur Ambivalenz des Fortschritts bei Nietzsche und Heidegger. Wissenschaft und Technik als Vermittler«, in: Allgemeine Zeitschrift für Philosophie 16 (1991), S. 23-47.

Semerari, Giuseppe:
- »In cospetto della nudità del proprio destino«, in: Insecuritas, Mailand: Spirali edizioni 1982, S. 166-197.
- »Prefazione«, in: Edmund Husserl: La filosofia come scienza rigorosa, tr. it. di Corrado Sinigaglia, Rom-Bari: Laterza 1994, S. VII-XXV.
- Confronti con Heidegger, Bari: Dedalo 1992.

Sentroul, Charles: Kant und Aristoteles, Kempten-München: Kosel 1911.

Serres, Michel: Genèse, Paris: Garsset 1992.

Sheehan, Thomas:
- »The Original Form of ›Sein und Zeit‹: Heidegger's ›Der Begriff der Zeit‹ (1924)«, in: Journal of the British Society for Phenomenology 2 (1979), S. 78-83.
- »Heidegger's Lehrjahre«, in: Salis, John u.a. (Hg.), The Collegium Phaenomenologicum, Dordrecht-Bosten-London: Kluwer 1988, S. 77-137.

Silesius, Angelus: Cherubinischer Wandersmann, Stuttgart: Reclam 1995.

Simmel, Georg: Schopenhauer und Nietzsche: Tendenzen im deutschen Leben und Denken seit 1870, Hamburg: Junius 1990.

Simon, Josef: »In-der-Welt-sein«, in: Gander: »Verwechselt mich vor Allem nicht!«, S. 73-88.

Sini, Carlo: Filosofia e scrittura, Rom-Bari: Laterza 1994.

Skowron, Michael: Nietzsche und Heidegger. Das Problem der Metaphysik, Frankfurt a.M.: Peter Lang 1987.

Sobrevilla, David: »Offene Probleme in Heideggers Philosophie der Kunst«, in: Papenfuss/Pöggeler: Zur philosophischen Aktualität Heideggers, Bd. 3, S. 73-86.

Souche Dagues, Denise: »La lecture husserlienne de Sein und Zeit«, in: Husserl: Notes sur Heidegger, S. 119-152.

Spengler, Oswald: Der Untergang des Abendlandes, München: C.H. Beck 1998.

Spierling, Volker: La rivoluzione copernicana di Schopenhauer in: Marini: Schopenhauer ieri e oggi, S. 317-330.

Spiegelberg, Herbert: The Context of the Phenomenological Movement, Den Haag: M. Nijhoff, 1981.

Spitzer, Leo: Classical and Christian Ideas of World Harmony. Prolegomena to an Interpretation of the Word »Stimmung«, Baltimore: The John Hopkins Press 1964.

Stambaugh, Joan:
- Untersuchungen zum Problem der Zeit bei Nietzsche, Den Haag: M. Nijhoff 1959.
- Thoughts on Heidegger, Boston: University Press of America 1991.
- The Finitude of Being, Albany: State University of New York Press 1992.

Stegmüller, Friedrich: »Karl Braig 1853-1923«, in: Oberrheinisches Pastoralblatt 54 (1953), S. 120-128.

Steiger, Emile: »Sur un vers de Mörike«, in: Cahier de l'Herne 45 (1983), S. 79-96.

Stevens, Jeffrey: »Nietzsche and Heidegger on Justice and Truth«, in: Nietzsche-Studien 9 (1980), S. 224-238.

Storck, Joachim W./Kisiel, Thomas (Hg.): »Martin Heidegger und die Anfänge der ›Deutschen Vierteljahrsschrift für Literaturwissenschaft und Geistesgeschichte‹. Eine Dokumentation«, in: Dilthey-Jahrbuch 8 (1992/93), S. 181-193.

Strube, Claudius: Zur Vorgeschichte der hermeneutischen Phänomenologie, Würzburg: Königshausen & Neumann 1993.

Strumiello, Giuseppina:
- »Heidegger e la filosofia«, in: Semerari, Giuseppe (Hg.), La cosa stessa. Seminari fenomenologici, Bari: Dedalo 1995, S. 69-110.
- L'altro inizio del pensiero. I »Beiträge zur Philosophie« di Martin Heidegger, Bari: Levante 1995.

Szakolczai, Arpád: »Weber et la méthode généalogique«, in: magazine littéraire 40 (1992), S. 93-96.

Taminiaux, Jacques:
- »De Bergson à la phénoménologie existentielle«, in: Revue philosophe de Louvain 54 (1956), S. 26-85.

- »La présence de Nietzsche dans Sein und Zeit«, in: Cometti/Janicaud: »Être et temps« de Martin Heidegger, S. 59-75.
Taureck, Bernhard: Nietzsches Alternativen zum Nihilismus, Hamburg: Junius 1991.
Tessitore, Fulvio: »Storicismo«, in: Paolo Rossi (Hg.): La filosofia, Bd. IV (Stili e modelli teorici del Novecento), Turin: UTET 1995, S. 513-522.
Thatcher, David S.: »Eagle and Serpent in Zarathustra«, in: Nietzsche-Studien 6 (1977), S. 240-260.
Thiel, Manfred: Martin Heidegger: Sein Werk – Aufbau und Durchblick, Heidelberg: Elpsis 1977.
Thomä, Dieter: Die Zeit des Selbst und die Zeit danach: zur Kritik der Textgeschichte Martin Heideggers 1910-1976, Frankfurt a.M.: Suhrkamp 1990.
Thurnher, Rainer: »Gott und Ereignis – Heideggers Gegenparadigma zur Onto-Theologie«, in: Heidegger Studies 8 (1992), S. 81-102.
Tilliette, Xavier: »Peccato e morte umane in Kierkegaard. Alle fonti della meditazione heideggeriana«, in: Con-tratto 1/2 (1993), S. 7-17.
Trafojer, Lukas: Philosophie als Interpretation des faktischen Lebens in Heideggers frühen Freiburger Vorlesungen, Diplomarbeit zur Erlangung der Würde des Magister Philosophie an der Leopold-Franzens-Universität Innsbruck 1995.
Tronti, Mario: La politica al tramonto, Turin: Einaudi 1998.
Ueberweg, Friedrich: Grundriß der Geschichte der Philosophie, Bd. III und IV, Basel: Schwabe 1951-1961.
Uexküll, Jakob von:
- Theoretische Biologie, Berlin: Verlag der Gebrüder Baetel 1920.
- Bedeutungslehre, Leipzig: Verlag Johann Ambrosius Barth 1940.
Ugazio, Ugo M.: Il problema della morte nella filosofia di Heidegger, Mailand: Mursia 1976.
Vaccaro, Giovambattista: »Ontologia della differenza e pensiero della molteplicità. Note su Deleuze e Heidegger«, in: Fenomenologie e società 2 (1993), S. 9-26.
Vaihinger, Hans: Nietzsche als Philosoph (1902), Langensalza: Beyer 1930[5].
Valavanidis-Wybrands, Harita: »Stimmung et Passivité«, in: Exercices de la patience 3-4 (1982), S. 35-48.
Vasoli, Cesare: »Einführung«, in: Schopenhauer, Arthur: Il mondo come volontà e rappresentazione, Bari-Rom: Laterza, S. VII-LXXIII.

Vattimo, Gianni:
- »Nichilismo e il problema del tempo in Nietzsche«, in: Archivio di filosofia (1962/3), S. 143-164.
- Il soggetto e la maschera. Nietzsche e il problema della liberazione, Mailand: Bompiani 1974.
- Introduzione a Nietzsche, Bari-Rom: Laterza 1990[4].
- »Nietzsche 1994«, in: aut-aut 265-266 (1995), S. 3-14.

Vaysse, Jean-Marie: »Heidegger et l'essence de l'Université allemande«, in: Cahier de l'Herme 45 (1983), S. 497-512.

Vecchiotti, Icilio:
- La dottrina di Schopenhauer, Rom: Astrolabio 1969.
- A. Schopenhauer. Storia di una filosofia e della sua »fortuna«, Florenz: La Nuova Italia 1976.
- Introduzione a Schopenhauer, Rom-Bari: Laterza 1993[6].

Vercellone, Federico: Il nichilismo, Bari: Laterza 1992.

Verra, Valerio: »Heidegger, Schelling e l'idealismo tedesco«, in: Archivio di Filosofia 42 (1974), S. 51-71.

Vincent, Jean-Marie: »Dialogue et solitude: sur le dialogue Jaspers-Heidegger«, in: Futur Antérieur 6 (1990).

Vitiello, Vincenzo: »Heidegger/Rilke: un incontro sul ›luogo‹ del linguaggio«, in: aut-aut 235 (1990), S. 97-120.

Volpi, Franco:
- Heidegger e Brentano. L'aristotelismo e il problema dell'univocità dell'essere nella formazione filosofica del giovane Martin Heidegger, Padua: CEDAM 1976.
- »Itinerarium mentis in nihilum«, in: Archivio di filosofia 57 (1989), S. 239-264.
- »Postfazione«, in: Heidegger, Martin: Nietzsche, Mailand: Adelphi 1994, S. 941-973.

Wagner, Richard: Ausgewählte Schriften, Frankfurt a.M.: Suhrkamp 1965.

Wahl, Jean:
- Études kierkegaardiennes, Paris: Vrins 1949[2].
- La pensée de Heidegger et la poésie de Hölderlin, Paris: Centre de Documentation Universitaire 1955.

Weber, Max: »Wissenschaft als Beruf«, in: Gesammelte Aufsätze zur Wissenschaftslehre, Tübingen: Mohr 1988, S. 582-613.

Wiehl, Reiner: »Problemi della fenomenologia dei valori«, in: Paradigmi 34 (1994), S. 5-22.

Willig, Angelika: Die Stimme des Freundes. Karl Jaspers über Martin Heidegger, Berlin: Papyrus-Druck 1994.
Winchester, James J.: Nietzsche's aesthetic Turn. Reading Nietzsche after Heidegger, Deleuze, Derrida, Albany: State University of New York Press 1994.
Windelband, Wilhelm:
- Die Philosophie im deutschen Geistesleben des XIX. Jahrhunderts (1909), Tübingen: Mohr 1909.
- Über die gegenwärtige Lage und Aufgabe der Philosophie, in: Präludien, 2 Bde., Tübingen: Mohr 1919.
Wolzogen, Christoph von: »›Den Gegner stark machen‹. Heidegger und der Ausgang des Neukantianismus am Beispiel Paul Natorps«, in: Orth, Ernst W./Holzhey, Helmuth (Hg.): Neukantianismus: Perspektiven und Probleme, Würzburg: Königshausen & Neumann 1994, S. 397-417.
Yorck von Wartenburg, Paul/Dilthey, Wilhelm: Carteggio 1877-1897, hg. v. Francesco Donadio, Neapel: Guida 1983.
Zarader, Marlène: Heidegger et les paroles de l'origine, Paris: Vrin 1986.
Ziegler, Leopold: Der europäische Geist, Darmstadt: Otto Reichl Verlag 1929.
Ziegler, Susanne: Heidegger, Hölderlin und die aletheia. Martin Heideggers Geschichtsdenken in seinen Vorlesungen 1934/35 bis 1944, Berlin: Duncker & Humblot 1991.
Zimmermann, Michael E.: Eclipse of the Self. The Development of Heidegger's Concept of Authenticity, London: Ohio University Press 1986.
Zwick, Jochen: Nietzsches Leben als Werk. Ein systematischer Versuch über die Symbolik der Biografie bei Nietzsche, Bielefeld: Aisthesis 1995.

Register

Abel, G., 154
Adorno, Th. W., 166
Agamben, G., 230
Augustin, 84, 173
Akiyama, H., 258
Althaus, H., 26
Althaus, G., 86
Altwegg, J., 103
Anaxagoras, 72
Anaximander, 238
Andreas-Salomé, L., 106
Ansén, R., 137, 154
Arendt, H., 144, 173, 191
Aristoteles, 26, 33-36, 41, 44, 46, 51-52, 91, 108-112, 128, 130, 132, 135-136, 146, 148, 153-155, 177, 182-183, 195, 205, 218, 259, 273, 282, 285-286
Artaud, A., 118
Asaad, M., 228

Babolin, A., 69, 79
Bachofen, J. J., 290
Baeumler, A., 116, 164, 226, 264, 316
Barash, J., 148-149
Barletta, G., 164

Barth, K., 145, 166, 214
Barthes, R., 191
Bataille, G., 192, 258
Battaglia, F., 70
Baudelaire, C., 93, 118
Bauer, B., 102
Bauschinger, S., 289
Becker, O., 88, 90, 105, 136, 210
Beelmann, A., 27, 33, 231
Benn, G., 93
Bergson, H., 63, 72-73, 131, 133-136, 153, 162, 168, 177, 182, 205-206, 282
Berkeley, G., 18, 46, 53
Bertram, E., 115-116, 164, 209, 226
Bianco, F., 82, 147
Biemel, W., 95, 132, 176, 251
Birault, H., 205, 282
Blanchot, M., 105-106, 163, 191-192, 211, 288
Blochmann, E., 87-89, 234
Boehm, R., 165
Böhlendorf, C. U., 305
Bollnow, O. F., 288
Bonaventura, 36, 43-44
Bonola, M., 181
Bosch, H., 77

Bosio, F., 82
Boss, M., 185, 189, 261
Bourdieu, P., 102
Bourg, D., 221
Braig, K., 26, 33, 36, 41, 43-44, 46
Brandes, G., 28-29, 167
Brandhuber, C., 31
Brandner, R., 201
Brentano, F., 25-26, 33-36, 41-43, 66-67, 79, 86, 178,
Brihat, D., 203
Brisart, R., 202
Bubnoff, N. von, 51-52, 71-73, 154
Burckhardt, J., 98
Burdach, K., 170
Busch, Th., 319

Cacciari, M., 11, 53, 140
Camera, F., 181
Campo, M., 65
Caputo, J. D., 80
Casale, R., 227, 329
Casini, L., 56
Casper, B., 43, 90, 109
Cassirer, E., 56
Cera, G., 143
Char, R., 242
Charcosset, J.-P., 288
Charles, D., 52, 205-206
Chytry, J., 105
Cocalis, S. L., 289
Cohen, H., 28, 51-52, 92, 178
Colli, G., 10, 25, 97, 299
Cometti, J. P., 244, 249
Courtine, J.-F., 130, 176
Couturier, F, 123
Cristin, R., 132
Croce, B., 72

Dagues, D. S., 176
Dastur, F., 184
Descartes, R., 53, 122, 146, 178
De Feo, N. M., 11, 168, 194-195
Deleuze, G., 10, 79, 95, 102-103, 107, 135, 154, 164, 168, 185, 214, 242, 258, 329
Del Negro, W., 35
Demmerling, C., 68
De Natale, F., 42-43, 106, 108, 173, 249, 255
Derrida, J., 10, 100-101, 103, 119, 125, 154, 210, 249, 258, 304, 329
De Towarnicki, F., 232
De Vitiis, P., 257
Diels, H., 140, 288
Dilthey, W., 25-26, 55, 60, 63, 76, 78-79, 82-84, 91-92, 101, 104, 109, 119, 123, 127, 129, 134, 136-137, 141-144, 146, 148, 150, 153, 156, 158, 163, 170, 175, 178, 182, 185, 187, 189-190, 192, 203, 218-220
Donadio, F., 218-219
Dostojevskij, F. M., 27, 145, 194-195
Dreher, Th., 32-33
Driesch, H., 212-213
Duhamel, R., 319
Dühring, E., 49
Duns Scotus, 45, 65, 72, 74-81
Duras, M., 192

Emad, P., 73
Emerich, C., 44
Empedokles, 72, 98, 116
Esposito, C., 155, 173, 257, 321
Ettinger, E., 144
Eucken, R., 63
Euripides, 33

Fabro, C., 166
Farías, V., 31-32, 37, 65
Fechner, G. T., 49
Ferraris, M., 63, 81
Feuerbach, L., 56, 102
Fichte, J. G., 92, 103, 107
Figl, J., 134
Fink, E., 44, 79, 122, 183, 201, 249, 300-302, 317
Finke, H., 65, 77
Foerster, F. W., 39
Forget, Ph., 249
Förster-Nietzsche, E., 297
Foucault, M., 10, 79, 103, 119, 242, 288, 329
Franzen, W., 90, 133
Freud, S., 100, 148
Fries, J. F., 51
Froman, W. J., 257
Froment-Meurice, M., 29, 233

Gadamer, H. G., 60, 75, 89, 90, 103, 105, 117, 123, 125-126, 134, 142, 144-146, 152-153, 160, 162, 165, 172-173, 191, 194, 285
Gander, H.-H., 73, 86, 103, 128, 152
Garulli, E., 69
Gast, P., 297
Gebert, S., 88, 103, 107
Gehlen, A., 216
Gerhardt, V., 249
Gethmann, C. F., 136
Gillespie, M. A., 190
Gino, J., 194-195
Givone, S., 76, 83, 194, 196
Goedert, G., 299
Goethe, G. W., 33, 63, 82, 93, 104-105, 116, 170-171

Grabmann, M., 79
Grau, G.-G., 168
Grimm, R., 316
Gröber, C., 26, 32
Grondin, J., 203
Gründer, K., 218
Guattari, F., 79, 214
Gunderson, D., 33
Guzzoni, A., 52, 63, 122

Haar, M., 86, 103, 202, 211, 221, 249, 288
Habermas, J., 101
Haeckel, E., 49
Hamacker, W., 249
Hamann, J. G., 92
Hartmann, E. von, 49
Heftrich, E., 73
Hegel, G. W. F., 11, 25-26, 44, 53, 55, 76, 80-83, 97-99, 101, 105, 115-116, 141-143, 145, 162-163, 168, 182, 199, 228-230, 234, 259-260, 278
Heinz, M., 84, 184
Herbart, J. F., 51
Heraklit, 71, 72-73, 116, 139, 238, 265, 288-289, 300
Herder, J. G., 92, 116
Hermann, F.-W. von, 127-128, 136, 175
Hesiod, 238
Hildebrandt, K., 298
Hogemann, F., 143-144
Hölderlin, F., 26-27, 38, 82, 95, 101, 118-119, 189, 226-227, 231, 236-238, 250, 264, 266, 274, 284, 288-289, 296, 298, 303-305
Howey, R. L., 316

Humboldt, W. von, 103-104
Hume, H., 46
Husserl, E., 26-27, 35-36, 42-43, 46, 50-51, 55, 61, 63, 66-68, 74-76, 82-83, 86, 91-92, 101, 119, 123, 126-129, 132-133, 135, 137, 141-142, 144, 147, 149, 153, 165, 168, 172, 175-179, 181-183, 190, 292

Irigaray, L., 130

James, W., 63, 135
Jamme, Ch., 44, 127
Janicaud, D., 188, 203, 205, 221, 244, 249, 299
Janz, C. P., 26, 94, 167
Jaspers, K., 89, 91, 95, 102, 104, 109-110, 115-116, 119, 135, 143-150, 164, 226, 231, 251, 281, 283, 316
Jonas, R., 37
Jørgensen, J., 27-29
Jünger, E., 153, 226
Junghanns, A., 45

Kang, H.-S., 203
Kant, I., 37, 39-40, 47-48, 50-56, 59-63, 66, 71, 75, 78, 82, 84, 89, 92, 101, 105, 107, 134-136, 141, 143, 146, 152, 176, 178, 180, 182, 184, 214, 221, 254, 262-263, 271, 286
Kapferer, N., 86
Kasdorff, H., 291
Kaufmann, F., 218
Kaufmann, W., 148
Keller, E., 32
Kerényi, K., 295
Kierkegaard, S., 25, 27-28, 83, 100, 102, 105-106, 115, 119, 144-145,

147-148, 165-169, 173, 192-193, 277-279, 281-282
Klages, L., 116, 164, 226, 290-291, 293-294, 297
Klossowski, P., 10, 119, 163, 322
Kockelmans, J., 304
Kofman, S., 258, 289
Köhler, D., 214
Köster, P., 236
Kralik, R. von, 18, 37
Krebs, E., 45, 109
Krell, D. F., 81, 86, 113
Kropfinger, K., 299
Kuhn, A., 70-71
Kuhn, E., 294
Kuhn, H., 90
Külpe, O., 18, 46-49, 72

Lacoue-Labarthe, Ph., 38
Lämmert, E., 93
Lange, F. A., 63
Larthomas, J. P., 244
Lask, E., 26, 36, 50, 61, 65, 68, 74, 76
Lehmann, K., 61, 66, 69, 137, 160
Leibniz, G. W., 60, 79, 154, 182, 202, 206, 242, 252-253, 265
Leidlmair, K., 44
Leist, F., 233
Lennox, S., 289
Leopardi, G., 207-208
Lessing, G. E., 33, 82
Lipps, Th., 48, 51, 67-68
Löwith, K., 82, 90, 101, 105-107, 110, 116-117, 122, 134-136, 147, 164, 185, 188, 226, 291
Lotz, J. B., 82
Lotze, H., 49, 60-61, 70, 92

Lukács, G., 11
Luther, M., 137, 139-141, 160
Lyotard, J.-F., 104, 107

Mach, E., 46, 49,
Macomber, W. B., 188
Maier, H., 66-67
Makkreel, R. A., 129
Maletta, S., 191
Mann, Th., 209, 255
Marie, J.-E., 299
Marini, A., 53, 55, 83
Martineau, E., 183
Marty, A., 36, 66-67
Marx, K., 11, 102
Masini, F., 140
Masullo, A., 160
Mattéi, J. F., 103, 203
Mazzarella, E., 81, 167-168
Mehring, R., 89, 93
Meister Eckhart, 30, 44, 78, 80, 82-83, 137, 139, 141, 162-163
Merleau-Ponty, M., 133
Mill, J., 51, 178
Misch, G., 70, 146
Moeller van der Bruck, A., 194
Mohler, A., 291
Mongis, H., 70
Monti, A., 83, 147
Montinari, M., 10, 25
Morpurgo Tagliabue, G., 299
Mosse, G. L., 291
Müller, M., 145
Müller-Lauter, W., 12, 134, 154, 169, 199, 213, 241, 299, 316
Murgia, A., 91
Muth, K., 37

Nancy, J.-L., 192, 244
Natorp, P., 51-52, 109, 143, 146
Negri, A., 9
Nehamas, A., 258
Niebuhr, B. G., 92
Nolte, E., 32
Novalis, 76, 80, 82, 93

Ohmann, F., 39
Orth, E. W., 82, 142-143, 181,
Otsuru, T., 188, 208-209, 212
Ott, H., 31-33, 43-44, 46, 60, 109
Ottnad, B., 32
Otto, R., 137, 139-140, 159
Otto, W. F., 295

Paci, E., 166
Paulus, 43, 119, 141, 160-162, 165-167, 198
Park, C., 188, 190
Parmenides, 71-73, 215, 236, 238
Pascal, B., 116, 176, 307
Paulsen, F., 63
Paumen, J., 307
Penzo, G., 86, 98
Pflug, G., 131
Philonenko, A., 56
Pius X., 41-42
Platon, 19, 33, 35, 53, 58, 61, 73, 91, 102-103, 110-111, 130, 139, 148, 154-155, 158, 161, 165, 170-173, 182, 189, 196, 249, 253, 259, 267-271, 273, 280, 302, 323,
Plessner, H., 216, 293
Plotin, 182-183, 270
Pöggeler, O., 69-70, 74, 79, 81-83, 86, 90, 101, 105-106, 119, 134, 136-137, 147, 173, 190, 207, 285, 302

Polidori, F., 228
Ponsetto, A., 147
Poulat, E., 41
Pugliese, O., 68
Pütz, P., 316

Ranke, L. von, 92
Reale, G., 35
Rée, P., 25
Regina, U., 126
Rentsch, Th., 178
Rickert, H., 26, 36, 45-46, 50, 51-52, 59-66, 68, 72, 75-76, 78, 84, 92, 124, 147, 149, 158,
Ricœur, P., 183, 201, 317
Riconda, G., 53
Riedel, M., 227
Riedlinger, H., 43
Riehl, A., 52, 63
Rigobello, A., 70
Rilke, R. M., 25, 190-192, 194, 196, 208, 210-212, 215-216, 230, 266
Rockmore, T., 90, 210
Rodi, F., 189-190
Rosales, A., 69
Ross, W., 98
Rossi, P., 142-143, 145
Roux, W., 212-213
Rovatti, P. A., 145
Ruge, A., 102

Safranski, R., 27, 40, 46, 144
Salaquarda, J., 208, 302, 323
Sartre, J.-P., 146, 232, 261
Savigny, F. C. von, 92
Schaeffler, R., 43-44
Schanzenbach, L., 32
Schapiro, M., 304

Scheler, M., 63, 88, 105, 133, 152, 162, 164, 175-177, 216, 291-294, 297, 312
Schell, H., 41
Schelling, F. W. J., 25-26, 44, 55, 92, 103, 107-108, 256-257, 295-296, 301, 310, 315
Schiller, F., 33
Schlaffer, H., 94
Schlegel, F., 92-93
Schleiermacher, F., 92, 103
Schnädelbach, H., 50, 58, 61, 104, 156
Schneider, A., 45-46, 65
Scholtz, G., 134
Schopenhauer, A., 18, 48, 51-58, 63-64, 95-97, 112, 116, 135, 216, 262, 265, 296-299, 302, 321, 326
Schuhmann, K., 46
Schürmann, R., 14-15, 139, 217
Schütz, A., 133
Seigfried, H., 178
Semerari, G., 43, 75, 92, 208, 210
Sentroul, Ch., 52
Serres, M., 238
Sheehan, Th., 31-32, 41, 43-44, 76, 181
Silesius, A., 138-139
Simmel, G., 48, 52, 63, 131, 133-135, 153, 158
Simon, J., 43, 152
Sini, C., 106, 258
Sobrevilla, D., 304
Sokrates, 93, 110-111, 116, 140, 155, 219, 288, 290, 296
Sophokles, 33, 218
Souche Dagues, D., 176

Spengler, O., 63, 104-105, 133-135, 153, 158-159, 164, 215, 226, 264, 289, 294, 297
Spierling, V, 53
Spinoza, B., 45, 95, 154, 193
Spitzer, L., 288
Stadler, A., 52
Staeuble, I., 86
Stambaugh, J., 157, 184
Stegmüller, F., 44
Steiger,E., 270
Steppuhn, F., 63
Stern, G., 191
Stevens, J., 209
Stifter, A., 25, 33
Stork, J. W., 87, 170
Strube, C., 35, 50, 71-72, 138
Strumiello, G., 92
Suarez, F., 26, 36, 286
Szakolczai, A., 147

Taminiaux, J., 131, 188, 197, 199-200, 283
Taureck, B., 133
Tessitore, F., 142-143
Thatcher, D. S., 327
Thiel, M., 68
Thomä, D., 68, 250
Thurnher, R., 321
Tilliette, X., 193
Thomas von Aquin, 26, 36, 286
Thomas von Erfurt, 79
Trafojer, L., 133
Trakl, G., 25-27
Trendelenburg, F. A., 178
Troeltsch, E., 84, 162
Tronti, M., 9, 14

Ueberweg, F., 67
Uexküll, J. von, 212-214
Ugazio, U. M., 194

Vaccaro, G. B., 79
Vaihinger, H., 63
Valavanidis-Wybrands, H., 288
Gogh, V. van, 117-119, 304
Vasoli, C., 53
Vattimo, G., 11-12, 63, 116, 162, 259
Vaysse, J.-M., 107-108, 250
Vecchiotti, I., 53, 56
Vercellone, F., 290
Verra, V., 257
Vincent, J.-M., 144
Vitiello, V., 210
Volpi, F., 35, 68, 79, 86, 90, 114, 141, 162

Wagner, R., 18, 37-38, 63, 95-96, 116, 260, 262, 264-265, 296-299, 302, 326
Wahl, J., 168, 237
Weber, M., 14, 54, 88-89, 147-148, 159
Weber, S., 43
Widder, F., 33
Wiehl, R., 70
Willig, A., 144
Winchester, J., 258
Windelband, W., 51-52, 59-64, 66, 75, 92, 158-159
Wolzogen, Ch. von, 143
Wundt, W., 49, 67

Yorck von Wartenburg, P., 182, 187, 218-221

Zarader, M., 238
Ziegler, L., 292-294, 297
Ziegler, S., 237
Zimmermann, M. E., 244
Zwick, J., 235

Edition Moderne Postmoderne

FRIEDRICH BALKE, MARC RÖLLI (HG.)
Philosophie und Nicht-Philosophie
Gilles Deleuze – Aktuelle Diskussionen

Dezember 2010, ca. 350 Seiten, kart., ca. 29,80 €,
ISBN 978-3-8376-1085-7

CHRISTIAN FILK
Günther Anders lesen
Der Ursprung der Medienphilosophie
aus dem Geist der ›Negativen Anthropologie‹

Dezember 2010, ca. 150 Seiten, kart., ca. 16,80 €,
ISBN 978-3-89942-687-8

OLIVER FLÜGEL-MARTINSEN
Jenseits von Glauben und Wissen
Philosophischer Versuch über das Leben
in der Moderne

Januar 2011, ca. 138 Seiten, kart., ca. 17,80 €,
ISBN 978-3-8376-1601-9

Leseproben, weitere Informationen und Bestellmöglichkeiten
finden Sie unter www.transcript-verlag.de

Edition Moderne Postmoderne

MARTIN GESSMANN
Wittgenstein als Moralist
Eine medienphilosophische Relektüre

2009, 218 Seiten, kart., 23,80 €,
ISBN 978-3-8376-1146-5

CLAUS PIAS (HG.)
Abwehr
Modelle – Strategien – Medien

2009, 212 Seiten, kart., 25,80 €,
ISBN 978-3-89942-876-6

JÖRG VOLBERS
Selbsterkenntnis und Lebensform
Kritische Subjektivität nach Wittgenstein und Foucault

2009, 290 Seiten, kart., 29,80 €,
ISBN 978-3-89942-925-1

Leseproben, weitere Informationen und Bestellmöglichkeiten
finden Sie unter www.transcript-verlag.de

Edition Moderne Postmoderne

FERNAND MATHIAS GUELF
Die urbane Revolution
Henri Lefèbvres Philosophie
der globalen Verstädterung
Juni 2010, 320 Seiten, kart., 29,80 €,
ISBN 978-3-8376-1511-1

MIRIAM MESQUITA SAMPAIO
DE MADUREIRA
Kommunikative Gleichheit
Gleichheit und Intersubjektivität
im Anschluss an Hegel
Dezember 2010, ca. 224 Seiten,
kart., ca. 26,80 €,
ISBN 978-3-8376-1069-7

PETER NICKL,
GEORGIOS TERIZAKIS (HG.)
**Die Seele:
Metapher oder Wirklichkeit?**
Philosophische Ergründungen.
Texte zum ersten Festival
der Philosophie in Hannover 2008
Januar 2010, 244 Seiten, kart., 22,80 €,
ISBN 978-3-8376-1268-4

ULRICH RICHTMEYER
**Kants Ästhetik im Zeitalter
der Photographie**
Analysen zwischen Sprache und Bild
2009, 250 Seiten, kart., 27,80 €,
ISBN 978-3-8376-1079-6

KURT RÖTTGERS
Kritik der kulinarischen Vernunft
Ein Menü der Sinne nach Kant
2009, 256 Seiten, kart., 26,80 €,
ISBN 978-3-8376-1215-8

ECKARD ROLF
Der andere Austin
Zur Rekonstruktion/Dekonstruktion
performativer Äußerungen –
von Searle über Derrida zu Cavell
und darüber hinaus
2009, 258 Seiten, kart., 26,80 €,
ISBN 978-3-8376-1163-2

MIRJAM SCHAUB (HG.)
Grausamkeit und Metaphysik
Figuren der Überschreitung in der
abendländischen Kultur
2009, 420 Seiten, kart., 35,80 €,
ISBN 978-3-8376-1281-3

SIBYLLE SCHMIDT, SYBILLE KRÄMER,
RAMON VOGES (HG.)
Politik der Zeugenschaft
Zur Kritik einer Wissenspraxis
November 2010, ca. 364 Seiten,
kart., ca. 32,80 €,
ISBN 978-3-8376-1552-4

TATJANA SCHÖNWÄLDER-KUNTZE
Freiheit als Norm?
Moderne Theoriebildung und der
Effekt Kantischer Moralphilosophie
April 2010, 314 Seiten, kart., 34,80 €,
ISBN 978-3-8376-1366-7

DETLEF STAUDE (HG.)
Methoden Philosophischer Praxis
Ein Handbuch
November 2010, ca. 258 Seiten, kart., 28,80 €,
ISBN 978-3-8376-1453-4

NIKOLAUS URBANEK
**Auf der Suche nach einer
zeitgemäßen Musikästhetik**
Adornos »Philosophie der Musik«
und die Beethoven-Fragmente
Juni 2010, 322 Seiten, kart., 32,80 €,
ISBN 978-3-8376-1320-9

HENDRIK WALLAT
Das Bewusstsein der Krise
Marx, Nietzsche und die
Emanzipation des Nichtidentischen
in der politischen Theorie
2009, 598 Seiten, kart., 44,80 €,
ISBN 978-3-8376-1218-9

Leseproben, weitere Informationen und Bestellmöglichkeiten
finden Sie unter www.transcript-verlag.de